国家社会科学基金项目优秀成果

法理·法意·法治
法治中国建设与区域法治研究

戴小明 / 著

北京大学出版社
PEKING UNIVERSITY PRESS

图书在版编目(CIP)数据

法理·法意·法治:法治中国建设与区域法治研究/戴小明著.—北京:北京大学出版社,2021.12
ISBN 978-7-301-32798-2

Ⅰ.①法… Ⅱ.①戴… Ⅲ.①社会主义法治—建设—研究—中国 Ⅳ.①D920.0

中国版本图书馆 CIP 数据核字(2021)第 267493 号

书　　　名	法理·法意·法治——法治中国建设与区域法治研究 FALI·FAYI·FAZHI——FAZHI ZHONGGUO JIANSHE YU QUYU FAZHI YANJIU
著作责任者	戴小明　著
责 任 编 辑	姚文海　李小舟
标 准 书 号	ISBN 978-7-301-32798-2
出 版 发 行	北京大学出版社
地　　　址	北京市海淀区成府路 205 号　100871
网　　　址	http://www.pup.cn　新浪微博:@北京大学出版社
电 子 信 箱	sdyy_2005@126.com
电　　　话	邮购部 010-62752015　发行部 010-62750672 编辑部 021-62071998
印　刷　者	天津中印联印务有限公司
经　销　者	新华书店 730 毫米×980 毫米　16 开本　29.75 印张　456 千字 2021 年 12 月第 1 版　2021 年 12 月第 1 次印刷
定　　　价	98.00 元

未经许可,不得以任何方式复制或抄袭本书之部分或全部内容。
版权所有,侵权必究
举报电话: 010-62752024　电子信箱: fd@pup.pku.edu.cn
图书如有印装质量问题,请与出版部联系,电话: 010-62756370

内 容 提 要

治国凭圭臬,安邦靠准绳;法律是治国之重器,良法是善治之前提,法之盛衰关乎政之治乱;"中国之治"的核心是制度之治,制度之治的要义是法律之治;国家治理体系是以法治为基础而建立的规范体系和权力运行机制,法治与国家治理体系内在统一、外在耦合,国家治理现代化在本体和路径上就是国家治理法治化,内含良法的基本价值,内置善治的创新机制;立良法、谋善治,是现代法治的精髓和依归,国家治理不仅需要完备的法律体系,更要求法律的良好运行与有效实施,将蕴涵于法律体系中的价值理念和规范效力,切实转化为治理效能。区域法治是国家法治的落地落实和逻辑展开,是法治中国历史逻辑、理论逻辑和实践逻辑的必然;区域法治持续拓展国家法治多样性新形态,是观察国家法治发展的新理念、新维度、新视阈,互联网、数字化推动区域法治创新发展并开辟无限空间。

法理是法律精神(法意)的学理解释,是法律制度形态的理论基础和思想底蕴。全书聚焦法治,思考法理,体悟法意,以习近平新时代中国特色社会主义思想为指引,以习近平法治思想为遵循,以深化全面依法治国实践为主线,以助力国家治理现代化为目标,坚持把马克思主义法治基本原理同中国法治建设具体实际相结合、同中华优秀传统法律文化相结合,消化、吸收域外法治文明养分,致力法治中国理论与实践探索,构建中国法治话语,用中国法治话语阐释中国法治实践,用中国法治实践升华中国法治理论;从文化视角切入,在历史经验、中国特色与国际比较中,坚持政理、法理、道理和学理贯通,解读法律,观照法治,诠释法理,对法、法治、德治、善治等进行结构性理论阐释和通俗性思想表达,探求法律原理与真谛;以国家治理现代化的宏阔视野,从区域法治的演进脉动和生成逻辑中,探寻区域法治的理论机理、价值功能与未来前景,总结考察区域法治的鲜活实践经验,将民族区域法治归类于区域法治的学术范畴,丰富区域法治研究内容,开拓中国法学理论视界,着力以基础理论研究与应用对策研究的融合共进助推新时代中国法学创新发展。

目　录

绪论　国家治理现代化的理论维度　001

・史料钩沉・

党的领导制度在国家制度和治理体系中的统领性地位　021

第一章　新时代法治建设的道德指引　031
 一、道德：社会个体成员内心的法律　034
 二、法律：个体社会成员成文的道德　042
 三、法治：文化共识之上的良法善治　048

第二章　马克思主义法治理论中国化的最新成果　057
 一、习近平法治思想论要　059
 二、彰显法治的中国特色　091
 三、全面依法治国的科学指南　102
 四、全面从严治党法治化的基本遵循　107

・党规链接・

中国共产党党内监督条例　115
湖南出台"十必严"　加强"一把手"监督　125

第三章　法治国家及其生成逻辑　129
 一、法治国家的"语刺"　131
 二、法治国家本质与基本特征　141
 三、法治国家生成的历史逻辑　161
 四、法治国家生成的理论逻辑　170

第四章　国家结构形式与区域治理　　　　181
　　一、国家结构形式理论　　　　183
　　二、中国特色国家结构形式　　　　202
　　三、民族区域自治：中国的独特创造　　　　232
　　四、自治权及其理论基础　　　　244

第五章　区域法治前沿　　　　257
　　一、区域法治渊源　　　　260
　　二、区域法治研究缘起　　　　274
　　三、区域法治的概念辨析　　　　283
　　四、区域法治与省域治理　　　　313

• 案例讨论 •

技术创新与金融安全　　　　327

第六章　区域法治前瞻　　　　329
　　一、区域法治历史与现实　　　　333
　　二、区域法治的理论价值　　　　349
　　三、区域法治的实践意义　　　　357
　　四、区域法治的未来展望　　　　367

第七章　民族区域法治　　　　377
　　一、新中国民族区域法治与经验　　　　379
　　二、民族区域立法合作的实践探索　　　　395
　　三、民族自治地方自治立法权保障　　　　409
　　四、法治中国建设与民族区域自治　　　　451

• 协同立法 •

云贵川共同立法保护赤水河　　　　465
京津冀诞生首部区域协同立法　　　　467

后　记　　　　469

绪论

国家治理现代化的理论维度[*]

  制度优势是一个国家的最大优势,制度竞争是国家间最根本的竞争。国家治理现代化是现代国家建设的基本要义,是理论、历史与实践逻辑的统一,是制度规定性与实践多样性的统一。中国特色社会主义制度是一个严密完整的科学制度体系,其中的"四梁八柱"是根本制度、基本制度、重要制度,具有统领地位的是党的领导制度,在当代中国,国家治理现代化首要的是坚持党的领导。"中国之治"的核心是制度之治,制度之治的要义是法律之治。法治是国家现代化的必然要求,没有国家治理体系的法治化,就没有国家治理体系和治理能力的现代化。现代国家之间的竞争,表面上是经济、科技等实力的竞争,深层次上是制度优劣的竞争。法律是治国之重器,法治是国家治理体系和治理能力的重要依托;制度是治理的依据,治理是制度的实践过程;制度是规则体系的集成,法律是制度的最高形态;国家治理体系是以法治为基础而建立的规范体系和权力运行机制,国家治理能力是由制度吸纳力、制度整合力、制度执行力所构成的整体能力;国家治理不仅需要完备的法律体系,更要求法律的良好运行与有效实施,将蕴含于法律体系中的价值理念和规范效力,切实转化为治理效能;法治体系是国家治理体系的骨干工程,良法是善治之前提,法之盛衰关乎政之治乱。

---

[*] 本部分为 2019 年 11 月 25 日,笔者在中共中央党校(国家行政学院)进修一部主办"学习贯彻党的十九届四中全会精神"学员论坛所作的主题发言,基本观点摘要刊于 2019 年 11 月 29 日《光明日报》《学习时报》。

"中国之治"的核心是制度之治,制度之治的要义是法律之治。法治是国家现代化的必然要求,国家治理体系的现代化,离不开法律制度、法律体系以及法治体系的现代化,没有国家治理体系的"法治化",就没有国家治理体系和治理能力的现代化。现代国家之间的竞争,表面上是经济、科技等实力的竞争,深层次上是制度优劣的竞争。制度竞争是综合国力竞争的重要方面,制度优势是一个国家赢得战略主动的重要优势。习近平强调指出:"制度优势是一个国家的最大优势,制度竞争是国家间最根本的竞争。制度稳则国家稳。"①党的十九届四中全会专题聚焦国家制度建设,描绘"中国之治"愿景、彰显"中国之治"优势、部署"中国之治"任务,历史上第一次由中央全会专门研究国家制度和国家治理问题,具有开创性和里程碑意义。

人无自信,无以自进;国无自信,无以自强。党的十九届四中全会审议通过的《中共中央关于坚持和完善中国特色社会主义制度、推进国家治理体系和治理能力现代化若干重大问题的决定》,总结历史和面向未来相统一、保持定力和改革创新相统一、问题导向和目标导向相统一,是一个全面总结中国制度实践、概括中国制度经验、阐释中国制度优势的十分重要的文献。在总结制度实践经验和吸收以往制度理论成果的基础上,该决定第一次系统描绘了由"13个部分"组成的中国特色社会主义制度图谱,从党的领导制度体系、人民当家作主制度体系、中国特色社会主义法治体系等方面,全方位阐述中国制度的丰富内涵和科学体系,提出了一套完整的中国制度的话语体系及理论体系框架,充分展示了中国共产党在理论上的成熟,体现制度上的自觉与自信,蕴含着独特的中国智慧,建构起崭新的制度理论体系。

国家治理体系和治理能力现代化(即国家治理现代化),是中国共产

---

① 习近平:《坚持和完善中国特色社会主义制度、推进国家治理体系和治理能力现代化》(2019年10月31日),载《习近平谈治国理政》(第三卷),外文出版社2020年版,第119页。

党坚持和完善中国特色社会主义制度、履行长期执政使命的必然要求,是满足人民群众美好生活新期待、建设社会主义现代化强国的制度保障,是现代国家建构的内在逻辑和国家现代化发展的应有之义。国家治理现代化表征的是国家治理体系和治理能力与国家发展和社会进步的协调性、一致性程度。深入学习领会习近平关于中国特色社会主义国家制度和法律制度的重要论述,全面贯彻落实党的十九届四中全会精神,深刻领悟国家治理现代化的基本要义,准确把握国家治理现代化的历史性、实践性、创新性、战略性、系统性和协同性等基本特征,坚定中国特色社会主义制度自信,毫不动摇推进国家治理体系和治理能力现代化,首先要从以下五个维度提高理论认识。

一、历史维度:国家治理现代化是一个历史延续的过程,没有完成时,只有进行时

新中国是在中国共产党的坚强领导下,从积贫积弱的旧中国奋发图强站立起来的。翻开中国历史,一个显而易见的事实是:在当代中国,无论是制度的完善、体制的调整还是社会的转型,均由中国共产党主导和推动。建立一个什么样的国家制度和国家治理体系,是近代以来中国人民面临的关乎民族存亡的历史性课题。中国共产党把马克思主义国家学说同中国具体实际相结合,不断探索实践,不断改革创新,积累了新民主主义革命时期在根据地执政的宝贵经验,经历了新中国成立 70 多年特别是改革开放以来 40 多年的伟大实践,形成和发展了由党的领导和经济、政治、文化、社会、生态文明、军事、外事等方面制度构成的一整套中国特色社会主义制度和国家治理体系。

中国共产党对国家治理现代化的探索,孕育于新民主主义革命时期。中华民族是有着 5000 多年辉煌灿烂文明史的伟大民族,为人类文明进步作出了不可磨灭的贡献。在人类历史长河中,中国综合国力曾长期居世界前列。但到清朝的中后期,特别是 1840 年鸦片战争之后,由于西方列强对中国的侵略日甚一日,由于统治者的腐败无能,中国的发展开始陷入停滞,逐渐成为半殖民地半封建社会,国家蒙辱、人民蒙难、文明蒙尘,百姓陷入深重苦难之中。为了拯救民族危亡,中国人民奋起反抗,仁人志士奔走呐喊,太平天国运动、戊戌变法、义和团运动、辛亥革命接连而起,各种救国方案轮番出台,尝试了君主立宪制、议会制、总统制等各种制度模式,但都以失败而告终。中国迫切需要新的思想引领救亡运动,迫切需要新的组织凝聚革命力量,建立新制度,进行国家建设。

在历史的大浪淘沙中,中国人民选择了用马克思主义科学真理武装起来的中国共产党。1921年中国共产党诞生,"中国产生了共产党,这是开天辟地的大事变,深刻改变了近代以后中华民族发展的方向和进程,深刻改变了中国人民和中华民族的前途和命运,深刻改变了世界发展的趋势和格局"[①]。中国革命进入了全新的发展阶段,中国共产党团结带领中国人民经过28年浴血奋战,打败日本帝国主义,推翻国民党反动统治,完成新民主主义革命,建立现代国家,实现了从几千年封建专制政治向人民民主的历史性跨越,国家治理现代化成为可能。新中国成立前夕,中国人民政治协商会议通过的《中国人民政治协商会议共同纲领》(以下简称《共同纲领》)对作为国家根本政治制度的人民代表大会制度以及作为国家基本政治制度的中国共产党领导的多党合作和政治协商制度、民族区域自治制度已经有所规定,作为基本政治制度的基层群众自治制度虽然没有在《共同纲领》中作出明确规定,但在新中国成立之初也已有雏形。此外,外交和国防等领域的一些制度在那时也已经建立起来。

1949年10月,中华人民共和国的成立,开创了中华民族的新纪元,中国人民从此站起来了!中国人民从深受奴役和压迫的半殖民地半封建社会进入了人民当家作主的新时代,中华民族的历史发展从此开启了新的历史纪元,现代国家建设、国家治理现代化从此起步。中国共产党团结带领全国各族人民奠基国家制度,确立社会主义基本政治制度、经济制度,消灭一切剥削制度,从国体、政体以及各方面立起了国家制度体系的"四梁八柱",为当代中国一切发展进步奠定了根本政治前提和制度基础,在一个人口众多、地域辽阔但百废待兴的大国,建立新型现代国家制度,真

---

① 习近平:《在庆祝中国共产党成立100周年大会上的讲话》(2021年7月1日),载《求是》2021年第14期。

正实现了国家统一、人民自由、民族团结、天下大治,各族人民在历史上第一次真正获得了平等的政治权利、共同当家做了主人,人民第一次成为国家、社会和自己命运的主人。

1978年12月,党的十一届三中全会召开,不仅开启了改革开放和社会主义现代化建设的新时期,而且开启了对已经建立的制度进行完善、对尚未建立的制度进行补充的新阶段,国家治理现代化踏上新征程。全会公报提出:"为了保障人民民主,必须加强社会主义法制,使民主制度化、法律化,使这种制度和法律具有稳定性、连续性和极大的权威,做到有法可依,有法必依,执法必严,违法必究。"从此,发展社会主义民主、健全社会主义法制成为党和国家坚定不移的方针,中国共产党以社会主义现代化的全新视角思考和探索国家治理问题,全面加快改革步伐,改革党和国家制度,开辟中国特色社会主义道路,形成中国特色社会主义理论体系,确立中国特色社会主义制度,释放国家制度活力,实现了经济改革、经济繁荣、社会进步、对外开放、融入世界的发展新格局。1980年8月,改革开放的总设计师邓小平在总结"文化大革命"的教训时鲜明指出:"领导制度、组织制度问题更带有根本性、全局性、稳定性和长期性。""制度好可以使坏人无法任意横行,制度不好可以使好人无法充分做好事,甚至会走向反面。"①改革开放是中国走向复兴之路、实现强国梦想的必由之路。

党的十八大以来,以习近平同志为核心的党中央举旗定向、谋篇布局、强基固本、开拓创新,管党治党与国家治理有机结合,依法治国与制度治党、依规治党统筹推进,不断完善、加强党和国家制度建设,党的领导和党的建设全面加强,党的执政能力和领导水平显著提高,国家制度创新前所未有,国家治理体系不断完善、治理能力大幅提升,国家治理现代化开创新局面。党的十九大之后,在总结历史经验特别是党的十八大以来全面从严治党成功经验的基础上,毫不动摇坚持和完善党的领导、继续推进党的建设新的伟大工程,以党的执政现代化引领国家治理现代化。"整体

---

① 邓小平:《党和国家领导制度的改革》(一九八〇年八月十八日),载《邓小平文选》(第二卷),人民出版社1994年版,第333页。

性推进中央和地方各级各类机构改革,重构性健全党的领导体系、政府治理体系、武装力量体系、群团工作体系,系统性增强党的领导力、政府执行力、武装力量战斗力、群团组织活力,适应新时代要求的党和国家机构职能体系主体框架初步建立,为完善和发展中国特色社会主义制度、推进国家治理体系和治理能力现代化提供了有力组织保障。"[1]

国家治理现代化体现了现代国家建构的过程,国家治理的成败取决于国家治理的制度逻辑及其治理的有效性。习近平指出:"在中国建立什么样的政治制度,是近代以后中国人民面临的一个历史性课题。为解决这一历史性课题,中国人民进行了艰辛探索。"[2]中国共产党对国家治理现代化100年的思考与探索、新中国70多年国家治理的成功实践,创造了可持续的经济发展、可持续的社会稳定奇迹,实现了第一个百年奋斗目标,在中华大地上全面建成了小康社会,历史性地解决了绝对贫困问题,为实现中华民族伟大复兴提供了坚实的物质基础和制度基石。"中国共产党和中国人民以英勇顽强的奋斗向世界庄严宣告,中华民族迎来了从站起来、富起来到强起来的伟大飞跃,实现中华民族伟大复兴进入了不可逆转的历史进程!"[3]

二、实践维度:国家治理现代化是一个动态的探索过程,生成于实践,成型于制度

国家治理是制度科学构建与有效运行的动态实践过程。制度是一国之本、国之纲纪,是经济、政治、文化等领域发展实践、发展理念的结晶,是治国之重器、文明进程的成果;治理是制度的实践,是制度的集中体现,经济发展、科学技术、人民生活、社会稳定、生态环境、军事实力、国际地位等,都能从不同方面反映一个国家的综合国力。中华文明能够长期延续、不断发展的一个重要原因,就在于内涵丰富、各具特色的制度逐步发展成

---

[1] 习近平:《继续完善党和国家机构职能体系》(2019年7月5日),载《习近平谈治国理政》(第三卷),外文出版社2020年版,第105页。
[2] 习近平:《在庆祝全国人民代表大会成立六十周年大会上的讲话》(2014年9月5日),载《求是》2019年第18期。
[3] 习近平:《在庆祝中国共产党成立100周年大会上的讲话》(2021年7月1日),载《求是》2021年第14期。

为一整套制度体系,为国家治理提供了制度保障。① 制度自信来自对历史经验的深刻总结,也来自对现实问题的深入思考。进入新时代,走向历史盛世,实现长治久安,开辟中国特色社会主义国家治理新高度,突破治乱循环的历史惯性,巩固和发展中国特色社会主义事业的辉煌成就,国家治理效能全面提升,是中国特色社会主义制度及其执行能力的最好诠释。

国家治理现代化是循序渐进的创造性实践,每个国家实行的制度,是与其国情和社会、经济、政治发展阶段和现实相适应的。马克思曾精辟指出:"人们自己创造自己的历史,但是他们并不是随心所欲地创造,并不是在他们自己选定的条件下创造,而是在直接碰到的、既定的、从过去承继下来的条件下创造。"②中国特色社会主义国家制度和法律制度,植根于中华民族5000多年文明史所积淀的深厚历史文化传统,吸收借鉴人类制度文明有益成果,打造出独特新型的现代国家能力,经过长期实践检验,国家制度和国家治理体系形成了包括坚持党的集中统一领导、坚持人民当家作主、坚持全面依法治国、坚持各民族一律平等等 13 个方面的显著优势③,涵盖改革发展稳定、内政外交国防、治党治国治军各方面,是党领导

---

① 参见卜宪群:《不断深化中国古代制度史研究》,载《人民日报》2020 年 6 月 22 日。
② 马克思:《路易·波拿巴的雾月十八日》,载《马克思恩格斯选集》(第一卷),人民出版社 2012 年版,第 669 页。
③ 坚持党的集中统一领导,坚持党的科学理论,保持政治稳定,确保国家始终沿着社会主义方向前进的显著优势;坚持人民当家作主,发展人民民主,密切联系群众,紧紧依靠人民推动国家发展的显著优势;坚持全面依法治国,建设社会主义法治国家,切实保障社会公平正义和人民权利的显著优势;坚持全国一盘棋,调动各方面积极性,集中力量办大事的显著优势;坚持各民族一律平等,铸牢中华民族共同体意识,实现共同团结奋斗、共同繁荣发展的显著优势;坚持公有制为主体、多种所有制经济共同发展和按劳分配为主体、多种分配方式并存,把社会主义制度和市场经济有机结合起来,不断解放和发展社会生产力的显著优势;坚持共同的理想信念、价值理念、道德观念,弘扬中华优秀传统文化、革命文化、社会主义先进文化,促进全体人民在思想上精神上紧紧团结在一起的显著优势;坚持以人民为中心的发展思想,不断保障和改善民生、增进人民福祉,走共同富裕道路的显著优势;坚持改革创新、与时俱进,善于自我完善、自我发展,使社会充满生机活力的显著优势;坚持德才兼备、选贤任能,聚天下英才而用之,培养造就更多更优秀人才的显著优势;坚持党指挥枪,确保人民军队绝对忠诚于党和人民,有力保障国家主权、安全、发展利益的显著优势;坚持"一国两制",保持香港、澳门长期繁荣稳定,促进祖国和平统一的显著优势;坚持独立自主和对外开放相统一,积极参与全球治理,为构建人类命运共同体不断作出贡献的显著优势。参见《中共中央关于坚持和完善中国特色社会主义制度、推进国家治理体系和治理能力现代化若干重大问题的决定》,载《中国共产党第十九届中央委员会第四次全体会议文件汇编》,人民出版社 2019 年版,第 19—21 页。

人民创造经济快速发展和社会长期稳定"两大奇迹"的根本保障所在,是"中国之治"的制度"密码"所在,也是坚定"四个自信"的基本依据所在。其中,党的领导是根本、是统领,党的领导制度是国家的根本领导制度,坚持党的集中统一领导,是国家政治稳定、社会和谐的根本保证。① 党的领导、人民当家作主、依法治国有机统一是治国之要、强国之基。

加强和完善国家治理,赓续中华文明,在文化传承中推进国家治理现代化,预示着中国特色社会主义的光明未来。中华民族历史上治乱交替的惨痛深刻教训,让全党和全国各族人民倍加珍惜今天来之不易的大好局面。经济发展、文化繁荣、社会和谐、政治稳定、人民安居乐业是新时代中国的显著特征。从富起来到强起来的历史性飞跃,不仅仅是一个经济规模或生活水平的量的提升过程,更是一个经济、政治、文化、社会和生态文明协调发展的过程,一个国家治理体系的深刻变革过程。党的十八大以来,以习近平同志为核心的党中央坚持统筹推进"五位一体"总体布局、协调推进"四个全面"战略布局,坚定不移地谋划改革、推动改革、落实改革,运用改革优势、制度优势、治理优势应对风险挑战冲击,推动中国特色社会主义制度更加完善,国家治理体系和治理能力现代化水平明显提高,国家治理取得历史性成就、发生历史性变革。

进入新时代的中国,既是意气风发的中国,也是超大规模的富强中国;既是以人为本的善政中国,也是奋斗筑梦的精彩中国。回望 2020 年上半年所走过的艰难抗疫路程,不难发现,中国之所以能够用 1 个多月的时间遏制疫情蔓延势头,用 3 个月时间取得武汉保卫战、湖北保卫战的决定性成果,疫情防控阻击战取得重大战略成果,以及北京以大国首都和全球特大城市的身份,为全球疫情防控提供中国样本,一个根本原因就在于

---

① 回首近百年来的接续奋斗,中国从积贫积弱迈向繁荣富强,中华民族实现从站起来、富起来到强起来的伟大飞跃,党的领导是根本、是关键,这是在中国革命、建设、改革各个历史时期不断被历史和实践反复证明了的真理,并在 2020 年的抗"疫"斗争中又一次得到新的验证:面对突如其来的新冠肺炎疫情,席卷全球规模空前的公共卫生危机,在同一时期不同国家遭遇同样的治理危机所采取的不同对策,深刻而生动地体现了不同制度的差异性,以及不同制度在特定重大议题上的价值抉择和应对优劣,如生命健康是否应当优先。无论是决胜脱贫攻坚、疫情防控救治,还是防汛抢险救灾,都是中国政府对"人民至上、生命至上"的最好诠释。

独具优势的中国制度为战胜疫情提供了坚实保障。无论是党的领导所起的关键作用、思想力量所起的引领作用,还是国家力量所起的基础性作用、人民力量所起的决定性作用、道德力量所起的激励作用,都无不彰显着中国特色社会主义制度以及国家治理体系所具有的显著优势与强大生命力。

习近平指出:"制度更加成熟更加定型是一个动态过程,治理能力现代化也是一个动态过程,不可能一蹴而就,也不可能一劳永逸。我们提出的国家制度和国家治理体系建设的目标必须随着实践发展而与时俱进,既不能过于理想化、急于求成,也不能盲目自满、故步自封。"① 中国特色社会主义国家制度和法律制度,生长于中国社会土壤,形成于革命、建设、改革的长期实践,植根中华历史文化传统,吸收借鉴人类制度文明有益成果,凝聚共同理想信念、文化共识、价值理念和道德观念,具有深厚中华文化根基和包容性,经过长期实践检验,国家制度和国家治理体系特色鲜明,优势独特,生机盎然。融通中华传统治国智慧,批判吸纳域外治理经验,顺应时代潮流,尊重治理规律,国家治理体系日臻完善,国家治理能力显著增强,我们现在正在做的,就是在坚持和完善中国特色社会主义制度的实践中推进国家治理体系和治理能力现代化。置身国家治理现代化的火热实践,各级领导干部要永葆革命热情,增强斗争本领,立足本职岗位和职能职责,以制度自信推动制度落实,始终做国家制度的忠诚拥护者、坚定捍卫者、忠实执行者和积极传播者。

三、创新维度:国家治理现代化是一个与时俱进的过程,从来没有最好,只有更好

中国制度蕴含的中国智慧,既体现在把中国特色的理论思维运用于制度实践的探索中,又表现在制度理论的建构上。中国特色社会主义制度的创立、建设、改革和发展的实践,推动了中国制度理论的创新发展。《中共中央关于坚持和完善中国特色社会主义制度、推进国家治理体系和治理能力现代化若干重大问题的决定》对中国特色社会主义制度进行了

---

① 习近平:《坚持和完善中国特色社会主义制度、推进国家治理体系和治理能力现代化》(2019年10月31日),载《习近平谈治国理政》(第三卷),外文出版社2020年版,第127页。

系统的科学阐释,全面回答了在我国国家制度和国家治理上,紧紧围绕"坚持和巩固什么,完善和发展什么"这个重大政治问题,提出了一系列新思想新观点新举措,既有理论上的新概括又有实践上的新要求,是坚持和完善中国特色社会主义制度、推进国家治理体系和治理能力现代化的政治宣言和行动纲领,是一篇马克思主义的纲领性文献,是从政治上、全局上、战略上全面考量,立足当前、着眼长远作出的重大决策,为推动各方面制度更加成熟更加定型提供了基本遵循和根本指引。

中国特色社会主义制度是中国特色社会主义道路的灵魂,是当代中国发展进步的根本保证。"明者因时而变,知者随事而制。"① 习近平在中央政治局第十七次集体学习时强调:"我们要在坚持好、巩固好已经建立起来并经过实践检验的根本制度、基本制度、重要制度的前提下,坚持从我国国情出发,继续加强制度创新,加快建立健全国家治理急需的制度、满足人民日益增长的美好生活需要必备的制度。要及时总结实践中的好经验好做法,成熟的经验和做法可以上升为制度、转化为法律。"② 创新国家治理体系,提高国家治理能力,要牢牢把握和充分发挥中国特色社会主义国家制度和治理体系的显著优势,释放制度活力,将制度优势转换为国家治理效能。

国家治理涉及多领域、多层次、多维度的制度安排,改革是国家治理的变革图新,是推动国家发展的根本动力。国家治理现代化本质上是国家权力配置与运行的转型升级,实现权力配置更加科学、运行更加有序、监督更加有效。党的十八届三中全会首次提出"推进国家治理体系和治理能力现代化"这个重大命题,把完善和发展中国特色社会主义制度、推进国家治理体系和治理能力现代化确定为全面深化改革的总目标,新时代全面深化改革开辟新高度,国家制度创新前所未有,全面深化改革的成效举世瞩目。经过7年多的持续努力,许多领域实现历史性变革、系统性重塑、整体性重构,重要领域改革主体框架基本确立,重点领域和关键环

---

① (汉)桓宽:《盐铁论·忧边》。
② 《继续沿着党和人民开辟的正确道路前进 不断推进国家治理体系和治理能力现代化》,载《人民日报》2019年9月25日。

节改革取得突破性进展，主要领域基础性制度体系基本形成，336项重大改革举措、2000多项具体制度落地落实，为推动中国特色社会主义在各方面建立一整套更加成熟更加定型的制度打下了更加坚实的基础，国家治理效能得到全面提升。

中国国家制度和国家治理体系具有强大的自我完善能力，展现出旺盛的制度活力。当今世界正经历百年未有之大变局，我国正处于实现中华民族伟大复兴关键时期。社会主义制度在中国的建立和完善，给国家和社会发展带来了根本性、决定性的优势。中国特色社会主义制度特色鲜明，优势独特，生机盎然。新中国70多年社会主义事业的蓬勃发展，党的十八大以来全面深化改革的成功实践、2020年抗击新冠肺炎疫情的伟大斗争，已经充分表明并将继续证明，中国共产党领导和我国社会主义制度、国家治理体系具有强大生命力和巨大优越性，能够战胜任何艰难险阻，能够持续推动拥有超十四亿人口的东方大国进步和发展，确保实现全面建成社会主义现代化强国的第二个百年奋斗目标，并为人类文明进步不断作出新的重大贡献。正如习近平所指出："随着中国特色社会主义不断发展，我们的制度必将越来越成熟，我国社会主义制度的优越性必将进一步显现，我们的道路必将越走越宽广，我国发展道路对世界的影响必将越来越大。"①

四、战略维度：国家治理现代化是一个长远的战略过程，必须科学谋划，统筹推进

国家制度维护社会运行秩序、调节社会关系矛盾、确立社会行为导向，对于国家稳定发展发挥着重要的"压舱石"作用。中国特色社会主义现代化，是在中国共产党领导下实现的现代化。推进国家治理现代化，展示了中国人民卓越的制度创造力、中国共产党高超的国家治理智慧和能力，彰显了以习近平同志为核心的党中央高瞻远瞩的战略眼光和强烈的历史担当，同时表明我们党对国家治理、对中国特色社会主义制度建设规律的认识达到了又一个崭新高度，是马克思主义国家学说、国家建设理论

---

① 习近平：《关于坚持和发展中国特色社会主义的几个问题》，载《求是》2019年第7期。

中国化的最新成果。邓小平指出:"改革并完善党和国家各方面的制度,是一项艰巨的长期的任务,改革并完善党和国家的领导制度,是实现这个任务的关键。"①

国家治理依照中国特色社会主义制度而展开,国家治理体系和治理能力是国家制度及其执行能力的集中体现。"中国特色社会主义制度是一个严密完整的科学制度体系,起四梁八柱作用的是根本制度、基本制度、重要制度,其中具有统领地位的是党的领导制度。"②中国最大的国情就是中国共产党的领导,在当代中国,推进国家治理体系和治理能力现代化,首要的就是要毫不动摇地坚持中国共产党的领导。《中共中央关于坚持和完善中国特色社会主义制度、推进国家治理体系和治理能力现代化若干重大问题的决定》指出:"中国共产党领导是中国特色社会主义最本质的特征,是中国特色社会主义制度的最大优势,党是最高政治领导力量。必须坚持党政军民学、东西南北中,党是领导一切的,坚决维护党中央权威,健全总揽全局、协调各方的党的领导制度体系,把党的领导落实到国家治理各领域各方面各环节。"

国家制度是定国安邦的根本,具有全局性、稳定性和长期性,关乎根本,决定长远,关系党和国家事业发展全局。大国强盛,制度稳定、制度变革至关重要,制度兴则国家兴,制度稳则国家稳,制度强则国家强。党的十九届四中全会强调,坚持和完善中国特色社会主义制度、推进国家治理体系和治理能力现代化,是全党的一项重大战略任务。《中共中央关于坚持和完善中国特色社会主义制度、推进国家治理体系和治理能力现代化若干重大问题的决定》以制度之维凸显制度之治和制度权威的极端重要性,"国家治理一切工作和活动都依照中国特色社会主义制度展开",突出党的领导制度在国家治理体系中的统摄性地位,提出了完善坚定维护党中央权威和集中统一领导、健全党的全面领导制度的各项制度,把健全维

---

① 邓小平:《党和国家领导制度的改革》(一九八〇年八月十八日),载《邓小平文选》(第二卷),人民出版社1994年版,第342页。

② 习近平:《坚持和完善中国特色社会主义制度、推进国家治理体系和治理能力现代化》(2019年10月31日),《习近平谈治国理政》(第三卷),外文出版社2020年版,第125页。

护党的集中统一的组织制度作为坚持和完善党的领导制度体系的重要内容,纳入国家制度和国家治理体系之中。

党的十九届四中全会从党和国家事业发展的全局和长远出发,准确把握我国国家制度和国家治理体系的演进方向和规律,清晰擘画了国家制度与国家治理体系和治理能力建设"三步走"的总体目标、明确的路线图和三阶段时间表。《中共中央关于坚持和完善中国特色社会主义制度、推进国家治理体系和治理能力现代化若干重大问题的决定》提出:"坚持和完善中国特色社会主义制度、推进国家治理体系和治理能力现代化的总体目标是,到我们党成立一百年时,在各方面制度更加成熟更加定型上取得明显成效;到二〇三五年,各方面制度更加完善,基本实现国家治理体系和治理能力现代化;到新中国成立一百年时,全面实现国家治理体系和治理能力现代化,使中国特色社会主义制度更加巩固、优越性充分展现。"

党的十九届四中全会重点对各级党委和政府以及全体领导干部提出具体要求:切实强化制度意识,带头维护制度权威,以身示范,做制度执行的表率,带动全党全社会自觉尊崇制度、严格执行制度、坚决维护制度;加强制度理论研究和宣传教育,引导全党全社会充分认识中国特色社会主义制度的本质特征和优越性,坚定制度自信;推动广大干部严格按照制度履行职责、行使权力、开展工作,提高推进"五位一体"总体布局和"四个全面"战略布局等各项工作能力和水平;建立健全权威高效的制度执行机制,加强制度执行监督,坚决杜绝做选择、搞变通、打折扣的现象发生。

五、协同维度:国家治理现代化是一个系统集成的过程,必须顶层设计,整体联动

推进国家治理现代化,就是要推动中国特色社会主义制度不断自我完善和发展,跳出"其兴也勃焉,其亡也忽焉"的历史周期率,开创良制善治新辉煌。党的十九届四中全会围绕坚持和完善支撑中国特色社会主义制度的根本制度、基本制度、重要制度,提出了坚持和完善党的领导制度体系、坚持和完善人民当家作主制度体系、坚持和完善中国特色社会主义法治体系等涵盖13大领域的重点任务①,既阐明了必须牢牢坚持的重大制度和原则,又部署了推进制度建设的重大任务和举措,明确了国家制度和治理体系必须坚持和巩固的根本点、完善和发展的着力点。坚持和完善党的领导根本制度、坚持和完善人民民主专政根本制度、坚持和完善人民代表大会根本制度、坚持和完善马克思主义在意识形态领域指导地位根本制度、坚持和完善党对人民军队的绝对领导根本制度是最根本的要求和保证。对于这些体现中国特色社会主义本质特征和国家性质,从根本上保证中国特色社会主义方向,在中国特色社会主义制度中起决定性作用的根本制度,任何时候任何情况下都只能巩固而不能动摇,只能完善而不能削弱。

"犯其至难而图其至远。"②法律是治国之重器,法治是国家治理体系和治理能力的重要依托;制度是治理的依据,治理是制度的实践过程;制度是规则体系的集成,法律是制度的最高形态;国家治理体系是以法治为基础而建立的规范体系和权力运行机制,国家治理能力是由制度吸纳力、制度整合力、制度执行力所构成的整体治理能力;国家治理不仅需要完备的法律体系,更要求法律的良好运行与有效实施,将蕴含于法律体系中的价值理念和规范效力,切实转化为治理效能;法治体系是国家治理体系的骨干工程,良法是善治之前提,法之盛衰关乎政之治乱。所以,正是从这

---

① 参见《中共中央关于坚持和完善中国特色社会主义制度、推进国家治理体系和治理能力现代化若干重大问题的决定》,载《中国共产党第十九届中央委员会第四次全体会议文件汇编》,人民出版社2019年版,第30—32页。例如,在"坚持和完善人民当家作主制度体系,发展社会主义民主政治"部分,指出要"坚持和完善民族区域自治制度。坚定不移走中国特色解决民族问题的正确道路,坚持各民族一律平等,坚持各民族共同团结奋斗、共同繁荣发展,保证民族自治地方依法行使自治权,保障少数民族合法权益,巩固和发展平等团结互助和谐的社会主义民族关系。坚持不懈开展马克思主义祖国观、民族观、文化观、历史观宣传教育,打牢中华民族共同体思想基础。全面深入持久开展民族团结进步创建,加强各民族交往交流交融。支持和帮助民族地区加快发展,不断提高各族群众生活水平"。在"坚持和完善中国特色社会主义法治体系,提高党依法治国、依法执政能力"部分,指出"建设中国特色社会主义法治体系、建设社会主义法治国家是坚持和发展中国特色社会主义的内在要求。必须坚定不移走中国特色社会主义法治道路,全面推进依法治国,坚持依法治国、依法执政、依法行政共同推进,坚持法治国家、法治政府、法治社会一体建设,加快形成完备的法律规范体系、高效的法治实施体系、严密的法治监督体系、有力的法治保障体系,加快形成完善的党内法规体系,全面推进科学立法、严格执法、公正司法、全民守法,推进法治中国建设"。

② (宋)苏轼:《思治论》。

个意义上说,法是立国的根本制度①。在社会生活中,大至国家行政,小到民众日常,无不与制度相关。大国治理,机杼万端,要在中央,事在四方。从基层社会治理而言,推进国家治理体系和治理能力现代化,更加需要从一件一件具体的事情做起,下足"绣花功夫"。

国家治理既是宏大的,又是具体的;既是宏观的,又是微观的;不仅是国家政治活动的反映,更体现在民众的日常生活中。国家制度价值要通过细化制度安排、形成务实管用的治理体系来实现,具体制度必须有效对接民众生活,治理效能才能充分显现,民众的获得感幸福感才有可能如影随形。很自然,如果没有有效的治理能力,再好的制度也难以发挥作用。2019年12月,习近平在中央政治局专题民主生活会上强调:"党和国家各方面工作越来越专业化、专门化、精细化,国家治理能力既体现在我们把方向、谋大局、定政策、促改革的综合能力上,也体现在我们处理每一个方面事情和每一项工作的具体本领上。"②推进国家治理现代化、全面深化改革,既要保持中国特色社会主义制度和国家治理体系的稳定性和延续性,又要抓紧制定国家治理体系和治理能力现代化急需的制度、满足人民对美好生活新期待必备的制度,推动中国特色社会主义制度不断自我完善和发展,永葆生机活力。

治国安邦,治理之要,重在基层。在国家治理体系中,基层治理直接触摸着社会冷暖和民生百态,基层治理有力有效,能够助力社会和谐稳定、人民平安幸福;基层运转通畅顺畅,能够用一根根"针"穿起"千条线",绣出"中国之治"锦绣画卷。推进国家治理体系和治理能力现代化,优化基层治理尤为关键,治理有效,关键在于治理精准,推动社会治理的科学化、系统化、精细化和智能化,只有做好了"末梢治理"的大文章,构建起

---

① 早在古罗马时期,法学家西塞罗就指出,国家乃是人民的事业,但人民不是某种随意聚合的集合体,而是很多人基于法的一致和共同的利益而联合起来的集合体。"国家是一个民族的财产。但是一个民族并不是随随便便一群人,不管以什么方式聚集起来的集合体,而是很多人依据一项关于正义的协议和一个为了共同利益的伙伴关系而联合起来的一个集合体。"参见〔古罗马〕西塞罗:《国家篇 法律篇》,沈叔平、苏力译,商务印书馆2009年版,第35页。
② 《带头把不忘初心牢记使命作为终身课题 始终保持共产党人的政治本色和前进动力》,载《人民日报》2019年12月28日。

"纵向到底、横向到边"的共建共治共享社区治理体系,不断提高基层治理能力,以人民群众可见可感的行动使治理直抵民心,基层社会治理才会更有温度、精度、广度与力度,民众生活和办事才能更方便,表达诉求的渠道更畅通,感觉更平安、更幸福。

譬如,"最多跑一次"、政务服务"跨省通办",不仅仅是便民举措,更是政府服务的重构再造;精准脱贫、精准帮扶,不仅仅是治理方式之变,更是为民政府的应有担当;司法改革、公正审判,不仅仅是司法正义,更是法治阳光普照生命个体的甘甜雨露。而当城市交通拥堵、垃圾扰民成为常态,法定休息日加班成为常态,"黄金周"小汽车免费通行导致高速公路堵塞成灾,决策部门却视而不见,如此等等,所谓现代化治理就一定还只是停留在概念的门槛,难言精细化。因此,健全为民谋利、为民办事、为民解忧的体制机制,更加广泛地问需、问计、问效于民;建立政社互动、政企互动、政民互动、干群互动的联动机制,有序引导公众参与城市管理和社会治理,帮助查找问题不足,优化公共管理服务措施,推动形成"民众点单、社区定单、政府端菜"的互动协同良好治理格局,是推进国家治理体系和治理能力现代化的题中应有之义。

在具体的治理实践中,人们常常会提出这样的疑问:同样的国度、同样的制度为什么治理绩效有着天壤之别?国家治理现代化的核心是国家治理能力问题。习近平指出:"推进国家治理体系和治理能力现代化,就是要适应时代变化,既改革不适应实践发展要求的体制机制、法律法规,又不断构建新的体制机制、法律法规,使各方面制度更加科学、更加完善,实现党、国家、社会各项事务治理制度化、规范化、程序化。要更加注重治理能力建设,增强按制度办事、依法办事意识,善于运用制度和法律治理国家,把各方面制度优势转化为管理国家的效能,提高党科学执政、民主执政、依法执政水平。"[①]因此,各级党委和政府要坚持问题和效果导向,着力固根基、扬优势、补短板、强弱项,推动资源下沉,建强基层组织,把资源

---

① 习近平:《切实把思想统一到党的十八届三中全会精神上来》(2013年11月12日),载《习近平谈治国理政》(第一卷),外文出版社2014年版,第92页。

向基层倾斜、向一线倾斜,将基层治理的目标聚焦在不断增强百姓的获得感、幸福感、安全感上;要以党建为引领,以人民为中心,以法治为依托,以科技为支撑,创新社会治理,提高治理能力。

当前,以智能化、数字化、网络化为鲜明特征的治理现代化步伐不断加快,必须大力促进区块链、大数据、人工智能等现代科技有效嵌入社会治理全过程,构建精细化服务感知、精准化风险识别、网格化行动协作的智慧治理平台。"要鼓励基层大胆创新、大胆探索,及时对基层创造的行之有效的治理理念、治理方式、治理手段进行总结和提炼,不断推动各方面制度完善和发展。"①具体来说,就是要顺应发展需要,呼应群众期盼,找准解决之道,让创新为治理赋能,以开创性的改革探索优化制度设计,实践生成制度,完善治理体系;以严格的制度执行激发创新活力,增强执行能力,提高治理水平;以党建引领、合作行动创造治理动力,构建共建共治共享基层社会治理新格局,探索"政治、自治、法治、德治、智治"融合共治,让政府治理和居民自治形成良性互动;以大数据融通助推社会治理精准化、公共服务高效化,确保以人民为中心的发展思想落地生根,全面夯实、筑牢"平安中国"的社会根基。

任何国家的存在都需要有价值作为基础,否则国家就成为纯粹工具性的暴力机构。但好的国家治理并不是理想的现实化过程,而是从现实出发,不断靠近理想的过程。近代以来,我们在西方文化的压力下,过于重视制度移植,而忽视了内生性制度的设计,否定了中国数千年历史所积累的国家治理的经验,从而使得我们难以真正建立起对基于自身文明的制度的信心。② 近代中国变法思想家严复曾经说:"非新无以为进,非旧无以为守。"③国家治理现代化是理论、历史与实践逻辑的统一,制度规定性与实践多样性的统一。我们坚信,只要全党毫不动摇地坚持以习近平新

---

① 习近平:《坚持和完善中国特色社会主义制度、推进国家治理体系和治理能力现代化》(2019年10月31日),载《习近平谈治国理政》(第三卷),外文出版社2020年版,第128页。

② 参见干春松:《从文明的高度来理解秩序——读潘岳〈秦汉与罗马〉》,http://www.china.com.cn/opinion2020/2020-09/17/content_76713768.shtml,2020年10月3日访问。

③ (清)严复:《主客平议》。

时代中国特色社会主义思想为指引,深入贯彻落实党的十九届四中全会精神,全面加强党对国家治理现代化的集中统一领导,以党的建设统领国家治理体系和治理能力建设,就一定能把制度优势更好转化为国家治理效能,中国特色社会主义制度必将更加成熟更加定型、更加完善、更加巩固,优越性将充分展现,不断迈向"中国之治"新境界,开创良制善治新辉煌,同时为人类进步探索建设更好社会制度贡献中国智慧、提供中国方案。

· 史料钩沉 ·

党的领导制度在国家制度和治理体系中的统领性地位

——大国主席制发端：1949—1954 年的中央政府

> 我们必须有一个大家共同承认的领袖，这样的领袖能够带着我们前进。三十年革命运动的实践使中国人民有了自己的领袖，就是毛泽东。①
>
> ——周恩来

习近平在党史学习教育动员大会上的重要讲话中强调指出："旗帜鲜明讲政治、保证党的团结和集中统一是党的生命，也是我们党能成为百年大党、创造世纪伟业的关键所在。""要教育引导全党从党史中汲取正反两方面历史经验，坚定不移向党中央看齐，不断提高政治判断力、政治领悟力、政治执行力，切实增强'四个意识'、坚定'四个自信'、做到'两个维护'，自觉在思想上政治上行动上同党中央保持高度一致，确保全党上下拧成一股绳，心往一处想、劲往一处使。"②以制度创新保障党的团结和集中统一，确保党的领导制度在国家制度和国家治理体系中的统领性地位，是我们党加强自身建设和治国理政的优良传统、宝贵经验。

中央政府是一国政治体制的支柱，决定着国家的基本面貌。新中国成立以来，中央政府经历过多次变革，这也反映出国家机构设置、变迁受制度条件和具体环境的影响，是国家制度、国家治理体系和治理能力现代化的必然要求。政治学、宪法学界在关于国家权力配置的研究中，1949—

---

① 周恩来：《学习毛泽东》(1949 年 5 月 7 日)，载《周恩来选集》(上卷)，人民出版社 1980 年版，第 331 页。

② 习近平：《在党史学习教育动员大会上的讲话》(2021 年 2 月 20 日)，载《求是》2021 年第 7 期。

1954年的历史常常被忽视,其实,这一时期中央政府制度设计具有鲜明的历史特征。正如法国著名思想家孟德斯鸠所说,共和国的初创时期,是由领袖来塑造制度。① 奠基中国社会主义新型国家,以毛泽东为代表的中国共产党主要领导人的政治智慧凝结成具体制度,中央政府架构体现了新中国初创时期的中央政府架构,体现了中国共产党全面执政对国家治理的深刻认知,对中央政府功能与作用的创新思考,并选择了主席制的具体制度形式。

新中国政治体制初创的历史背景

新民主主义革命取得伟大胜利。 新中国的政治体制是中国共产党人长期思考和艰辛探索的结果。1921年,中国共产党应运而生,登上中国历史政治舞台。中国成立了共产党,这是开天辟地的大事变,中国革命的面貌由此焕然一新。从此,中国人民谋求民族独立、人民解放和国家富强、人民幸福的斗争就有了主心骨。中国共产党领导中国人民经过28年艰苦卓绝的伟大斗争,推翻了帝国主义、封建主义和官僚资本主义的统治。1949年4月下旬南京解放后,全国革命形势的发展迅猛推进,解放战争已经取得压倒性胜利,夺取新民主主义革命的全面胜利也近在眼前,建立新中国的任务被提上了历史日程,一个独立、统一、民主、自由的新中国,犹如"光芒四射喷薄欲出的一轮朝日"。此时,中国共产党人必须系统思考:全面执政的新生共和国应该是一个什么样的政府形式?中央政府具体应该如何设计?

1949年7月1日是中国共产党28周岁的生日,《人民日报》《光明日报》等各大报纸头版刊登了毛泽东的署名文章《论人民民主专政》。文章鲜明指出:"对人民内部的民主方面和对反动派的专政方面,互相结合起来,就是人民民主专政";"人民民主专政的基础是工人阶级、农民阶级和

---

① "在社会制度刚刚产生出来时,共和国的首脑们就缔造了共和国的制度,而后来则是共和国的制度造成了共和国的首脑。"参见〔法〕孟德斯鸠:《罗马盛衰原因论》,婉玲译,商务印书馆2009年版,第2页。

城市小资产阶级的联盟,而主要是工人和农民的联盟";"工人阶级(经过共产党)领导的以工农联盟为基础的人民民主专政";"这就是我们的公式,这就是我们的主要经验,这就是我们的主要纲领"。①毛泽东关于人民民主专政的系统思想,创造性发展了马克思列宁主义国家学说,与其在七届二中全会上的报告一起,共同构成建立新中国的两块基石,成为中国人民政治协商会议(即新政治协商会议)通过《共同纲领》的理论和政策基础。

毛泽东同志具有崇高领袖威望。 在波澜壮阔的中国革命斗争实践中,毛泽东的核心地位逐步形成和确立。1934年10月,中央革命根据地第五次反围剿失利后,中共中央、中央红军被迫离开井冈山革命根据地,踏上战略转移的漫漫征程。长征途中,特别是从1935年1月遵义会议开始②,毛泽东以其坚定的信念、顽强的意志、卓越的军事理论和非凡的作战指挥才能、系统的理论创新成果、高超的政治智慧与斗争艺术,赢得全党全军的信任和共产国际的支持,在党内外享有崇高的威望。遵义会议"开始了以毛泽东同志为首的中央的新的领导,是中国党内最有历史意义的转变"。1938年9月至11月,"决定中国之命运"的党的六届六中全会在延安召开,进一步巩固了毛泽东在全党的领导地位。1945年4月至6月,正式形成以毛泽东同志为核心的党的第一代中央领导集体,毛泽东在全党全军的领导地位完全确立,成为当之无愧的党的核心和军队领袖。"到了今天,全党已经空前一致地认识到了毛泽东同志的路线的正确性,空前自觉地团结在毛泽东的旗帜下了。"③在七届一中全会上,选举毛泽东为中

---

① 参见毛泽东:《论人民民主专政——纪念中国共产党二十八周年》(一九四九年六月三十日),载《毛泽东选集》(第四卷),人民出版社1991年版。

② 习近平:"在党的历史上,遵义会议是一次具有伟大转折意义的重要会议。这次会议在红军第五次反'围剿'失败和长征初期严重受挫的历史关头召开,确立了毛泽东同志在党中央和红军的领导地位,开始确立了以毛泽东同志为主要代表的马克思主义正确路线在党中央的领导地位,开始形成以毛泽东同志为核心的党的第一代中央领导集体,开启了我们党独立自主解决中国革命实际问题的新阶段,在最危急关头挽救了党、挽救了红军、挽救了中国革命。但是,遵义会议后,全党真正深刻认识到维护党中央权威和集中统一领导的重大意义并成为自觉行动还经历了一个过程。"参见习近平:《在党史学习教育动员大会上的讲话》(2021年2月20日),载《求是》2021年第7期。

③ 《关于若干历史问题的决议》(一九四五年四月二十日中国共产党第六届中央委员会扩大的第七次全体会议通过),中共党史出版社2013年版,第21、54页。

央委员会主席、中央政治局主席、中央书记处主席；8月，中央政治局会议决定毛泽东为中央军事委员会（简称中央军委）主席。毛泽东关于新民主主义建国方略的理论思考和深远谋划，以及中央人民政府如何体现毛泽东同志的领袖地位，直接影响着新中国政治体制的样貌和走向。

召开新政协建立正式政治体制。筹备成立新中国的工作，是通过新政治协商会议进行的。在中国共产党的号召和领导下，1949年9月21日，中国人民政治协商会议第一届全体会议召开，由它代行全国人民代表大会这一最高国家权力机关的职权。新政治协商会议是成立中华人民共和国的一次重大政治活动，制定通过了起到临时宪法作用的《共同纲领》，确定了新中国的国体和政体，制定了一系列政治、经济、文化、民族、外交以及军事方面的基本政策，擘画了建立新中国、建设新中国的宏伟蓝图。如《共同纲领》规定了新民主主义的中华人民共和国国家机构的基本架构；《中华人民共和国中央人民政府组织法》（以下简称《中央人民政府组织法》），成为建立中央人民政府的直接法律依据。《共同纲领》《中国人民政治协商会议组织法》《中央人民政府组织法》构成新中国奠基的三个历史性宪法文件，共同确立了堪称"四九宪制"的国家权力配置基本格局，为确立大国主席制奠定了坚实的法律基础。

新中国的大国制度选择

中央人民政府行使最高权力。根据其时的宪法性文件，新中国采用人民代表大会制度，但全国人民代表大会尚未召开，暂由中国人民政治协商会议的全体会议代行前者的主权性权力，作为临时的最高国家权力机关。然而，新政治协商会议全体会议行使权力的方式是制定《中央人民政府组织法》，选举中华人民共和国中央人民政府委员会，作为行使最高国家权力的常设机关，行使主权性权力。可见，无论是法律规定，还是具体的实践，新政协全体会议所代行的人民主权都是一次性的，即由它选举产生的中央人民政府委员会受委托并依法行使国家权力。中央人民政府委员会亦是最高权力机关，行使最高国家权力。中央人民政府委员会对外代表中华人民共和国,对内领导国家政权,拥有的权力极为广泛,包括立法权、任免权、重大事务决定权以及外交权力等。中央人民政府委员会产生的政务院、人民革命军事委员会、最高人民法院和最高人民检察署分别行使行政权、军事权、审判权和检察权。

委员会体制的集体领导特征。中央人民政府采用了委员会的组织形式,统一行使国家权力。按照著名宪法学家许崇德教授的描述,这个委员会就是一个"大政府",是军政合一、议行合一的超级国家权力机关。这表明,当时的中央政府具有很强的集体领导的特点。一方面,中央人民政府委员会的决策机制是少数服从多数,体现了委员会的特点。另一方面,根据《中央人民政府组织法》,中央人民政府委员会组织政务院并任命其成员,"以为国家政务的最高执行机关"。这里的政务院就是最高执行机关,行使执行权即行政权。不过,《共同纲领》并未规定政务院及其职权,《中央人民政府组织法》是它的直接依据,但组织法关于中央人民政府和政务院的权力划分的规定,表明政务院是受到极大限制的执行机关,突出了中央人民政府对于国家治理的实际作用,让立法、决策、执行和监督的多种权力都汇集到了中央人民政府委员会,与以苏联为代表的社会主义宪法传统不同,中央人民政府虽然同样以议行合一原理为圭臬,却有自己的独特创造,表现为通过中央人民政府主席这一职位实现议、行两端的权力集中。

坚持集体领导突出主席地位。中央人民政府委员会选举中央人民政府主席、副主席和秘书长作为组成人员,且由主席主持委员会的会议并领导委员会的工作,副主席、秘书长皆协助主席执行职务。可见,中央人民政府主席既嵌入在委员会之中,又带有一定的独立性。一方面,《共同纲领》没有关于主席或国家元首、政府首脑、最高领袖的明确规定,《中央人民政府组织法》亦没有单独设置主席职务,只是将其作为委员会的一部分,但并没有脱离集体领导体制。另一方面,主席领导委员会的工作这一规定具有很强的模糊性。《中央人民政府组织法》规定,在中央人民政府委员会休会期间,政务院对中央人民政府的主席负责,并报告工作。换句话说,当委员会休会时,主席可以代行职责,实际影响政务院的工作。这一时期，担任中央人民政府主席的毛泽东具有崇高的权威，行使着宽泛的权力，在国家机构中是居于最高领导地位的。因此，无论是在规范意义上，还是在实际政治生活中，中央人民政府主席都位于新中国国家机构体系的顶端。

中央人民政府主席的制度逻辑

基于国情的阶段性安排。 中央人民政府委员会设主席1名，副主席6名，委员56名，秘书长1名。1949年9月，新政治协商会议一致选举毛泽东为中央人民政府主席，朱德、刘少奇、宋庆龄、李济深、张澜、高岗为副主席，陈毅等56人为中央人民政府委员会委员。这一结构凸显了当时政治力量对比的特点。中央人民政府委员会组织政务院作为最高执行机关，组织人民革命军事委员会作为国家军事的最高统辖机关，组织最高人民法院、最高人民检察署作为国家的最高审判机关和检察机关。这就是1949—1954年期间我国中央国家机构的基本面貌，它是在普选的人民代表大会召开之前的临时性国家机构安排，是基于新政治协商会议确立的政治框架的制度模式，既带有鲜明的协商性、阶段性和过渡性，又体现了高度的政治性特征。

牢固确立大国领袖地位。 担任中央人民政府主席的毛泽东具有崇高的政治威望，对于当时还在进行的解放战争和实现国家统一来说，突出毛泽东的领袖地位非常重要。设立中央人民政府，采用委员会体制，并由主席进行领导，就让这个带有议行合一色彩的"大政府"既体现集体领导的民主性，又具有高度集中的统一性。这是从当时历史发展阶段的实际情况与具体国情出发所作出的正确抉择，并契合了当时凸显毛泽东作为大国领袖地位的现实需要。正是因为采用主席制，确保毛泽东党中央的核心、全党的核心地位，维护党中央权威和集中统一领导，并在新中国成立后，由毛泽东统一领导指挥，稳定全国政治大局，继续推进解放战争、巩固和发展人民民主专政、推行社会主义革命才取得了巨大成功。社会主义基本制度的建立，为当代中国一切发展进步奠定了根本政治前提和制度基础。

展现大国治理体系优势。中央人民政府主席的制度设计充分考虑了初创的社会主义中国新政权巩固和国家治理的现实国情,主席的地位和能够行使的权力已经超越了现代总统制下的总统。后者是国家行政分支的首脑,亦是代表国家的元首。根据现代政治学理论和宪法学原理,总统地位的崇高与强大正是因为它结合了国家元首和政府首脑权力配置的两种逻辑,让行政权与民主同一性糅合在一起,吸收了君主制色彩和民主制逻辑,从而在权威性上超越了议会制下的政府首脑(总理或首相)和国家元首(国王或总统)。中央人民政府主席更接近主权性权力,领导着作为最高权力机关的中央人民政府委员会,而且它是当时议行合一原则的主要制度载体。尽管有政务院负责具体执行,但由于中央人民政府的广泛权力,以及委员会休会期间由主席单独行使权力,使得主席对于国家治理发挥着直接作用。

大国主席制的深远历史意义

主席制是重大的制度创建。在当时旧世界格局刚刚被打破、国家建设百废待兴的社会历史条件下,由中央人民政府委员会实际行使主权性权力具有现实可行性和实践可操作性,中央人民政府实行委员会制并明确了主席的核心地位,符合建政初期的政治力量对比和国家治理需要。尽管中央人民政府委员会非常重要,行使着十分广泛的权力,同时产生了分工协作的权力分支,尤其是产生政务院作为执行机关,建立起了一个相对完备的权力分工体系,特别是行政执行体系。这样的制度设计充分考虑了新中国成立初期的军事、政治、经济和社会具体状况,具有强烈的新民主主义属性,较好地完成了阶段性和过渡性的任务,充分兼顾了民主性、科学性和有效性,是原则性和灵活性相结合在政权组织建设方面的范例。

启示国家主席的制度设计。1954年起草宪法时,中共中央决定改革国家的机构设置,设立"国家主席"。1954年9月,第一届全国人民代表大会第一次全体会议通过了中国第一部社会主义宪法(以下简称"五四宪法"),中央国家机构调整,"中华人民共和国中央人民政府委员会"撤销,它的主要权力纳入全国人民代表大会及其常务委员会,原政务院转制为新的中央人民政府即国务院,另设中华人民共和国主席即国家主席,是独立的国家机关,既是国家的代表,又是国家的象征,充分吸收了中央人民政府委员会主席的制度设计及其优越性,新中国当时所学习的苏联并没有国家主席的制度形式。"五四宪法"规定的国家主席并非虚位国家元首,而是享有实质性权力,甚至是国家政治事务的决断者,中央人民政府仅指国务院,由总理负责,总理和国家主席共同分享行政权力,并在特定情形下接受国家主席的领导。后来,国家主席一职建制的设立产生争议并一度悬置、经历反复,"七五宪法"取消,"七八宪法"也没有设立。1982年全面修改《中华人民共和国宪法》(以下简称《宪法》),恢复了国家主席建制。1993年以后,我国党和国家政治生活形成中共中央总书记、国家主席、中央军委主席、国家军委主席"四位一体"的党领导国家体制格局,坚持党的全面领导的体制机制不断完善、更加定型。

体现大国大党的核心体制。 现代国家治理的实践表明,对于任何一个国家、任何一个政党来说,领导核心都至关重要。人类政治实践和政治文明的演进启迪我们,确立核心体制是立国治国的基础性课题,是政党执政、国家发展的关键性问题。正如《关于建国以来党的若干历史问题的决议》所指出的:"如果没有毛泽东同志多次从危机中挽救中国革命,如果没有以他为首的党中央给全党、全国各族人民和人民军队指明坚定正确的政治方向,我们党和人民可能还要在黑暗中摸索更长时间。"[1]学史明理、学史增信、学史循道,在庆祝我们党百年华诞的重大时刻,在"两个一百年"奋斗目标历史交汇的关键节点,重温中国共产党全面执政初期新中国这段政治史、宪制史,我们可以发现,中国共产党在建政初期就已经深刻认识到了核心体制的重要性。确立和维护领导核心,是无产阶级政党走

---

[1] 《关于建国以来党的若干历史问题的决议》(一九八一年六月二十七日中国共产党第十一届中央委员会第六次全体会议一致通过),中共党史出版社2013年版,第62页。

向成熟的重要标志,坚持和加强党的领导,维护党中央权威和集中统一领导,必须在实践中形成和确立坚强有力的领导核心,必须健全和维护党中央集中统一领导的各项制度。如何确立核心、捍卫核心、巩固核心,如何忠诚核心、拥戴核心、维护核心,需要通过制度建设加以体现和保障。唯有如此,才能在进行具有许多新的历史特点的伟大斗争中立于不败之地。设计一个具有强烈统合性的中央人民政府并由主席进行领导,将中央人民政府主席置于国家机构体系的顶端,行使极为广泛的权力,对于落实大国大党的核心体制来说,具有极为重要的意义。这也影响了"五四宪法"以后的社会主义国家机构的基本特征,至今仍能为我们全面加强党的领导的制度建设、深化党和国家机构改革、推进国家治理体系和治理能力现代化提供许多有益启示。同时,也为我们心怀"国之大者"、筑牢"四个意识"、坚定"四个自信"、做到"两个维护"提供鲜活的历史参照。例如,2021年3月,十三届全国人大四次会议修改完善《中华人民共和国全国人民代表大会组织法》,明确全国人大及其常委会坚持中国共产党的领导,就是坚持党对国家各项工作全面领导的重要举措。

第一章

新时代法治建设的道德指引[*]

　　法治是人类特定时空文化条件下的治道活动,文化是法治的深层土壤,法治国家建设离不开道德的滋养。"法安天下,德润人心",德治是基础,法治是保障,两者紧密结合方能达至良法善治。国家治理的根基是人民发自内心的拥护和真诚的信仰,现代治理是德治与法治的结合、道德治理与法律治理的统一,更是文化认同、文化共识之上的规则之治和良法之治。人类从来没有抽象的法律,法律与道德都是民族历史文化精神的产物,国家和社会治理需要法律与道德共同发挥作用。道德的根本力量是向善,法治既是对恶念恶行的约束和禁止,更是对人性本善的维护与倡导,是全社会对契约精神的崇尚和对诚信原则的恪守。法律是道德的底线,也是道德的屏障,从文化层面而言,道德是内心的法律,法律是成文的道德,道德与法律相对分离、法治与德治主次有序,但最终只有获得更高层次的复归,才能形成良法善治的统一体。而这一"正反合"的辩证发展过程,寓于社会主义法治中国建设的伟大实践,必然体现出中华民族伟大复兴的文化自觉与自信。

---

[*] 参见戴小明、林孝文:《论现代治理体系中的德治与法治》,载《湖北社会科学》2016年第7期。

> 法服务于道德,但服务的方式并非执行道德的诫命,而是保障内在于所有人意志中的道德力量的自由展开。但法的存在是独立的,由此,如果在个别情形中有可能出现实际存在之权利的不道德行使,那么这里并不存在任何矛盾之处。①
>
> ——〔德〕萨维尼

法治是人类的共同梦想和美好追求,是人类特定时空文化条件下的治道活动,是国家治理现代化的基本标志,而文化是法治的深层土壤。纵观人类法治实践和法律文明的变迁历程,不同的文化背景,不同的历史底蕴,总是造就不同文化内涵的法治。文化的内涵极为丰富深邃,但其本质是道德和素质。法律是对人群生活普遍看重的生活意义的选择和设定,人类从来没有抽象的法律,法律与道德都是民族历史文化精神的产物,国家和社会治理都需要法律与道德共同发挥作用。党的十八届四中全会通过的《中共中央关于全面推进依法治国若干重大问题的决定》明确指出,全面推进依法治国,建设中国特色社会主义法治体系,建设社会主义法治国家,必须坚持依法治国和以德治国相结合,一手抓法治,一手抓德治,既要重视发挥法律的规范作用,又要重视发挥道德的教化作用,以法治体现道德理念、强化法律对道德建设的促进作用,以道德滋养法治精神、强化道德对法治文化的支撑作用,实现法律和道德相辅相成、法治和德治相得益彰,不断提高国家治理体系和治理能力的现代化水平。《中共中央关于全面推进依法治国若干重大问题的决定》的科学阐释,揭示了人类社会法治建设、法治发展的基本规律,指明了法治中国建设的基本遵循和内在逻辑。

---

① 〔德〕萨维尼:《当代罗马法体系Ⅰ》,朱虎译,中国法制出版社2010年版,第257—258页。

一、道德:社会个体成员内心的法律

(一)德之大者:建设社会主义法治中国

文学大师金庸先生曾言:侠之大者,为国为民。① 但在国家与人民的面前,"侠"的格局还是小了。或者说,面对延绵几千年的中华文明,泱泱十四多亿人口的伟大国家,唯至高的"德性"方可与之匹配。德之大者,应是胸怀天下、悲悯苍生、为中华民族担当。中国共产党一经诞生,就把为中国人民谋幸福、为中华民族谋复兴确立为自己的初心使命。正如中国共产党百年光辉历程:从建党的开天辟地,到新中国成立的改天换地,到改革开放的翻天覆地,再到党的十八大以来党和国家事业取得历史性成就、发生历史性变革,党领导人民完成民族独立、推翻封建压迫、建设中国特色社会主义、推动改革开放、领航中华民族伟大复兴,中华民族迎来了从站起来、富起来到强起来的伟大飞跃,实现中华民族伟大复兴进入了不可逆转的历史进程!以彪炳史册的辉煌成就赢得全国各族人民衷心拥戴,不断证成新政权的"德性",以及中国共产党长期执政的合法性——源自历史、人心的向背和人民的选择。② 中国共产党是中国工人阶级的先锋队、中国人民和中华民族的先锋队,矢志为国家、为人民奉献一切;中国共产党从中国大地、中国文化和中国文明中不断汲取强大力量和智慧,也必将赢得中国人民更广泛、更有力、更坚定的支持。人民共和国缔造者毛泽东旗帜鲜明地说:"我们共产党人区别于其他任何政党的又一个显著的标志,就是和最广大的人民群众取得最密切的联系。全心全意地为人民服务,一刻也不脱离群众;一切从人民的利益出发,而不是从个人或小集团的利益出发。"③ 改革开放总设计师邓小平饱含深情地说:"我是中国人民

---

① 参见金庸:《神雕侠侣》第二十回"侠之大者",生活·读书·新知三联书店 1999 年版,第 758 页以下。

② 参见李伟红、姜洁:《王岐山会见出席"2015 中国共产党与世界对话会"外方代表》,载《人民日报》2015 年 9 月 10 日。

③ 毛泽东:《论联合政府》(一九四五年四月二十四日),载《毛泽东选集》(第三卷),人民出版社 1991 年版,第 1094—1095 页。

的儿子,我深情地爱着我的祖国和人民。"①新时代领路人习近平豪迈自信地说:"这么大一个国家,责任非常重、工作非常艰巨。我将无我,不负人民。我愿意做到一个'无我'的状态,为中国的发展奉献自己。"②这就是"德之大者"。

法治是国家治理体系和治理能力的重要依托,全面建设社会主义现代化国家,离不开法治的引领和规范,中华民族的伟大复兴,离不开法治的保障和支撑。党的十八大第一次系统提出全面依法治国;2014年10月,党的十八届四中全会集理论创新和实践总结之大成,以法治思维图善治,专题研讨依法治国问题,并通过了党的历史上第一个关于加强法治建设的决定,对全面推进依法治国适时作出顶层设计,描绘了建设法治中国的总蓝图,按下"法治快进键",开启了中国法治的崭新时代,书写了法治史的新篇章,"法治"成为新时代的至高"德性"——推行"真"法治:具有高度主体性意识的法治中国建设,保证国家走上坚实的依法治国道路,使"'法治'有益于所有人",让全体国民受益。③ 中国共产党100年波澜壮阔的历史昭示,不论怎样的艰难险阻,只要坚持一切为了人民、一切依靠人民,事业发展就有了基本的保障。人民群众是法治中国建设的主体,全面推进依法治国必须依靠人民,引导全民参与。但同时还要清醒地认识到,全民参与的法治建设,与以往"把党的正确主张变为群众的自觉行动"有所不同。它关涉在坚持党的领导和社会主义制度的前提下,法治中国怎样完成宪法建制以及公民参与的"根本性问题"。④ 全民参与的法治建设,是中国现代国家建设与国家治道变革必须面对的历史性"议程"。

---

① 邓小平:《〈邓小平文集〉序言》(1981年2月14日,为英国培格曼出版公司出版的《邓小平文集》英文版写的序言),http://cpc.people.com.cn/GB/33839/34943/34978/35419/2665810.html,2016年3月5日访问。
② 习近平:《我将无我,不负人民》(2019年3月22日),载《习近平谈治国理政》(第三卷),外文出版社2020年版,第144页。
③ 参见〔美〕布雷恩·Z.塔玛纳哈:《论法治——历史、政治和理论》,李桂林译,武汉大学出版社2010年版,第1页。
④ 美国著名汉学家孔飞力先生曾指出,在中国现代国家形成的过程中,持续存在着一种"根本性议程"或"建制议程"(constructional agenda)。所谓的"根本性"问题,指的是当时人们关于为公共生活带来合法性秩序的种种考虑;所谓"议程",指的是人们在行动中把握这些考虑的意愿。参见〔美〕孔飞力:《中国现代国家的起源》,陈兼、陈之宏译,生活·读书·新知三联书店2013年版,第1—2页。

"得天下有道:得其民,斯得天下矣。得其民有道:得其心,斯得民矣。得其心有道:所欲与之聚之,所恶勿施尔也。"①人心是最大的政治,得民心者得天下,顺民意者得民心。习近平深刻指出:"历史充分证明,江山就是人民,人民就是江山,人心向背关系党的生死存亡。赢得人民信任,得到人民支持,党就能够克服任何困难,就能够无往而不胜。""人们对美好生活的向往,就是我们的奋斗目标。"群众路线是所有现代政党的生命,是党管政治的核心,没有这个核心,党就远离了政治,远离了人心。② 这生动体现了我们党对唯物史观的科学认识、对共产党执政规律的深刻把握。实践表明,在促进社会公平、正义和道德力量上,离不开执政党、政府的强力推动,同时更需要民众的智慧和协同。尤为重要的是,全民参与法治建设本身即是提高全体国民"德性"的最佳历练过程,譬如,培育妥协谦和的人文精神,养成开放包容的大爱情怀,坚守公平正义的价值追求。德之大者,不专属于政党或历史伟人,蝼蚁众生处江湖之远,亦位卑未敢忘忧国,让尽量多的普通人,而不是少数圣贤或精英,能够共同建立起一种诉诸自由而非压制、共好而非独善、德行而非强权、民主而非专制的高品质公共生活,是国家治理现代化的基本目标。公民参与既是一个体现人民当家作主的实践过程,也是一个将法律精神潜移默化融入民众思想观念的验证过程,在公共生活的相互关怀、启发、交融中激发个体公德,摆脱消极情绪和金钱物质的奴役。反之,民意表达渠道不畅,参与机制缺失,必将导致道德沦丧。法国政治、历史学家托克维尔曾敏锐地指出:当无民意表达之机制,私利将占领人们灵魂——"他们一心关注的只是自己的个人利益,他们只考虑自己,蜷缩于狭隘的个人主义之中,公益品德完全被窒息。"③

国学大师钱穆精辟指出:"一切问题,由文化问题产生;一切问题,由

---

① 《孟子·离娄上》。

② 2014年12月31日,习近平在全国政协新年茶话会上的讲话中明确指出:"问题是时代的声音,人心是最大的政治。推进党和国家各项工作,必须坚持问题导向,倾听人民呼声。"另参见习近平:《学党史悟思想办实事开新局 以优异成绩迎接建党一百周年》,载《人民日报》2021年2月21日;《习近平谈治国理政》(第一卷),外文出版社2014年版,第3—5页。

③ 〔法〕托克维尔:《旧制度与大革命》,冯棠译,商务印书馆2009年版,第35页。

文化问题解决。"①以英国的法文化传统和法治历程为例,英国没有成文宪法,并且在相当长的时期里没有明确的个人权利法案②,没有司法审查,但英国正是自由主义的诞生地与法治的堡垒。这是因为,在英国存在着一种深深地植根于文化和社会中、广泛地存在于民众和官员之中的共同信念和承诺:政府的权力是应该受到法律约束的。③ 法治之要旨,在于信仰法律至上,将权力关进制度的牢笼,政府守法,自觉接受民众监督,切实保障不可侵犯的人权。法治是围绕制约公权、保障私权所建构的国家法律制度体系,法治国家决不允许存在法外之地,公民在法律面前一律平等。在一个成熟的法治社会,没有任何领域、任何单位、任何团体和任何个人拥有任何不受监督和监管的权利。站在新的历史起点,中国共产党人鲜明提出"全面推进依法治国",无疑是为国为民,乃"德之大者"。

(二)德之中者:培育和践行社会主义核心价值观

美国文化人类学者克利福德·吉尔兹指出:"法学和民族志,一如航行术、园艺、政治和诗歌,都是具有地方性意义的技艺,因为它们的运作凭靠的乃是地方性知识(Local Knowledge)。"④法国启蒙思想家、法学理论奠基人孟德斯鸠则在其名著《论法的精神》中试图从地理、宗教、民情、风俗中追寻法的精神。虽然他们都没有能全部洞悉法的本质最终根源于特定社会的经济物质条件,但是从德与法的关系来说,一个民族的德性惯习的确极大地影响到法的内容与形式。正是在这个意义上,德与法相互交融,德乃民众心中之法。因此,要建构具有高度主体性意识的法治中国,就必

---

① 钱穆:《文化学大义》,中正书局1981年印行,第3页。
② 1998年11月,英国议会通过《人权法案》(Human Rights Act);2000年10月1日,《人权法案》正式生效。但保守党决定用《英国权利法案》取代原有的《人权法案》,并计划通过女王的演讲宣布这一决定。2015年5月27日,英国民众于议会广场前举行游行示威,反对英国政府取消《人权法案》。
③ 参见〔美〕布雷恩·Z.塔玛纳哈:《论法治——历史、政治和理论》,李桂林译,武汉大学出版社2010年版,第72页。
④ 〔美〕克利福德·吉尔兹:《地方性知识——阐释人类学论文集》,王海龙、张家瑄译,中央编译出版社2000版;〔美〕克利福德·吉尔兹:《地方性知识:事实与法律的比较透视》,邓正来译,载梁治平编:《法律的文化解释》,生活·读书·新知三联书店1994年版,第73页。

须培育和践行当代中国人的德性生活,重塑心灵秩序和社会行为规范。早在春秋战国时期,法家代表人物管仲就提出了"国之四维"的治国纲纪准则:"国有四维,一维绝则倾,二维绝则危,三维绝则覆,四维绝则灭。倾可正也,危可安也,覆可起也,灭不可复错也。何谓四维?一曰礼,二曰义,三曰廉,四曰耻。礼不逾节,义不自进,廉不蔽恶,耻不从枉。故不逾节,则上位安;不自进,则民无巧诈;不蔽恶,则行自全;不从枉,则邪事不生。"① 然而,反观现实生活,在某些时段里,当代中国人的精神生活和思想建设在多元文化与价值观的十字路口,确曾徘徊不前。

人类道德惯习的历史嬗变或道德进步——社会、人心向上向善,遵循着自身的发展规律、演进逻辑,而最忌讳的是急功近利,它无法严格或公式化、机械化地用投入去预测产出,更不是简单的资源叠加或某种制度的建构,在特定空间、高度稳定性中,道德实践还将受到时代精神的引领,回应时代关切。党的十八大和十八届三中全会提出、倡导的"社会主义核心价值观",正是我们这个时代——当下中国的道德内核,是凝聚社会共识的基础性价值体系和时代精神。正如习近平所强调指出:"人类社会发展的历史表明,对一个民族、一个国家来说,最持久、最深层的力量是全社会共同认可的核心价值观。""核心价值观,其实就是一种德,既是个人的德,也是一种大德,就是国家的德、社会的德。国无德不兴,人无德不立。如果一个民族、一个国家没有共同的核心价值观,莫衷一是,行无依归,那这个民族、这个国家就无法前进。"② 从文化角度看,核心价值观展示民族的文化特征,是民族、国家凝聚力的源泉;从经济角度看,核心价值观影响民族的经济行为方式,关乎可持续发展的市场体系建设;从政治角度看,核心价值观是国家认同的主要来源,特别在多民族国家还关系到国家的统一与稳定。因此,法治中国建设必须把社会主义核心价值观贯彻落实到法治体系建设的各方面和全过程。

品德润身、公德善心、大德铸魂。道德的根本力量是向善,无数个体

---

① 《管子·牧民》。
② 习近平:《青年要自觉践行社会主义核心价值观》(2014年5月4日),载《习近平谈治国理政》(第一卷),外文出版社2014年版,第168页。

的私德水准,夯实社会的公德根基,筑起高耸的大德大厦。社会主义核心价值观将涉及国家、社会、个人三个层面的价值要求融为一体、构成完整体系——富强、民主、文明、和谐是国家层面的价值目标,自由、平等、公正、法治是社会层面的价值取向,爱国、敬业、诚信、友善是公民个人层面的价值准则,全面回答了我们要建设什么样的国家、建设什么样的社会、培育什么样的公民的重大问题。① 显然,这是一套完整的道德论述和评价标准,其生成和实践逻辑是:一方面,它由执政党和政府顺应时势、集中民智而适时提出,并依靠组织的动员力与影响力开展宣传教育、推动实践,融入国民教育全过程,落实到经济社会发展和社会治理之中,形成不竭正能量。另一方面,人民是道德建设的根本力量,道德实践的主体是"人"而非政治,组织动员只能宣传、倡导、教育和示范,而无法替代,不可包办,更不可道德强迫。例如,"要求官员为父母洗脚"所引发的舆论发酵即为生动个案:孝心可以被感染,教人行孝或促人行孝也都没有问题,但绝不可以被党委、政府命令。② 所以说,文化建构、道德体系的生成有其自身限度,首先必须安顿好自己的文化。

(三)德之小者:重视中华文明传统的道德自律

"目失镜,则无以正须眉;身失道,则无以知迷惑。"③从根本上说,德性最终的决定和实践,必将具体落实、体现在每一个公民自身社会生活和日常行为中,融进血液,滋养心灵,培育风骨,形成自觉,蔚然成风。因此,曾子曰:"吾日三省吾身:为人谋而不忠乎?与朋友交而不信乎?传不习乎?"④德国哲学家康德的墓碑上镌刻着:"位我上者,灿烂星空;道德律令,

---

① 参见中共中央办公厅:《关于培育和践行社会主义核心价值观的意见》,载《人民日报》2013年12月24日。

② 2016年春节放假前夕,湖北省长阳县火烧坪乡党委政府给22名机关干部和乡中心学校的300名学生布置了一份特殊的"寒假作业":每人亲手为自己的父母洗脚,而且要求拍照上交。火烧坪乡党委书记李德兵表示,下一步,将把此项活动延伸到乡直单位、村组干部中。参见《湖北长阳给干部布置"作业":为父母洗脚并拍照上交》,http://www.chinanews.com/sh/2016/02-18/7762841.shtml,2016年3月5日访问。

③ 《韩非子·观行》。

④ 《论语·学而》。

在我心中。"①道德是法律的基础,法律承载着社会的价值理想和道德追求,法律是道德的底线,也是道德的屏障,道德依靠法律的强制性来保障底线。人类共同体政治文明的演进表明,法治既是对恶念恶行的约束和禁止,更是对人性本善的维护与倡导②,是全社会对契约精神的崇尚和对诚信原则的恪守。

坚持德法并举、协同共进,坚持依法治国与以德治国相结合,不仅立足于对人性的深刻洞见,而且其本身也是对当下国人的殷切期待。法律是具有权威性和强制力的他律机制,其建立在对人性极不信任的哲学观之上。如美国大法官霍姆斯就直白地说:"倘若你们想了解法律,而不是别的什么,你们得以一个坏人的眼光看待它。"③但实践表明,他律,必须转化为自律,才能更好地发挥作用。遵循尚法轻德,保持敌视人性的立场,难免陷入恶性循环,轻则徒增社会运行成本,重则出现人们一旦有机会可以躲过法律制裁就会肆无忌惮为恶的局面。所以,孔子曰:"道之以政,齐之以刑,民免而无耻;道之以德,齐之以礼,有耻且格。"④也正因如此,中国古代国家治理历来高度重视道德教化,主张"德主刑辅""明德慎罚",治道以人的主体至善为根本,以强调人的主体至善为基本路径。⑤

今日我们重视传统文化资源,大力弘扬中华传统美德,倡导中华文明

---

① "有两样东西,我们愈经常愈持久地加以思索,它们就愈使心灵充满日新又新、有加无已的景仰和敬畏:在我之上的星空和居我心中的道德法则。"参见〔德〕康德:《实践理性批判》,韩水法译,商务印书馆 2009 年版,第 177 页。

② 2015 年 8 月,四川凉山彝族自治州越西县索玛花爱心小学 12 岁(小学四年级)彝族女孩木苦依伍木的作文《泪》被新华社记者刊发,迅即轰动网络,短短 300 余字,令人潸然泪下,再度引发舆论和公众对贫困山区农村发展的广泛关注。而随后,由于当地政府认为网络舆情有损"颜面",随即拆除爱心小学,公安机关对基金会负责人(学校负责人)实施拘传,导致舆论的进一步持续发酵。此事件表明:基层治理中的许多简单执法,既不是对法治的尊重,也不符合法治的基本精神,往往直接打击民众对法治的认知,对社会人心造成巨大伤害,危害极大。参见吕晓勋:《怎样擦去"最悲伤作文"里的眼泪》,载《人民日报》2015 年 8 月 6 日;王石川:《"最悲伤作文"如何抵达温暖光亮》,载《人民日报》2015 年 9 月 2 日。

③ Oliver Wendell Holmes, The Path of Law, *Harvard Law Review*, No.10 (1897).

④ 《论语·为政》。

⑤ 许纪霖先生认为:"中国的传统政治是外儒内法,外面都讲仁义道德,实际实施的都是法家。法家就是专制君主加上酷律、酷吏。"参见普芮:《对谈:如何面对无所不在的暴力?》,http://xujilin.blog.caixin.com/archives134944,2016 年 3 月 6 日访问。

的道德自律,就是要重新解释中国文化,全面认知 5000 年中华文明,彰显中华文明的自信回归,推动、推进国人的文化启蒙,让文明基因传承、延续,教化社会,引导全体社会成员在日常社会生活中践行,力求"小节不亏",加强个人品德、家庭美德、职业道德和社会公德建设,激发人们形成善良的道德意愿、道德情感,自觉培育自重、平等和理性的现代公民素养,明是非,知荣辱,懂敬畏,守准则,敦厚诚信,彰德守法,从而厚植法治精神赖以生长的文化土壤,让法治信仰在民众心中落地生根。我们坚信,在一个成熟的法治国和宪法建制下,践行社会主流核心价值,加强公民的道德自律,自然会极大地增进社会和谐,凝聚社会共识。一方面,现代公共治理要求公民有能力理性参与公共事务(如民主选举、立法参与、社区治理等),这对公民素质提出了很高的要求。另一方面,具有道德自律属性的社会和谐且充满温情,必将提高社会信任,减少内耗。因为"如果一个社会内部普遍存在不信任感,就好比对所有型态的经济活动课征税负,而高信任度社会则不须负担此类税负"[①]。

明大德是国家之根本,守公德是社会之大势,严私德是个人之操守,私德不立,公德难守,大德难彰,三者相辅相成。"德之小者"是对每一位中国公民提出的道德自律之要求。"修身、齐家、治国、平天下",就是这个"以小见大"的圣贤智慧:"古之欲明明德于天下者,先治其国;欲治其国者,先齐其家;欲齐其家者,先修其身;欲修其身者,先正其心;欲正其心者,先诚其意;欲诚其意者,先致其知,致知在格物。物格而后知至,知至而后意诚,意诚而后心正,心正而后身修,身修而后家齐,家齐而后国治,国治而后天下平。"[②]当然,德之谓大、中、小,系指关涉国家与社会的不同层面,并无高低上下之分。或者可以说,德性的不同层次,共同构成每一个中国人值得拥有的德性生活,因为"人是生而自由的,但却无往不在枷锁之中。自以为是其他一切的主人的人,反而比其他一切更是奴隶"[③]。

---

① 〔美〕弗兰西斯·福山:《信任——社会道德与繁荣的创造》,李宛蓉译,远方出版社 1998 版,第 37 页。
② 《礼记·大学》。
③ 〔法〕卢梭:《社会契约论》,何兆武译,商务印书馆 2009 年版,第 4 页。

二、法律：个体社会成员成文的道德

（一）法之大者：坚持依宪治国和依宪执政

宪法是国家的根本大法，是一切法律的效力渊源。我国现行《宪法》于1982年制定，至今已近40年，历经五次修正，但总体来说，实施效果还不完全理想，尚未形成系统、完备的宪法运行机制。在相当长的一段时期里，人们在生活中远离宪法，这是我们国家在依法执政或法治道路上存在的重大瓶颈。为此，习近平强调指出："全面贯彻实施宪法，是建设社会主义法治国家的首要任务和基础性工作。""宪法的生命在于实施，宪法的权威也在于实施。我们要坚持不懈抓好宪法实施工作，把全面贯彻实施宪法提高到一个新水平。"① 可见，维护宪法尊严，树立宪法权威，弘扬宪法精神，形成中国特色社会主义的宪法实施机制，是"全面推进依法治国"的首要问题，是法治中国的"法之大者"。

宪法是根本大法，是人权的保障书。近些年来，宪法的重要性日益得到认可，现实生活中人们淡漠宪法，根源于宪法远离民众生活，因为我们的司法之争中，借助的都是其下位法，而不能直接以宪法条文为自己辩护，法院审判案件也不直接援引宪法。自1955年7月30日发布《最高人民法院关于在刑事判决中不宜援引宪法作论罪科刑的依据的复函》开始②，在此后60多年的时间里，各级人民法院在司法裁判中援引宪法的案

---

① 习近平：《在首都各界纪念现行宪法公布施行30周年大会上的讲话》（2012年12月4日），载《习近平谈治国理政》（第一卷），外文出版社2014年版，第138页。

② "新疆省高级人民法院：你院(55)刑2字第336号报告收悉。中华人民共和国宪法是我们国家的根本法，也是一切法律的'母法'。刘少奇委员长在关于中华人民共和国宪法草案的报告中指出：'它在我们国家生活的最重要的问题上，规定了什么样的事是合法的，或者是法定必须执行的，又规定了什么样的事是非法的，必须禁止的。'对刑事方面，它并不规定如何论罪科刑的问题。据此，我们同意你院的意见，在刑事判决中，宪法不宜引为论罪科刑的依据。此复。"参见《最高人民法院关于在刑事判决中不宜援引宪法作论罪科刑的依据的复函》，http://www.law-lib.com/law/law_view.asp?id=1011，2016年3月5日访问。

例寥寥无几①。同时,长期以来,包括法学界在内的很多法律人也并不把宪法当作法律,认为宪法是"政治宣言、政治纲领",不具备其他法律的基本特点——可诉性。如此,宪法只能高高在上,不可能融入公民生活,"高大上"的宪法也自然没有真正成为公民基本权利的"守护神"。

可喜的是,《中共中央关于全面推进依法治国若干重大问题的决定》明确提出"健全宪法实施和监督制度",这是促进宪法实施的重要举措。其中,完善全国人大及其常委会宪法监督制度,健全宪法解释程序机制,已然成为社会瞩目的焦点。强调宪法监督,意味着与人民代表大会制度相统一的违宪审查制度有望建立和运行,依法撤销和纠正违宪违法的规范性法律文件,应当顺势展开。健全宪法解释程序,表明高度抽象、概括的宪法精神和宪法原则,能够通过法定程序得到权威性的阐释、说明,为宪法实施以及未来宪法的司法适用创造条件。这样,通过不断拓展宪法之法属性的实质内涵,使之成为更加具有可操作性的"活法",让公民真切感知,进而具体运用。②与此同时,依宪治国的重点在于依宪执政,中国共产党是执政党,只有执政党依宪执政,宪法之权威才能得到根本确立。

当然,依宪执政决不是符号化的法治,而是具体到司法实践领域,具体到宪法作用的有效发挥,切实保护民众利益。习近平明确指出:"依法治国,首先是依宪治国;依法执政,关键是依宪执政。新形势下,我们党要履行好执政兴国的重大职责,必须依据党章从严治党、依据宪法治国理政。党领导人民制定宪法和法律,党领导人民执行宪法和法律,党自身必须在宪法和法律范围内活动,真正做到党领导立法、保证执法、带头守法。"③依宪执政,不仅表明全面推进依法治国有了根本保障和推动力,同

---

① 也就是说,单独依据宪法规范进行判决的案件在我国还是存在的,只是非常少见,如近年可查寻的判决书样本案例:陈华连等与海口市美兰区大致坡镇裁群村委会后井坡经济社返还征地款纠纷案[(2007)美民一初字第608号],就是单独根据《宪法》第33条进行判决的情形。但是该案在上诉后,二审法院以"一审判决认定事实清楚,适用法律错误"而予以纠正。具体内容详见该案终审判决书[(2007)海中法民一终字第938号]。

② 如为纪念中国人民抗日战争暨世界反法西斯战争胜利70周年,时隔40年后,《宪法》特赦条款被重新启动,即充分展示了依宪治国、依法治国中宪法的"柔性"品质。

③ 习近平:《在首都各界纪念现行宪法公布施行30周年大会上的讲话》(2012年12月4日),载《习近平谈治国理政》(第一卷),外文出版社2014年版,第141—142页。

时也意味着中国共产党在新的历史条件下执政方式的全面转型。因为法治与人治的根本区别并不在于是否有法律,或者是否依法办事,而在于是否让法律具有所有个人和组织都不得超越的至高无上的地位,是否使政府的权力受到法律的限制,是否让所有冲突纠纷都在法律框架下解决,是否坚持落实国家一切权力属于人民的宪法理念。

宪法是"法之大者",但它不是什么神明的旨意,也不是汉斯·凯尔森所作形而上预设的"基础性规范",而是公民的生活规范。我国宪法是党领导人民所制定,是国民意志的体现。因此,宪法之所以为宪法的最终依据,应归结为得到当下全体中国人认同的价值共识和德性法则。蕴含基本价值的根本法则,才是宪法所由产生的逻辑根据,并奠定宪法和宪制的道德根基。只有这样的法则,才能高于宪法,并以根本不变之道赋予宪法根本法特性,使宪法享有最高权威。我们或可将之称为:中国人的普遍道德以及期望拥有的德性生活。从这个意义上说,宪法即是时代德性的高度浓缩和集中表达,亦是成文的"德之大者"[①]。

(二) 法之中者:以区域法治为核心落实具体法治

中国既是一个发展中大国,又是一个人口大国,各地经济社会发展水平差异较大。全面推进依法治国,总目标是建设中国特色社会主义法治体系,建设社会主义法治国家,这是基于对法治国家建设基本规律、中国国情科学认知的基本判断与科学决策。"法治体系"是一个崭新概念,表明全面推进依法治国、建设法治中国将是一个长期的、动态的系统工程,由若干子体系构成,并能够进行更加细化的目标和任务分解,促成具有可操作性的具体法治。

《中共中央关于全面推进依法治国若干重大问题的决定》明确了中国特色社会主义法治体系的具体构成:完备的法律规范体系,高效的法治实

[①] 以人的尊严保护为例,尊严来自人反思、评价进而选择自己生活的基本属性,如今已成为当代世界各国宪法文本及实践中的核心概念。中国宪法上的尊严条款,在形式上体现为"内部统摄与外部相互构成的规范地位",规范含义上则体现为一种对君子人格的追求与国家伦理的拟人化塑造。参见王旭:《宪法上的尊严理论及其体系化》,载《法学研究》2016年第1期。

施体系,严密的法治监督体系,有力的法治保障体系,完善的党内法规体系;提出要"推进多层次多领域依法治理","发挥市民公约、乡规民约、行业规章、团体章程等社会规范在社会治理中的积极作用"。可见,在各体系内部还应有二阶子系统的规划,从而建设形成相互衔接、多层次、立体化的法治谱系。同时,我国是一个多民族的统一国家,如果说法治体系的子系统规划是具体法治的一个重要维度,那么在法治中国建设全国一体化的基础上,辩证认识疆域辽阔、地域差别、民族多元、文化多样的具体国情,因地制宜,重视区域法治,则是具体法治的另一个重要维度。实践表明,随着20世纪末香港、澳门的先后回归,西部大开发、东北老工业基地振兴和中部崛起等国家战略的先后实施,以及作为基本政治制度的民族区域自治的良好运行,将区域经济开发纳入依法治国轨道,对促进和保障地方经济社会的可持续发展具有重大意义和深远影响,蕴含于区域经济开发和社会治理之中的区域法治思维逐渐成形。

归根到底,中国仍然处于并将长期处于社会主义初级阶段的基本国情,决定了法治建设既不可能一蹴而就,也不可能全国范围齐头并进。在中央全面推进依法治国的顶层设计之下,应当充分尊重和发挥地方治理的积极性、探索性、创造性,鼓励地方的创新实践和改革试验。例如,江苏省在2012年提出,于2015年建成全国法治建设先导区,实现法治政府建设水平、公正廉洁司法水平、社会管理法治化水平、法制宣传教育工作水平、法治创建绩效"五个位居全国前列"的工作目标。[①] 再如,武陵山片区腹地——湖北省恩施土家族苗族自治州,是中西结合部少数民族聚居区,其社会、经济、文化状况及自然环境等均与东部沿海地区有较大差异,法治建设的推进,必须在《中华人民共和国民族区域自治法》(以下简称《民族区域自治法》)的框架内稳步推进。同理,西部特别是边疆民族省区的法治环境更为复杂,实现法治建设的目标更艰难,任务更艰巨。可见,具体法治是法治落地生根之所在,是"法之中者"。

---

① 参见《中共江苏省委关于深化法治江苏建设的意见》,http://www.js.chinanews.com/news/2013/0621/62534.html,2016年3月5日访问。

(三) 法之小者: 增强全民法治观念与法律信仰

民众对法律的信仰是法治实现的文化根基、精神先导, 中国的法治之路之所以艰难, 在很大程度上源于民众缺乏对法律的信仰、对法治的尊崇。"法律必须被信仰, 否则它将形同虚设。它不仅包含有人的理性和意志, 而且还包含了他的情感, 他的直觉和献身, 以及他的信仰。"[①]法律是成文的道德, 因为法律是道德的文字化表达, 道德是法律之所以行之有效的内在根源。法律与道德相互促进与融合的成熟形式, 即表现为法治观念与法律信仰, 亦即形成法律至上的规则意识、法治文化, 形成守法光荣、违法可耻的社会氛围。"这种法律既不是铭刻在大理石上, 也不是铭刻在铜表上, 而是铭刻在公民们的内心里; 它形成了国家的真正的宪法; 它每天都在获得新的力量; 当其他法律衰老或消亡的时候, 它可以复活那些法律或代替那些法律, 它可以保持一个民族的创制精神, 而且可以不知不觉地以习惯的力量取代权威的力量。"[②]这是法国启蒙思想家卢梭贡献的法治智慧。

德国法学家祈克(O. F. von Gierke)曾在《法律与道德》中对法律与道德的关系作出深刻阐明: 法和道德具有紧密的联系, 都是精神性社会的生成物。法与道德也有根本区别, 即法具有强制力, 它依靠外部(国家的)强制力来实行, 由于文明社会中强制力由国家独占, 所以法和国家互为因果; 道德则不然, 它的目的是人的内心服从, 它与国家的强制力遥遥相对。同时, 法律源自社会信念, 而道德则源自个人信念; 法律是允许、命令和禁止人的行为的规范, 而道德则以人的思维为对象, 着重于人的内部的意志决定, 两者有交叉又有区别, 在相交叉的领域, 两者都有拘束力, 而越出了交叉的范围, 则属于两者各自管辖的领域。当然, 一般而言, 道德管辖的范围比法律要大得多。此外, 法和道德还有冲突之时, 即对道德允许的, 法有时会禁止; 对道德禁止的, 有时法律却是允许的。因此, 必须协调两

[①] 〔美〕伯尔曼:《法律与宗教》, 梁治平译, 生活·读书·新知三联书店 1991 年版, 第 28 页。
[②] 〔法〕卢梭:《社会契约论》, 何兆武译, 商务印书馆 2009 年版, 第 70 页。

者的关系,既要发挥道德的规范作用,也要倡导法律的教化作用。①

　　法律是最低的约束,而道德是更高的精神境界。一般而言,法律是道德的底线,是涵盖全体国民并且为全体国民(不分地区、民族、宗教)共同遵守的最低道德标准,在德性方面的要求要远低于道德要求。也就是说,在绝大多数情形下,违法行为皆有违人们的道德直觉,必然会遭受到负面评价——人们常说的"缺德",违法就是"缺德"。当下国人的权利意识正全面觉醒,基于传统熟人社会道德约束力的减弱,以及多元价值观的冲击,人们越来越习惯于权利的主张,而非义务的承担。那种"一切为权利而斗争"的"斤斤计较",成为守法的象征,成为另一种"德性",守法就是"有德"。很显然,这是典型的把法律当成实用的工具,不仅被社会诟病,也为社会有识之士所警醒。② 法律更应该是根植于人们内心的信仰,利益的潮水并不能漫过法律的堤坝,财富的追求也不能湮灭道德的光照,人类不能沉湎于社会欲望的极端化、暴戾化之中。美国"革命之父"、《独立宣言》思想奠基人之一的托马斯·潘恩曾深刻地指出:"思想上的谎言在社会里所产生的道德上的损害,是无法计算的,如果我可以这样说的话。当一个人已经腐化而污辱了他的思想的贞洁,从而宣扬他自己所不相信的东西,他已经准备犯其他任何的罪行。"③

　　法律依赖道德而被认同和遵行,法治的实现在于信仰。法治成功的内在标志是民众尊重和真诚信仰法律,而不是畏惧、忌惮法的强制力。法律信仰源自法治环境的熏陶、法治实践的锤炼,精神不在,灵魂不在,信仰不在。所谓"法之小者",就是春风化雨、润物无声地增强法治的道德底蕴,引导并赢得社会"人心",让法律信仰深植于民众的日常生活和心灵深处。具体来说,一是要持续加强法治教育,不断增强全体社会成员的公民

---

① 参见何勤华:《西方法学史》,中国政法大学出版社1996年版,第222—223页。
② 假如我们法律人离开了脚下的大地,不再接受历史文化的熏陶,不再热爱我们的祖国和人民,也不再具有公共人格和公民德性,盲目崇拜为权利而斗争的时候,我们就再也不能区分一个夏洛克的灵魂与窦娥的灵魂有什么区别,我们法律人的职业就会因为丧失了这个热爱而丧失灵魂。今天在全球资本市场上游荡的法律军团,用美国法学家克罗曼的话说,就是"迷失的法律人"。参见强世功:《"迷失的法律人",请别忘了灵魂》,载《法制资讯》2014年第1期。
③ 《潘恩选集》,马清槐等译,商务印书馆2009年版,第351页。

意识、法治观念和法律权威信念，内化于心，以内心的原动力支撑起法律信仰的道德基础；二是要提高社会治理的法治化水平，增加面向基层的法律服务供给，提高法律的亲和力，让普通民众在生活实践中增强对法律价值的感受、体认和认同；三是要引导广大民众善于运用法律化解矛盾纠纷和维护正当权益，在具体司法实践中亲自体验法律、感知法律，真实感受法的存在、法的保护，真切感知法律价值、法治阳光，从而认同法律蕴含的道德标准和价值判断。如此，法律将不再仅仅只是纸上的条文，而必将成为每一个公民内心的信仰所系——发自内心深处的认同和自觉自愿的依归，即对法律的信仰自然而生。

三、法治：文化共识之上的良法善治

（一）相对分离：法律与道德并非浑然一体

国人擅长整体性和综合性的思维方式，因而常常容易将道德与法律作浑然一体的认知和阐释，然后如太极文化八卦一般，重视两者的相互转化，循环无穷。"无极而太极。太极动而生阳，动极而静；静而生阴，静极复动。一动一静，互为其根；分阴分阳，两仪立焉……"①这也是古代传统中国法之礼法合流、法律道德化与道德法律化的根本原因之一。然而，社会演进特别是现代社会，道德与法律的相对分离，有其独特的内在价值和重要意义。法律是对人群生活普遍看重的生活意义的选择和设定，法律获得相对独立性和自足性，有助于形成适应现代工商业社会生活的法律体系，树立法律权威，构建现代法治国家。

在西学传统中，道德与法律的关系问题，是自然法学派与实证主义法学派交锋的主要战场。后者的立场可归结为分离命题（Separation Thesis），即法律与道德不存在概念上的必然联系。事实上，双方延绵百年的论战，并未得出什么"唯一正解"。最终，我们只能说：自然法理念有助

---

① （宋）周敦颐：《太极图说》。

于对制定法的内在"德性"展开反思;实证法传统有利于树立法律的逻辑,形成根据法律进行判断的思维惯习。一般而言,在社会稳定的常态下,实证主义法学传统总会占据主流地位。动辄以道德或自然法理念质疑法律,只会动摇社会稳定的基础,破坏人们交往的秩序。除非出现极端情况,并给出充分论证,否则法律必须被尊重。这也就是"拉德布鲁赫定理"所要表述的基本原理:"通常情况下法的安定性应居于首位,即便法律不善也不能动摇安定性,但如果安定性与正义的冲突达到了'不能容忍'的程度,法律已经沦为'非正当法'(false law, un-richtiges Recht),法律就必须向正义屈服。"①

改革开放以来,中国文化市场的"阀门"被打开,各种外来思潮涌入,传统文化中的高尚道德和价值观几乎被扭曲殆尽,"现在触动利益往往比触及灵魂还难。"②正在融入全球化的盛世中国,已进入社会变革高速转型的关键期,社会转型加快,经济转轨加速,社会矛盾加剧,社会流动急剧变化,新旧秩序交融与裂变,一段时期内物质主义、功利主义、现实主义、工具主义、商业主义如影随形,喧嚣嘈杂,思想观念价值撕裂,没有敬畏,分配不公,诚信缺失,贪腐盛行,人心浮躁,作风漂浮,社会愤怒,信任危机弥散在整个社会的方方面面,神州信仰体系维修迫在眉睫,社会管理创新迟缓,社会治理特别是基层治理任务艰巨,道德建设任重道远。为此,党的十八届四中全会明确指出,"全面推进依法治国,必须坚持依法治国和以德治国相结合",适时适度矫正现代文明浪潮中的偏颇,重拾古典文明与信仰之清华与朗润。此刻,我们在辩证分析法律的相对独立性,看到法律与道德相对分离的同时,充分认识法律规范与道德规范的一致性,即发挥法律的规范作用,以其权威性和强制性规范社会成员行为,用法律的准绳衡量、规范、引导社会生活;发挥道德的教化作用,以其说服力和劝导力提高社会成员的思想道德觉悟,用道德的引导规范人们的行为和调节社会

---

① 〔德〕古斯塔夫·拉德布鲁赫:《法律智慧警句集》,舒国滢译,中国法制出版社2001年版,第170—171页。
② 参见《李克强总理等会见采访两会的中外记者并回答提问》,载《人民日报》2013年3月18日。

关系,对法治中国建设更具现实意义。①

（二）主次有序:依法治国为主,以德治国为辅

习近平指出:"法律是准绳,任何时候都必须遵循;道德是基石,任何时候都不可忽视。在新的历史条件下,我们要把依法治国基本方略、依法执政基本方式落实好,把法治中国建设好,必须坚持依法治国和以德治国相结合,使法治和德治在国家治理中相互补充、相互促进、相得益彰,推进国家治理体系和治理能力现代化。"②依法治国是国家治理体系和治理能力现代化的根本要求,以德治国是国家治理体系和治理能力现代化的文化支撑。法律与道德相对分离的命题,既解释了在法治稳定时期,法律可以作为相对独立的系统看待,又肯认了道德与法律的作用其实难以决然剥离。或者说,我们承认建设社会主义法治中国,法律与道德皆不可或缺,它们共同发挥作用。然而,当命题转向治国方略,亦即究竟是"依法治国"为主,抑或是"以德治国"为要,答案当然毫无疑问地指向前者,理论不用争辩,逻辑毋庸置疑,这是历史智慧的结晶。

依法治国和以德治国主次有序,依法治国是主体,以德治国为辅助,这是由法律与道德自身属性所决定的。现代法律是高度建制化的制度性事实,具有规范性、普遍性、稳定性、程序性、连续性、权威性、强制性以及权利义务性特征,体现出适应现代社会的形式理性化和科层化的实践要求。相较而言,道德治理则有可能陷入混沌的非技术化、非建制化和非程序化的局面,因为道德只有依靠法律的强制性才能保障底线,如对那些伤

---

① 法律史教授范忠信先生对此有专门研究,他通过对中西法律文化的考察、比较发现:近代以来,至少从形式上讲,欧美国家与我国先秦法家有一个巨大的共性,即把尽可能多的道德纳入刑法,更多地注重通过刑法逼使人们形成良好的道德行为习惯,更多地注重社会道德、国家道德(即作为社会成员和国民应遵守的道德),而不是私家道德(对亲属的道德)。因此,在通常被认为更重视划分法律与道德的界限、更注重保障个人权利和自由(即更体现"权利本位"而不是"义务本位")的欧美国家,其将道德要求纳入法律使之成为个人强制性义务的程度,远甚于受儒家传统文化深刻影响的今日中国!详见范忠信:《国民冷漠、息责与怯懦的法律治疗——欧美刑法强化精神文明的作法与启示》,载《中国法学》1997年第4期。

② 习近平:《坚定依法治国和以德治国相结合》(2016年12月9日),载《习近平谈治国理政》(第二卷),外文出版社2017年版,第133页。

风败俗的丑恶行为、激起公愤的缺德现象,仅靠道德教育是远远不够的,必须运用法治手段进行治理。因此,总体来说,在现当代复杂社会形态下,道德治理难以独自构成一种"治式",无法提升至治国方略的层次。此外,法律的"自创生"和"自我复制"的特性,使得法律移植要比道德移植难度小得多,因而也更有利于世界各政治实体及区域间的相互借鉴。

需要强调的是,"法主德辅"绝非否定道德之作用,而是指在治国方略的层面上,法治更适合作为主体,也更应该成为主体。法治首先是一种信仰,国家治理的根基是人民发自内心的拥护和真诚的信仰。事实上,在我们看来,这一点无须多言。党的十八届四中全会关于坚持依法治国和以德治国相结合的主张,本身是在"全面推进依法治国"的框架下提出来的。以德治国是建构法治中国的重要组成部分和具体战略。换句话说,依法治国和以德治国相结合,既是互为支撑的结合,也是主次有序的结合;既是对域外法治文化优秀元素的吸收借鉴,也是对中国法律传统本土因素的现代转换。诚如德国哲学大师黑格尔所言:"历史对于一个民族永远是非常重要的;因为他们靠了历史,才能够意识到他们自己的'精神'表现在'法律''礼节''风俗'和'事功'上的发展行程。'法律'所表现的风俗和设备,在本质上是民族生存的永久的东西。"①

(三)相辅相成:法治乃良法之善治

古希腊思想家亚里士多德曾提出经典法治公式——"法治应包含两重意义:已成立的法律获得普遍的服从,而大家所服从的法律又应该本身是制订得良好的法律。"②中国古代儒家文化则历来强调礼、乐、德、教对刑、政的指引作用,"礼乐不兴则刑罚不中,刑罚不中则民无所措手足"③,反对严刑峻法、滥杀无辜,"无罪而杀士,则大夫可以去;无罪而戮民,则士可以徙"④。所以,良法是法治的价值标准和理性追求,善治是法治的运行

---

① 〔德〕黑格尔:《历史哲学》,王造时译,商务印书馆1963年版,第206页。
② 〔古希腊〕亚里士多德:《政治学》,吴寿彭译,商务印书馆1965年版,第199页。
③ 《论语·子路》。
④ 《孟子·离娄下》。

模式和实现方式,良法与善治的有机结合,构成现代法治核心和依归,尤其是社会主义法治的精神与精髓。法律与道德相对分离,法治与德治主次有序,但我们的认识和实践并不止步于此,而是为了最终获得更高层次的复归,形成良法善治的辩证统一体。因此,道德与法律从历史上的浑然一体,到近现代的相对分离,再到社会主义法治中国的相辅相成,是一个"正反合"的辩证发展过程,是在不断扬弃中获得"统一"的升华。

从思维特性上看,西方传统深受形式逻辑和分析哲学的熏陶,因而更愿意将法律作为一个相对封闭的系统看待,钻研法律的内部构造和法律适用的方法。与此同时,西方特有的自然法与制定法的二元对立,为反思法的强制力提供了有益的视角和参照。应当承认,这些探讨深化了人们对法和法现象的多维认识。但也必须看到,道德与法律之关系,并非唯此一种方式。中华文明特有的圆通和包容的性格,为两者的相互结合,获得更高层次的统一,提供了更多的可能性。归根结底,法治是良法之善治,是良善之人认识、认知和处理天人关系、人人关系——坚守人性法则[①]、尊重生命价值、维护人格尊严的高级治理方式,是寓德于法的治国方略。良法善治是国家治理的基本价值,良法是实现善治的前提,只有那些合乎道德、具有深厚道德基础的法律,即蕴含人类理性和正义的法律,才能为更多的人所自觉遵行。法律是国家的,也是个人的,更是神圣的。

"法律应在任何方面受到尊重而保持无上的权威,执政人员和公民团体只应在法律(通则)所不及的'个别'事例上有所抉择,两者都不该侵犯法律。"[②]也就是说,当法治被理解为政府受法律限制,即以制度制约权力,监督国家权力不要破坏公民群体所共同珍惜的东西,尤其是人的尊严生活所必需的那些民主价值时,它就是一种普遍的人类善,这一思想遗产首先是在中世纪确立下来的。[③] 绝对权力导致绝对腐败,权力过于集中,同

[①] 卢梭:"人所共有的自由,乃是人性的产物。人性的首要法则,是要维护自身的生存,人性的首要关怀,是对于其自身所应有的关怀。"参见〔法〕卢梭:《社会契约论》,何兆武译,商务印书馆2009年版,第5页。

[②] 〔古希腊〕亚里士多德:《政治学》,吴寿彭译,商务印书馆1965年版,第192页。

[③] 参见〔美〕布雷恩·Z.塔玛纳哈:《论法治——历史、政治和理论》,李桂林译,武汉大学出版社2010年版,第174页。

时又缺乏有效监督和制衡是一切腐败的根源。当然，一个国家的法律究竟是不是良法，关键要看它是否符合这个国家的政体结构、经济社会发展水平、历史文化传统和自然地理要素等。法治中国是具有高度主体性意识的法治形式，而非跟随西人亦步亦趋。无疑，法治中国建设，应当展现中国气象和中国智慧，寻找中国传统"创造的转化"（creative transformation），重建对中国的认知，"把一些中国文化传统中的符号与价值系统加以改造，使经过改造的符号与价值系统变成有利于变迁的种子，同时在变迁的过程中继续保持文化的认同。"①所以，法律与道德的辩证统一，必须在社会主义法治中国的伟大实践中获得，也同样必须经历实践的检验。②

"徒善不足以为政，徒法不能以自行。"③法治和德治，犹如车之两轮、鸟之双翼，不可偏废。坚持依法治国和以德治国相结合，推进法治国家建设，是我们党的一贯主张。党的十一届三中全会召开后不久，1979年6月，邓小平就鲜明指出："民主和法制，这两个方面都应该加强，过去我们都不足。"④党的十五大正式提出依法治国、建设社会主义法治国家后，十六大阐述了依法治国和以德治国相辅相成之辩证关系；十七大既论述了全面落实依法治国基本方略，加快建设社会主义法治国家，又论述了弘扬中华文化，汲取中华优秀传统文化的思想精华和道德精髓，建设中华民族共有精神家园；十八大重申要坚持依法治国和以德治国相结合，党的十八届四中全会通过的《中共中央关于全面推进依法治国若干重大问题的决定》对两者结合作出了最新的全面科学论述。坚持依法治国和以德治国相结合，是坚持走中国特色社会主义法治道路的内在要求，体现了中国特色社会主义法治理论的一脉相承和与时俱进。法治国家建设离不开道德教化和滋养，"不知耻者，无所不为"⑤。没有道德滋养，法治文化必然缺乏

---

① 林毓生：《中国传统的创造性转化》，生活·读书·新知三联书店1988年版，第324页。
② 参见戴小明、朱政：《道德与法律究竟是一种什么关系》，载《光明日报》2015年4月2日。
③ 《孟子·离娄上》。
④ 邓小平：《民主和法制两手都不能削弱》（一九七九年六月二十八日），载《邓小平文选》（第二卷），人民出版社1994年版，第189页。
⑤ （宋）欧阳修：《魏公卿上尊号表》。

源头活水,法律实施将缺失坚实的社会基础。因此,必须以道德滋养法治精神,强化道德对法治文化的支撑作用。

总之,"法律只在受到信仰,并且因而并不要求强力制裁的时候,才是有效的;依法统治者无须处处都依赖警察……真正能阻止犯罪的乃是守法的传统,这种传统又植根于一种深切而热烈的信念之中,那就是,法律不仅是世俗政策的工具,而且还是生活终极目的和意义的一部分。"①现代治理是德治与法治的结合、道德治理与法律治理的统一,更是文化认同、文化共识之上的规则之治、良法善治。国家治理的根基是人民发自内心的拥护和真诚信仰,法律如果不能在人们的内心和情感上获得普遍认同,那么即便是有国家强制力作后盾,也很难溶入人们的血液和灵魂,成为信仰,自觉遵从。所以说,一切法律之中最重要的法律,既不是印在文本里,更不是刻在铜表上,既不依耳提面命,更不靠武力杀伐,而是铭刻于公民的心灵中,外化于公民的行动上,成为公民内心自觉的一种理念、信仰。这就是对法律的信仰,一种对规则、秩序、平等、自由、公平、正义的信仰。诚如古希腊思想家苏格拉底将法律信仰置于生命之上,用生命践行忠诚与信仰的经典诠释那样!②

"民主政体里的主要因素是道德的意见。孟德斯鸠说过,德行是民主政体的基础:对于我们普通所抱的民主政体观念,这一句名言是又正确又重要的。"③人类法治文明的历史演进已经昭示,缺乏德性支持的法律,终究不能化为令人称道的法治。一个民族的悲剧是整个社会变得是非不分,曲直不辨,随波逐流,没有了道德底线,法治难兴,法律形同虚设。因

---

① 〔美〕伯尔曼:《法律与宗教》,梁治平译,生活·读书·新知三联书店1991年版,第43页。
② 据史料记载,苏格拉底被雅典法庭以侮辱雅典神和腐蚀雅典青年思想之罪名判处死刑,临刑前的一段时间里,热爱他的学生和朋友们不满法庭的判决,策划让他越狱逃走。他们买通狱卒制定了周密的逃跑计划,只要苏格拉底愿意,就可以带着家眷远走他乡,但苏格拉底断然拒绝,而是选择了慷慨走向刑场,按照雅典法律饮下毒酒,面带微笑而死。因为他认为,逃亡只会进一步破坏雅典法律的权威:"逃离监狱是毁坏国家和法律的行为,如果法庭的判决不生效力、被人随意废弃,那么国家还能存在吗?逃离监狱是蔑视法律的行为,是践踏自己立下的契约,是最下贱的奴才干的勾当。如果我含冤而死,这不是法律的原因,而是由于恶人的蓄意。如果我无耻逃亡,以错还错、以恶报恶,毁伤的不仅是法律,而且是我自己、我的朋友和我的国家。"参见〔古希腊〕柏拉图:《苏格拉底的最后日子——柏拉图对话集》,余灵灵、罗林平译,生活·读书·新知三联书店上海分店1988年版,第106页。
③ 〔德〕黑格尔:《历史哲学》,王造时译,商务印书馆1963年版,第296页。

此,一个没有道德根基、没有文化滋养的民族将是一个危险的民族,而一个拥有良好德性生活和德性教化的民族肯定是一个充满希望、生机无限的民族。"君子之德风,小人之德草,草上之风必偃。"①立法易,而法治难;立宪易,而行宪难;社会无德,法不能治;社会有德,法治自然。立法者有德,良法易见,立法者无德,良法难成;执法者有德,权能公用,执法者无德,权必滥用;司法者有德,公正可期,司法者无德,公正不能。"故法不能独立,类不能自行,得其人则存,失其人则亡。法者,治之端也;君子者,法之原也。故有君子,则法虽省,足以遍矣;无君子,则法虽俱,失先后之施,不能应事之变,足以乱矣。"②对此,中西方先贤的智慧是相通的,如在古罗马法学家西塞罗看来,政治高于哲学是一个根本性的超越。政治家实际上能够通过法律去认可在民众传统中逐渐形成的道德规范,并通过国家机关使民众遵循这些道德规范和法律;而哲学家通过自身的言传身教及著书立说,只能促使少量的人遵循道德。"因此完全可以说,官员是说话的法律,法律是不说话的官员。"③法律与道德都是民族历史文化精神的产物,也只能在文化路径中予以科学阐释,为法治注入文明基因。中国梦,法治路,奉法者强则国强,对法治中国的乐观,与法治中国同行,为法治中国助力,源于我们对优秀传统中华文化的自觉与自信,基于中国特色社会主义的道路自信、理论自信、制度自信,以及中华民族伟大复兴的文化自信。

---

① 《论语·颜渊》。
② 《荀子·君道》。
③ 〔古罗马〕西塞罗:《论共和国 论法律》,王焕生译,中国政法大学出版社 1997 年版,第 4—5、255 页。

第二章

马克思主义法治理论中国化的最新成果

中国特色社会主义法治凝聚着中国共产党人治国理政的理论成果和实践经验,是制度之治最基本、最稳定、最可靠的保障。2020年11月,中央全面依法治国工作会议首次提出并系统阐述了习近平法治思想,明确了习近平法治思想在全面依法治国工作中的指导地位,这在我国社会主义法治建设史上具有里程碑意义,是中国特色社会主义国家制度、法律制度趋于成熟和完善的新坐标。习近平法治思想是在党的十八大以来进行伟大斗争、建设伟大工程、推进伟大事业、实现伟大梦想的实践中形成和丰富发展的,是顺应实现中华民族伟大复兴的时代要求应运而生的重大理论创新成果,是当今时代最鲜活的马克思主义法治理论。

党的十八大以来,新时代的领路人习近平在治国理政的伟大实践中,从党和国家事业发展的战略全局谋划,坚持依规治党和依法治国的有机统一,以正确的认识论和科学的方法论,从中国具体国情出发,站在时代和法治发展前沿认识法治、定位法治、布局法治、推进法治、厉行法治,系统思考并深刻回答了走什么样的法治道路、建构什么样的法治模式、中国法治何以强起来等一系列重大理论和实践问题,形成了一个视野宏阔、意蕴深邃、理论完备、内涵丰富、逻辑严密的科学理论体系——习近平法治思想。这是植根中国大地、解答时代之问、符合中国实际、具有中国气派的原创性法治理论,具有鲜明的时代性、强烈的实践性、坚定的人民性、高远的战略性和严谨的科学性,立足中国特色社会主义现代化建设之基,回答了中华民族伟大复兴法治保障的时代之问,为中国特色社会主义法治建设迈向新时代、开启新征程、谱写新篇章提供了强有力的思想武器和科学的行动指南,是新时代全面依法治国的根本遵循。

一、习近平法治思想论要[1]

"法者,治之端也。"[2]法治,是规范,是保障,在国家治理中具有基础性地位;法律制度的制定是国家治理的起点,法律的有效实施是实现国家大治的保证。全面依法治国是国家治理领域一场广泛而深刻的革命,是坚持和发展中国特色社会主义的本质要求和重要保障。坚持全面依法治国是中国特色社会主义国家制度和国家治理体系的显著优势。2020年11月,习近平在中央全面依法治国工作会议上指出:"要坚持在法治轨道上推进国家治理体系和治理能力现代化。法治是国家治理体系和治理能力的重要依托。只有全面依法治国才能有效保障国家治理体系的系统性、规范性、协调性,才能最大限度凝聚社会共识。在统筹推进伟大斗争、伟大工程、伟大事业、伟大梦想的实践中,在全面建设社会主义现代化国家新征程上,我们要更加重视法治、厉行法治,更好发挥法治固根本、稳预期、利长远的重要作用,坚持依法应对重大挑战、抵御重大风险、克服重大阻力、解决重大矛盾。"[3]

党的十八大以来,以习近平同志为核心的党中央从党和国家事业发展全局谋划,坚持依法治国和依规治党有机统一,以正确的认识论和科学的方法论,围绕"两个一百年"奋斗目标和党的历史使命,从中国具体国情出发,站在时代和法治发展前沿,创造性地提出了一系列全面依法治国新理念新观点新论断,形成了一个逻辑严密的科学理论体系——习近平法治思想,系统回答了新时代中国特色社会主义法治建设一系列重大和根

---

[1] 参见戴小明:《谱写中国特色社会主义法治理论的新篇章——习近平全面依法治国新思想新战略论要》,载《法学评论》2019年第6期。
[2] 《荀子·君道》。
[3] 《坚定不移走中国特色社会主义法治道路 为全面建设社会主义现代化国家提供有力法治保障》,载《人民日报》2020年11月18日。

本性问题,贯穿着坚定的信仰信念、鲜明的人民立场、敏锐的战略眼光、科学的辩证思维、深邃的思想内涵、强烈的创新精神,是中国特色社会主义法治新时代的思想旗帜、理论指引和根本遵循,为中国特色社会主义法治建设迈向新时代、开启新征程、谱写新篇章提供了强有力的思想武器和科学的行动指南。

(一) 中国特色社会主义法治的道路自信

道路问题既是理论问题,也是实践课题。坚持正确的法治道路关系法治建设根本、关系国家治理全局,绝不能含糊不清,绝不能有任何疑惑。世界上并不存在单一的法治模式,更不存在唯一正确的法治道路。习近平指出:"走自己的路,是党的全部理论和实践立足点,更是党百年奋斗得出的历史结论。"[1]这一重要论断,体现了我们党对社会主义历史经验的深刻总结,对马克思主义的科学运用,对历史条件和世界发展多样性的正确认识,同时也包含着我们党独立自主的探索精神和勇于开拓创新的自觉自信。走自己的路,就是强调不要模仿别人的路,而要走出一条与众不同的路,立足国情创新创造;走自己的路,就是要解决在方向上"往哪走"、在方式上"如何走"的问题,方向上南辕北辙,定会误入歧途,方式上缘木求鱼,定会造成不赀之损。习近平强调:"全面推进依法治国,必须走对路。如果路走错了,南辕北辙了,那再提什么要求和举措也都没有意义了。全会通过的《中共中央关于全面推进依法治国若干重大问题的决定》有一条贯穿全篇的红线,这就是坚持和拓展中国特色社会主义法治道路。中国特色社会主义法治道路是一个管总的东西。"[2]

人类法治实践、法治文明的发展已经证明,法治从传统和古典发展到现代,世界上并没有一成不变的法治现代化道路,法治模式不可能定于一尊。在不同社会历史条件下,法律制度的生成和运作模式具有显著区别。

---

[1] 习近平:《在庆祝中国共产党成立 100 周年大会上的讲话》(2021 年 7 月 1 日),载《求是》2021 年第 14 期。

[2] 习近平:《加快建设社会主义法治国家》(2014 年 10 月 23 日),载《习近平谈治国理政》(第二卷),外文出版社 2017 年版,第 113 页。

法治道路的确立离不开具体的经济、政治、文化和社会环境。因现实国情的差异、政治条件和历史文化传统的不同,法治道路的选择绝对不能照搬照抄,特别是把外来模式生搬硬套到历史文化及国情截然不同的国家,必然水土不服,最终难以立足。对此,18世纪上半叶法国杰出的启蒙思想家、比较法学创始人之一孟德斯鸠曾有经典论述:"为某一国人民而制定的法律,应该是非常适合于该国人民的;所以如果一个国家的法律竟能适合于另外一个国家的话,那只是非常凑巧的事。"① 走什么路、举什么旗、定什么制,始终是中国特色社会主义事业改革发展的根本问题。法治道路决定法治方向、关乎法治成败,中国特色社会主义法治道路,本质上是中国特色社会主义道路在法治领域的具体体现,习近平法治思想深刻阐明了全面依法治国向哪里走、走什么路的重大问题,深刻揭示了中国法治道路的本质内涵,坚持中国特色社会主义法治道路,指明了全面推进依法治国的正确方向,也是习近平法治思想的根本立足点和鲜明标识。习近平特别指出:"坚持党的领导,坚持中国特色社会主义制度,贯彻中国特色社会主义法治理论。""这三个方面实质上是中国特色社会主义法治道路的核心要义,规定和确保了中国特色社会主义法治体系的制度属性和前进方向。"② 这向全社会释放了正确而明确的信号,统一全党全国各族人民的认识和行动,为法治中国建设提供了最根本的指引和遵循。

1. 坚持党的领导是宪法一以贯之的精神。 坚持党对全面依法治国的领导,是中国特色社会主义法治的本质特征和内在要求。领导问题既是革命和建设的首要问题,也是法治的首要问题,涉及根本、关乎长远。中国共产党是最高政治领导力量,办好中国的事情,关键在党。新中国立宪、历次宪法修订都确认了中国共产党领导的宪法定位,党的领导是中国特色社会主义法治之魂,具有清晰的历史逻辑、现实参照以及坚实的法理基础和宪制安排,把坚持党的领导贯彻落实到依法治国全过程和各方面

---

① 〔法〕孟德斯鸠:《论法的精神》(上册),张雁深译,商务印书馆1961年版,第6页。
② 习近平:《关于〈中共中央关于全面推进依法治国若干重大问题的决定〉的说明》(2014年10月20日),载《中国共产党第十八届中央委员会第四次全体会议文件汇编》,人民出版社2014年版,第78—79页。

是中国特色社会主义法治的独特优势和基本经验。党的十九大报告鲜明提出"坚持党对一切工作的领导",并将其作为基本方略"十四条"的第一条,意义重大深远。坚持党对一切工作的领导,不是抽象的而是具体的,既是重要原则,又是内在要求,也是重要任务,是统领全面依法治国具体实践的政治主题,必须落实到一切工作之中。习近平明确要求:"要坚持党对全面依法治国的领导。党的领导是推进全面依法治国的根本保证。国际国内环境越是复杂,改革开放和社会主义现代化建设任务越是繁重,越要运用法治思维和法治手段巩固执政地位、改善执政方式、提高执政能力,保证党和国家长治久安。全面依法治国是要加强和改善党的领导,健全党领导全面依法治国的制度和工作机制,推进党的领导制度化、法治化,通过法治保障党的路线方针政策有效实施。"①

党的十八大以来,以习近平同志为核心的党中央明确提出全面依法治国,并将其纳入"四个全面"战略布局,作出一系列重大决策部署。党的十八届三中全会明确提出建设法治中国。党的十八届四中全会专门进行研究,审议通过了《中共中央关于全面推进依法治国若干重大问题的决定》。党的十九大描绘了2035年基本建成法治国家、法治政府、法治社会的宏伟蓝图。党的十九届三中全会决定组建中央全面依法治国委员会,加强党对全面依法治国的统一领导、统一部署、统筹推进。党的十九届四中全会聚焦坚持和完善中国特色社会主义法治体系,对提高党依法治国、依法执政能力作出专门部署。党的十九届五中全会提出,有效发挥法治固根本、稳预期、利长远的保障作用。2020年11月召开的中央全面依法治国工作会议,明确了习近平法治思想在全面依法治国中的指导地位。在以习近平同志为核心的党中央坚强领导下,我国社会主义法治建设力度不断加大、步伐不断加快、成效不断彰显,全面依法治国开启了充满生机活力的新篇章。

党的领导是过程的、动态的,要适应环境的变化、形势的发展,始终坚

---

① 《坚定不移走中国特色社会主义法治道路 为全面建设社会主义现代化国家提供有力法治保障》,载《人民日报》2020年11月18日。

持、完善和加强,更好发挥党"总揽全局、协调各方"的领导核心作用。党对依法治国的领导,主要体现为党领导立法、保证执法、支持司法、带头守法上,具体体现在党支持人大、政府、政协和法院、检察院依法依章程履行职能、开展工作、发挥作用,并善于运用法律保障党的重大决策、政策有效实施,这是习近平法治思想的重要方法论和实践要求。坚持抓住领导干部这个"关键少数"是全面推进依法治国的关键因素。党的十八大以来,从成立中央全面依法治国领导小组,到组建中央全面依法治国委员会;紧盯"关键少数",突出以上带下、以上率下,层层压实法治主体责任,特别是《党政主要负责人履行推进法治建设第一责任人职责规定》,贯彻落实《中共中央关于全面推进依法治国若干重大问题的决定》,"把法治建设成效作为衡量各级领导班子和领导干部工作实绩重要内容,纳入政绩考核指标体系",全面推动党政主要负责人切实履行推进法治建设第一责任人职责,有力推动和加强了党对法治建设的集中统一领导,形成推进法治建设的强大合力。2018年《中华人民共和国宪法修正案》进一步强化了中国共产党的领导地位,展现了坚定的道路自信、理论自信、制度自信、文化自信和宪法自信。

2. 坚持党的领导和依法治国高度统一。党的领导是中国特色社会主义法治建设最重要的前提条件和最根本的保障。事实表明,相互依存、高度统一、完全一致是党的领导和社会主义法治在本质上的反映,党的领导确保法治正确航向,社会主义法治离不开党的领导,党的领导要依靠社会主义法治。在法治领域坚持党的领导,就是要绝对坚守和维护以党的领导为核心的国家体制。党的领导是中国特色社会主义制度永葆生机活力的密码,是人民当家作主和依法治国的根本保证,而人民当家作主是社会主义民主政治的本质和核心,依法治国是党领导人民治理国家的基本方式。这样的依存性和逻辑理路,是中国特色社会主义民主法治经验的科学总结,三者统一于我国社会主义民主政治的伟大实践,实践证明行之有效。习近平强调指出:"要坚持以人民为中心。全面依法治国最广泛、最深厚的基础是人民,必须坚持为了人民、依靠人民。要把体现人民利益、反映人民愿望、维护人民权益、增进人民福祉落实到全面依法治国各领域全过程。推进全面依法治国,根本目的是依法保障人民权益。要积极回应人民群众新要求新期待,系统研究谋划和解决法治领域人民群众反映强烈的突出问题,不断增强人民群众获得感、幸福感、安全感,用法治保障人民安居乐业。"①人民民主是社会主义的生命,我们党始终坚持和完善人民当家作主制度体系,创新社会主义民主政治形式,坚持党的领导、人民当家作主与依法治国有机统一,尊重人民主体地位,充分发挥全过程人民民主的制度优势,不断发展全过程人民民主,就是要实现"最广泛、最真实、最管用"的中国式民主,全面保障人民当家作主,保证国家政治生活既充满活力又安定有序。

人民是我们党执政的最大底气。在当代中国,保证人民当家作主,保证国家政治生活既充满生机活力又安定有序,关键就是要坚持党的领导、人民当家作主、依法治国有机统一。反之,若没有坚强的领导核心,国家动荡不安,有再好的法律也只能是一纸空文。习近平指出:"只有在党的领导下依法治国、厉行法治,人民当家作主才能充分实现,国家和社会生活法治化才能有序推进。"②改革开放以来,中国特色社会主义民主法治建设的基本经验就是将人民民主优势转化为国家治理效能,是坚持党的领导、人民当家作主、依法治国有机统一的成功实践。党的十九大报告进一步重申,健全人民当家作主制度体系,发展社会主义民主政治;坚持党的领导、人民当家作主、依法治国有机统一;加强人民当家作主制度保障;推动协商民主广泛、多层、制度化发展;深化依法治国实践。这就为新时代全面依法治国、充分发挥我国社会主义民主政治的优势和特点提供了根本的路径指引,为人类法治文明贡献中国经验与智慧。

3. 依法治国是党领导人民治理国家的基本方略③。人民是中国共产党执政的根基、执政的动力、执政的目标,是全面依法治国的力量源泉,全

---

① 《坚定不移走中国特色社会主义法治道路 为全面建设社会主义现代化国家提供有力法治保障》,载《人民日报》2020年11月18日。
② 习近平:《加快建设社会主义法治国家》,载《求是》2015年第1期。
③ "我们必须坚持把依法治国作为党领导人民治理国家的基本方略、把法治作为治国理政的基本方式,不断把法治中国建设推向前进。"参见习近平:《在庆祝全国人民代表大会成立六十周年大会上的讲话》(2014年9月5日),载《求是》2019年第18期。

面依法治国是为了更好地保障人民利益和幸福生活。历史表明,人民利益不会自动实现,只能由国家或者政府去代表、去努力,由执政党引领、推动。法治是治国理政的基本方式,是国家治理体系和治理能力的重要依托,已经成为新时代的中国共识;法律是治国之重器,并且从工具、从制度成为治国的理念。坚持依法治国,把国家和社会治理纳入法治轨道,有效避免了社会发展中的人治纷扰。习近平强调:"发展人民民主必须坚持依法治国、维护宪法法律权威,使民主制度化、法律化,使这种制度和法律不因领导人的改变而改变,不因领导人的看法和注意力的改变而改变。"①总结历史经验,党的十一届三中全会以来,我们党把民主法治建设提升到一个全新的高度,通过法治同时重塑权力结构和权威体系。党的十五大正式提出依法治国基本方略,具有非凡的历史意义,为开辟中国特色社会主义法治道路奠定了理论基石、政策基础。

  法治是实现国家长治久安的必由之路。党的十八大开启了中国特色社会主义法治新征程,执政党更加重视发挥法治在治国理政中的基础性保障作用,更加重视通过全面依法治国为中国特色社会主义事业提供根本性制度保障。以习近平同志为核心的党中央高度重视、强力推进法治,党的十八届四中全会聚焦全面依法治国,将全面依法治国作为"四个全面"战略布局的重要内容,"全面"是一种理念,更是一种方法,全面依法治国是理念和方法论的全新转变,中国共产党对于法治广度和深度的认识不断提高。法治的"关键少数"即各级领导干部"权在法下、令由法出"的法治自觉正在养成,"尊重权利、谦抑权力"的法治素养不断提升。党的十九大把坚持全面依法治国确定为习近平新时代中国特色社会主义思想和基本方略的重要内容,从领域方略到全局方略,依法治国在党和国家全局中的地位与作用得到显著提升。党的十九届二中全会专题聚焦宪法修改,把实施宪法摆在全面依法治国的突出位置,充分彰显了中国智慧,体现了制度自信,宪法在治国理政中的重要地位和作用全面凸显。与此同

---

① 习近平:《在庆祝全国人民代表大会成立六十周年大会上的讲话》(2014年9月5日),载《求是》2019年第18期。

时,党中央组建中央全面依法治国委员会,从全局和战略高度对全面依法治国作出一系列重大决策部署,推动我国社会主义法治建设发生历史性变革、取得历史性成就,全面依法治国实践取得重大进展。

4. 坚持依法执政,全党在宪法法律范围内活动。新中国法治历经曲折、艰难而行。改革开放以来,党和国家总结法治的外部经验和内在规律,特别是社会主义法治的成功经验和深刻教训,把依法治国确定为党领导人民治理国家的基本方略,把依法执政确定为党治国理政的基本方式,走出了一条适合自身国情的中国特色社会主义法治道路。党的十六大明确要求:各级党委和领导干部要"不断提高依法执政的能力"[①]。中国共产党由革命党成功转型成为长期执政的世界大党,是社会主义法治的领导者、组织者和实践者,坚持依法执政对全面依法治国具有重大的引领和推动作用。习近平指出:"党领导人民制定宪法法律,党领导人民实施宪法法律,党自身必须在宪法法律范围内活动,这就是党的领导力量的体现。全党在宪法法律范围内活动,这是我们党的高度自觉,也是坚持党的领导的具体体现,党和法、党的领导和依法治国是高度统一的。"[②]在当代中国,"坚持党的领导"与"党自身必须在宪法法律范围内活动"合力构成了建设现代国家和法治中国的政治与法律基础。

依法治国和依法执政的实现,需要各级政府及其行政人员在法治轨道上行使权力、在宪法法律范围内活动。党的十九大报告进一步强调指出,领导十三亿多人的社会主义大国,既要政治过硬,也要本领高强;要增强依法执政本领,加快形成覆盖党的领导和党的建设各方面的党内法规

[①] 2004年党的十六届四中全会通过的《中共中央关于加强党的执政能力建设的决定》指出:"党的执政能力,就是党提出和运用正确的理论、路线、方针、政策和策略,领导制定和实施宪法和法律,采取科学的领导制度和领导方式,动员和组织人民依法管理国家和社会事务、经济和文化事业,有效治党治国治军,建设社会主义现代化国家的本领。"

[②] 习近平:《在省部级主要领导干部学习贯彻党的十八届四中全会精神全面推进依法治国专题研讨班上的讲话》(2015年2月2日),载中共中央文献研究室编:《习近平关于全面依法治国论述摘编》,中央文献出版社2015年版,第36页。

制度体系。① 这是党的政治建设和执政能力建设不断加强的过程,是新时代坚持依法执政、党规国法相互衔接协调发展的新要求,也是对各级党组织和所有党员干部提出的具体要求,任何个人、团体以及政府机关都没有治外特权,特别是各级党组织和全体党员、干部,尤其要牢固树立法治意识,坚持党章党规为本,宪法法律至上,法律面前人人平等,把对法治的尊重、法律的敬畏转化为谋划工作时的法治思维、处理问题时的法治方式,自觉在法治轨道上想问题、作决策、办事情,带头营造办事依法、遇事找法、解决问题用法、化解矛盾靠法的法治环境,全面提升依法执政、依法行政的能力和水平,充分发挥自身在依法治国中的政治核心作用和先锋模范作用,形成强大的法治"头雁效应"。

(二) 新时代全面依法治国的战略布局

"不谋万世者,不足谋一时;不谋全局者,不足谋一域。"② 战略部署既是基础又是核心,既要兼顾现况又要预见未来。全面依法治国是国家治理的重大抉择,其战略地位随着中国特色社会主义事业的推进不断强化。习近平强调:"全面推进依法治国,是着眼于实现中华民族伟大复兴中国梦、实现党和国家长治久安考虑。对全面推进依法治国作出部署,既是立足于解决我国改革发展稳定中的矛盾和问题的现实考量,也是着眼于长远的战略谋划。"③ 党的十八大以来,习近平高瞻远瞩,对新时代中国特色社会主义法治建设进行战略谋划、做出战略部署,明确全面依法治国总目标、法治建设新方针、法治中国建设"三个共同推进""三个一体建设"的重点任务,为协调推进"四个全面"战略布局提供重要法治保障。

1. 牢牢把握全面依法治国总目标。 纵观人类法治实践,法治与民主、权力相伴相依,没有民主就没有法治;民主是法治的前提,法治是民主

---

① 参见习近平:《决胜全面建成小康社会 夺取新时代中国特色社会主义伟大胜利——在中国共产党第十九次全国代表大会上的报告》(2017年10月18日),载《中国共产党第十九次全国代表大会文件汇编》,人民出版社2017年版,第54—55页。

② (清)陈澹然:《寤言二·迁都建藩议》。

③ 习近平:《在中国共产党十八届四中全会第二次全体会议上的讲话》(2014年10月23日),载中共中央文献研究室编:《习近平关于全面依法治国论述摘编》,中央文献出版社2015年版,第11页。

的基础,也是民主的保障;只有人民成为国家的主人,民主才有可能,法治才有希望;严格依法行政是法治的核心,确保权力正当运行是法治的重点,终极目标是确保社会形成由规则治理的管理方式、活动方式和法治秩序,维护公共利益,保障公民权利。从宏观上看,法治是治国方略和战略;从微观上看,法治是方式、依据和手段。党的十八届四中全会明确提出:全面推进依法治国,总目标是建设中国特色社会主义法治体系,建设社会主义法治国家。总目标擘画了全面依法治国的总蓝图,具有举旗定向、纲举目张的重大意义。习近平指出:"鲜明提出坚持走中国特色社会主义法治道路、建设中国特色社会主义法治体系的重大论断,明确建设社会主义法治国家的性质、方向、道路、抓手,必将有力推进社会主义法治国家建设。"①

坚持建设中国特色社会主义法治体系是全面推进依法治国的发展目标和总抓手。法治体系是国家治理体系的骨干工程,中国特色社会主义法治体系是涵盖法治领域各环节和法治保障等方面的制度体系及运行体系,贯穿法治国家、法治政府、法治社会建设各个领域,涵盖立法、执法、司法、守法各个环节,涉及法律规范、法治实施、法治监督、法治保障、党内法规各个方面,是推进全面依法治国的总抓手,也是推进国家治理体系和治理能力现代化的重要方面。习近平科学阐述了中国特色社会主义法治体系的基本内涵——完备的法律规范体系、高效的法治实施体系、严密的法治监督体系、有力的法治保障体系、完善的党内法规体系。这就从宏大视角系统阐明了中国特色社会主义法治体系的具体内容和基本要求,具有总揽全局、牵引各方的重大理论意义和实践价值,谋划和指明了新时代全面依法治国的各项内容和具体路径。特别是我们党坚持依法治国和依规治党有机统一,党内法规既是管党治党的重要依据,也是建设社会主义法治国家的重要保障。

2. 突出法治中国建设的重点任务。 法治中国是法治国家、法治政

---

① 习近平:《关于〈中共中央关于全面推进依法治国若干重大问题的决定〉的说明》(2014年10月20日),载《中国共产党第十八届中央委员会第四次全体会议文件汇编》,人民出版社2014年版,第73—74页。

府、法治社会一体建设的中国。依法治国,重在法之必行。法治的真谛在于如何对待权力,必须厘清公共权力的行使边界,法无授权不可为;同时,身为公民,也应有权利的底线。如此,在权力规制与权利保护之间,才能培育生长出法治的参天大树。坚持依法治国、依法执政、依法行政共同推进,坚持法治国家、法治政府、法治社会一体建设,是习近平法治思想的"11个坚持"之一,逻辑内在统一,内容深度融合。全面依法治国是一个系统工程,必须统筹兼顾、把握重点、整体谋划,更加注重系统性、整体性、协同性。坚持"三个共同推进""三个一体建设",明确了法治中国建设的逻辑理路和重点任务,清晰勾画了全面依法治国的具体面貌,描绘了法治国家建设的顶层方案和工作路径。依法治国着眼于国家和社会治理全局,依法执政强调党的执政方式,依法行政指向法治政府建设。依法治国、依法执政、依法行政是有机联系的整体,三者本质一致、目标一体、成效相关,缺少任何一个方面,法治中国建设都难以有效推动,必须相互统一、共同推进、形成合力。

现代法治经验已经证成,依法治国的关键是在限制国家权力的同时提高国家能力,执政党依法执政、政府依法行政决定着法治国家建设的成败。法治国家、法治政府、法治社会彼此紧密联系、共生共存、相互支撑、相辅相成、共存共赢,三者共同构成法治中国建设的"三驾马车"。其中,法治国家是法治政府、法治社会建设的目标,法治政府、法治社会建设必须服从、服务于法治国家建设;法治政府是法治国家建设的主体和重点,是法治社会建设的先导和示范,对法治国家、法治社会建设具有示范带动作用,要率先突破;法治社会是法治国家、法治政府建设的基础和依托,法治国家、法治政府建设必须筑牢法治社会根基。法治共识能不能变成现实,能不能建成法治国家,关键在于能不能建成法治政府和法治社会,打造全社会信仰法律、尊重法律的法治环境,让法治成为"关键少数"的行为准则,各级政府及其工作人员严格依法用权,法律红线不触碰,法律底线不逾越;让法治成为广大民众美好的生活方式,全体社会成员普遍具有法律观念和法治意识,真正接受法治理念、崇尚法治精神、服从法治规范,自觉遵守法律,坚信法治的力量,在全社会形成信仰法治、尊重法治、遵从法律的浓厚氛围，使法治建设与法治发展具有坚实文化根基和良好社会环境，进而实现自治、法治、德治的相融共进，形成共策、共商、共治的社会治理格局。

3. 全面落实新时代法治建设方针。 国家法治建设是超级综合的系统工程，立法、执法、司法、守法环环相扣，不可偏废。根据全面推进依法治国面临的新形势、新任务、新要求，习近平全面深刻阐释了立法、执法、司法、守法四个方面的改革举措，提出了"坚持全面推进科学立法、严格执法、公正司法、全民守法"的新时代法治建设指导方针（以下简称"新十六字方针"），丰富和发展了党的十一届三中全会提出的"有法可依，有法必依，执法必严，违法必究"十六字方针，形成了新时代全面依法治国的基本格局，为全面依法治国提供了明确的实现路径和方式，全面依法治国在创新中发展。国家走向现代化，必先实现法治化。立法、执法、司法和守法这四项工作构成了全面依法治国的四个面向。立法是前提，科学立法，巩固法治根基，形成完备的法律体系；执法是关键，严格执法，建设法治政府，确保法律有效落实；司法是防线，公正司法，守卫司法公信，让人民感受到公平正义；守法是基础，全民守法，倡导社会新风，是法治水平提升的基本标志，小到文明行走，大到依法治国，法治的根基在人民。

法律信仰是文化，更是价值追求，当人民信任法律，把法律作为一种价值追求，作为美好生活的动力，全社会的法律信仰可期，全民守法自然水到渠成。中华人民共和国成立以来，中国法治在波澜壮阔中探索前行，从无法可依到有法可循，从注重数量到提高质量，从依法治国到全面推进依法治国再到全面依法治国，法治成为执政兴国的治国方略，成为全社会的最大公约数。法治建设"新十六字方针"是习近平法治思想对新中国法治进步特别是改革开放以来法治建设成就的系统总结和有效提升，整体展现了法治中国建设从打基础到系统建构演进的清晰逻辑、具体路径。中国特色社会主义法治进入新时代，法律话语正在成为不同利益的表达方式，也成为公民、社会组织互动互助的一个基本渠道。积极回应人民的新要求新期待，系统解决法治领域人民群众反映强烈的突出问题，补短板、填空白、强弱项，2020年11月中央全面依法治国工作会议明确，未来法治中国建设，要以解决法治领域突出问题为着力点，统筹推进国内法治和涉外法治，立改废释纂并举，加强重点领域、新兴领域、涉外领域立法。习近平指出："要积极推进国家安全、科技创新、公共卫生、生物安全、生态文明、防范风险、涉外法治等重要领域立法，健全国家治理急需的法律制度、满足人民日益增长的美好生活需要必备的法律制度，以良法善治保障新业态新模式健康发展。"①

4. 坚持依法治国和以德治国相结合。法治是文化认同、价值共识之上的规则之治、良法善治。法安天下，德润人心，德治与法治具有内在的高度一致性。德法共治是我国古代治国理政的成功经验，也是中华传统法文化的精髓，坚持依法治国和以德治国相结合是建设社会主义法治国家的基本原则，是中国法治的鲜明特色。法律是善良与公正的艺术，离不开道德的滋养。法律应具有道德性，即法律必须满足道德或者正义的一定条件，只有这样的法律才能称为良法。中国古代就有"以德为法"②的传统，法律不仅是规范，也是道德。法律是成文的道德，道德是内心的法律，美国的法律甚至可以被理解为基于犹太教和基督教传统的道德的法典化。③ 法律和道德都是重要的社会规范，能够用以规范人的行为、调整社会关系，对于维护良好的、稳定的、和谐的社会关系都发挥着重要作用。习近平法治思想对中华传统法文化创造性转化、创新性发展，具有深厚的文化底蕴。习近平强调指出："法律是准绳，任何时候都必须遵循；道德是基石，任何时候都不可忽视。在新的历史条件下，我们要把依法治国基本方略、依法执政基本方式落实好，把法治中国建设好，必须坚持依法治国和以德治国相结合，使法治和德治在国家治理中相互补充、相互促进、相得益彰，推进国家治理体系和治理能力现代化。"④社会主义核心

---

① 《坚定不移走中国特色社会主义法治道路 为全面建设社会主义现代化国家提供有力法治保障》，载《人民日报》2020年11月18日。
② 《孔子家语·刑政·执辔》。
③ 参见季卫东：《通往法治的道路：社会的多元化与权威体系》，法律出版社2014年版，第32—33页。
④ 习近平：《坚持依法治国和以德治国相结合》（2016年12月9日），载《习近平谈治国理政》（第二卷），外文出版社2017年版，第133页。

价值观继承和弘扬了中华民族传统美德。党的十八大报告提出,要"倡导富强、民主、文明、和谐,倡导自由、平等、公正、法治,倡导爱国、敬业、诚信、友善,积极培育和践行社会主义核心价值观"。2018年3月,"国家倡导社会主义核心价值观"明确写入宪法,社会主义核心价值观成为国家法定意志。

坚持建设德才兼备的高素质法治工作队伍是习近平法治思想的重要内容,是全面推进依法治国的组织保障。国家治理需要法律和道德协同发力,法律是底线的道德,也是道德的保障;一个良善的司法判决,既要坚守法律的正义,也要充分彰显人文的温情。因此,全面推进依法治国,必须着力建设一支忠于党、忠于国家、忠于人民、忠于法律的社会主义法治工作队伍,推进法治专门队伍正规化、专业化、职业化,提高职业素养和专业水平。坚持立德树人,德法兼修,努力培养造就一大批高素质法治人才及后备力量。同时,要充分发挥道德的教化功能,提高全社会文明程度,为全面依法治国创造良好人文环境,以道德滋养法治精神,强化道德对法治文化的支撑作用,让法治精神浸入人心、融入血液、植入灵魂。① 文化是最持久的力量,没有文化的根基,没有道德的滋养,法治不可能落地生根,更不可能传承发展、代代赓续、长久护佑。习近平指出:"发挥好道德的教化作用,必须以道德滋养法治精神、强化道德对法治文化的支撑作用。再多再好的法律,必须转化为人们内心自觉才能真正为人们所遵行。"② 我们坚信,中华传统法律文明的当代复兴,必将给新时代中国特色社会主义法

---

① 现实生活中法治的尴尬也充分表明道德建设的不可或缺,典型的案例是:2020年12月21日,编剧余飞、宋方金等发布111位编剧、导演、制片人、作家的联名信,直指有抄袭劣迹的畅销小说作者、知名电影导演郭敬明和制片人于正出现在综艺中进行话题炒作,以此追逐点击率、收视率,信中还直指郭敬明、于正在法院判决后,拒绝执行法院的道歉判决,引起了相关从业者和社会各界的强烈反感。2020年的最后一天即12月31日,时隔15年,郭敬明终于发文就2006年法院判决其小说《梦里花落知多少》抄袭作家庄羽的小说《圈里圈外》之事在微博上道歉,后悔在法院判决后不肯承认错误;于正就其《宫锁连城》侵犯《梅花烙》版权一事向琼瑶道歉,用了6年时间正视错误。这充分显示了社会舆论、道德正义的巨大力量,"正义或许会迟到,但是,一定不会缺席"。

② 习近平:《加快建设社会主义法治国家》(2014年10月23日),载《习近平谈治国理政》(第二卷),外文出版社2017年版,第117页。

治增添浓厚的民族色彩①。

（三）新时代深化依法治国实践的具体任务

法治是实现国家长治久安的必由之路。全面推进依法治国是事关我们党执政兴国的全局性课题。党的十八大以来，以习近平同志为核心的党中央战略谋划，顶层设计，统筹布局，坚定不移全面推进依法治国，特别是党的十八届四中全会，全面聚焦法治，既突出战略重点，又关照综合施策，制定全面依法治国的总蓝图，确定法治中国建设的路线图、作业图，是新时代治国理政的大智慧、大思路、大战略，生动展示了新时代中国特色社会主义法治的目标追求，全面依法治国已经由共识变成现实，大踏步进入"快车道"，显著增强了我们党运用法律手段领导和治理国家的能力，既有针对性地解决了一系列重大法治理论问题，又破解了一系列重大法治实践难题，全面依法治国实现历史性突破，法治中国建设迈出重大步伐。

1. 加强宪法实施和监督。 宪法的生命在于实施，没有宪法实施，宪法就不成其为社会共识，不成其为根本规范。2018年2月24日，习近平在主持十九届中央政治局第四次集体学习时强调："宪法具有最高的法律地位、法律权威、法律效力。我们党首先要带头尊崇和执行宪法，把领导人民制定和实施宪法法律同党坚持在宪法法律范围内活动统一起来。任何组织或者个人都不得有超越宪法法律的特权。一切违反宪法法律的行为，都必须予以追究。"②多年的运行实践表明，作为改革开放的重要成果和直接表征，现行《宪法》符合我国国情，符合实际情况，符合时代要求，并

---

① 民法典是国家和民族精神的立法表达。2020年5月28日十三届全国人大三次会议表决通过，自2021年1月1日起施行的《中华人民共和国民法典》，凸显着中华文化的印记，熔铸中华民族的"精气神"，具有鲜明的民族性，弘扬社会主义核心价值观，强化对人格权的全面保护，维护家庭成员合法权益……将民族精神融入民法典，引领传统美德和社会公德深入人心。该法典总则第1条开宗明义地指出："为了保护民事主体的合法权益，调整民事关系，维护社会和经济秩序，适应中国特色社会主义发展要求，弘扬社会主义核心价值观，根据宪法，制定本法。"该法典坚持依法治国和以德治国结合，充分体现了中国特色社会主义法治特征，各分编规定树立优良家风，重视家庭和睦和夫妻互相关爱；完善遗赠扶养协议制度，强调尊老、敬老、爱老、助老；细化侵权责任规定，为见义勇为者免除后顾之忧；等等。

② 《更加注重发挥宪法重要作用 把实施宪法提高到新的水平》，载《人民日报》2018年2月26日。

且它能够快速适应改革和发展的需要,通过宪法修改实现完善发展。

习近平要求全面贯彻实施宪法,运用宪法治国理政,党的十八大以来建立宪法宣誓制度,设立国家宪法日,开展宪法教育,普及宪法知识。党的十八届四中全会提出,加强宪法实施和监督,健全宪法解释程序机制,为宪法实施创造条件。同时,加强备案审查制度和能力建设,对违宪违法的规范性文件坚决依法撤销和纠正。党的十九大报告提出,推进合宪性审查工作,维护宪法核心地位和法律体系的协调统一。2018年《中华人民共和国宪法修正案》已明确规定,改革全国人民代表大会专门委员会的"法律委员会",设立"宪法和法律委员会",必将推动宪法实施和监督工作进入新阶段。特别是历史首次,国家领导人履行宪法宣誓,敬畏宪法,充分彰显了以习近平同志为核心的党中央坚持依宪执政、依宪治国,坚决维护宪法权威的坚定意志和坚强决心。

2. 完善以宪法为核心的法律体系。"立善法于天下,则天下治;立善法于一国,则一国治。"①法律是治国之重器,良法是善治之前提,"宪法——法律的准绳"②,完备而良善的法律规范体系不仅是建设法治体系所必需,也是法治国家的基本标志以及政权稳定和社会发展的基本保障。"法与时转则治,治与世宜则有功。"③法律的生长、完善,离不开其所处历史和文化的滋养。宪法变迁和宪法发展的实践表明,宪法保有持久生命力,必须适应新形势、吸纳新经验、确认新成果、作出新规范,即宪法内容要适时把党和人民在实践中取得的重大理论、实践、制度创新成果上升为宪法规定,才能更好发挥宪法在国家治理中的应有作用。宪法修改是宪法发展的重要方式,党的十九届二中全会专门讨论宪法修改问题,充分表明执政党在新时代对宪法的高度重视。2018年3月,十三届全国人大一次会议通过的宪法修正案,是推进全面依法治国的重大举措,为新时代中国特色社会主义事业提供了根本法治保障。科学立法,体制先行,完善立

---

① (北宋)王安石:《周公论》。
② 马克思:《1848年至1850年的法兰西阶级斗争》,载《马克思恩格斯选集》(第一卷),人民出版社2012年版,第479页。
③ 《韩非子·五蠹》。

法体制,推动法制统一,是习近平法治思想的重要内容,特别是其中关于立法目标、内容和方式的系统理论阐释和有力的制度实践,为完善立法体制、提升立法质量指明了方向。与此同时,完善党内法规体系是推进国家治理体系和治理能力现代化的重要保障,要加强党内法规建设,形成完备的党内法规体系,实现党内法规与国家法律的有效衔接。

加快重点领域立法、完善法律体系,健全人大主导立法的工作机制,发挥立法对改革的引领和推动作用,实现立法与改革协调推进,以良法促进发展、保障善治,是新时代完善中国特色社会主义法律体系目标和任务的科学定位。党的十八大以来,重点领域立法成就卓越,制定监察法、国家安全法、网络安全法、外商投资法、民法典,修改环境保护法、食品安全法、农村土地承包法,一批事关国计民生的法律法规相继落地,立法为全面深化改革保驾护航。特别是作为社会主义市场经济的基本法律、人民生活的重要行为准则、法官裁判民商事案件的基本依据,《民法典》不仅能有效巩固全面建成小康社会过程中取得的成果,也将为全面建成社会主义现代化强国注入新的血液。从《民法通则》到《民法典》,具有划时代的意义,《民法典》编纂历时5载,10次向社会公开征求意见,收到42.5万人提出的102万条建议,充分体现了民主立法、科学立法和依法立法要求,见证了法治中国前进的步伐。作为新中国历史上第一部以"法典"命名的法律,《民法典》反映了新时代全面推进依法治国的重要成果,切实回应了人民群众的法治需求,为实现人民群众日益增长的美好生活需要提供了坚实可靠的法律保障,是推进国家治理体系和治理能力现代化的战略举措——开启中国民事法律新时代,开创经济社会高质量发展新征程,标注制度文明新高度,推动"中国之治"进入更高境界。

编纂《民法典》是党的十八届四中全会确定的一项重大政治任务和立法任务,是以习近平同志为核心的党中央作出的重大法治建设部署;《民法典》的颁布实施是深入贯彻落实习近平法治思想、推进中国特色社会主义法律体系建设的重大成果。习近平强调:"有关国家机关要适应改革开放和社会主义现代化建设要求,加强同民法典相关联、相配套的法律法规制度建设,不断总结实践经验,修改完善相关法律法规和司法解释。对同民法典规定和原则不一致的国家有关规定,要抓紧清理,该修改的修改,该废止的废止。要发挥法律解释的作用,及时明确法律规定含义和适用法律依据,保持民法典稳定性和适应性相统一。""随着经济社会不断发展、经济社会生活中各种利益关系不断变化,民法典在实施过程中必然会遇到一些新情况新问题。这次新冠肺炎疫情防控的实践表明,新技术、新产业、新业态和人们新的工作方式、交往方式、生活方式不断涌现,也给民事立法提出了新课题。要坚持问题导向,适应技术发展进步新需要,在新的实践基础上推动民法典不断完善和发展。"①

3. 建设法治政府,推进依法行政。 法治政府是职能科学、权责法定、执法严明、公正公开、廉洁高效、守法诚信的政府。法治政府建设是全面依法治国的重点任务和主体工程,是推进国家治理体系和治理能力现代化的重要支撑。法治政府是国家治理现代化的重要标志,建设法治政府是建设法治中国的基本要求,是推进国家治理体系和治理能力现代化的重要抓手,全面依法治国,政府必须全面履行职能,切实依法行政,把权力关进制度的笼子,这是依法治国的应有之义。也就是说,必须把依法用权作为关键任务,把扩大公众有序参与作为重要途径,把加强权力运行监督作为基础保障,把提高公务人员的法治意识和法治素养作为基本内容,实现监督监察全覆盖,让权力在阳光下行使,消除公权力监督的真空地带,确保权力始终在法治的轨道上运行②。习近平指出:"执法是行政机关履行政府职能、管理经济社会事务的主要方式,各级政府必须依法全面履行职能,坚持法定职责必须为、法无授权不可为,健全依法决策机制,完善执法程序,严格执法责任,做到严格规范公正文明执法。"③为此,要健全行政权力制约和监督体系,促进行政权力规范透明运行,进一步厘清政府和市

---

① 习近平:《充分认识颁布实施民法典重大意义 依法更好保障人民合法权益》,载《求是》2020年第12期。

② 《江苏省重大行政决策程序实施办法》自2020年8月1日起施行。该办法对重大行政决策的全过程进行规范指导,并规定决策机关违反规定造成决策严重失误,或者依法应当及时作出决策而久拖不决,造成重大损失、恶劣影响的,应当倒查责任,实行终身责任追究。资料来源:江苏省人民政府网,http://www.jiangsu.gov.cn/art/2020/5/29/art_46143_9190441.html。

③ 习近平:《加快建设社会主义法治国家》,载《求是》2015年第1期。

场、政府和社会之间的关系,用法治给行政权力定规矩、划界限,规范行政决策程序,加快转变政府职能,构建和完善市场监管有效、公共服务精细、权责界限清晰的政府治理体系,实现市场有效、政府有为、社会有序。需要特别指出的是,民法典已经颁布,其实施水平和效果是衡量法治政府建设成效的重要方面、重要指标。作为保障市场经济、市民生活的基本法律,民法典被誉为"社会生活的百科全书",主旨在于保护公民的民事权利,关系到每一个公民的生活,为国家公权力的规范运行与社会生活自由之间划定了界限,各级政府要以民法典的有效实施为抓手推进法治政府建设,提升"中国之治"新高度。

全面实施民法典对于全面依法治国、推进国家治理体系和治理能力现代化、切实维护最广大人民根本利益具有重大而深远的意义。习近平专门就民法典的全面实施对全党和各级政府提出了明确要求:"各级政府要以保证民法典有效实施为重要抓手推进法治政府建设,把民法典作为行政决策、行政管理、行政监督的重要标尺,不得违背法律法规随意作出减损公民、法人和其他组织合法权益或增加其义务的决定。要规范行政许可、行政处罚、行政强制、行政征收、行政收费、行政检查、行政裁决等活动,提高依法行政能力和水平,依法严肃处理侵犯群众合法权益的行为和人员。"[①]各级政府必须高度重视法治思维的养成,提高全体公职人员依法履职的自觉性,遇到问题想法,解决问题依法,处置矛盾用法;要加强制度供给,以规范和约束公权力为重点,建立健全党统一指挥、全面覆盖、权威高效的制约监督体系和上下联动监督网,加强对行政权力的制约和监督;要着力完善权力清单管理,深化行政审批制度改革,构建决策科学、执行坚决、监督有力的权力运行机制;要健全行政决策制度机制,如专家咨询制度、行政听证制度、法律顾问制度等。严格行政执法,加强执法规范化建设,全面推行行政执法三项制度[②],推动形成权责统一、高效有序的行政执法体系,落实行政执法责任制。同时,全面推进政务公开,以公开为常

---

① 习近平:《充分认识颁布实施民法典重大意义 依法更好保障人民合法权益》,载《求是》2020年第12期。
② 即行政执法公示制度、执法全过程记录制度、重大执法决定法制审核制度。

态、不公开为例外,让广大民众看得见、监督得到,通过公开透明赢得人民群众的理解和信任。需要特别指出的是,建设法治政府,推进依法行政,蕴含着现代行政不能仅仅满足于循规蹈矩、办事不违法、不逾规,而应该不断探索政府管理如何能更好地满足人民对美好生活的需要,如何能更好地适应市场经济和高科技发展,如何能更好地提高政务服务的效率和质量。①

4. 深化司法体制综合配套改革。 公平正义是人民的期盼,也是社会文明进步的重要标志。公正是司法的灵魂和生命,司法的目标就是维护社会公平正义。公正司法是新时代国家治理体系和治理能力现代化的基本要义,是守护社会公平正义的最后一道防线。全面依法治国,必须紧紧围绕保障和促进社会公平正义来进行。习近平强调:"深化司法体制改革,是要更好坚持党的领导、更好发挥我国司法制度的特色、更好促进社会公平正义。凡是符合这个方向、应该改又能够改的,就要坚决改;凡是不符合这个方向、不应该改的,就决不能改。简单临摹、机械移植,只会造成水土不服,甚至在根本问题上出现颠覆性错误。"②同时,生动阐释了司法实践中"100－1＝0"的道理:一个错案的负面影响足以摧毁九十九个公平裁判积累起来的良好形象;执法司法中万分之一的失误,对当事人就是百分之百的伤害。③党的十八大以来,司法体制改革始终坚持正确方向,坚持走中国道路,加强顶层设计,自上而下有序推动,统筹推进司法责任制等司法基础体制改革,直面司法现实问题,敢于啃硬骨头,勇于闯难关,取得显著成效,司法职权配置明显优化,司法的公信力得到有效提升,人民群众的法治"获得感"不断增强。

习近平指出:"法治建设要为了人民、依靠人民、造福人民、保护人民。必须牢牢把握社会公平正义这一法治价值追求,努力让人民群众在每一项法律制度、每一个执法决定、每一宗司法案件中都感受到公平正义。"④

---

① 参见姜明安:《实质法治要求政府大力推进"放管服"改革》,载《法制日报》2019年10月25日。
② 习近平:《在中央政法工作会议上的讲话》(2014年1月7日),载中共中央文献研究室编:《习近平关于全面依法治国论述摘编》,中央文献出版社2015年版,第77页。
③ 参见中共中央宣传部:《习近平新时代中国特色社会主义思想学习纲要》,学习出版社、人民出版社2019年版,第104页。
④ 习近平:《加强党对全面依法治国的领导》,载《求是》2019年第4期。

深化司法体制综合配套改革,就是要进一步破解司法领域改革的瓶颈问题,依照《关于深化司法责任制综合配套改革的意见》,全面落实司法责任制,真正"让审理者裁判、由裁判者负责",推动审判体系和审判能力现代化,有效提升司法公信力;进一步规范司法权运行,加快构建规范高效的制约监督体系,坚决防止执法不严、司法不公特别是司法腐败,最大限度杜绝冤假错案;健全和完善以审判为中心的诉讼制度,推动网络技术、大数据、云计算、人工智能等科技创新成果同司法工作深度融合,构建一体化智慧司法(主要包括智慧法院与智慧检务)服务体系,着力提升司法质量和效率;推进案件繁简分流、轻重分离、快慢分道,为人民群众提供便捷、高效、优质的司法服务,通过办理一件件实实在在的案件,让百姓真实感受到司法的公平正义,让司法阳光普照每一位公民的美好生活。① 完善包括律师、公证、法律援助、司法鉴定、仲裁、人民调解等在内的公共法律服务体系,方便人民群众得到及时、高效的法律服务。这是新时代推进全面依法治国的重要任务和基本目标要求。

(四)新时代提高宪法实施水平的目标要求

宪法是治国理政的总章程、总依据,坚持依宪治国、依宪执政是全面推进依法治国的工作重点。习近平强调:"决胜全面建成小康社会、开启全面建设社会主义现代化国家新征程、实现中华民族伟大复兴的中国梦,推进国家治理体系和治理能力现代化、提高党长期执政能力,必须更加注重发挥宪法的重要作用。要坚持党的领导、人民当家作主、依法治国有机

---

① 2020年7月,一则自媒体发布的关于《最高人民法院关于审理民事纠纷案件中涉及刑事犯罪若干程序问题的处理意见》系"假法规"的文章,曾引发舆论关注。澎湃新闻通过"中国裁判文书网"等渠道核实发现情况属实,而不少上诉人在上诉意见中却引用了该意见,不同法院判决裁定出现了截然不同的处理意见,有的直接指出该意见不存在,有的未提出该意见存在问题也未引用该意见,有的案件在原判决基础上进行了纠正,但未否定该意见,还有的直接指出该意见存在并对案件进行了维持。那么,出现此类法律依据冲突和乌龙事件的原因何在?这多与法官自身素质不高、业务信息更新不详、面对自媒体信息冲击自身辨别能力不强等有关,且多数法院系统内部也并未设立自查的环节,全国范围内目前也没有建立起统一的法律法规知识库等相关平台。参见王选辉:《多地法院曾引"最高法意见"判案,最高法判定书:没出台过》,https://www.thepaper.cn/newsDetail_forward_8505409,2020年7月30日访问。

统一,加强宪法实施和监督,把国家各项事业和各项工作全面纳入依法治国、依宪治国的轨道,把实施宪法提高到新的水平。"① 宪法规范的贯彻落实是宪法的生命,依宪执政、依宪治国要求全面实施宪法。新时代全面依法治国的根本任务,关键是要在更高起点推进宪法实施,把全面贯彻实施宪法提高到新的水平、推向新的高度,以宪法的有效实施引领、推动法律的全面实施,以依宪执政推进依法治国,以依法治国保障依法行政,以依法行政确保执法为民落地落实。

1. 毫不动摇坚持依宪治国。 凝聚社会共识,夯实国家根基,指引政治方向,划分权力边界,保障政治的可预见性和稳定性,是当代宪法的基本使命。依宪治国是新时代国家治理体系和治理能力现代化的重大命题。习近平指出:"依法治国,首先是依宪治国;依法执政,关键是依宪执政。新形势下,我们党要履行好执政兴国的重大职责,必须依据党章从严治党、依据宪法治国理政。"② 实践充分证明,现行《宪法》是一部好法律。但无须讳言,在现实生活中,宪法贯彻实施还存在诸多盲区,如保障宪法实施的监督机制和具体制度还不健全,宪法的崇高权威还没有充分彰显,社会成员的宪法意识还有待进一步增强。中国特色社会主义进入新时代,法治中国建设站在新的历史起点上,推进宪法实施,坚持依宪治国,既是坚定宪法自信、更好发挥宪法作为国家根本法作用的必然要求,也是执政党全面加强自身建设、提高执政能力和水平的自觉选择。从宪法出发,我们就会走上建设法治国家的通衢大道;以宪法为基石,我们就能获得党和国家兴旺发达的蓬勃伟力。

我们党高度重视运用宪法法律巩固人民政权、开展国家治理。不论是《中华苏维埃共和国宪法大纲》,还是新中国成立后的"五四宪法",再到改革开放后的"八二宪法"及其5次修改,都有力地证明,通过宪法法律确认和巩固国家根本制度、基本制度、重要制度,并运用国家强制力保证实

---

① 《更加注重发挥宪法重要作用 把实施宪法提高到新的水平》,载《人民日报》2018年2月26日。
② 习近平:《在首都各界纪念现行宪法公布施行30周年大会上的讲话》(2012年12月4日),载《习近平谈治国理政》(第一卷),外文出版社2014年版,第138页。

施,保障了国家治理体系的系统性、规范性、协调性。宪法凝聚和集中体现中国共产党治国理政的经验智慧、中国人民探索社会主义现代化道路的历史成就、国家发展的指导思想和科学理论;宪法文本规定了社会主义国家的性质和党的领导地位、人民代表大会的根本政治制度、公民的基本权利和义务、国家机构的组织和活动原则以及国家的基本制度、发展道路和奋斗目标。宪法的这些规定性和话语体系既具有宪法的普遍特征,也具有鲜明的中国特色、独特优势。毫不动摇坚持依宪治国,就是要坚定不移坚持以宪法为统领治国理政,具体包括必须毫不动摇坚持习近平法治思想,坚持宪法确立的国家指导思想不动摇,坚持宪法确认的党的领导地位不动摇,坚持宪法确立的国家根本任务、发展道路和奋斗目标不动摇,坚持宪法确立的国体和政体不动摇。

2. 坚定维护宪法尊严和权威。 宪法的至上地位,是一个国家现代化的重要内容和标志。宪法文本凝结着一个国家最根本的价值观。宪法权威是指宪法在国家政治生活和社会生活中的根本法作用,其指引、规范、激励政党和所有国家机关、社会组织、公民的行为。习近平深刻指出:"宪法的根基在于人民发自内心的拥护,宪法的伟力在于人民出自真诚的信仰。只有保证公民在法律面前一律平等,尊重和保障人权,保证人民依法享有广泛的权利和自由,宪法才能深入人心,走入人民群众,宪法实施才能真正成为全体人民的自觉行动。"① 宪法没有权威,就不可能真正地通过宪法来反映人民的意志,最大限度地实现人民的利益。

维护宪法权威,捍卫宪法尊严,提升党员领导干部和国家工作人员以及全体社会成员的宪法意识、宪法思维,第一,要遵循法治逻辑和法治规律,党员领导干部必须学习宪法、认知宪法,尊崇宪法、信仰宪法,并应成为所有公职人员任职的基本要求。第二,要严格落实执行宪法宣誓制度,国家工作人员正式任职必须向宪法宣誓,以严肃庄重的政治仪式让宣誓人心存敬畏,将宪法精神铭刻心中,永远恪守用权底线,这既是对人民的

---

① 习近平:《在首都各界纪念现行宪法公布施行30周年大会上的讲话》(2012年12月4日),载《习近平谈治国理政》(第一卷),外文出版社2014年版,第140—141页。

承诺,也是增强宪法意识和法治思维的有效途径。第三,要在全社会持续加强宪法宣传教育,因地制宜,久久为功,弘扬宪法精神,传播宪法理念,培育宪法文化,维护宪法权威。第四,要充分发挥宪法解释功能,把宪法精神贯彻到法治工作的各方面和全过程,让宪法从法律文本进入社会规范,进入公民的工作和日常生活,让百姓切身感受到宪法与权利同在、与美好生活相伴。总之,开展经常性、常态化的法治宣传教育,营造尊崇宪法、敬畏宪法的浓厚社会氛围,目的在于提升公民的宪法意识,让广大民众在教育和实践中养成法律自觉,有序表达自我意志,维护合法权益。列宁指出:"什么是宪法?宪法就是一张写着人民权利的纸。""宪法是人民代表参与立法和管理国家的法律。"[1]而公民权利要得到实现,宪法实施就必须得到可靠保障,宪法权威必须得到全面尊重。

3. 积极推进合宪性审查工作。 既有的实践已经表明,宪法实施离不开宪法监督。宪法实施是一项持续推进的系统工程,涉及法治建设的方方面面。合宪性审查是法治国家的宪制基础工程,其要解决的是违宪问题,包括限制立法权和限制滥用权力的政府行为。"合宪性"是判断一个国家是否法治的根本标准。党的十九大报告明确指出:"加强宪法实施和监督,推进合宪性审查工作,维护宪法权威。"这是深化依法治国实践的重要制度安排,虽然违宪审查制度建设将是一个长期的过程,但合宪性审查的首次提出,对于社会主义民主法治发展特别是新时代宪法实施,无疑具有重要的里程碑意义和实践价值:有效确保社会主义法治体系的完整性和统一性,推动宪法全面贯彻实施,加强宪法监督,及时纠正违宪违法行为,切实维护宪法权威。

习近平指出:"要完善宪法监督制度,积极稳妥推进合宪性审查工作,加强备案审查制度和能力建设。"[2]为推进宪法实施,让宪法真正从纸面走进现实,2018年3月,全国人大法律委员会更名为"全国人大宪法和法律

---

[1] 列宁:《两次会战之间》,载《列宁全集》(第十二卷),人民出版社2017年版,第50页;《俄国社会民主党中的倒退倾向》,载《列宁全集》(第四卷),人民出版社2013年版,第220页。
[2] 《更加注重发挥宪法重要作用 把实施宪法提高到新的水平》,载《人民日报》2018年2月26日。

委员会"。与此同步，2018年6月，《全国人民代表大会常务委员会关于全国人民代表大会宪法和法律委员会职责问题的决定》明确规定："全国人大宪法和法律委员会在继续承担统一审议法律草案工作的基础上，增加推动宪法实施、开展宪法解释、推进合宪性审查、加强宪法监督、配合宪法宣传等工作职责。"①可见，宪法和法律委员会不仅仅是名称的变更，更是坚持依宪治国、全面推进依法治国的重要战略举措，是落实党的十九大精神推进合宪性审查工作的重要机制建构，必将推进合宪性审查工作的健康发展，监督和防范违宪违法行为的发生，譬如规范性文件出台后的合宪性审查，积极开展重大决策、重要规定出台前的合宪性咨询与确认工作等，从而为中央决策和重大改革提供有力的宪法支撑，为坚持和加强党的领导夯实宪法基础。②

（五）习近平法治思想的理论品格

习近平法治思想是顺应实现中华民族伟大复兴时代要求应运而生的科学理论，深刻总结了共产党依法执政规律、社会主义法治建设规律、人类社会法治文明发展规律，集中展现了马克思主义法治理论在新时代中国实践的光辉成果，是马克思主义法治理论中国化的重大历史性飞跃，在中国特色社会主义法治建设进程中具有重大政治意义、理论意义和学术价值、实践价值：统一全党意志，凝聚社会共识，创新法治理论，推进法治

---

① 2018年6月22日，十三届全国人大常委会第三次会议通过。2018年10月，全国人大常委会法工委新设宪法室，承担推动宪法实施、开展宪法解释、推进合宪性审查、加强宪法监督、配合宪法宣传等工作。宪法室成立以来，曾参与制定监察法规决定开展合宪性审查，在外商投资法草案审议中也加强了合宪性研究。

② 以2020年为例，全国人大常委会办公厅共收到报送备案的行政法规、地方性法规、自治条例和单行条例、经济特区法规、司法解释、特别行政区法律1310件，法制工作委员会逐件开展了主动审查。同时，法制工作委员会对5146件公民、组织提出的审查建议，也在逐一审查后，向审查建议人作了反馈。特别是法制工作委员会围绕防控新冠肺炎疫情、野生动物保护、配合民法典实施、食品药品安全、优化营商环境等五个方面，组织开展了专项审查和集中清理，推动制定机关清理法规、规章、司法解释等各类规范性文件3300余件，及时修改废止完善其中与上位法规定不一致、与中央精神不符合、与时代要求不适应的内容。此外，还对司法部等单位移送的58件法规进行了审查研究。备案审查工作在保证党中央令行禁止、保障宪法法律实施、保护公民和组织合法权益等方面发挥了重要作用。参见王比学：《备案审查彰显人大监督力度》，载《人民日报》2021年1月22日。

实践。站在新的历史起点上,坚持习近平法治思想的科学指引,坚持走中国特色社会主义法治道路,必将不断夯实安邦固本基石,筑牢千秋伟业根基。

法是人类文明的产物,法治是政治文明的必然。习近平法治思想坚持不忘本来、吸收外来、面向未来,理论渊源十分广博,既有马克思主义法学理论源头又有中国传统法文化活水,既来源于中国特色社会主义法治实践又吸收人类法治文明的先进成果,既传承中华优秀传统法文化又借鉴国外法治有益成果,既蕴含民族精神又符合中国实际,集法律文化之大成,汇法治实践之经验,悠远、博大、深邃的思想理论渊源和新时代波澜壮阔的法治改革为习近平法治思想提供了坚实的理论基础与生动的实践经验。正是在从历史和现实相贯通、国际和国内相关联、理论和实际相结合上深刻回答新时代为什么实行全面依法治国、怎样实行全面依法治国等一系列重大问题中,奠定了习近平法治思想的时代特征、实践特点、战略属性和思想内涵的基石。

1. 鲜明的时代性。时代是思想之母,科学理论从对时代课题的回答中产生。社会发展需要法治建设提供规范保障,反之也为法治发展提供着动力。法治文明的进步不可阻挡,法治发展要与时代同步,离不开创新思想的引领,马克思指出:"批判的武器当然不能代替武器的批判,物质力量只能用物质力量来摧毁;但是理论一经掌握群众,也会变成物质力量。理论只要说服人[ad hominem],就能掌握群众;而理论只要彻底,就能说服人[ad hominem]。所谓彻底,就是抓住事物的根本。而人的根本就是人本身。"[①]科学的理论从来不是无源之水、无本之木。习近平全面依法治国新理念新思想新战略,正是习近平在治国理政的伟大实践与思考中创立并不断发展的,是中国特色社会主义法治实践创新的科学总结和理论升华,体现了对人类法治规律的尊重和科学把握,对中华优秀法文化的继承弘扬,对全球法治精髓和国际法治经验的理性借鉴;会通古今、融汇中西、扬弃继承、发展创新,是顺应历史潮流,符合当代中国发展规律、时代逻辑和现实要求的科学理论体系,是植根中国大地、符合中国实际、具有

---

① 马克思:《〈黑格尔法哲学批判〉导言》,载《马克思恩格斯选集》(第一卷),人民出版社 2012 年版,第 9—10 页。

中国气派的原创性理论。

　　法治是人类文明的重要成果,是现代国家最可靠最稳定最持久最有效的治理方式。天下大治,是古往今来治国者孜孜以求的理想,也是中国共产党带领中国人民矢志不渝的追寻。新时代全面依法治国,需要深刻把握马克思主义法治理论的核心要义,充分汲取中华民族自古至今的治理智慧,广泛吸纳世界法治文明的优秀成果,既要一脉相承又要与时俱进,既要兼收并蓄又要融会贯通。习近平法治思想坚守马克思主义大本大源,牢牢把握世界法治发展的大方向,同时在源远流长的中华法律思想和制度中挖掘与现代法治相通的矿脉,凸显了中国共产党人追求民主法治、守正创新、为民造福的使命担当,体现了执政党对治国理政规律尤其是法治建设规律、人类社会发展规律认识的深化,展现了执政党的成熟和高度自信,为世界法治文明尤其是法治后发国家走向现代化提供了中国智慧和中国方案,是中华民族对世界法治文明和人类法治文化的原创性理论贡献。习近平法治思想是集体智慧的结晶,是中国共产党关于法治建设理论的又一次重大升华,以其丰富的理论内涵和广阔的实践外延,指明了新时代中国特色社会主义法治的道路方向、根本保障以及总目标、总路径、总任务、总布局等各个方面的具体要求,及时而系统地回答了新时代法治实践的系列重大难题,是解决中国当下和未来社会面临的主要矛盾、实现人民对美好生活向往的指导思想,为中国特色社会主义法治奠定历史性基业。

　　2. 强烈的实践性。实践是理论之源,理论逻辑是实践逻辑的科学反映。实践是人的目的性活动,是检验真理的标准、尺度。任何一种理论、认识、制度,只有经过实践的检验,才能证明是科学的,也才能称得上具有优势。习近平深刻指出:"全面推进依法治国是关系我们党执政兴国、关系人民幸福安康、关系党和国家长治久安的重大战略问题,是完善和发展中国特色社会主义制度、推进国家治理体系和治理能力现代化的重要方面。"[①]经过40多年的改革开放,中国改革已进入深水区,中国经济已融入

[①] 习近平:《关于〈中共中央关于全面推进依法治国若干重大问题的决定〉的说明》(2014年10月20日),载《中国共产党第十八届中央委员会第四次全体会议文件汇编》,人民出版社2014年版,第71页。

世界贸易体系和国际分工,着眼中华民族伟大复兴战略全局和世界百年未有之大变局,应对重大挑战、抵御重大风险、克服重大阻力、化解重大矛盾、解决重大问题①,以及参与全球治理(如规则制定、议题设置、霸权反制)等,法治是唯一有效选择,也是最佳选择;善于运用国际规则维护国家主权、安全和发展利益,坚持统筹推进国内法治和涉外法治,是建设法治强国的必然要求;没有全面依法治国,就治不好国、理不好政,战略布局就会落空。理论源自实践,高于实践,指导实践。党的十八大以来,法治中国建设取得历史性成就、发生历史性变革,全面依法治国的趋势性革新正在形成,习近平法治思想正是对新时代全面依法治国生动实践的科学总结,体现了强烈的问题意识和精准的问题导向,是深刻理解当下中国所处历史方位和发展阶段的重要理论创新,具有非常明确的问题意识,提出了最具理论说服力、具有科学性可行性的解决方案。

中国特色社会主义进入新时代,我国社会主要矛盾已经转化为人民日益增长的美好生活需要和不平衡不充分的发展之间的矛盾,百姓生活已从温饱进入小康,多样多层多元化的需求如民主法治、公平正义、环境生态、发展安全等日益增长和不断提高。党的十九大报告对我国社会主要矛盾的新表述,极大拓展了中国民主法治建设空间。全面建成小康社会,难点在"全面",重点在"小康"。就"全面"而言,我们不仅要实现物质文明的小康,而且要实现社会公平正义的小康;就"小康"而言,不仅要实现人民群众物质生活更加殷实,而且要实现"五位一体"全面进步,更好地满足人民群众在民主、法治、公平、正义、安全、环境等方面日益增长的要求。中国已全面建成小康社会,历史性地解决了绝对贫困问题,站立潮头、继往开来,在新的历史方位上深化全面依法治国实践,满足人民群众对法治和美好生活新期待,其目标指向非常明确,就是要通过在法治下推进改革、在改革中完善法治,实现制度聚合与集成、协同高效,形成总体性

---

① 面对新中国成立以来重大突发公共卫生事件——新冠肺炎疫情防控,习近平在中央全面依法治国委员会第三次会议上明确指出:"要完善疫情防控相关立法,加强配套制度建设,完善处罚程序,强化公共安全保障,构建系统完备、科学规范、运行有效的疫情防控法律体系。"参见《全面提高依法防控依法治理能力 为疫情防控提供有力法治保障》(2020年2月5日),载《人民日报》2020年2月6日。

的制度成果和制度文明,从而为经济高质量可持续健康发展保驾护航,为防范社会风险隐患建立法治保护网,为社会公平正义提供制度依靠,这是全面建设社会主义现代化国家的重要助推器和安全阀,坚持在法治轨道上推进国家治理体系和治理能力现代化是实现良法善治的必由之路。

3. 坚定的人民性。 全面依法治国最广泛、最深厚的基础是人民,根本目的是为了人民、依靠人民、造福人民、保护人民。坚持以人民为中心是全面推进依法治国的力量源泉。人民是国家建设的根本力量,始终坚持以人民为中心,是全面推进依法治国的力量源泉。人民是国家的根本,民心是最大的政治。人民立场是中国共产党的根本政治立场,是马克思主义政党区别于其他政党的显著标志:"共产党人并不是同其他工人政党相对立的一个特殊政党。他们并没有任何同整个无产阶级的利益不同的利益。"① 人民是国家的主人,依法治国的主体。社会主义法治建设必须为了人民、依靠人民、造福人民、保护人民。中国共产党是具有远大理想和崇高使命的百年大党、世界第一大执政党,是长期执政的马克思主义政党,始终把人民放在第一位,党来自人民,永远与人民风雨同舟、患难与共、同心同行,全心全意为了人民,除了工人阶级和最广大人民的利益,没有自己特殊的利益,不是为了执政而执政。习近平强调:"江山就是人民、人民就是江山,打江山、守江山,守的是人民的心。中国共产党根基在人民、血脉在人民、力量在人民。中国共产党始终代表最广大人民根本利益,与人民休戚与共、生死相依,没有任何自己特殊的利益,从来不代表任何利益集团、任何权势团体、任何特权阶层的利益。"② 坚持人民至上,牢记初心使命,始终把人民放在心中最高位置,发展依靠人民,发展为了人民,发展成果由人民共享;坚持以人民为师、对人民负责,发展全过程人民民主,维护社会公平正义,顺应民意、尊重民智,坚定践行人民幸福生活是最大的人权;明确全面推进依法治国,根本目的是依法保障人民权益,矢志公平正义的崇高价值追求,把体现人民利益、反映人民愿望、维护人民权

---

① 马克思、恩格斯:《共产党宣言》,载《马克思恩格斯全集》(第四卷),人民出版社1958年版,第479页。
② 习近平:《在庆祝中国共产党成立100周年大会上的讲话》(2021年7月1日),载《求是》2021年第14期。

益、增进人民福祉落实落细到依法治国全过程,依法保障全体公民享有广泛的权利,保障公民的人身权、财产权、基本政治权利等各项权利不受侵犯,保证公民的经济、文化、社会等各方面权利得到落实。

坚持以人民为中心,保证人民当家作主,植根于自古有之的民本主义中国传统,是中国特色社会主义的鲜明底色。"治国有常,而利民为本。"党的十八大以来,以习近平同志为核心的党中央领航新时代,以民之所望为施政所向,推动法治、厉行法治,牢牢把握我国发展的阶段性特征,牢牢把握人民群众对美好生活的向往,以法治助推民生改善,以法治保障人民安居乐业。集中解决制度性的问题,集中解决社会矛盾比较尖锐的问题,集中解决群众反映比较强烈的问题,不断增强人民群众获得感、幸福感、安全感。《民法典》实施,着力产权保护,回应亿万公众"有恒产者有恒心"的期待;二孩生育政策平稳落地落实,鼓励三胎的政策正式启动,助力人口结构优化;深化户籍制度改革,解决"进不去的城市、回不了的乡村"难题,让更多人享有均等化的公共服务;财税改革迈出新步伐,"营改增"释放经济新活力,建立中央财政资金直达基层直达民生的机制;全面建成小康社会,历史性地解决了绝对贫困问题;促进教育均衡发展,尽力让每一个孩子分享学习的快乐、拥有多彩的童年;坚决整治打着教育旗号侵害群众利益的校外培训,严禁随意资本化运作,规范校外培训机构的野蛮生长;医药卫生改革,破除"以药养医",公立医院回归公益,织就世界最大基本医疗保障网;清朗网络空间,净化网络环境,加强个人信息保护;制订《中华人民共和国网络安全法》,确立网络安全审查制度,防范国家数据安全风险;中央八项规定,徙木立信、春风化雨,开启激浊扬清、刷新吏治的作风之变;法律及其实施充分体现人民意志,彰显社会公平正义的法治价值追求,努力让人民群众在每一项法律制度、每一个执法决定、每一个司法案件中都感受到公平正义。①

4. 高远的战略性。法治护航助力复兴伟业。法治是现代文明的突出标志,全面依法治国涉及治国理政的方方面面,包括各方面体制与制度的

---

① 参见戴小明:《国家治理现代化的重大飞跃》,载《学习时报》2017年10月13日(十九大时光·大有专论)。

创新以及各领域、各层次改革的系统推进等。一个国家走向现代化必然要走向法治化,现代化国家必然是法治国家,现代化强国当然是法治强国,法治涵养战略定力,新时代需要法治的强盛。协调推进"四个全面"战略布局是习近平新时代治国理政的大智慧大方略,全面依法治国既是"四个全面"战略布局的重要内容,也是"四个全面"战略布局的重要保障。习近平指出:"推进国家治理体系和治理能力现代化,必须坚持依法治国,为党和国家事业发展提供根本性、全局性、长期性的制度保障。我们提出全面推进依法治国,坚定不移厉行法治,一个重要意图就是为子孙万代计、为长远发展谋。"① 进入新时代,以习近平同志为核心的党中央全面推进依法治国,推出了一大批具有标志性、基础性、关键性的法律法规,中国特色社会主义法律体系更加完备,国家治理体系迈向新的历史高度。如制定、颁布和实施《民法典》,是法制健全完善的重要标识,契合了推进国家治理体系和治理能力现代化的时代发展需要。

面向未来是一种历史视野和大格局,是对历史发展必然性认识的能动体现。习近平法治思想擘画法治未来发展,内容博大精深、主旨鲜明,既立足中国当下法治的生动实践,又着眼于法治未来,为法治中国建设提供了思想指引和行动指南,是新时代中国特色社会主义事业"五位一体"总体战略和"四个全面"战略布局理论支撑的有机组成部分;是我们国家在 2035 年基本实现社会主义现代化,基本建成法治国家、法治政府、法治社会,到 21 世纪中叶建成富强民主文明和谐美丽的社会主义现代化强国、实现国家治理体系和治理能力现代化的基本方略;是既具有理论前瞻性又具有实践指导性的科学理论,特别是法治中国的提出,让法治国家建设由宏大战略具象为可操作的具体实践目标。党的十九大报告以"八个明确""十四个坚持"的精辟语言概括了习近平新时代中国特色社会主义思想,全面推进依法治国总目标确立为"八个明确"之一,坚持全面依法治国作为新时代坚持和发展中国特色社会主义基本方略的"十四条"之一,标志着全面依法治国成为党和国家指导思想具体内容的基本构成,成为

---

① 习近平:《在中国共产党十八届四中全会第二次全体会议上的讲话》(2014 年 10 月 23 日),载中共中央文献研究室编:《习近平关于全面依法治国论述摘编》,中央文献出版社 2015 年版,第 12—13 页。

基本方略和奋斗目标的重要内容。

5. 严谨的科学性。科学理论是实践的指南。党的十九大报告以精辟的语言集中概括了习近平新时代中国特色社会主义思想的"四梁八柱"——"八个明确"①"十四个坚持",全面推进依法治国总目标确立为"八个明确"之一,坚持全面依法治国作为新时代坚持和发展中国特色社会主义基本方略的"十四条"之一,法治国家、法治政府、法治社会基本建成确立为2035年基本实现社会主义现代化的重要目标,标志着全面依法治国成为党和国家指导思想具体内容的基本构成,成为基本方略和奋斗目标的重要内容。习近平法治思想是习近平新时代中国特色社会主义思想的重要组成部分,内涵丰富,博大精深,主要内容和思想精髓包括:坚持党对全面依法治国的领导;坚持以人民为中心;坚持中国特色社会主义法治道路;坚持依宪治国、依宪执政;坚持在法治轨道上推进国家治理体系和治理能力现代化;坚持建设中国特色社会主义法治体系;坚持依法治国、依法执政、依法行政共同推进,法治国家、法治政府、法治社会一体建设;坚持全面推进科学立法、严格执法、公正司法、全民守法;坚持统筹推进国内法治和涉外法治;坚持建设德才兼备的高素质法治工作队伍;坚持抓住领导干部这个"关键少数"②。这"11个坚持"③,全面回答了全面依法治国的根本保证、力量源泉、发展道路、首要任务、必由之路、总体目标、工作布局、基本方针、必然要求、队伍保障、关键因素等一系列带有方向性、根本

---

① 《中共中央关于党的百年奋斗重大成就和历史经验的决议》在党的十九大报告概括的"八个明确"基础上,提出"十个明确",对习近平新时代中国特色社会主义思想的核心内容作了进一步概括,充实了新的重要思想观点。

② 2020年12月4日,海南省高级人民法院原副院长张家慧案在海南省第一中级人民法院一审宣判,其敛财、判案潜规则引发社会广泛关注,发人深省:行贿的37人竟有18名律师,其中不少人在海南省司法界举足轻重,如行贿245万元的涂显亚是法官出身,海南方圆律师事务所合伙律师、主任,兼任海南省律师协会副会长;行贿50万元的吴镇是海南省律师协会会长;行贿20万元的赵建平是海南川海律师事务所律师主任,还曾任海南省律师协会副会长。

③ 2018年8月24日,习近平在主持召开中央全面依法治国委员会第一次会议的讲话中,曾把党的十八大以来提出的一系列全面依法治国新理念新思想新战略,概括为"10个坚持"。参见习近平:《加强党对全面依法治国的领导》,载《求是》2019年第4期。2020年11月,习近平在中央全面依法治国工作会议发表的讲话中,新增了"坚持在法治轨道上推进国家治理体系和治理能力现代化""坚持统筹推进国内法治和涉外法治",原有的"坚持处理好全面依法治国的辩证关系"虽然不再作专门表述,但辩证观点体现在讲话全篇之中。具体内容参见《坚定不移走中国特色社会主义法治道路 为全面建设社会主义现代化国家提供有力法治保障》,载《人民日报》2020年11月18日。

性、全局性的重大问题和现实课题,是马克思主义法治理论中国化的最新成果,既是中国特色社会主义法治实践经验的总结,也是今后一个时期全面依法治国事业的指南,必须长期坚持、不断丰富和发展。

习近平法治思想内涵深刻,富含哲理,从法哲学的视角分析提炼、归纳概括,蕴含着宪法至上的宪制观、党法统一的政治观、统筹布局的战略观、顶层设计的方略观、全面推进的系统观、辩证思维的哲学观、公平正义的价值观、人民中心的主体观、良法善治的法治观、于法有据的改革观、依法治权的监督观、以人为本的发展观、共建共享的治理观、共同富裕的民生观、生命一体的人权观、法德协同的人文观、生态优先的环境观、天下为公的大道观、民族复兴的强国观、军队现代化的国防观和总体国家安全观、命运共同体的全球观等核心价值、创新理念,与上述"11个坚持"的思想精髓高度融合,构成有机统一的整体,以坚定的立场和鲜明观点,深刻阐明了法治与党的领导、法治与政治、法治与人民、法治与国情、法治与改革、法治与德治等辩证关系,系统回答了中国特色社会主义法治道路的根本要义、法治理念,以及新时代为什么实行全面依法治国、怎样实行全面依法治国、中国法治何以强起来等一系列重大理论和实践问题,形成了一个视野宏阔、意蕴深邃、论述精辟、逻辑严密、系统完备的科学理论体系,谱写了中国特色社会主义法治理论的新篇章,是植根中国大地、解答时代之问、反映人民意愿、符合中国实际、具有中国气派的原创性理论成果,是全面依法治国的科学指南和根本遵循,必将引领中国马克思主义法学和新时代中国特色社会主义法治理论不断迈向新境界新高度。

二、彰显法治的中国特色[①]

法是人类文明的产物,法治是政治文明的必然,代表着人类政治文明演进的崇高价值,体现国家治理体系和治理能力现代化的基本要求。法治具有民族性、历史性、时代性、开放性、包容性。中国特色社会主义法治孕育于新中国社会主义建设伟大实践,在改革开放中产生、创新和发展。

---

① 参见戴小明:《坚持中国特色社会主义法治道路》,载《光明日报》2019年2月20日。

改革开放40多年特别是党的十八大以来,中国法治大胆探索、主动应变、积极求变,通过总结法治的外部经验和内在规律,正本清源,守正创新,从法制到法治、从法律体系到法治体系、从有法可依到科学立法、从法律之治到良法善治、从依法治国到全面依法治国,中国特色社会主义法治始终坚持党的领导、植根中国大地、推进理论创新,在改革中不断激发活力,在开放中进一步彰显特色,走出了一条既借鉴西方又不同于西方的法治文明进步的中国之路——中国特色社会主义法治道路。

(一)坚持党对全面依法治国的领导

1. 坚持党对法治工作的全面领导。在当代中国,党的领导具有清晰的历史逻辑、现实参照以及坚实的法理基础、宪制安排。《宪法》开宗明义地指出:"社会主义制度是中华人民共和国的根本制度。中国共产党领导是中国特色社会主义最本质的特征。"党的领导是中国特色社会主义法治之魂,是全面依法治国的核心要义。坚持和加强党对依法治国的领导,是新时代坚持和发展中国特色社会主义基本方略第一条"坚持党对一切工作的领导"在法治领域、法治实践的具体体现。旗帜鲜明、毫不动摇坚持党的领导是改革开放40多年以来法治建设不断取得辉煌成就的基本经验。党的建设弱化、党的领导不力,就会削弱党的执政能力,甚至面临执政危机。① 习近平深刻指出:"为什么我国能保持长期稳定,没有乱?根本

---

① 基础不牢,地动山摇。2018年启动的旨在打击黑社会组织犯罪的扫黑除恶专项治理,目的在于保障人民安居乐业、社会安定有序、国家长治久安,进而巩固地方基层政权。按照中央"两个一律"的要求(即对涉黑涉恶案件,一律深挖其背后腐败问题;对黑恶势力"关系网""保护伞"一律一查到底、绝不姑息),各地不断加大对黑恶势力"保护伞"的打击力度。所谓黑恶势力"保护伞",主要是指国家公职人员利用手中权力,参与涉黑涉恶违法犯罪,包庇、纵容黑恶犯罪,有案不立、立案不查、查案不力,为黑恶势力违法犯罪提供便利条件,帮助黑恶势力逃避惩处。"比如,一些黑恶势力长期进行聚众滋事、垄断经营、敲诈勒索、开设赌场等违法活动,老百姓敢怒不敢言。黑恶势力怎么就能在我们眼皮子底下从小到大发展起来?我看背后就存在执法者听之任之不作为的情况,一些地方执法部门甚至同黑恶势力沆瀣一气,充当保护伞。执法部门代表的是人民利益,决不能成为家族势力、黑恶势力的保护伞。"参见习近平:《加强党对全面依法治国的领导》,载《求是》2019年第4期。云南昆明1998年因犯强奸、故意伤害等多项罪名而被判死刑的孙小果,直到2020年2月20日才被执行死刑,是司法腐败和黑恶势力"保护伞"的典型案例。2018年1月,党中央作出重大决策,决定在全国开展为期3年的扫黑除恶专项斗争,3年将满之时,2020年11月16—17日,中央全面依法治国工作会议明确要求,要推动扫黑除恶常态化。

的一条就是我们始终坚持共产党领导。党的领导是党和国家事业不断发展的'定海神针'。"①中国特色社会主义制度的最大优势是中国共产党领导,"令之不行,政之不立。党政军民学,东西南北中,党是领导一切的"②。党的领导是中国特色社会主义法治的逻辑旨归,必须始终如一坚持党的领导,坚定中国特色社会主义法治的道路自信。党的领导是人民当家作主和社会主义法治发展的根本保证。党是最高政治领导力量,坚持党对法治工作的全面领导,从来就不是抽象的,而是明确的,最根本的就是要在法治建设中牢牢把握新时代党的建设总要求③,加强党对全面依法治国的集中统一领导,把党的意志和主张贯彻落实到立法、执法、司法、守法全过程和各环节,往深里抓、往实里做,实现党的政治领导、思想领导、组织领导的有机统一,坚定维护以习近平同志为核心的党中央权威和集中统一领导,坚定不移走中国特色社会主义法治道路,为全面建成小康社会、全面深化改革、全面从严治党提供长期稳定的法治保障。

2. 明晰党与法关系的科学认知。 党和法、党和法治的关系是法治建设的核心问题、根本问题,必须科学认知和全面正确把握。习近平明确指出:"党和法的关系是政治和法关系的集中反映。法治当中有政治,没有脱离政治的法治。西方法学家也认为公法只是一种复杂的政治话语形态,公法领域内的争论只是政治争论的延伸。每一种法治形态背后都有一套政治理论,每一种法治模式当中都有一种政治逻辑,每一条法治道路底下都有一种政治立场。"④西方宪政理论宣称,国家机器和现代军队不持

---

① 习近平:《加强党对全面依法治国的领导》,载《求是》2019年第4期。
② 习近平:《在省部级主要领导干部学习贯彻党的十八届六中全会精神专题研讨班上的讲话》(2017年2月13日),载《习近平谈治国理政》(第二卷),外文出版社2017年版,第21页。
③ 新时代党的建设总要求是:坚持和加强党的全面领导,坚持党要管党、全面从严治党,以加强党的长期执政能力建设、先进性和纯洁性建设为主线,以党的政治建设为统领,以坚定理想信念宗旨为根基,以调动全党积极性、主动性、创造性为着力点,全面推进党的政治建设、思想建设、组织建设、作风建设、纪律建设,把制度建设贯穿其中,深入推进反腐败斗争,不断提高党的建设质量,把党建设成为始终走在时代前列、人民衷心拥护、勇于自我革命、经得起各种风浪考验、朝气蓬勃的马克思主义执政党。
④ 习近平:《在省部级主要领导干部学习贯彻党的十八届四中全会精神全面推进依法治国专题研讨班上的讲话》(2015年2月2日),载中共中央文献研究室编:《习近平关于全面依法治国论述摘编》,中央文献出版社2015年版,第34页。

党派立场,遵循宪法,维护法治,保持中立公正。然而,这样的"无政治立场"不也是一种鲜明的政治立场吗?诚如法国政治思想家托克维尔对美国联邦法官考察所得的认知:"联邦法官不仅应当是品行端正、德高望重、博闻强识的公民,具有一切行政官所必备的品质,而且必须是国务活动家。他们要善于判断自己所处时代的精神,扫除经过努力可以克服的困难,力挽有危险把他们本人与联邦的主权和法律的尊严一切卷走的狂澜。"①

从知识发生学的视角来看,在古典时期,现代意义上的学科划分尚未完成,政治学、法学的界限并不清晰,政治和法原本就融为一体。如《政府论》(约翰·洛克著)、《论法的精神》(孟德斯鸠著)、《联邦党人文集》(汉密尔顿等著)等西方名著常常被视为法学经典,但认真阅读这些经典文献会发现,其着眼点在于政治理论,法或者法律主要是作为政治系统的一个组成部分②。观察西方学术发展史,从古希腊的柏拉图起,法律问题就一直受到政治哲学家们的特别关注,如卢梭《社会契约论》的核心思想是摧毁君主专制的王权,建立民主政治的人民主权,是一本政治哲学著作,但第二卷第六章论法律、第七章论立法者、第十一章论各种不同的立法体系、第十二章论法律的分类,论述的就是法律问题。而作为一个政治思想家,卢梭对法律在人们政治生活中的作用有着深刻的认识:"我希望我在有生之日是自由的,死的时候也是自由的,这就是说,我要如此忠实地服从法律,无论是我或其他的人,都不能脱离法律的光荣的约束。这种约束是有益的和温和的,即使是最骄傲的人也愿意驯顺地遵守,因为他不是为了受其他的约束而生的。"③一个现代化的国家,必定是法治国家;一个先进的政党,必然是依法执政的政党。中国共产党代表中国最广大人民的根本利益,因民而生、为民而兴,从诞生之日起就把全心全意为人民服务写在

---

① 〔法〕托克维尔:《论美国的民主》(上卷),董果良译,商务印书馆2009年版,第186—187页。
② 孟德斯鸠所著《论法的精神》"是亚里士多德以后第一本综合性的政治学著作;是到他的时代为止最进步的政治理论书"。参见〔法〕孟德斯鸠:《论法的精神》(上册),张雁深译,商务印书馆1961年版,第17页。
③ 〔法〕卢梭:《论人与人之间不平等的起因和基础》,李平沤译,商务印书馆2009年版,第22—23页。

自己的旗帜上,矢志不渝为中国人民谋幸福、为中华民族谋复兴。中国社会主义法律是党的主张和人民意愿的体现,党和法、党的领导和依法治国是高度统一的,党的领导和社会主义法治本质相同、目标一致,社会主义法治必须坚持党的领导,党的领导必须依靠社会主义法治。宪法明确规定了中国共产党的领导地位,加强党对全面依法治国的集中统一领导,既是宪法责任,更是历史担当。全党在宪法法律范围内活动是全面依法治国的应有之义,必须加快党内法规制度建设,实现国家法律和党内法规制度协同互进。

3. 加强和改进党对依法治国的领导。列宁在谈到党在国家政治生活中的重大作用时强调指出:"我们的党是一个执政的党,党的代表大会所通过的决议,对于整个共和国都是必须遵守的"[①];"我们共和国的任何一个国家机关没有党中央的指示,都不得决定任何一个重大的政治问题或组织问题"[②]。全面推进依法治国是国家治理领域一场广泛而深刻的革命,是执政党增强依法执政本领、完成执政使命的自信体现。习近平指出:"坚持和发展中国特色社会主义更加需要依靠法治,更加需要加强党对全面依法治国的领导。"[③]新时代加强党对全面依法治国的领导,不是一句空洞的口号,而是具体的。从宏观层面而言,必须推进保障党的全面领导的制度安排和能力建设,充分发挥党总揽全局、协调各方的领导核心作用,把方向、谋大局、定政策、促改革、解难题,及时研究解决法治建设中的重大问题,统筹依法治国各领域工作;确保党领导立法与立法机关科学立法、党保证执法与行政机关严格执法、党支持司法与司法机关公正司法、党带头守法与全民守法紧密结合、互为促进,并善于运用法律保障党的重大决策、政策有效实施。与此同时,完善党对依法治国的领导,健全党领导全面依法治国的制度和工作机制,持续推进党的领导制度化、法治化,

---

① 列宁:《俄共(布)第十次代表大会》,载《列宁全集》(第三十二卷),人民出版社1958年版,第207页。

② 列宁:《共产主义运动中的"左派"幼稚病》,载《列宁选集》(第四卷),人民出版社2012年版,第157页。

③ 习近平:《加强党对全面依法治国的领导》,载《求是》2019年第4期。

有效提升治国理政的能力和水平；不断探索依法治国基本方略同依法执政基本方式的实现形式，保障人大、政府、政协、监察机关、审判机关、检察机关依法依章程履行职能、开展工作；不断创新"善于使党的主张通过法定程序成为国家意志，善于使党组织推荐的人选通过法定程序成为国家政权机关的领导人员，善于通过国家政权机关实施党对国家和社会的领导，善于运用民主集中制原则维护中央权威、维护全党全国团结统一"的工作方式，让党的领导更加适应实践、时代、人民的要求。从微观层面而言，全体党员特别是领导干部要成为遵守宪法法律的模范，充分发挥共产党员和党的组织在依法治国中的先锋模范和战斗堡垒作用，自觉同一切干扰、危害甚至破坏法治建设的言行作斗争；坚决执行、全面落实领导干部干预和插手司法活动记录制度，维护司法权威。

（二）植根中国大地深化依法治国实践

1. 立足中国国情。每个国家和民族的历史传统、文化积淀、基本国情不同，其发展道路必然有着自己的特色。符合自身实际的、符合人类社会发展规律的道路，才是真正具有生机活力的道路。"美国的政治结构，在我看来只是民主国家可以采取的政府形式之一，而我并不认为它是民主国家应当建立的唯一的和最好的形式。"[①]道路标定方向，道路决定前途。习近平强调："'鞋子合不合脚，自己穿了才知道。'一个国家的发展道路合不合适，只有这个国家的人民才最有发言权。"[②]法治道路的选择也当然如此，一个国家走什么样的法治道路、建设什么样的法治体系，是由一个国家的基本国情决定的。正所谓"为国也，观俗立法则治，察国事本则宜。不观时俗，不察国本，则其法立而民乱，事剧而功寡"[③]。事实上，在人类法治发展的演进中，由于语言、思维方式以及历史文化传统的差异，对法、法治的理解和认识也是多样多元的。譬如，从文字内涵和话语表达的

---

① 〔法〕托克维尔：《论美国的民主》（上卷），董果良译，商务印书馆2009年版，第289页。
② 习近平：《顺应时代前进潮流 促进世界和平发展——在莫斯科国际关系学院的演讲》（2013年3月23日），载《人民日报》2013年3月24日。
③ （战国）商鞅：《商君书·算地》。

视角,英文 law 翻译成中文的"法",从一开始就具有很大的争议性。严复在翻译孟德斯鸠《法意》(即《论法的精神》)时就曾指出,西方语言中的 law 在中文中可以找到不同的概念,包括理、礼、法、制。也就是说,中文的"法"只是西方语言中的"法"的很小一部分,这直至今日仍是学界争鸣的话题。法治实践的推动则更加艰难、更具挑战性。我国是世界最大的发展中国家和社会主义国家,独特的法治传统、独特的基本国情、独特的现实问题、独特的历史文化,决定了我们要坚持中国特色社会主义法治道路。法安天下,德润人心,迎着改革开放的春风,依法治国行稳致远,大踏步向前迈进,法治建设全面反映中国特色社会主义本质要求,立足中国历史文化传统和现实国情,坚定道路自信、理论自信、制度自信和文化自信,从坚持和发展中国特色社会主义、巩固和完善社会主义民主政治制度、推进国家治理体系和治理能力现代化出发,积极探索符合当前中国时代特征、体现当代中国时代精神的法治实践路径。现在,中国特色社会主义法治道路、法治理论、法律制度和法治文化日益绽放出独特的光芒,屹立于世界法治文明之列。

2. 传承文化根脉。文化自信是一个国家、一个民族发展中更基本、更深沉、更持久的力量。在漫长的历史发展中,中华法制文明积淀了深厚的法律文化,形成了独特的法律精神,中华法系在世界几大法系中独树一帜,其中有很多优秀的思想和理念。中国特色社会主义法治植根于五千多年的中华文化沃土,吸吮着中华优秀传统文化养分,具有无比深厚的历史底蕴。习近平强调:"我国古代法制蕴含着十分丰富的智慧和资源,中华法系在世界几大法系中独树一帜。要注意研究我国古代法制传统和成败得失,挖掘和传承中华法律文化精华,汲取营养、择善而用。"[①]法治是文化共识、价值认同之上的规则之治、秩序之治、宪制之治、互信共治、良法善治。良法尊重人性特点、尊重文化传统、尊重法治规律,良法是善治的前提,良法奠基善治、支撑共治。法治是文明的产物,法治和文化传统具有天然的历史继承性,中华法文化是中华优秀传统文化的有机组成部分,

---

① 习近平:《加快建设社会主义法治国家》,载《求是》2015 年第 1 期。

是文化自信的智慧源泉。

  毛泽东指出:"今天的中国是历史的中国的一个发展;我们是马克思主义的历史主义者,我们不应当割断历史。"①中国共产党坚持把马克思主义基本原理同中国具体实际相结合、同中华优秀传统文化相结合,是马克思主义的忠实继承者和丰富发展者,也是中华优秀传统文化的忠实传承者和发扬光大者。中华文化具有讲仁爱、重民本、守诚信、崇正义、尚和合、谋大同的深厚传统,从根本上塑造着中国人的精神世界和行为方式。中华优秀法文化是新时代深化依法治国实践的宝贵财富、历史资源,全面依法治国、建设法治中国,必须继承和弘扬中华优秀法文化的思想精髓。例如,"以德为法""以德服人""德主刑辅"的德治观;"君子之德风,小人之德草,草上之风必偃""德不配位,必有灾殃;德薄而位尊,智小而谋大,力小而任重,鲜不及矣"的政德观;"富而有德、富而好礼、富而能俭"的财富观;"物必先腐,而后虫生""善不可失,恶不可长"的自律观;"民吾同胞,物吾与也"的伦理观;"天地与我同根,万物与我一体"的生态观;"读书志在圣贤,非徒科第。为官心存君国,岂计身家"的价值观;"祸莫大于不知足,咎莫大于欲得。故,知足之足,常足矣"的幸福观;等等。这些都是中华优秀传统文化的思想精华和道德精髓,是中国古代数千年治国理政经验的总结和升华,广博深邃的中华法文化,闪耀着永恒的治理智慧和人性的光辉。②

  3. 坚持问题导向。问题是时代的声音,思想是行动的指南。人类认识世界、改造世界的过程,就是一个发现问题、解决问题的过程,问题是实践的起点,也是创新的动力源,问题倒逼改革、推动创新。改革开放是决定当代中国命运的关键抉择,法治护航美好生活,改革开放的壮阔实践,就是党带领人民群众以法治凝聚改革开放共识,推进改革、扩大开放,在

---

  ① 毛泽东:《中国共产党在民族战争中的地位》(一九三八年十月),载《毛泽东选集》(第二卷),人民出版社 1969 年版,第 499 页。
  ② 什么是文化？文包含文字、文章、礼乐、曲调等;化即人受教而变化,本义是"教行",人接受教诲之后,为人处世、待人接物等发生了很多变化。简而言之,文化就是以文字、文章、礼乐、曲调等文艺形式变化人的气质;崇德向善、转迷开悟、成圣成贤。所以,中国人经常说文以载道、以文化人,"读书志在圣贤,非徒科第",读书贵在变化气质。

发现问题、解决问题中不断推进、不断深化的进程。中国特色社会主义是理论与实践的双重探索,党的十八大以来,以习近平同志为核心的党中央提出一系列全面依法治国新理念新思想新战略,从全局和战略高度对全面依法治国作出一系列重大决策部署,明确全面依法治国的指导思想、发展道路、工作布局、重点任务,推出一系列重大举措:鲜明提出全面依法治国,并将其纳入"四个全面"战略布局予以有力推进;党的十八届四中全会专门进行研究,作出关于全面推进依法治国若干重大问题的决定;组建中央全面依法治国委员会;适应党和国家事业发展要求,完善立法体制,加强重点领域立法,中国特色社会主义法律体系日趋完善;坚持依宪治国,与时俱进适时修改宪法,设立国家宪法日,建立宪法宣誓制度,宪法实施和监督全面加强;推进法治政府建设,建立政府权力清单、负面清单、责任清单,坚定不移推进法治领域改革,依法纠正一批重大冤假错案件,坚持把全民普法和守法作为依法治国的基础性工作,推进法治队伍建设,发展壮大法律服务队伍;坚持依法执政,加强党内法规制度建设,推进国家监察体制改革,依法惩治腐败犯罪,全面从严治党成效卓著。治党治国治军、内政外交国防、改革发展稳定,在习近平总书记的亲自指挥、亲自部署下,始终由法治引领、靠法治保障;从抗击新冠肺炎疫情到推动全面深化改革,从助力打赢三大攻坚战到深入开展扫黑除恶专项斗争,法治固根本、稳预期、利长远的保障作用得到充分发挥,社会主义法治建设发生历史性变革、取得历史性成就,书写了新时代法治中国建设的恢弘篇章。

(三)创新中国特色社会主义法治理论

1. 发展中国特色社会主义法治理论。理论来源于实践,是对实践高度凝练的总结。一个先进的政党必定有科学理论武装,成就伟大事业必须有创新理论指导。习近平强调指出:"我们要在迅速变化的时代中赢得主动,要在新的伟大斗争中赢得胜利,就要在坚持马克思主义基本原理的基础上,以更宽广的视野、更长远的眼光来思考和把握国家未来发展面临的一系列重大战略问题,在理论上不断拓展新视野、作出新概括。"①改革开放以来,法治建设稳步推进,法治理论不断创新。党的十一届三中全会提出:"为了保障人民民主,必须加强社会主义法制,使民主制度化、法律化。""八二宪法"明文规定:"国家维护社会主义法制的统一和尊严。"党的十五大明确:"依法治国,建设社会主义法治国家"。党的十六大强调:"发展社会主义民主政治,最根本的是要把坚持党的领导、人民当家作主和依法治国有机统一起来。"党的十八大以来,以习近平同志为核心的党中央从关系党和国家前途命运、长治久安的战略全局高度来定位法治、布局法治、厉行法治,围绕为什么推进依法治国、如何推进依法治国、建设什么样的法治国家等一系列重大问题,在理论和实践上进行了崭新的创造性建设,提出了一系列中国特色社会主义法治的新论断新观点新战略,创立了一个逻辑严密的科学理论体系——习近平法治思想,我们党对社会主义法治规律的认识达到全新的高度,在中国特色社会主义法治道路等重大理论和现实问题上形成了完备的理论、清晰的逻辑、明确的话语。习近平新时代中国特色社会主义思想明确全面推进依法治国总目标是建设中国特色社会主义法治体系、建设社会主义法治国家。法治成为新时代中国社会的基本共识,全社会办事依法、遇事找法、解决问题用法、化解矛盾靠法的法治环境正在形成。

2. 全面学习贯彻习近平法治思想。 新时代法治建设离不开科学理论的指引。2020 年 11 月 16—17 日召开的中央全面依法治国工作会议,首次提出并系统阐述了习近平法治思想,明确了习近平法治思想在全面依法治国工作中的指导地位。习近平法治思想从历史和现实相贯通、国际和国内相关联、理论和实际相结合上深刻回答了新时代为什么实行全面依法治国、怎样实行全面依法治国等一系列重大问题,是顺应实现中华民族伟大复兴时代要求应运而生的重大理论创新成果,是马克思主义法治理论中国化最新成果。习近平法治思想以坚持党对全面依法治国的领

---

① 习近平:《高举中国特色社会主义伟大旗帜,为决胜全面小康社会实现中国梦而奋斗》(2017 年 7 月 26 日),载《习近平谈治国理政》(第二卷),外文出版社 2017 年版,第 62—63 页。

导、坚持以人民为中心、坚持中国特色社会主义法治道路等"11个坚持"为主要内容和思想精髓，成为习近平新时代中国特色社会主义思想的有机组成部分，是全面依法治国的根本遵循和行动指南。我们要全面深入学习、深刻领会领悟、坚决贯彻落实，要深刻理解党的领导是推进全面依法治国的根本保证、中国特色社会主义法治体系是推进全面依法治国的总抓手、抓住领导干部这个"关键少数"才能确保全面依法治国目标任务落地落实；要深入研究阐释习近平法治思想，准确理解这一重要思想的基本精神、核心要义、丰富内涵和实践要求，深刻把握其形成发展的实践逻辑、理论逻辑和历史逻辑，推进法学理论、法律制度和法治文化创新发展；要紧紧围绕经济社会发展重大问题和人民群众日益增长的法治需求，推出更多高质量研究成果，培养更多高素质法治人才；要积极参与涉外法治斗争，更好运用法治方式应对挑战、防范风险、反制打压，坚决维护国家主权、安全和发展利益，维护中国法律的尊严不容侵犯。

3. 坚定中国特色社会主义法治的理论自信。改革是释放体制活力的不竭源泉，开放已经成为当代中国的鲜明标识。新时代改革开放再出发，实践发展永无止境，理论创新永不停步。党的十八届四中全会通过的《中共中央关于全面推进依法治国若干重大问题的决定》明确要求，要"围绕社会主义法治建设重大理论和实践问题，推进法治理论创新，发展符合中国实际、具有中国特色、体现社会发展规律的社会主义法治理论，为依法治国提供理论指导和学理支撑"。新时代全面推进依法治国、深化依法治国实践，必须毫不动摇坚持习近平法治思想，牢牢把握全面依法治国的政治方向即坚持党对全面依法治国的领导，坚持以人民为中心，坚持中国特色社会主义法治道路；重要地位即全面依法治国是新时代坚持和发展中国特色社会主义的基本方略，是国家治理的一场深刻革命，是社会主义现代化建设的有力保障；工作布局即坚持在法治轨道上推进国家治理体系和治理能力现代化，坚持建设中国特色社会主义法治体系，坚持依法治国、依法执政、依法行政共同推进，坚持法治国家、法治政府、法治社会一体建设；重点任务即坚持依宪治国、依宪执政，坚持全面推进科学立法、严格执法、公正司法、全民守法，坚持统筹推进国内法治和涉外法治；重大关系即正确认识和处理政治和法治的关系、改革和法治关系,依法治国和以德治国的关系、依法治国和依规治党的关系等;重要保障即坚持建设德才兼备的高素质法治队伍,坚持抓住领导干部这个"关键少数"。创新和发展中国特色社会主义法治理论,以法治理论创新成果引领全面依法治国实践,为改革发展稳定提供有力法治保障。为此,广大法学理论工作者要坚持以人民为中心的研究导向,聆听时代的声音,回应时代的呼唤,勇于回答时代课题,秉持强烈的问题意识和创新精神,紧密结合新时代全面依法治国的新要求,及时对新时代中国特色社会主义法治实践中出现的各种新情况、新问题进行深入研究和思考,从专业的、学理的角度,提炼出有学术性的新理论,总结出有探索性的新实践,揭示其中的规律,着力提出能够体现中国立场、中国风格、中国气派、中国智慧、中国价值的标志性概念、重大命题、核心观点;要统筹法学学科体系的整体设计、提升法学理论研究的自主性、增强法学话语体系的感召力,建构具有中国特色的马克思主义法学学科体系、学术体系、话语体系,推进新时代中国特色社会主义法治理论创新发展,提升中国法学在学术思想和学术话语上的原创力,彻底摆脱对西方法学的"学徒心态",为发展马克思主义法学进一步作出中国法治理论的原创性贡献,为全面依法治国战略的深入推进注入坚实而鲜活的理论力量。

三、全面依法治国的科学指南[①]

党的十八大以来,习近平立足推进国家治理体系和治理能力现代化,坚持依法治国和依规治党有机统一,对全面依法治国、建设社会主义法治国家进行深入思考和科学回答,系统阐明了新时代中国特色社会主义法治建设的一系列根本性问题,为中国特色社会主义法治建设迈向新时代、开启新征程、谱写新篇章,提供了强有力的思想武器和科学的行动指南。

[①] 参见戴小明:《全面依法治国的科学指南——深入学习贯彻习近平总书记关于法治建设的重要论述》,载《光明日报》2018年4月2日;《新华文摘》2018年第13期全文转载、封面重点推荐。

（一）中国特色社会主义法治的重大理论创新

习近平关于法治建设的重要论述是顺应历史潮流、传承中华法文化精华、借鉴国际法治经验的最新成果，是符合当代中国发展规律、时代逻辑和现实要求的科学理论体系，为新时代中国特色社会主义法治建设提供了根本遵循，是中华民族对世界法治文明和人类法治文化的原创性理论贡献。

习近平关于法治建设的重要论述，为党和国家事业发展提供根本性、全局性、长期性的制度保障。现代化国家必然是法治国家，现代化强国必然是法治强国。党的十八大以来，以习近平同志为核心的党中央从坚持和发展中国特色社会主义全局出发，从实现国家治理体系和治理能力现代化的高度提出了全面依法治国这一重大战略部署，为全面建设社会主义现代化国家、实现中华民族伟大复兴的中国梦提供坚强法治保障。世界上一些国家虽然一度实现快速发展，但并没有顺利迈进现代化门槛，而是落入这样或那样的"陷阱"，很大程度上与法治不彰密切相关。习近平强调："我们提出全面推进依法治国，坚定不移厉行法治，一个重要意图就是为子孙万代计、为长远发展谋。"[①]

习近平关于法治建设的重要论述，以其强烈的问题意识和实践导向，有力回应了时代需要，是在新的历史条件下全面依法治国的科学指南。坚持顶层设计和法治实践相结合，坚持理论指导和改革探索相统一，坚持问题导向和整体布局相衔接，是中国特色社会主义法治建设的重要特点。习近平总书记关于法治建设的重要论述系统阐述了新时代推进全面依法治国的重要思想和战略部署，深入回答了我国社会主义法治建设一系列重大理论和实践问题，是马克思主义法学理论中国化的最新成果，是深刻理解当下中国所处历史方位和发展阶段的理论创新，为推动我国经济社会持续健康发展、不断开拓中国特色社会主义事业更加广阔的发展前景

[①] 习近平：《在中共十八届四中全会第二次全体会议上的讲话》（2014年10月23日），载中共中央文献研究室编：《习近平关于全面依法治国论述摘编》，中央文献出版社2015年版，第12—13页。

提供了重要保障。

(二) 坚定不移走中国特色社会主义法治道路

建设中国特色社会主义法治体系、建设社会主义法治国家是全面依法治国的总目标。习近平指出:"鲜明提出坚持走中国特色社会主义法治道路、建设中国特色社会主义法治体系的重大论断,明确建设社会主义法治国家的性质、方向、道路、抓手,必将有力推进社会主义法治国家建设。"①习近平关于法治建设的重要论述,深刻阐述了建设中国特色社会主义法治体系、建设社会主义法治国家的科学内涵和基本要求,既明确了全面推进依法治国的性质和方向,又突出了全面推进依法治国的工作重点和总抓手,对全面推进依法治国具有纲举目张的意义。

坚持党的领导、人民当家作主、依法治国有机统一。党的领导是人民当家作主和依法治国的根本保证,人民当家作主是社会主义民主政治的本质特征,依法治国是党领导人民治理国家的基本方式,三者统一于社会主义民主政治的伟大实践。其中,党的领导是中国特色社会主义最本质的特征,是中国特色社会主义制度的最大优势。全面依法治国是中国特色社会主义的本质要求和重要保障,必须把党的领导贯彻落实到依法治国全过程和各方面。唯有如此,才能确保中国特色社会主义法治道路的正确前进方向。习近平精辟指出:"党和法的关系是一个根本问题,处理得好,则法治兴、党兴、国家兴;处理得不好,则法治衰、党衰、国家衰。"②"只有在党的领导下依法治国、厉行法治,人民当家作主才能充分实现,国家和社会生活法治化才能有序推进。"③我国社会主义制度保证了人民当家作主的主体地位,也保证了人民在全面依法治国中的主体地位。要保

---

① 习近平:《关于〈中共中央关于全面推进依法治国若干重大问题的决定〉的说明》(2014 年 10 月 20 日),载《中国共产党第十八届中央委员会第四次全体会议文件汇编》,人民出版社 2014 年版,第 73—74 页。

② 习近平:《在省部级主要领导干部学习贯彻党的十八届四中全会精神全面推进依法治国专题研讨班上的讲话》(2015 年 2 月 2 日),载中共中央文献研究室编:《习近平关于全面依法治国论述摘编》,中央文献出版社 2015 年版,第 33 页。

③ 习近平:《加快建设社会主义法治国家》,载《求是》2015 年第 1 期。

证人民在党的领导下,依照法律规定,通过各种途径和形式管理国家事务,管理经济和文化事业,管理社会事务。要把体现人民利益、反映人民愿望、维护人民权益、增进人民福祉落实到依法治国全过程,使法律及其实施充分体现人民意志。

新的历史条件下,我们要把依法治国基本方略、依法执政基本方式落实好,把法治中国建设好,必须坚持依法治国和以德治国相结合。法安天下,德润人心。习近平明确指出:"法律有效实施有赖于道德支持,道德践行也离不开法律约束。法治和德治不可分离、不可偏废,国家治理需要法律和道德协同发力。"①法律是准绳,任何时候都必须遵循;道德是基石,任何时候都不可忽视。法律是成文的道德,道德是内心的法律,法律和道德都具有规范社会行为、维护社会秩序的作用。在治国理政实践中,既要发挥好法律的规范作用,以法治体现道德理念、强化法律对道德建设的促进作用,又要发挥好道德的教化作用,以道德滋养法治精神、强化道德对法治文化的支撑作用,实现法律和道德相辅相成、法治和德治相得益彰。

(三) 将全面依法治国落地落实

完善以宪法为核心的中国特色社会主义法律体系。完备良善的法律规范体系既是法治中国建设的题中应有之义,又是政权稳定和社会发展的基本保障。一方面,要维护宪法权威、捍卫宪法尊严、保证宪法实施。宪法是国家根本法,是治国安邦的总章程,是党和人民意志的集中体现。习近平指出:"维护宪法法律权威就是维护党和人民共同意志的权威,捍卫宪法法律尊严就是捍卫党和人民共同意志的尊严,保证宪法法律实施就是保证党和人民共同意志的实现。"②党的十八大以来,以习近平同志为核心的党中央高度重视宪法在治国理政中的重要地位和作用,明确坚持依法治国首先要坚持依宪治国,坚持依法执政首先要坚持依宪执政,把实施宪法摆在全面依法治国的突出位置,采取一系列有力措施加强宪法实

---

① 习近平:《坚持依法治国和以德治国相结合》(2016 年 12 月 9 日),载《习近平谈治国理政》(第二卷),外文出版社 2017 年版,第 133 页。

② 习近平:《加快建设社会主义法治国家》,载《求是》2015 年第 1 期。

施和监督工作,为保证宪法实施提供了强有力的政治和制度保障。另一方面,要坚持立法先行,坚持立、改、废、释并举,加快完善法律、行政法规、地方性法规体系。要完善立法体制,优化立法职权配置,明确立法权力边界,加强重点领域立法。

法律的生命力在于实施,法律的权威也在于实施。要坚持依法治国、依法执政、依法行政共同推进,法治国家、法治政府、法治社会一体建设。依法治国是党领导人民治理国家的基本方式,能否做到依法治国,关键在于各级党组织和党员领导干部做到依法执政,各级政府及其工作人员做到依法行政。依法执政是我们党经过长期实践探索得以确立的执政方式,坚持依法执政对全面依法治国具有重大牵引和推动作用。习近平强调:"任何组织或者个人都必须在宪法和法律范围内活动,任何公民、社会组织和国家机关都要以宪法和法律为行为准则,依照宪法和法律行使权利或权力、履行义务或职责。"[1]全面依法治国,政府必须全面履行职能,将权力关进制度的笼子里,各级行政机关必须依法履行职责,坚持法定职责必须为、法无授权不可为,决不允许任何组织或者个人有超越法律的特权。为此,要建立健全制约监督体系和上下联动监督网,构建决策科学、执行坚决、监督有力的权力运行机制,完善权力清单管理制度,进一步推进行政审批制度改革,健全依法决策、科学决策、民主决策的制度机制,包括完善行政立法的体制机制、健全依法决策机制、普遍建立政府法律顾问制度等;要深入推进行政执法体制改革,完善行政执法程序,全面落实行政执法责任制等。

全面依法治国,要建立严密的法治监督体系。习近平指出:"要加强对干部经常性的管理监督,形成对干部的严格约束。没有监督的权力必然导致腐败,这是一条铁律。"[2]因此,要努力形成科学有效的权力运行制

---

[1] 习近平:《在十八届中央政治局第四次集体学习时的讲话》(2013年2月23日),载中共中央文献研究室编:《习近平关于全面依法治国论述摘编》,中央文献出版社2015年版,第87—88页。

[2] 习近平:《在全国组织工作会议上的讲话》(2013年6月28日),载中共中央纪律检查委员会、中共中央文献研究室编:《习近平关于党风廉政建设和反腐败斗争论述摘编》,中央文献出版社、中国方正出版社2015年版,第124页。

约和监督体系,增强监督合力和实效,做到有权必有责、用权受监督、违法必追究。深化国家监察体制改革是以习近平同志为核心的党中央作出的事关全局的重大政治体制改革。这项改革打破了以往体制机制的障碍,推动国家监察理念思路、方式方法的与时俱进,是对国家监督制度的重大顶层设计,是在全面依法治国大背景之下,推进新时代国家治理体系和治理能力现代化的重大举措。

四、全面从严治党法治化的基本遵循[①]

党的十八届六中全会聚焦全面从严治党的重大主题,适应时代变化新形势、事业发展新要求,审议通过《关于新形势下党内政治生活的若干准则》《中国共产党党内监督条例》(以下简称《条例》),是继《中国共产党巡视工作条例》《中国共产党廉洁自律准则》《中国共产党纪律处分条例》《中国共产党问责条例》之后,党内法规建设的重要成果;是依法治国基本方略在党的建设领域的具体实践,从标准和手段上为全面从严治党确立法治支撑,为实现党内政治生活和党内监督制度化、规范化、程序化,推进党的建设新的伟大工程注入新动力,进一步扎紧全面从严治党的制度铁笼;是全面从严治党、依规管党治党、制度兴党强党的重大举措,充分体现了以习近平同志为核心的党中央坚定不移推进全面从严治党的坚强决心、历史担当和治理智慧,展示了党中央"全面从严治党永远在路上"的政治自觉和坚定信念,开创了党的建设新格局、新境界和新气象。

(一)优化顶层设计,推进依规全面从严治党

治国必先治党,治党务必从严。纵观19世纪以来大国崛起的历史轨迹,不难发现,每一个强国背后都有一个强大的政党,而强大只能在自我革命中锻造。勇于自我革命是中国共产党由弱到强、不断发展壮大的重

[①] 参见戴小明:《全面从严治党法治化的基本遵循——学习〈中国共产党党内监督条例〉》,载《学习时报》2016年11月10日;人大复印报刊资料《中国共产党》2016年第12期全文转载。

要原因,也锻造了中国共产党人忠诚、干净、担当的政治品格。加强党内监督是党的建设的基础工程,依法依规治党是党在新时代全面依法治国大格局下管党治党、持续推进自我革命的战略选择。党的十八届四中全会通过的《中共中央关于全面推进依法治国若干重大问题的决定》,深刻诠释了党的建设与法治建设相辅相成、共生共存的密切关系:"依法执政,既要求党依据宪法法律治国理政,也要求党依据党内法规管党治党。"同时将"完善的党内法规体系"明确纳入中国特色社会主义法治体系,并指出:"党内法规既是管党治党的重要依据,也是建设社会主义法治国家的有力保障。"《条例》以党章为根本遵循,坚持继承和创新的有机统一,系统总结党的建设的历史经验,直面当前党内监督存在的突出问题,充分吸收近年来特别是党的十八大以来全面从严治党的理论和实践成果,贯彻法治理念,运用法治思维,彰显法治原则,围绕权力、责任、担当设计制度规则,对强化新形势下的党内监督作出顶层设计,是全面从严治党法治化的重要制度创新。

《条例》共 8 章 47 条。第一章"总则"列 9 条,主要明确立规目的和依据,阐述党内监督的指导思想、基本原则、监督内容、监督对象、监督方式以及强化自我监督、构建党内监督体系等重要问题。第二、三、四、五章列 27 条,分别就党的中央组织、党委(党组)、党的纪律检查委员会、党的基层组织和党员这五类监督主体的监督职责以及相应监督制度作出规定,形成党中央统一领导,党委(党组)全面监督,纪律检查机关专责监督,党的工作部门职能监督,党的基层组织日常监督,党员民主监督的党内监督体系。尤其是对中央层面提出专门要求,单独设立第二章"党的中央组织的监督",突出对高级干部即党的中央委员会、中央政治局、中央政治局常务委员会成员的监督,以法宣示"党内监督没有禁区、没有例外",是依规治党的重大突破,展现了党中央以身作则、率先垂范、以上率下的政治品格和担当精神。第六、七、八章列 11 条,分别就党内监督和外部监督相结合、整改和保障、附则等作出规定。

(二) 立规宗旨明确,全面规定党内监督重点

中国共产党多年的执政实践表明,办好中国的事情,关键在党,关键在党要管党、从严治党。全面从严治党,是依据党的领导地位和历史使命提出的党的建设新的伟大工程。党内监督是党的建设的重要内容,是全面从严治党的基础保障,是永葆党的肌体健康和执政活力的生命之源。"人民对美好生活的向往,就是我们的奋斗目标。""新形势下,我们党面临着许多严峻挑战,党内存在着许多亟待解决的问题。尤其是一些党员干部中发生的贪污腐败、脱离群众、形式主义、官僚主义等问题,必须下大气力解决。全党必须警醒起来。打铁还需自身硬。我们的责任,就是同全党同志一道,坚持党要管党、从严治党,切实解决自身存在的突出问题,切实改进工作作风,密切联系群众,使我们党始终成为中国特色社会主义事业的坚强领导核心。"[①]这是习近平代表中国共产党人向人民作出的庄严承诺。

《条例》第 1 条开宗明义强调立规目的:坚持党的领导,加强党的建设,全面从严治党,强化党内监督,保持党的先进性和纯洁性。第 5 条明确规定党内监督的任务:确保党章党规党纪在全党有效执行,维护党的团结统一,重点解决党的领导弱化、党的建设缺失、全面从严治党不力,党的观念淡漠、组织涣散、纪律松弛,管党治党宽松软问题,保证党的组织充分履行职能、发挥核心作用,保证全体党员发挥先锋模范作用,保证党的领导干部忠诚干净担当。同时,概括列举了党内监督八个方面的主要内容。第 17 条规定:党内监督必须加强对党组织主要负责人和关键岗位领导干部的监督,重点监督其政治立场、加强党的建设、从严治党,执行党的决议,公道正派选人用人,责任担当、廉洁自律,落实意识形态工作责任制情况。

---

① 习近平:《人民对美好生活的向往,就是我们的奋斗目标》(2012 年 11 月 15 日),载《习近平谈治国理政》(第一卷),外文出版社 2014 年版,第 4 页。

(三) 瞄准关键少数,紧盯主要领导特别监督

领导干部身份独特、地位重要、作用突出、影响重大,率先垂范方能上行下效。古语云:"其身正,不令而行;其身不正,虽令不从。""苟正其身矣,于从政乎何有？不能正其身,如正人何？"①习近平以强烈的忧患意识谆谆告诫全党:"如果管党不力、治党不严,人民群众反映强烈的党内突出问题得不到解决,那我们党迟早会失去执政资格,不可避免被历史淘汰。"②他强调指出,党要管党,首先是管好干部;从严治党,关键是从严治吏。"要加强对一把手的监督,认真执行民主集中制,健全施政行为公开制度,保证领导干部做到位高不擅权、权重不谋私。"③法律面前人人平等是法治的核心理念,法律是治国理政最大最重要的规矩,任何人都没有法律之外的绝对权力。党的执政地位和先锋队性质决定了深化全面从严治党,实现党内监督制度与时俱进,净化党内政治生态,必须坚持纪严于法、纪在法前,领导干部严于一般党员干部,用纪律管住大多数,运用党内法规把党要管党落到实处,促进党员、领导干部带头遵守国家法律。党员干部必须时刻保持清醒,把纪律和规矩挺在前面,用铁的纪律从严治党,遵守宪法法律只是基本底线,而遵守和执行党纪党规意味着更高的标准、更严的要求。

权力就是责任,责任就要担当,绝对权力必然导致绝对腐败。加强党内监督,必须从领导干部特别是高级干部做起,这是《条例》的鲜明特色。《条例》破解了一把手监督难题,在着眼对"最大多数"全覆盖的同时,致力对"关键少数"的精准监督。《条例》第 6 条规定:党内监督的重点对象是党的领导机关和领导干部特别是主要领导干部;第 14 条规定:中央政治局委员应当严格执行中央八项规定,自觉参加双重组织生活,如实向党中

---

① 《论语·子路》。
② 习近平:《在庆祝中国共产党成立 95 周年大会上的讲话》(2016 年 7 月 1 日),载《人民日报》2016 年 7 月 2 日。
③ 习近平:《把权力关进制度的笼子里》(2013 年 1 月 22 日),载《习近平谈治国理政》(第一卷),外文出版社 2014 年版,第 388 页。

央报告个人重要事项。中国共产党是一个有着8800多万名党员、3200多个地方党委、440多万个基层组织的世界第一大执政党①,党的领导是中国特色社会主义最本质的特征。党员领导干部是党中央重大决策部署的具体落实者、实践者,是党风政风的引领者,面对具有许多新的历史特点的伟大斗争,只有通过加强重点监督,注重标本兼治,思想建党与制度治党紧密结合,从严治党与制度治党同步推进,才能持续培养造就具有铁一般信仰、铁一般信念、铁一般纪律、铁一般担当的干部队伍。

(四) 覆盖各级组织,明晰所有监督主体责任

党兴,则国家兴、民族兴,党强,则国家强、民族强。加强党的建设,推进全面从严治党,营造风清气正的党内政治生态,厚植党执政的政治基础,提高党的创造力凝聚力战斗力,有效提升党的领导水平和执政能力,实现党的能力提升和国家治理能力提升的同频共振,必须加强党内监督,全方位扎紧制度笼子,覆盖权力运行全过程,做到责任清晰,主体明确,从根本上解决主体责任缺失、监督责任缺位、制度空转悬置、管党治党宽松软的问题,为巩固党的执政地位强基固本。习近平明确指出:"基层是党的执政之基、力量之源。只有基层党组织坚强有力,党员发挥应有作用,党的根基才能牢固,党才能有战斗力。""要把全面从严治党落实到每个支部、每名党员。"②《条例》全面压实监督责任,明确清晰地规定了党的中央组织、党委(党组)、党的纪律检查委员会、党的基层组织和党员的监督职责。

制度建设更带有根本性、全局性、稳定性、长期性。职权法定、权责统一的法治原则要求,有权必有责、有责要担当,用权受监督、失责必追究。《条例》突出"关键少数",层层示范,传导压力,明确规定:党的中央委员会、中央政治局、中央政治局常务委员会全面领导党内监督工作;中央委

---

① 据统计,截至2021年6月5日,中国共产党党员总数为9514.8万名,基层组织486.4万个,其中,基层党委27.3万个,总支部31.4万个,支部427.7万个。参见中共中央组织部:《中国共产党党内统计公报》,载《人民日报》2021年7月1日。
② 《习近平对开展"两学一做"学习教育作出重要指示》,载《人民日报》2016年4月7日。

员会全体会议每年听取中央政治局工作报告,监督中央政治局工作,部署加强党内监督的重大任务;党委(党组)在党内监督中承担主体责任,书记是第一责任人,党委常委会委员(党组成员)和党委委员在职责范围内履行监督职责;党的各级纪律检查委员会是党内监督的专责机关,履行监督执纪问责职责;党的工作部门应当严格执行各项监督制度,加强职责范围内党内监督工作,既加强对本部门本单位的内部监督,又强化对本系统的日常监督;党的基层组织应当发挥战斗堡垒作用,履行监督职责;党员应当本着对党和人民事业高度负责的态度,积极行使党员权利,履行监督义务。

(五)构建监督体系,党内党外监督共同发力

监督是权力正确运行的根本保证,健全而有力的监督是防范政治腐败、权力滥用的有力武器。加强党内监督是马克思主义政党的一贯要求,加强权力监督是执政党建设的核心内容。从严治党,关键严在强化党内监督,党内监督失效必然导致其他监督失灵。为此,必须大力推进、完善党的制度建设的顶层设计,构建无禁区、全覆盖、零容忍的监督体系,即以党章为根本,以《条例》为龙头,以党内政治生活准则、问责条例、廉洁自律准则、纪律处分条例等党内法规为支撑,不断建立健全党内乃至整个国家治理完整科学的监督制度体系和运行机制,实现依法治国与依规治党的有机统一,把权力关进制度的笼子里,筑牢"不敢腐、不能腐、不想腐"的制度堤坝。习近平深刻指出:没有监督的权力必然导致腐败,这是一条铁律;"强化党内监督,必须坚持、完善、落实民主集中制,把民主基础上的集中和集中指导下的民主有机结合起来,把上级对下级、同级之间以及下级对上级的监督充分调动起来,确保党内监督落到实处、见到实效"①。总之,要完善监督制度,做好监督体系顶层设计,既加强党的自我监督,又加强对国家机器的监督;要整合问责制度,健全问责机制,坚持有责必问、问责必严;要把党内监督同国家监察、群众监督结合起来,同法律监督、民主监督、审计监督、司法监督、舆论监督等协调起来,形成监督合力,推进国

---

① 习近平:《在第十八届中央纪律检查委员会第六次全体会议上的讲话》(2016年1月12日),载《人民日报》2016年5月3日。

家治理体系和治理能力现代化。

人民是治国理政的力量源泉,从严治党必须依靠人民。中国共产党来自人民,失去人民拥护和支持,党就会失去根基。只有充分保障广大党员行使监督权利,激活党员干部的内生动力与监督活力,支持和保障群众监督,实现党内监督同国家监察、法律监督、民主监督、审计监督、司法监督、舆论监督、群众监督等监督形式的高度融合,形成党内监督与社会监督的良性互动,才能从人民群众中汲取治国理政、管党治党的智慧和力量,始终保持同人民群众的血肉联系。《条例》发力党内监督体系建构,汇聚协同监督合力,在第37—39条作出规定:各级党委应当支持和保证同级人大、政府、监察机关、司法机关等对国家机关及公职人员依法进行监督,人民政协依章程进行民主监督,审计机关依法进行审计监督。有关国家机关发现党的领导干部违反党规党纪、需要党组织处理的,应当及时向有关党组织报告。审计机关发现党的领导干部涉嫌违纪的问题线索,应当向同级党组织报告,必要时向上级党组织报告,并按照规定将问题线索移送相关纪律检查机关处理。各级党组织应当支持民主党派履行监督职能,重视民主党派和无党派人士提出的意见、批评、建议,完善知情、沟通、反馈、落实等机制。各级党组织和党的领导干部应当认真对待、自觉接受社会监督,利用互联网技术和信息化手段,推动党务公开、拓宽监督渠道,虚心接受群众批评。

(六)着力党内民主,保证权力规范有序运行

党内民主是党的生命,是党内政治生活积极健康的重要基础,是增强党的创新活力、巩固党的团结统一的重要保证。发扬党内民主,保障党员权利,加强权力监督,要进一步健全党员民主权利的保障机制,拓宽党内民主渠道,开辟党内民主新途径,完善党内情况通报、情况反映和党内重大决策征求意见制度,实现党员对党内事务的充分了解、广泛参与和有效监督。《条例》第4条规定:党内监督必须贯彻民主集中制,依规依纪进行,强化自上而下的组织监督,改进自下而上的民主监督,发挥同级相互监督作用。第43条规定:党组织应当保障党员知情权和监督权,鼓励和支持党员在党内监督中发挥积极作用。提倡署真实姓名反映违纪事实,

党组织应当为检举控告者严格保密,并以适当方式向其反馈办理情况。对干扰妨碍监督、打击报复监督者的,依纪严肃处理。

全心全意为人民服务是中国共产党的根本宗旨,厉行权力监督、坚决反对腐败、建设廉洁政治是党的基本追求。民主是监督的基础,没有民主就没有监督,更不可能有严肃的党内政治生活。坚持民主集中制是强化党内监督的核心。健全党内民主制度,发展党内民主,就是要实现"党内监督没有禁区、没有例外",形成民主、清朗的政治生态,以党内民主带动人民民主,推进国家治理体系和治理能力现代化。所以,加强党内监督,有效制约权力,确保党员领导干部正确运用手中权力,严格遵守国家法律,也是提高国家治理能力和治理水平的关键环节、关键举措。从严治党必须坚持制度面前人人平等,党内不允许有不受制约的权力,也不允许有不受监督的特殊党员。《条例》第34条明确规定:各级纪律检查机关必须加强自身建设,健全内控机制,自觉接受党内监督、社会监督、群众监督,确保权力受到严格约束。为保障权力的规范行使和有序运行,《条例》围绕建立健全巡视制度、组织生活制度、党内谈话制度(提醒谈话、诫勉谈话)、干部考察考核制度,以及领导干部述职述廉制度、领导干部个人有关事项报告制度、领导干部插手干预重大事项记录制度等作出具体规定。

天下之事,不难于立法,而难于法之必行。制度的生命力来自于执行。中央有部署,全党见行动。当前,深入学习贯彻党的十八届六中全会精神,是全党各级组织和广大党员干部共同的政治任务、政治责任,检验学习成效的标尺就是《条例》的规定要求。让我们不忘初心、继续前进,切实把思想和行动统一到六中全会的精神上来,全面落实党内监督责任,做到党中央提倡的坚决响应,党中央决定的坚决执行,党中央禁止的坚决不做,不断增强、牢固树立"四个意识",特别是核心意识、看齐意识,更加紧密地团结在以习近平同志为核心的党中央周围,更加坚定地维护以习近平同志为核心的党中央权威,更加自觉地在思想上政治上行动上同以习近平同志为核心的党中央保持高度一致,更加扎实地把党中央的各项决策部署落到实处,在实现中华民族伟大复兴中国梦的进程中肩负起应有的历史使命和责任担当。

· 党规链接 ·

中国共产党党内监督条例

(2016年10月27日中国共产党第十八届中央委员会第六次全体会议通过)

第一章 总则

第一条 为坚持党的领导,加强党的建设,全面从严治党,强化党内监督,保持党的先进性和纯洁性,根据《中国共产党章程》,制定本条例。

第二条 党内监督以马克思列宁主义、毛泽东思想、邓小平理论、"三个代表"重要思想、科学发展观为指导,深入贯彻习近平总书记系列重要讲话精神,围绕统筹推进"五位一体"总体布局和协调推进"四个全面"战略布局,尊崇党章,依规治党,坚持党内监督和人民群众监督相结合,增强党在长期执政条件下自我净化、自我完善、自我革新、自我提高能力,确保党始终成为中国特色社会主义事业的坚强领导核心。

第三条 党内监督没有禁区、没有例外。信任不能代替监督。各级党组织应当把信任激励同严格监督结合起来,促使党的领导干部做到有权必有责、有责要担当,用权受监督、失责必追究。

第四条 党内监督必须贯彻民主集中制,依规依纪进行,强化自上而下的组织监督,改进自下而上的民主监督,发挥同级相互监督作用。坚持惩前毖后、治病救人,抓早抓小、防微杜渐。

第五条 党内监督的任务是确保党章党规党纪在全党有效执行,维护党的团结统一,重点解决党的领导弱化、党的建设缺失、全面从严治党不力,党的观念淡漠、组织涣散、纪律松弛,管党治党宽松软问题,保证党的组织充分履行职能、发挥核心作用,保证全体党员发挥先锋模范作用,保证党的领导干部忠诚干净担当。

党内监督的主要内容是：

（一）遵守党章党规，坚定理想信念，践行党的宗旨，模范遵守宪法法律情况；

（二）维护党中央集中统一领导，牢固树立政治意识、大局意识、核心意识、看齐意识，贯彻落实党的理论和路线方针政策，确保全党令行禁止情况；

（三）坚持民主集中制，严肃党内政治生活，贯彻党员个人服从党的组织，少数服从多数，下级组织服从上级组织，全党各个组织和全体党员服从党的全国代表大会和中央委员会原则情况；

（四）落实全面从严治党责任，严明党的纪律特别是政治纪律和政治规矩，推进党风廉政建设和反腐败工作情况；

（五）落实中央八项规定精神，加强作风建设，密切联系群众，巩固党的执政基础情况；

（六）坚持党的干部标准，树立正确选人用人导向，执行干部选拔任用工作规定情况；

（七）廉洁自律、秉公用权情况；

（八）完成党中央和上级党组织部署的任务情况。

第六条　党内监督的重点对象是党的领导机关和领导干部特别是主要领导干部。

第七条　党内监督必须把纪律挺在前面，运用监督执纪"四种形态"，经常开展批评和自我批评、约谈函询，让"红红脸、出出汗"成为常态；党纪轻处分、组织调整成为违纪处理的大多数；党纪重处分、重大职务调整的成为少数；严重违纪涉嫌违法立案审查的成为极少数。

第八条　党的领导干部应当强化自我约束，经常对照党章检查自己的言行，自觉遵守党内政治生活准则、廉洁自律准则，加强党性修养，陶冶道德情操，永葆共产党人政治本色。

第九条　建立健全党中央统一领导，党委（党组）全面监督，纪律检查机关专责监督，党的工作部门职能监督，党的基层组织日常监督，党员民主监督的党内监督体系。

第二章 党的中央组织的监督

第十条 党的中央委员会、中央政治局、中央政治局常务委员会全面领导党内监督工作。中央委员会全体会议每年听取中央政治局工作报告,监督中央政治局工作,部署加强党内监督的重大任务。

第十一条 中央政治局、中央政治局常务委员会定期研究部署在全党开展学习教育,以整风精神查找问题、纠正偏差;听取和审议全党落实中央八项规定精神情况汇报,加强作风建设情况监督检查;听取中央纪律检查委员会常务委员会工作汇报;听取中央巡视情况汇报,在一届任期内实现中央巡视全覆盖。中央政治局每年召开民主生活会,进行对照检查和党性分析,研究加强自身建设措施。

第十二条 中央委员会成员必须严格遵守党的政治纪律和政治规矩,发现其他成员有违反党章、破坏党的纪律、危害党的团结统一的行为应当坚决抵制,并及时向党中央报告。对中央政治局委员的意见,署真实姓名以书面形式或者其他形式向中央政治局常务委员会或者中央纪律检查委员会常务委员会反映。

第十三条 中央政治局委员应当加强对直接分管部门、地方、领域党组织和领导班子成员的监督,定期同有关地方和部门主要负责人就其履行全面从严治党责任、廉洁自律等情况进行谈话。

第十四条 中央政治局委员应当严格执行中央八项规定,自觉参加双重组织生活,如实向党中央报告个人重要事项。带头树立良好家风,加强对亲属和身边工作人员的教育和约束,严格要求配偶、子女及其配偶不得违规经商办企业,不得违规任职、兼职取酬。

第三章 党委(党组)的监督

第十五条 党委(党组)在党内监督中负主体责任,书记是第一责任人,党委常委会委员(党组成员)和党委委员在职责范围内履行监督职责。党委(党组)履行以下监督职责:

(一)领导本地区本部门本单位党内监督工作,组织实施各项监督制度,抓好督促检查;

(二)加强对同级纪委和所辖范围内纪律检查工作的领导,检查其监督执纪问责工作情况；

（三）对党委常委会委员（党组成员）、党委委员，同级纪委、党的工作部门和直接领导的党组织领导班子及其成员进行监督；

（四）对上级党委、纪委工作提出意见和建议，开展监督。

第十六条　党的工作部门应当严格执行各项监督制度，加强职责范围内党内监督工作，既加强对本部门本单位的内部监督，又强化对本系统的日常监督。

第十七条　党内监督必须加强对党组织主要负责人和关键岗位领导干部的监督，重点监督其政治立场、加强党的建设、从严治党，执行党的决议，公道正派选人用人，责任担当、廉洁自律，落实意识形态工作责任制情况。

上级党组织特别是其主要负责人，对下级党组织主要负责人应当平时多过问、多提醒，发现问题及时纠正。领导班子成员发现班子主要负责人存在问题，应当及时向其提出，必要时可以直接向上级党组织报告。

党组织主要负责人个人有关事项应当在党内一定范围公开，主动接受监督。

第十八条　党委（党组）应当加强对领导干部的日常管理监督，掌握其思想、工作、作风、生活状况。党的领导干部应当经常开展批评和自我批评，敢于正视、深刻剖析、主动改正自己的缺点错误；对同志的缺点错误应当敢于指出，帮助改进。

第十九条　巡视是党内监督的重要方式。中央和省、自治区、直辖市党委一届任期内，对所管理的地方、部门、企事业单位党组织全面巡视。巡视党的组织和党的领导干部尊崇党章、党的领导、党的建设和党的路线方针政策落实情况，履行全面从严治党责任、执行党的纪律、落实中央八项规定精神、党风廉政建设和反腐败工作以及选人用人情况。发现问题、形成震慑，推动改革、促进发展，发挥从严治党利剑作用。

中央巡视工作领导小组应当加强对省、自治区、直辖市党委，中央有关部委，中央国家机关部门党组（党委）巡视工作的领导。省、自治区、直辖市党委应当推动党的市（地、州、盟）和县（市、区、旗）委员会建立巡察制度,使从严治党向基层延伸。

第二十条　严格党的组织生活制度,民主生活会应当经常化,遇到重要或者普遍性问题应当及时召开。民主生活会重在解决突出问题,领导干部应当在会上把群众反映、巡视反馈、组织约谈函询的问题说清楚、谈透彻,开展批评和自我批评,提出整改措施,接受组织监督。上级党组织应当加强对下级领导班子民主生活会的指导和监督,提高民主生活会质量。

第二十一条　坚持党内谈话制度,认真开展提醒谈话、诫勉谈话。发现领导干部有思想、作风、纪律等方面苗头性、倾向性问题的,有关党组织负责人应当及时对其提醒谈话;发现轻微违纪问题的,上级党组织负责人应当对其诫勉谈话,并由本人作出说明或者检讨,经所在党组织主要负责人签字后报上级纪委和组织部门。

第二十二条　严格执行干部考察考核制度,全面考察德、能、勤、绩、廉表现,既重政绩又重政德,重点考察贯彻执行党中央和上级党组织决策部署的表现,履行管党治党责任,在重大原则问题上的立场,对待人民群众的态度,完成急难险重任务的情况。考察考核中党组织主要负责人应当对班子成员实事求是作出评价。考核评语在同本人见面后载入干部档案。落实党组织主要负责人在干部选任、考察、决策等各个环节的责任,对失察失责的应当严肃追究责任。

第二十三条　党的领导干部应当每年在党委常委会(或党组)扩大会议上述责述廉,接受评议。述责述廉重点是执行政治纪律和政治规矩、履行管党治党责任、推进党风廉政建设和反腐败工作以及执行廉洁纪律情况。述责述廉报告应当载入廉洁档案,并在一定范围内公开。

第二十四条　坚持和完善领导干部个人有关事项报告制度,领导干部应当按规定如实报告个人有关事项,及时报告个人及家庭重大情况,事先请示报告离开岗位或者工作所在地等。有关部门应当加强抽查核实。对故意虚报瞒报个人重大事项、篡改伪造个人档案资料的,一律严肃查处。

第二十五条　建立健全党的领导干部插手干预重大事项记录制度,

发现利用职务便利违规干预干部选拔任用、工程建设、执纪执法、司法活动等问题,应当及时向上级党组织报告。

第四章 党的纪律检查委员会的监督

第二十六条 党的各级纪律检查委员会是党内监督的专责机关,履行监督执纪问责职责,加强对所辖范围内党组织和领导干部遵守党章党规党纪、贯彻执行党的路线方针政策情况的监督检查,承担下列具体任务:

(一)加强对同级党委特别是常委会委员、党的工作部门和直接领导的党组织、党的领导干部履行职责、行使权力情况的监督;

(二)落实纪律检查工作双重领导体制,执纪审查工作以上级纪委领导为主,线索处置和执纪审查情况在向同级党委报告的同时向上级纪委报告,各级纪委书记、副书记的提名和考察以上级纪委会同组织部门为主;

(三)强化上级纪委对下级纪委的领导,纪委发现同级党委主要领导干部的问题,可以直接向上级纪委报告;下级纪委至少每半年向上级纪委报告1次工作,每年向上级纪委进行述职。

第二十七条 纪律检查机关必须把维护党的政治纪律和政治规矩放在首位,坚决纠正和查处上有政策、下有对策,有令不行、有禁不止,口是心非、阳奉阴违,搞团团伙伙、拉帮结派,欺骗组织、对抗组织等行为。

第二十八条 纪委派驻纪检组对派出机关负责,加强对被监督单位领导班子及其成员、其他领导干部的监督,发现问题应当及时向派出机关和被监督单位党组织报告,认真负责调查处置,对需要问责的提出建议。

派出机关应当加强对派驻纪检组工作的领导,定期约谈被监督单位党组织主要负责人、派驻纪检组组长,督促其落实管党治党责任。

派驻纪检组应当带着实际情况和具体问题,定期向派出机关汇报工作,至少每半年会同被监督单位党组织专题研究1次党风廉政建设和反腐败工作。对能发现的问题没有发现是失职,发现问题不报告、不处置是渎职,都必须严肃问责。

第二十九条 认真处理信访举报,做好问题线索分类处置,早发现早报告，对社会反映突出、群众评价较差的领导干部情况及时报告，对重要检举事项应当集体研究。定期分析研判信访举报情况，对信访反映的典型性、普遍性问题提出有针对性的处置意见，督促信访举报比较集中的地方和部门查找分析原因并认真整改。

第三十条　严把干部选拔任用"党风廉洁意见回复"关，综合日常工作中掌握的情况，加强分析研判，实事求是评价干部廉洁情况，防止"带病提拔"、"带病上岗"。

第三十一条　接到对干部一般性违纪问题的反映，应当及时找本人核实，谈话提醒、约谈函询，让干部把问题讲清楚。约谈被反映人，可以与其所在党组织主要负责人一同进行；被反映人对函询问题的说明，应当由其所在党组织主要负责人签字后报上级纪委。谈话记录和函询回复应当认真核实，存档备查。没有发现问题的应当了结澄清，对不如实说明情况的给予严肃处理。

第三十二条　依规依纪进行执纪审查，重点审查不收敛不收手，问题线索反映集中、群众反映强烈，现在重要岗位且可能还要提拔使用的领导干部，三类情况同时具备的是重中之重。执纪审查应当查清违纪事实，让审查对象从学习党章入手，从理想信念宗旨、党性原则、作风纪律等方面检查剖析自己，审理报告应当事实清楚、定性准确，反映审查对象思想认识情况。

第三十三条　对违反中央八项规定精神的，严重违纪被立案审查开除党籍的，严重失职失责被问责的，以及发生在群众身边、影响恶劣的不正之风和腐败问题，应当点名道姓通报曝光。

第三十四条　加强对纪律检查机关的监督。发现纪律检查机关及其工作人员有违反纪律问题的，必须严肃处理。各级纪律检查机关必须加强自身建设，健全内控机制，自觉接受党内监督、社会监督、群众监督，确保权力受到严格约束。

第五章　党的基层组织和党员的监督

第三十五条　党的基层组织应当发挥战斗堡垒作用，履行下列监督职责：

（一）严格党的组织生活，开展批评和自我批评，监督党员切实履行义务，保障党员权利不受侵犯；

（二）了解党员、群众对党的工作和党的领导干部的批评和意见，定期向上级党组织反映情况，提出意见和建议；

（三）维护和执行党的纪律，发现党员、干部违反纪律问题及时教育或者处理，问题严重的应当向上级党组织报告。

第三十六条　党员应当本着对党和人民事业高度负责的态度，积极行使党员权利，履行下列监督义务：

（一）加强对党的领导干部的民主监督，及时向党组织反映群众意见和诉求；

（二）在党的会议上有根据地批评党的任何组织和任何党员，揭露和纠正工作中存在的缺点和问题；

（三）参加党组织开展的评议领导干部活动，勇于触及矛盾问题、指出缺点错误，对错误言行敢于较真、敢于斗争；

（四）向党负责地揭发、检举党的任何组织和任何党员违纪违法的事实，坚决反对一切派别活动和小集团活动，同腐败现象作坚决斗争。

第六章　党内监督和外部监督相结合

第三十七条　各级党委应当支持和保证同级人大、政府、监察机关、司法机关等对国家机关及公职人员依法进行监督，人民政协依章程进行民主监督，审计机关依法进行审计监督。有关国家机关发现党的领导干部违反党规党纪、需要党组织处理的，应当及时向有关党组织报告。审计机关发现党的领导干部涉嫌违纪的问题线索，应当向同级党组织报告，必要时向上级党组织报告，并按照规定将问题线索移送相关纪律检查机关处理。

在纪律审查中发现党的领导干部严重违纪涉嫌违法犯罪的，应当先作出党纪处分决定，再移送行政机关、司法机关处理。执法机关和司法机关依法立案查处涉及党的领导干部案件，应当向同级党委、纪委通报；该干部所在党组织应当根据有关规定，中止其相关党员权利；依法受到刑事责任追究，或者虽不构成犯罪但涉嫌违纪的，应当移送纪委依纪处理。

第三十八条 中国共产党同各民主党派长期共存、互相监督、肝胆相照、荣辱与共。各级党组织应当支持民主党派履行监督职能,重视民主党派和无党派人士提出的意见、批评、建议,完善知情、沟通、反馈、落实等机制。

第三十九条 各级党组织和党的领导干部应当认真对待、自觉接受社会监督,利用互联网技术和信息化手段,推动党务公开、拓宽监督渠道,虚心接受群众批评。新闻媒体应当坚持党性和人民性相统一,坚持正确导向,加强舆论监督,对典型案例进行剖析,发挥警示作用。

第七章 整改和保障

第四十条 党组织应当如实记录、集中管理党内监督中发现的问题和线索,及时了解核实,作出相应处理;不属于本级办理范围的应当移送有权限的党组织处理。

第四十一条 党组织对监督中发现的问题应当做到条条要整改、件件有着落。整改结果应当及时报告上级党组织,必要时可以向下级党组织和党员通报,并向社会公开。

对于上级党组织交办以及巡视等移交的违纪问题线索,应当及时处理,并在 3 个月内反馈办理情况。

第四十二条 党委(党组)、纪委(纪检组)应当加强对履行党内监督责任和问题整改落实情况的监督检查,对不履行或者不正确履行党内监督职责,以及纠错、整改不力的,依照《中国共产党纪律处分条例》、《中国共产党问责条例》等规定处理。

第四十三条 党组织应当保障党员知情权和监督权,鼓励和支持党员在党内监督中发挥积极作用。提倡署真实姓名反映违纪事实,党组织应当为检举控告者严格保密,并以适当方式向其反馈办理情况。对干扰妨碍监督、打击报复监督者的,依纪严肃处理。

第四十四条 党组织应当保障监督对象的申辩权、申诉权等相关权利。经调查,监督对象没有不当行为的,应当予以澄清和正名。对以监督为名侮辱、诽谤、诬陷他人的,依纪严肃处理;涉嫌犯罪的移送司法机关处理。监督对象对处理决定不服的,可以依照党章规定提出申诉。有关党组织应当认真复议复查,并作出结论。

第八章　附则

第四十五条　中央军事委员会可以根据本条例,制定相关规定。

第四十六条　本条例由中央纪律检查委员会负责解释。

第四十七条　本条例自发布之日起施行。

湖南出台"十必严" 加强"一把手"监督[①]

为坚决贯彻落实《中共中央关于加强对"一把手"和领导班子监督的意见》[②],切实强化"一把手"监督,湖南省纪委监委出台《全省纪检监察机关加强"一把手"监督"十必严"》,释放出一以贯之全面从严治党,不断强化对权力运行制约和监督的强烈信号。

"十必严"共10条,主要包括政治监督"评价必严"、主体责任"检查必严"、权力运行"盯防必严"、巡视巡察"体检必严"、廉政谈话"提醒必严"、组织生活"督导必严"、问题线索"处置必严"、谈话函询"核查必严"、廉政意见"把关必严"、违纪违法"查处必严"。在监督对象上聚焦"一把手"这个"关键少数";在监督内容上聚焦提高"政治三力"、落实主体责任、规范权力运行这三件关键事;在监督方式上力求具体可行。

"十必严"突出"严"的主基调,把握对"一把手"监督更严一层的要求,每条都有一个严字,充分体现了全面从严治党要把严的主基调长期坚持下去,释放出对"一把手"监督从严的强烈信号。"十必严"既立足纪委监委的监督专责,又体现纪委监委履行全面从严治党协助职责。同时,贯通纪律监督、监察监督、派驻监督、巡视监督,融通党内党外各项监督,同向发力、同频共振,共同加强对"一把手"监督。

此外,"十必严"始终贯穿了一体推进"三不"的要求。聚焦"一把手"监督,既注重从严处置问题线索、查处违纪违法案件推进不敢腐;又注重深入剖析、"以案促改"、推动制度完善,推进不能腐;还注重谈话提醒、警

---

① 刘燕娟:《湖南出台"十必严" 加强"一把手"监督》,载《湖南日报》2021年7月8日。
② 加强对主要领导干部和领导班子的监督,是新时代坚持和加强党的全面领导,提高党的建设质量,推动全面从严治党向纵深发展的必然要求。2021年3月27日,《中共中央关于加强对"一把手"和领导班子监督的意见》(载《人民日报》2021年6月2日)发布,释放持续强化对权力运行制约和监督的强烈信号。

示教育推进不想腐,督促各级"一把手"知敬畏、存戒惧、守底线,从内心深处筑牢拒腐防变的根基。

■ 链接

湖南省纪检监察机关加强"一把手"监督"十必严"

一、政治监督"评价必严"。每年对"一把手"贯彻落实党中央重大决策部署和习近平总书记重要指示批示精神、落实管党治党政治责任以及省委要求等情况作出具体评价,评价结果记入廉政档案。着重查找"一把手"在政治立场、政治态度、政治担当上的深层次偏差,督促"一把手"不断提高政治判断力、政治领悟力、政治执行力,发现违反政治纪律的问题一律从严查处。

二、主体责任"检查必严"。每年对"一把手"执行《党委(党组)落实全面从严治党主体责任规定》的情况进行监督检查,提出整改建议,推动第一责任人切实履行职责,对不担当、不作为的,依规依纪追究责任;对下级"一把手"在上级党委常委会(党组)扩大会议上述责述廉中报告履行全面从严治党主体责任、廉洁自律等情况,会前予以审查把关。采取廉政情况通报、委托谈话等方式,督促上级"一把手"抓好下级"一把手"。

三、权力运行"盯防必严"。实地听取同一班子成员、管理服务对象对"一把手"行使权力情况的反映,检查民主集中制、"三重一大"集体决策、"一把手"末位表态等制度执行情况,相关情况及时记入廉政档案。纪委书记、派驻纪检监察组组长就所在地区(单位)"一把手"行使权力情况,每年向上级(派出)纪检监察机关作出一次专题报告。

四、巡视巡察"体检必严"。巡视巡察聚焦"一把手"政治表现、履职状态、廉洁自律、生活情况,在巡视巡察报告中单列,予以重点报告。巡视巡察中发现"一把手"问题线索及时报告。督促"一把手"对巡视巡察整改方案签字负责,带头整改自身问题,落实整改第一责任人责任,对整改问题不及时不到位甚至拒不整改的,依规依纪严肃处理。

五、廉政谈话"提醒必严"。新任职"一把手"任前廉政谈话,由纪检监察机关负责人主谈,并发出廉政提醒函。纪检监察机关负责人每年同下级"一把手"进行廉政谈话,发现一般性问题及时向本人提出,发现严重违纪违法问题向同级党委主要负责人报告。

六、组织生活"督导必严"。参加下一级党组织民主生活会,督促"一把手"带头严肃认真开展批评和自我批评,按规定对个人有关事项以及群众反映、巡视巡察反馈、组织约谈函询的问题实事求是作出说明,存在违纪问题的作出深刻检查;督促班子成员对"一把手"提出批评意见,跟踪整改落实。

七、问题线索"处置必严"。对涉及"一把手"的问题线索从快从严处置。加强对"一把手"信访举报情况的动态监测、专题分析,把有亲属经商办企业、民主作风差、社会反映突出、群众评价较差的"一把手"作为日常监督的重中之重。聚焦各级各类"一把手"问题线索中插手工程项目、违反中央八项规定精神等突出问题,开展专项整治。

八、谈话函询"核查必严"。采取谈话函询方式处置的"一把手"问题线索,凡不如实向组织说明问题的,一律予以核实。

九、廉政意见"把关必严"。建立"一把手"廉政档案,进行精准廉政画像,动态更新,推动对"一把手"的日常监督关口前移。对拟任"一把手"人员和现任"一把手"职务调整所出具的廉政意见回复,坚持集体研究,从严把关。

十、违纪违法"查处必严"。对"一把手"违纪违法问题抓早抓小。对"一把手"涉嫌严重违纪或职务违法、职务犯罪问题,坚决从严查处,形成震慑和警示。问题线索经调查不属实,并已造成社会影响的,及时予以澄清正名,保护干事创业积极性。

第三章

法治国家及其生成逻辑[*]

"法治国家"一词最先由学界提出,然后转化为政治命题。1997年9月,党的十五大报告明确提出"建设社会主义法治国家",并将其作为社会主义民主政治发展的目标,从党的政治主张的角度确认"法治国家"的政治基础,同时确立法治在社会治理中的作用。党的十六大、十七大继续强调建设社会主义法治国家,党的十八大则提出"加快建设社会主义法治国家"。当然,作为明确的宪法规范,"法治国家"在宪法文本上的正式出现是1999年修订《宪法》。

全面推进依法治国总目标是建设中国特色社会主义法治体系、建设社会主义法治国家。《中共中央关于坚持和完善中国特色社会主义制度、推进国家治理体系和治理能力现代化若干重大问题的决定》指出:"建设中国特色社会主义法治体系、建设社会主义法治国家是坚持和发展中国特色社会主义的内在要求。必须坚定不移走中国特色社会主义法治道路,全面推进依法治国,坚持依法治国、依法执政、依法行政共同推进,坚持法治国家、法治政府、法治社会一体建设,加快形成完备的法律规范体系、高效的法治实施体系、严密的法治监督体系、有力的法治保障体系,加快形成完善的党内法规体系,全面推进科学立法、严格执法、公正司法、全民守法,推进法治中国建设。"不拒众流,方为江海;海纳百川,有容乃大。推动新时代中国法学创新发展,助力法治中国建设,要学习借鉴人类文明的一切有益成果,研习域外法学、政治科学、政治哲学等哲学社会科学知识和方法,从学术史的视角,以人类法治理论的演进轨迹为脉络,探讨法治国家的本质与特征,以及法治国家生成的历史逻辑、理论逻辑,从而创造、丰富并最终形成富有解说力和前瞻性的新时代中国法治国家理论话语。

---

[*] 初稿执笔林孝文博士。

一、法治国家的"语刺"①

在人类历史上,不同国家和民族为了生活有序、治理有方,曾经尝试过各种治道。其中,有诉诸敬畏与超越的神治,追求和谐与崇高的德治,满足激情与归属的人治,达成庄严与一致的法治。如古代中国,早在春秋战国时期,法家学派就主张"以法治国",其代表人物管仲曾精彩描述了"法治国"的美好图景:"夫生法者,君也;守法者,臣也;法于法者,民也。君臣上下贵贱皆从法,此谓为大治。"②应该说,人类各种治道都生发于世情和人心,彼此既无高下之别,亦无优劣之分。但自现代以来,选择法治之路已经成为世界大势。③ 即便如绝对君主制的酋长国——卡塔尔,也于2003年以全民公投形式通过永久性宪法,决定卡塔尔成为君主立宪制国家,并2021年10月,举行了首次议会选举,议会将享有立法权,可以批准国家总体政策和预算案,但无权约束行政机构在国防、安全、经济和投资等领域的政策。那么,法治国家的要义是什么?

---

① 笔者认为,研究法治国家首先面临的一个最为棘手的问题就是法治国的语义学难题(语刺)。众所周知,"法治国家"不是中国的原生概念,那么,我们所讨论到的法治国家,到底是指德国的Rechtsstaat,法国的 État de droit,意大利的 Stato di diritto,西班牙的 Estado de derecho,还是英美国家的 rule of law? 这些表述之间既有一定关联性,有时我们也不加区分地进行混用,但无论是从历史文化传统还是从概念内涵建构上看,都存在着显著差异。例如,rule of law、Rechtsstaat 等词都有着自身发生、发展的独特历史和价值内涵,浓缩的是英国与德国两种不同的政治法律文化传统,具有相对独立性。但事实上,我国学者在探讨法治国家问题时,经常不加严格区分,有时指的是 rule of law,有时指的是 Rechtsstaat,有时指的是自己独创的具有中国特色的"社会主义法治国家"。到底谁是谁非,只能任人评说。当然,法治国既是实践的产物,也是概念的构建,或是理想图景,虽然这些语词之间在不同国家、不同时期都呈现出了不同景象,但是毕竟还是存在着诸多可共通之处,我们可以遵循"法治国"中某些共通原则,尽力从各国历史实践、理论学说中加以展开,推动建构中国特色社会主义法治国家理论。
② 《管子·任法》。
③ 参见高鸿钧等主编:《英美法原论》(上册),北京大学出版社2013年版,第18页。

(一) 法治国家概念变迁

法治国家,也被称为法治国、法律国、法律国家等。大智大慧的古希腊人首开西方法治理论之先河,柏拉图法哲学著作《法律篇》中确立和描述了一种新的国家统治形式,即"法治国";亚里士多德师承柏拉图,但比柏拉图的抽象理念更为重视法治,以《法律篇》为基础构想出自己的理想模式:法律治理是最好的治理;法治是守法的治理;法治是良法善治;法治优于一人之治。17、18 世纪的英国,既是近代自由主义的发源地,也是近代法治主义的故乡,其中政治哲学家詹姆士·哈林顿(James Harrington)、法哲学家约翰·洛克(John Locke)做出重要贡献。哈林顿在其代表作《大洋国》(《大洋共和国》)一书中提出了法治共和国的模式构想,即以自由为最高价值准则、以法律为绝对统治国家体制;洛克被誉为西方自由主义和法治主义的奠基人,其法治主义不仅比哈林顿的法治共和国更为完善和成熟,而且有力地参与塑造英、美、法等国家的宪制模式,从而深深影响了这些国家从传统社会走向现代社会的进程,时至今日,洛克的法治思想仍然闪耀着不朽的光芒。①

当然,根据学术史的梳理,人们现在所使用的"法治国家"一词是一个舶来品,先由德国传入日本,再由日本传入中国,其发展演变经历了一段曲折复杂的历史过程。② 学者们普遍认为,我们当前使用的"法治国家"一词起源于德国的 Rechtsstaat,是一个地地道道的德国法概念。德国著名学者劳伦斯·冯·斯坦因(Lorenz von Stein)曾经指出,Rechtsstaat 一词独属于德国创造。③ 我国台湾地区著名公法学家陈新民教授也指出,法治国

---

① 参见王人博、程燎原:《法治论》,山东人民出版社 1998 年版,第 21、27 页。
② 明治初期,日本大规模地引入英、美、法三国的宪制法律书籍,以此三国为代表的西方法治思想开始渗入日本社会。在明治政府决定采取德国宪制后,德国的"法治国"(Rechtsstaat)思想被大规模地引入日本,"法治国""法治主义"等译词相继确立。此后,"法治国"取代了英、美、法国家的法治理念,成为日本社会尤其是公法学界对"法治"的标准解读。参见胡娟:《德国"法治国"思想在近代日本——以 20 世纪初民权学派与官僚学派的论争为中心》,载《中国政法大学学报》2008 年第 1 期。
③ Gustavo Gozzi, Rechtsstaat and Individual Rights in German Constitutional History, in: Costa P., Zolo D. (eds), *The Rule of Law History, Theory and Criticism*, Dordrecht: Springer, 2007, p. 237.

(Rechtsstaat)一词,不论在法学界或社会中,早已成为一个共通的名词。此名词乃是一个标准的德语产物,既不是由英文翻译而来,也不是源自法文——虽然法国的宪政国家与法治国家颇有相通之处。①

德文 Rechtsstaat 一词产生的时间,最早可以追溯到 18 世纪末。一般认为,Rechtsstaat 第一次被哲学家普拉西度斯(J. W. Placidus)所使用,其在 1798 年出版的《国家学文献》一书使用 Recht-sstaat——当时中间还加有连字符"-",将"法与国家"结合在一起,并从法律制度角度探讨国家问题。普拉西度斯是德国早期自由主义思想家康德的追随者,明确引述并支持康德的国家观是"一群人在法律下的结合",反对一般国家学偏向神学或君主意志的解释,而将国家学说的目的与核心定位于国家与法律的联系上,试图通过法律来界定公民个人与公民个人的政治集合——国家的关系,认为国家的首要或根本目的是保证公民的人权或最大限度的自由。当然,他本人当时并没有料到创造该词后来在法治发展史中具有如此重要意义。

继普拉西度斯之后,德国学者米勒(Adam Müller)在其 1809 年出版的《国政艺术之要素》一书中,第一次完整地表达了"Rechtsstaat"(去掉了中间连字符"-")一词的内涵。当然,米勒表述的是另外一种不同的意思,书中他在解释国家司法部长的地位时,将其说成"法治国的代表"(Repärsentanten des Rechtsstaates)。在这里,"法治国的代表"之"法治国"Rechtsstaat 的第二个组成部分 Staat 不再表示国家,而是接近"状态"或"事务"的意思,也意味司法部长只是负责处理国家"法律事务的代表人"而已,即法律或司法事务的代表。总体上,"在 19 世纪初叶,法治国家(即 Rechtsstaat)的理论构想,得到了有系统的发挥,并且同宪法制度的理想一道,成了新的自由主义运动的主要宗旨"②。

在接近今人理解的"法治国"意义上而使用 Rechtsstaat 一词的,应该

---

① 参见陈新民:《法治国公法学原理与实践》(中),中国政法大学出版社 2007 年版,第 52 页。
② 〔英〕弗里德里希·奥古斯特·冯·哈耶克:《自由宪章》,杨玉生等译,中国社会科学出版社 2012 年版,第 310—312 页。

是自由主义法学家魏克尔（Carl Theodor Welcker，1790—1869）。[①] 1812年，他的著作《法、国家和刑罚的终极理由》出版，书的第二篇篇名使用了"法治国"一词，即"客观理性法和法治国的根据"。在书中，魏克尔强调实证法律的重要性，并依人的成长要经历童年、青年和成年规律，以历史学的眼光将国家划分为专制——神权——法治国三种类型。法治国即理性之国，是基于理性且为人类发展到最高层次的国家。魏克尔对宣扬法治国概念的贡献，不仅是文中法治国的名词触目可及，且对法治国虽主要是采行"形式意义"的认定——依法律而治，但其对国家任务的重视及价值判断，已接近实质意义的认定。[②] 到19世纪中叶，德国Rechtsstaat发展基本成熟并广泛传播，对整个欧洲尤其是意大利以及法兰西第三共和国的公法产生了深远影响。

由于普拉西度斯、米勒等人对Rechtsstaat的使用、阐释，开风气之先，法治国一词逐渐为人们广泛接受并沿用至今。但今人为了避免将法治国误解为一种国家形式，喜欢使用"Rechtsstaatlichkeit"（法治）或"Herrschaft des Rechts"（法律的统治）这种用语，它们更能准确地传达国家应受法律的规范与限制这个法治国最基本的含义。而所谓国家形式的理论要回答的是：谁是国家权力的载体或承担着这个政治统治形式问题？这也就意味着，法治国或法治可以与不同的国家形式——或是一个人掌权的专制（Monrochie），或是少数人共治的贵族制（Aristokratie），或是依据多数原则建立的民主制（Demokratie）——联姻。但是，为了标明传统，德国学者使用最多的还是Rechtsstaat一语。[③] 可见，法治国概念产生和传播，离不开康德、洪堡、莫尔、施塔尔、施米特、福斯特霍夫等思想大师们的卓越贡献，正是他们的努力经200余年的发展，在德国终于形成了关于"法治国"的

[①] 根据Danilo Zolo的研究，第一个使用Rechtsstaat一词的是Robert von Mohl，他在1830年出版的论文Die Polizeiwissenschaft nach den Grundsätzen des Rechtsstaates中认为，个人自由是国家行为的核心目的。See Danilo Zolo, The Rule of Law: A Critical Reappraisal, in: Costa P., Zolo D. (eds), *The Rule of Law History, Theory and Criticism*, Dordrecht: Springer, 2007, p. 1.

[②] 参见陈新民：《法治国公法学原理与实践》（中），中国政法大学出版社2007年版，第60页。

[③] 参见郑永流：《德国"法治国"思想和制度的起源与变迁》，载《公法》（第二卷），法律出版社2000年版，第40—41页。

理论体系和学说。

"法治国"(Rechtsstaat)产生于德国,是否意味着"法治国"是世界上仅存的专属于德国的概念呢?还是其他国家也存在着相似或相同类型的"法治国"概念?这是一个颇有争议的语义问题。众所周知,与以德国为代表的大陆法系不同,在以英美国家为代表的普通法系中也存在着"法治"(rule of law)概念。从英国缘起的法治概念,与起源于德国的"法治国"概念一样,对人类历史产生了深远影响。尤其是第二次世界大战之后,英美国家宪法与法治不断输出,几乎波及全世界,对世界各国以及国际社会产生了深远影响。不过也有观点认为,德国"法治国"思想与实践对西方之外的世界产生过广泛而深刻的影响,在许多地方甚至超过了起源于英美的"法治"影响。但是,随着第二次世界大战德国失败后,德国法律及其理论在不同程度上受到来自英美国家法治(rule of law)诸多方面的挑战也是事实。

众所周知,英国是现代法治(rule of law)的发源地,书写了近代法治的最初篇章,成为近代以来世界各国主要模仿与学习的对象。英国人用来反映法治思想的英文词汇最初为"isonomy",以描述对所有的人都平等的法律状况以及行政官员的责任状况,由"isonomia"翻译使用而来,意思是"法律对各种各样的人的平等性",即在法律面前一律平等。[①] 此后,英国人又创立了一系列用来表达法治思想的英文词汇,如"equality before the law"(法律面前平等)、"government of law"(法治国家)、"government under law"(依据法律统治)、"Lex, Rex"(法律即王)、"the empire of law"(法律帝国)、"the supremacy of law"(法律至上),等等。但就影响最大、使用最广的而言,应属"rule of law"(法治)。

事实上,英国的法治(rule of law)的产生,比德国的法治国(Rechtsstaat)早200余年。在英国,法治(rule of law)一词和法治原则的最初确认,最早可以追溯到1610年。其时,针对詹姆斯一世颁布的一些

[①] "isonomy"直接来源于意大利语"isonomia",于18世纪末从意大利被介绍到英国。参见〔英〕弗里德里希·奥古斯特·冯·哈耶克:《自由宪章》,杨玉生等译,中国社会科学出版社2012年版,第239—245页。

不合理规定，英国下议院提出了《控诉请愿书》(The Petition of Grievances)，明确指出："在处于您尊贵的祖先、国王们和女王们治下的您阁下的臣民所享有的诸多其他幸福和自由中，在他们看来，没有什么比受确定的法治(certain rule of law)的引导和统治，而不受任何不确定的或专断的统治形式奴役更为珍贵。"① 在这里，rule of law 正式提出，并且与"不确定的""专断的"等表述相对应起来，以显示出其内在涵义。

需要指出的是，尽管英国"法治"(rule of law)产生的时间较早，但是真正开始被大家接受和熟悉的时间，应该是在 19 世纪后期，准确地说是《英宪精义》(也译《英国宪法学导论》)1885 年出版之后。在英国法治思想史上，该书作者戴雪(Albert Venn Dicey)是第一位对法治理论作出系统总结的学者。在书中，戴雪认为法律的统治(rule or supremacy of law)是自诺曼征服以来英国政治制度的两个基本原则之一（另一个是议会至上）。后来，戴雪的论著经几代人不断阅读与推广，以至法治(rule of law)成为法学的核心概念，被法学学习者所熟稔。

（二）代表性观点的评述

从学术史和思想渊源来看，无论是德国的"法治国"，还是英国的"法治"，都受古希腊、古罗马影响颇大，法治的用语都直接源于亚里士多德提出的"法治应当优于一人之治"② 的精辟论断，西方法律文化之间也存在着天然的联系。但是，由于各国政治、社会、文化等发展历史不同，必然导致法治思想继承与发展的不同轨迹，以及不同时期学者的不同表述，也就产生了德国"法治国"(Rechtsstaat)与英国的"法治"(rule of law)之间的异同争论。在我国学术界的讨论中，我国台湾地区的陈新民先生将其归类分为异质说与同质说两大观点，以下分述。

1. 异质说。 坚持这一观点的代表人物是德国著名公法学者克理勒(Martin Kriele)教授，他通过比较研究德国法治国的概念发展后，认为德

---

① 郑永流：《法治四章——英德渊源、国际标准和中国问题》，中国政法大学出版社 2002 年版，第 3 页。

② 〔古希腊〕亚里士多德：《政治学》，吴寿彭译，商务印书馆 2009 年版，第 171 页。

国实质意义法治国概念是将形式意义法治国观念融合兼并、取其长,例如保障人权及法律保留后再加以权力分立与法官独立等制度而形成一种包容性的法治国概念。同时,基于英、德两国法治主义概念的发展史,克理勒指出,英国的法治与德国的法治国概念,不仅在实质层面,在思想层面也存在着明显的不同。德国法治国的概念与英国的法治,无异为两个完全不同的制度。①

中国持异质说的学者大有人在,认为与法治不同,法治国思想的基本主张是最高立法者,不论是专制君主、独裁者,或是民选的立法机关完全不受任何一种更高一级法律的束缚。统治者的权力可以受到法律的限制,但是立法者在认为适当的时候可以变更法律。可以预见,在法治国下,统治者可以轻而易举地通过手中握有的任意修改法律的权力来逃避法律的约束。一个法治国可能是一个法制高度完备的国家,但不是一个法治的国家。法治国,就其德文本意及康德的解释而言,指的是有法可依、依法治国的国家,或者说一个有法制的国家。有学者由此提出,传统德文文献中的"法治国"与现代英语文献中所论述的"法治"有相当的差距,后者更受到当今国际学术界的重视和推崇,从法治国到法治是一种历史的进步。②

仔细考察便可发现,德语文献中的法治国的实质含义是"依法而治"或法制国,而不是现代普遍意义上实行法治的国家。它带有实证主义法哲学的意味,直到第二次世界大战结束之前,欧洲大陆司法传统一直不承认最高立法者应受更高级法律的约束,因此其本义虽承认国家的权力应受法律的限制,却认为立法者可以根据自己的需要任意修改法律。德语文献中的法治国(Rechtsstaat)有时候也类似于美国老话中"纸面上的法律"的统治,与现代法治理论相去较远。③ 毫无疑问,德国法治国构成了与普通法法治鼎足而立的另一种法治传统,代表着迥异于英美的以建构理性为基础的另一种理性化治理方式。然而,国内学界在论及西方法治传

---

① 参见陈新民:《德国公法学基础理论》(上册),山东人民出版社2001年版,第95—96页。
② 参见卓泽渊:《法政治学》,法律出版社2005年版,第136—137页。
③ 参见顾肃:《理想国以后:政治哲学与法学论札》,江苏人民出版社2006年版,第79页。

统时,却时常不加区别地将两者混为一谈。①

中文"法治国"一词,若对应外文,应是德语的"Rechtsstaat";英语的"rule of law"译成中文则是"法治"。德语和英语世界的学人都熟知二者有别。但在中文语境中,由于两个译名当中均有"治"字,因此引发理解困难,且需费力区辨。虽然从历史和观念的角度进行区辨非常重要,但若能调整译名的用词,其实就已经能在很大程度上突出两词的重点,显明二者的区别。具体来说,德语的"Rechtsstaat"若能译作"法制国",英语的"rule of law"译成"法治国",则二者区别立现:德国的"法制国"原则重在"制约",即以"法"制约"国"。就此而言,"国"仍是主导,"法"并未获得高于"国"的地位。相反,普通法传统下的"法治"原则强调"统治",即以"法"统治"国"。就此而言,"法"是主导,"国"处于"法"之下。②

2. 同质说。英国学者麦克科米克(Neil Maccormick)经研究分析后,获得两个概念同构型的结论。他指出,英、德两国确实在法治发展史上客观历史环境不同,但不能因此否认两个概念在本质及其目的上的相同。基本上,两个概念都要求对于国家权力(包括行政、立法、司法三权)行使的方式,而非内容为其对象,也就是求理想的法律形式而非理想的法律内容。另外,两者在道德价值观方面亦无不同。英国的法治援引洛克的见解,希望将政府的权限纳入法律之中来防止权力滥用,这也正是德国法治国概念最核心的理论,亦即行政与司法的合法性,使国家权力变得可预测。同时,英国学者逐渐形成共识,国家的法律秩序不能仅靠规范,而需依据一些原则来建立规范的正当性,这些法规的原则必须靠所谓的时代精神来解释,这些时代精神可概称为政治价值的精神,包括目的性原则、比例原则等。因此,法治的概念也必须衍生出其他的制度,例如法律的普遍拘束性、持续性、公开性与禁止溯及既往所生之可预测性。可以说,英国的法治观与德国现行的法治国概念并无本质以及价值理念上的差异。③

国内也有不少学者持这样的观点。他们认为,法治(rule of law),即法

---

① 参见劳东燕:《自由的危机:德国"法治国"的内在机理与运作逻辑——兼论与普通法法治的差异》,载《北大法律评论》2005年第1期。
② 参见刘刚:《德国"法治国"的历史由来》,载《交大法学》2014年第4期。
③ 参见陈新民:《德国公法学基础理论》(上册),山东人民出版社2001年版,第96—97页。

的统治,起源于英国,不仅强调规则的普遍实施,而且突出法的正义性品格,强调对权力的限制和对权利的保护。法治国(Rechtsstaat)是一个起源于德国的概念,是把法治原则和民族国家结合起来而形成的概念。在基本内涵上,法治国和法治一致。但在德国,法治国概念有时被歪曲为法律仅仅是强者的意志,这样法律就有可能沦落为仅仅是一种专制工具。[①]

有学者指出,欧陆法学家早已将英美的"法治"纳入"法治国"或"法治国家"的概念之内,我们没有必要把欧陆法学家都已经抛弃了的第二次世界大战结束前的"法治国"或"法治国家"概念重新找出来,与新的符合法治精神的"法治国"或"法治国家"进行比较、区辨。"法治国家或法治国,是指国家法治化的状态或者法治化的国家,是法治在国家领域内和国家意义上的现实化。法治包含法治国家和法治社会在内,法治国家与法治社会是法治发展的相互连接的两个阶段,它们都是法治的构成部分。"[②]很显然,不去面对德国历史中的"法治国",而是直接赋予法治国以法治的含义,可以避免那段痛苦的历史回忆。

以上两种观点至今中国法学界仍在讨论、争鸣着,谁是谁非没有定论。两种观点的主要分歧在于,异质论者对德国的法治国认定只具形式意义,而英国的法治与实质正义相连;同质论者则没有作这样的区分。事实上,无论是德国的法治国还是英国的法治理论,都是非常复杂的,不同时期、不同学者对两者都有不同的认识与论述,人们既可以对德国的法治国(Rechtsstaat)也可以对英国的法治(rule of law)作出形式与实质的区别。那种简单地在语言上将法治国仅与形式法治国相连,而将正义归于法治(rule of law)的私藏品,是不符合历史事实与法治理论的,因为在莱兹(Rax)、富勒(Fuller)笔下的法治看不到什么实质的内容,而波恩的法治国则是形式与实质的统一,其实践性是显而易见的。[③]

国家是通过法律组织得以维持和存续的,它有义务去消除存在于人

---

① 参见沈国明等:《全面推进依法治国》,上海人民出版社2015年版,第18页。
② 卓泽渊:《法政治学》,法律出版社2005年版,第139页。
③ 参见郑永流:《法治四章——英德渊源、国际标准和中国问题》,中国政法大学出版社2002年版,第159页。

类初始时期存在的相互之间的暴力残害。① 笔者认为,虽然德国的"法治国"与英国的"法治"概念表述不同、历史演变轨迹不同、国家权力制约与基本权利保护机制不同,但不可否认两者之间在许多方面存在相通之处,尤其是第二次世界大战以后,随着欧洲国家之间的交往融合,两者之间的相通之处越来越多,其法治精髓几乎可以融为一体。而中国很多学者经常把"法治国"与"法治"不加区别地使用,不管是有意还是无意,都隐约体现出了两者之间的共谋。西方学者早就注意到了德国法治国与英国法治之间存在的巨大差异,但是他们同时也承认,当上升到政治哲学和价值基础高度时,这些差异也就逐渐减少以至不再存在。正如西方学者在评论法治国与法治之间的差别时所指出:"毫无疑问,这两个概念之间有着莫大的相似性;两个概念都对相似的问题提供相似的答案。每个概念的起点,都是探索人们如何受法律统治,以及如何抵制受专制权力的摆布。"②

事实上,在大量政治结构与法律制度方面,也具有实质的相似性。因此,对这些具有外在性、多样性的法治历史经验在理论框架内进行统一,也具有合理性,也可以为法治提供一个统一的概念。③ 为了论述上的严谨性和减少歧义,可以把法治国与法治简化为两个等同的概念,把法治国看作是实现了法治的现代国家,法治则是法治国的本质体现,而把传统意义上的依法治国看作是法制国或法律国家。所以,我们在区分两者差异的前提下,注重对两者之间进行概念上的沟通,试图在整体意义上构建出法治国(法治)的含义及其特征图景,并且在此基础上对法治国生成逻辑进行阐释、讨论。④

---

① 参见〔古罗马〕西塞罗:《论共和国 论法律》,王焕生译,中国政法大学出版社1997年版,第6页。

② N. W. Barber, The Rechtsstaat and the Rule of Law, *The University of Toronto Law Journal*, Vol. 53, No. 4(2003).

③ See Danilo Zolo, The Rule of Law: A Critical Reappraisal, in: Costa P., Zolo D. (eds), *The Rule of Law History, Theory and Criticism*, Dordrecht: Springer, 2007, p. 19.

④ 文中多数使用"法治国"一词的表述,除非前面已加了一定限制性修饰语,如德国、英国之外,并不表示纯粹意义上的 Rechtsstaat,也不表示纯粹意义上的 rule of law,而是在某种程度上表述二者之间的取舍与融合。因为在笔者看来,法治国在很大程度上还只是一个理论构建概念,在现实政治社会中也没有完全的实践图景。正如哈贝马斯所言:"法治国在总体上显得不是一个已完成的产品,而像一个易生病的、易犯糊涂的计划,这个计划着眼在一个变幻莫测的形势下,一个合理的法律秩序应被维护、被更新、被扩展,或者干脆重新设计。"转引自郑永流:《法治四章——英德渊源、国际标准和中国问题》,中国政法大学出版社2002年版,第152页。

二、法治国家本质与基本特征

不可否认,法治国家是当今世界各国法政学者使用最为流行的语词之一,然而对其含义的界定仍然没有取得一致性观点。法治国家歧义丛生,争议纷纭,甚至有学者认为,寻求一个在词义与观念中立意义上一致的法治国家概念,是一种天真幼稚的想法。[①] 不仅西方资本主义国家使用法治国一词,社会主义国家也普遍使用,即使是法西斯国家也曾声称,他们的政治体制为法治国家。因此,从经验主义认识论出发,很难为法治国家(具体法治)给出一个统一的定义,因为不同国家有着不同的法治发展历程,形成了各自不同的法治理论与制度。即使如此,我们也无法否定,超然于英国、美国或德国等国家的法治经验,存在着抽象意义上的法治国家概念,形成所谓建构主义的法治国家概念。建构主义的法治概念,为学者留下了大量的选择与裁量空间,使得法治国家成为一种理想图景或欲达目标。

因为即使在普通法法系中,美国自独立战争以来的两百多年里,法律经历了独特的发展过程,在许多方面已经把英国的模式抛在一边。与英国不同,美国具有成文宪法,它规定了美国的联邦制结构并对基本的权利加以列举,对于这些权利,立法机构、司法机构和行政机构都不得侵犯。不过,其他因素如国家创始人特定的政治思想,因种族、宗教和文化的差异而带来的人口构成上的多样性、广大的领土以及作为其中最重要因素的美国社会和经济发展的全部惊人的活力,所有这一切都促使美国法设计了自己的各种方法和解决办法。[②]

关于法治国家基本特征,即法治国家以什么特征与非法治国家相区别,中外学者已进行过大量的思考探索。英国著名宪法学家戴雪把法治国家总结为三大特征:一是普通法的至上性;二是法律面前人人平等;三

[①] See Danilo Zolo, The Rule of Law: A Critical Reappraisal, in: Costa P., Zolo D. (eds), *The Rule of Law History, Theory and Criticism*, Dordrecht: Springer, 2007, p.5.

[②] 参见〔德〕K. 茨威格特、H. 克茨:《比较法总论》,潘汉典等译,法律出版社2003年版,第352页。

是宪法权利源于法院和议院所确认的个人权利。① 很明显,戴雪的法治国家特征是对英国法治经验的总结,具有明显的地方性。与国家法治进程同步,国内学者曾较早概括"法治国家的标志"的学术观点:实行民主政治;"法律之治"必须是"良法之治";法律具有至高无上的权威;司法独立和司法公正;法治国家必须建设现代法律文化,提高法学理论水平,强化公民的法律意识。②

有学者提出,法治国家应具有八个特征——民主完善:法治国家的政治前提;人权保障:法治国家的显著标志;法律至上:法治国家的理性原则;法制完备:法治国家的形式要件;司法公正:法治国家的基本要求;权力制约:法治国家的切实保证;依法行政:法治国家的重要标志;权利本位:法治国家的明显特征。③ 也有学者提出十条标准:法制完备、主权在民、人权保障、权力制衡、法律平等、法律至上、依法行政、司法独立、程序正当、党要守法。④ 应该说,这些提炼较为全面地总结概括了法治国家的本质要求,但如果仔细斟酌,这些内容与其说是法治国家的基本特征,不如说是法治国家构成的基本要素。

另有学者提出,法治本质特征是最高治权归于"公民全体",认为法治观念的深层本质在于法律必须表达全体社会成员的共同意志,必须是集体智慧的结晶。之所以如此,是因为法治是与人治不同的政治体制,在法治体制里,国家不是由个别人当家做主,而是由"人民"当家做主。只有如此,法律才具有至上的地位和得到人们的普遍遵守。⑤ 从政治角度总结法治国家的基本特征,深入挖掘法治本质,具有一定理论深度。但是,这种过于偏重政治的视角,使得法治的本质特征淹没在了政治的大海之中,最终只见政治不见法治了。从某种意义上来说,这里所论的与其说是"法

---

① See A. V. Dicey, *Introduction to the Study of the Law of the Constitution*, 10th edition, New York: St. Martin's Press, 1976, p. 202.
② 参见程燎原:《从法制到法治》,法律出版社 1999 年版,第 288—290 页。
③ 参见卓泽渊:《法政治学》,法律出版社 2005 年版,第 152—175 页。
④ 参见李步云:《马克思主义法学与社会主义法治国家——法治国家的十条标准》,载《中共中央党校学报》2008 年第 1 期。
⑤ 参见严存生:《法治的观念与体制——法治国家与政党政治》,商务印书馆 2013 年版,第 4 页。

治",不如说是"民主共和"。笔者认为,近代以来的民主共和的本质特征是解决治权(主权)的归属问题,而法治更多的是解决治权(主权)行使以及制约的问题。即使在君主制国家(主权属于君主),同样可以实现法治,但是不能说这样的国家是民主共和制。

"毋庸置疑,法治的精髓在于,在对公民采取行动的时候(比如将其投入监狱或者宣布他据以主张其财产权的一份契据无效),政府将忠实地适用规则,这些规则是作为公民应当遵循、并且对他的权利和义务有决定作用的规则而事先公布的。如果法治不意味着这个,它就没有什么意思。忠实地适用规则转而又意味着规则必须采取一般性宣告的形式。"[①]基于学界对法治国家基本特征的既有认识,汲取人类法治思想智慧,我们从法律至上、法律正义、权力制约、人权保障四个方面,梳理、概括法治国家的基本特征,试图为深入探讨法治国家本质提供一管之见。

(一)法律至上

所谓法律至上,是指法律具有至高无上的权威,任何人、组织都不得凌驾于宪法和法律之上,享有超越于宪法和法律之上的法外特权。"君臣上下贵贱皆从法,此谓为大治。"[②]法律至上性是法治国家的核心,是法治国家的本质所在,也可以说是法治国家的同义语。[③] 法治国家的本质是法律统治的国家,如果法律至上不能成为现实,也就没有法治国家可言。法律的至高无上性是法治国家第一本质特征。"法律至上是法治的灵魂,它不但是法治区别于人治的根本标志,而且是法治的首要条件。"[④]我国《宪法》第5条明确规定:"中华人民共和国实行依法治国,建设社会主义法治国家。国家维护社会主义法制的统一和尊严。一切法律、行政法规和地方性法规都不得同宪法相抵触。一切国家机关和武装力量、各政党和各

---

① 〔美〕富勒:《法律的道德性》,郑戈译,商务印书馆2009年版,第210页。
② 《管子·任法》。
③ 如在德国,有些学者认为法律不可能高于国家,国家具有至高性,否则就会返回到自然法状态。具体参见 Gustav Radbruch, Rechtsphilosophie, Stuttgart, 1956, p. 284.
④ 谢维雁:《论法律至上》,载《四川师范大学学报(社会科学版)》1999年第1期。

社会团体、各企业事业组织都必须遵守宪法和法律。一切违反宪法和法律的行为,必须予以追究。任何组织或者个人都不得有超越宪法和法律的特权。"这是法律至上在中国特色社会主义法治建设中的充分彰显。

"在自由国家里,主宰一切的是法律而不是统治者,法律应当受到公民的尊重,即使在特定的情况下法律于他不利。自由和法治是良好政体的两个相辅相成的方面。"[①]因此,法律至上是人民主权的必然要求,在真正的法治国家中,法律是人民意志的集中体现,主张法律至上即是主张人民意志至上,最终实现人民主权;法律至上是客观规律的必然,法律是客观规律的反映,承认法律至高无上的权威,便是承认和尊重客观规律;规范性、普遍性、强制性是法律的本质特征,这些特征要求法律得到社会公众的普遍服从即法律至上。法律至上意味着,法律是其他社会系统的价值标准,成为评判人们行为的最高准则;法律至上也意味着,法律比其他行为规范具有更高的约束力,如执政党的政策、行政命令以及社会伦理、道德规范等都应严格在法律规定范围内加以践行。

法律至上反对权力至上,是对权力至上的坚决否定。法治的基本要求是法律至上,宪法法律必须成为最高权威,任何权力都要受到有效限制和约束。权力与法律是对立统一的矛盾体:一方面,法律出自权力,法律的制定与执行无不需要权力作为最终的保障、后盾;另一方面,权力出自法律,权力是法律的规定授权,没有法律便没有权力。可见,法律依赖权力,同时法律控制权力,两者共同作用于法治发展的整个过程之中,推动法治不断向前发展。法律至上适用于所有组织和个人,但其核心思想与基本精神是反对权力至上、权大于法。历史表明,在任何社会里,影响法律权威的主要障碍是掌握国家权力的人往往不愿意也不习惯按法律办事,他们总是不喜欢用法律来束缚自己的手脚,这有人性与权力具有脆弱性和容易异化的深刻根源。

法律至上反对道德至上,是对道德至上的矫正。"虽然在有组织的社

---

① 〔美〕乔治·霍兰·萨拜因:《政治学说史》(上册),盛葵阳、崔妙因译,商务印书馆1986年版,第39页。

会的历史上,法律作为人际关系的调节器一直发挥着巨大的和决定性的作用,但在任何这样的社会中,仅仅依凭法律这一社会控制力量显然是不够的。实际上,还存在一些能够指导或引导人们行为的其他工具,这些工具是在实现社会目标的过程中用以补充或部分替代法律手段的。这些工具包括权力、行政、道德和习惯。""道德的目的,从其社会意义上来看,就是要通过减小过分自私的影响范围、减少对他人的有害行为、消除两败俱伤的争斗以及社会生活中其他潜在的分裂力量而加强社会和谐。"①因此,法治国家道德即德治的社会教化作用无疑具有重要意义。因为世界上没有任何一个国家,任何一个国家中也没有任何一个人会完全没有道德感,没有一个人会从来不对习俗和行为表示赞许或憎恶,这些情绪在我们的天性和性情中是那样根深蒂固。② 这是源自人本质的人性的光辉与力量,因为"人类不好单一和孤独,而是在它产生于世后,即使万物丰裕,也不……""人们互相联合起来是因为人的天性不好孤独,而是喜好共处和联盟"③。回眸中华文明传承道德五千年,我们很难想象,在一个没有道德滋养而只有法条的国度,其社会生活的内容和状况将是何景象。

法律与道德的关系一直是法学理论的难题,古今中外思想家们争鸣不断。法律与道德的关系主要表现在:一方面,道德是法律的基础,一般而言,违反了法律也即违反了道德;另一方面,道德与法律具有相对独立性,是两个相互联系而又相互独立的社会规范体系。"法律调整人们的外部关系,而道德则支配人们的内心生活和动机。""道德是自律的(产生于人的内心),而法律则是他律的(从外界强加于人的)。"④法律至上并不否定道德作用,法律至上与充分发挥道德作用并不矛盾。对个体而言,法律至上要求在道德与法律发生冲突时,必须依照法律判断作出行为;对国家而言,良法善治必然要求法律的制定与实施立足社会道德基础。德法共

---

① 〔美〕E. 博登海默:《法理学:法律哲学与法律方法》,邓正来译,中国政法大学出版社 2004 年版,第 369、387 页。

② See David Hume, *A Treatise of Human Nature*, Oxford: Clarendon Press, 1896, p.474.

③ 〔古罗马〕西塞罗:《论共和国 论法律》,王焕生译,中国政法大学出版社 1997 年版,第 39、40 页。

④ 〔美〕E. 博登海默:《法理学:法律哲学与法律方法》,邓正来译,中国政法大学出版社 2004 年版,第 387、388 页。

治是中国古代治国理政的成功经验,也是中华传统法文化的精髓,坚持依法治国和以德治国相结合是中国特色社会主义法治的鲜明标识。我国《宪法》第 24 条规定,国家倡导社会主义核心价值观,提倡爱祖国、爱人民、爱劳动、爱科学、爱社会主义的公德。

德国著名法学家萨维尼指出:"法服务于道德,但服务的方式并非执行道德的诫命,而是保障内在于所有人意志中的道德力量的自由展开。但法的存在是独立的,由此,如果在个别情形中有可能出现实际存在之权利的不道德行驶,那么这里并不存在任何矛盾之处。"① 英国实证主义法学家约翰·奥斯丁认为,从广义的角度来看,法包括准确意义上的法,以及非准确意义上的法。奥斯丁将这些广义而言的法,相应地划分为如下四类:第一,神法或者上帝法,即上帝对人类设定的法;第二,实际存在的由人制定的法,即我们时常径直而且严格地使用"法"一词所指称的规则,这些规则构成了法哲学的真正对象,以及具体法理学的真正对象;第三,实际存在的社会道德,即实际存在的社会道德规则,或实际存在的社会伦理规则;第四,隐喻意义上的法,或者比喻意义上的法,即人们仅仅在隐喻或比喻的意义上使用"法"一词所指称的对象。毫无疑问,神法以及实际存在的由人制定的法,属于人们所说的准确意义上的法。②

总之,国家治理尽管需要借助多元规范的调整,如道德、习俗、宗教等,以形成国家治理下的多元秩序格局。但无论国家治理中所借助的多元规范也罢,经由多元规范调整所形成的多元秩序也罢,都是法律调整射程之内的事,而不是远在法律调整的射程之外。国家治理的基本使命就是依法治理,法律是国家治理的最高规范,也是对社会关系和其他社会规范具有全射程、全覆盖效力的规范;国家治理的最高秩序是法治秩序,其他社会规范所缔造的秩序,都是法治秩序的题中应有之义。唯有如此,才有所谓法治,才有所谓法治国家和法治社会,否则,法治只能被形形色色的其他治理所洞穿,法治大厦也难免因不当需要而被毁于蚁穴。③ "法治

---

① 〔德〕萨维尼:《当代罗马法体系Ⅰ》,朱虎译,中国法制出版社 2010 年版,第 257—258 页。
② 参见〔英〕约翰·奥斯丁:《法理学的范围》(中译本第二版),刘星译,北京大学出版社 2013 年版,第 1 页。
③ 参见谢晖:《法律至上与国家治理》,载《比较法研究》2020 年第 1 期。

的特殊地位并不意味着遵循它毫无道德的重要性。恰恰相反,遵守法治也是道德上的德性:当为使法律能够履行有用的社会功能成为必要时,它就成为一个道德要求。正如当造一把刀子是出于道德所要求时,制造刀子就具有了道德重要性。对法治来说,这意味着它在事实上总是具有伟大的道德价值。"①

(二) 法律正义

法治国家一定是以人的尊严为核心的正义国家。法律至上与法律正义统一蕴含于法治之中,法律至上解决的是法治形式问题,法律正义解决的是法治的实质问题。古希腊政治思想家柏拉图和亚里士多德都曾提出法律必须是良法,法律的执行必须符合自然法,必须符合公平正义的思想。"相应于城邦政体的好坏,法律也有好坏,或者是合乎正义或者是不合乎正义。"②"而法律的实际意义却应该是促成全邦人民都能进于正义和善德的[永久]制度。"③古罗马法学家西塞罗也指出:"阐释'法律'(Lex)这一术语本身可以清楚地看出,它包含有公正、正确地进行选择(Legere)的意思。""法律的制定是为了保障公民的福祉、国家的繁昌和人们的安宁而幸福的生活。"④法律正义在法治国家中占有重要地位,可以设想,如果人们所普遍遵守的法律本身是非正义的恶法,自然这样至高无上的法律则只会助桀为虐,这就与法治国家的要求背道而驰。因此,《法学总论》开宗明义,第一卷第一篇即"正义和法律":法学"是关于正义和非正义的科学";"正义是给予每个人他应得的部分的这种坚定而恒久的愿望";"法律的基本原则是:为人诚实,不损害别人,给予每个人他应得的部分"。⑤

亚里士多德认为,"城邦不仅为生活而存在,实在应该为优良的生活而存在";"政治团体的存在并不由于社会生活,而是为了美善的行为"。

---

① 〔英〕约瑟夫·莱兹:《法治及其德性》,郑强译,载《公法》(第二卷),法律出版社 2000 年版,第 101 页。
② 〔古希腊〕亚里士多德:《政治学》,吴寿彭译,商务印书馆 1965 年版,第 148 页。
③ 同上书,第 138 页。
④ 〔古罗马〕西塞罗:《论共和国 论法律》,王焕生译,中国政法大学出版社 1997 年版,第 219 页。
⑤ 参见〔罗马〕查士丁尼:《法学总论——法学阶梯》,张企泰译,商务印书馆 1989 年版,第 5 页。

一切社会团体建立的目的都在于完成某种"善业",求得某种"善果";城邦建立的目的是为了达到最高而最广的"善业","必须以促进善德为目的",谋求至高而广泛之"善果"。城邦的善即正义,"正义以公共利益为依归","以城邦整个利益以及全体公民的共同善业为依据"。城邦以正义为原则,"最严格地遵守平等原则",具有民主精神的特征,国家以最高的善为目的。①卢梭指出:"事物之所以美好并且符合秩序,乃是由于事物的本性所使然而与人类的约定无关。一切正义都来自上帝,唯有上帝才是正义的根源;但是如果我们当真能在这种高度上接受正义的话,我们就既不需要政府,也不需要法律了。毫无疑问,存在着一种完全出自理性的普遍正义;但是要使这种正义能为我们所公认,它就必须是相互的。然而从人世来考察事物,则缺少了自然的制裁,正义的法则在人间便是虚幻的;当正直的人对一切人都遵守正义的法则,却没有人对他也遵守时,正义的法则就只不过造成了坏人的幸福和正直的人的不幸罢了。因此,就需要有约定和法律来把权利与义务结合在一起,并使正义能符合于它的目的。"②

正义是法律的首要价值,也是评判或检验法律优劣、良恶的标准。判断法律优劣、良恶的标准固然很多,不同时代、国家和不同的法律创制者,差不多都有自己的标准体系,但无论如何,正义总是这种标准体系中不可缺失的一个标准。当代美国著名哲学家、政治学家罗尔斯指出:"正义是社会制度的首要德性,正像真理是思想体系的首要德性一样。一种理论,无论它多么精致和简洁,只要它不真实,就必须加以拒绝或修正;同样,某些法律和制度,不管它们如何有效率和安排有序,只要它们不正义,就必须加以改造或废除。"③在法律中引入正义,便能促成良法、善法的产生;而在法律中摒弃正义,法律便会沦为恶法或劣法。恰如美国当代著名法理学家博登海默所言:"正是正义观念,把我们的注意力转到了作为规范大厦组成部分的规则、原则和标准的公正性与合理性之上。秩序,一如我们

---

① 参见〔古希腊〕亚里士多德:《政治学》,吴寿彭译,商务印书馆1965年版,第137—201页。
② 〔法〕卢梭:《社会契约论》,何兆武译,商务印书馆2009年版,第45页。
③ 〔美〕约翰·罗尔斯:《正义论》(修订版),何怀宏、何包钢、廖申白译,中国社会科学出版社2009年版,第4页。

所见,所侧重的乃是社会制度和法律制度的形式结构,而正义所关注的却是法律规范和制度性安排的内容、它们对人类的影响以及它们在增进人类幸福与文明建设方面的价值。"①

需要指出的是,正义是法治的基础,也是法治的目标,但对于什么是正义,却意见纷纭,这同时也是法治实践的难题。正义是一个抽象艰深、含义广泛、内容丰富的词汇,甚至有学者认为,正义是一个不可认识、不可解释的概念。奥地利法学家凯尔森指出:"常有一种讲法:的确有一个自然的、绝对善良的秩序,但却是先验的因而是不能理解的;的确有正义这样一种事物,但却是不能明确界说的。这种说法本身就是矛盾。事实上,这只是对一个痛苦事实的委婉说法,即正义是一个人的认识所不能接近的理想。"②古希腊哲学家柏拉图在《理想国》第一卷记述了智者们对什么是正义的深刻讨论:克法洛斯(Cephalus)认为,正义就是讲真话,欠债还钱(正义有益于接受者,归还他人的一切);玻勒马霍斯(Polemzrchus)发挥西蒙尼得的观点,认为"正义就是'把善给予友人,把恶给予敌人'";③罗尔斯长期专注社会正义问题,潜心构筑一种理想性质的正义理论,在《正义论》中熔铸了一个内容广泛而又精致细密的正义理论体系。

"总的说来,毫无疑问,正义在全世界各国人民之间基本是相同的,因为人性无论在什么地方差不多都是相同的,但是仍然不难看出,至少在正义的运用中,利益的原则会随着人们所过生活的不同而或多或少有所不同。因之,对某个国家的人说来是错误的事情,对另外一个国家的人说来可能是正确的。由于同样原因,一项法律原来也许是公正的,因为它有助于人们的交往,但随着条件的改变它就可能变成错误的。总之,检验法律和政治制度是否公正完全要看它们是否有益;只要它们能满足安全的需要并使相互交往变得更可靠和更容易,它们就符合公正一次的最明确的

---

① 〔美〕E.博登海默:《法理学:法律哲学与法律方法》,邓正来译,中国政法大学出版社2004年版,第261页。
② 〔奥〕凯尔森:《法与国家的一般理论》,沈宗灵译,中国大百科全书出版社1996年版,第13页。
③ 参见〔古希腊〕柏拉图:《理想国》,郭斌和、张竹明译,商务印书馆1986年版,第5—22页。

意义。"①

(三) 权力制约

任何法治国家的生成,都发端于对权力的担忧与有效控制即权力制约。"当权力意志在社会上表现出来时,它总是会同一个在重要性和力量上与其相当甚或超过它的组织原则——法律意志(the will to law)——相碰撞并受到这种原则的反击和限制。权力意志根植于支配他人并使他人受其影响和控制的欲望之中,而法律意志则源于人类反对权力冲动的倾向之中,即要求摆脱他人专断统治的欲望。法律制度最重要的意义之一,就是它可以被视为是一种限制和约束人们的权力欲的一个工具。在相当多的文明社会里,法律为防止压制性的权力(无论是私人权力还是政府权力)的扩张所作的努力已经取得了一定程度的成功,这种说法看来是颇有道理的。"②

法治在不断驯服权力的过程中产生。人类历史的演进充分证明,权力往往先于法治而存在。权力的产生至少有上万年历史,自从有了人类社会组织,也就开始有了权力。法治则是人类走向文明,在不断驯服权力的进程中发展起来的,即伴随人类生产力的进步,经济政治社会发展到一定程度之后,才有反抗、制约权力的思想与制度出现,故法治发展到今天也只有一千年左右的时间。只有人类能够有效地制约权力,法治国家才有了产生的可能,法治其他方面的发展才有空间。因此,法治国家以驯服权力、制约权力为其生成的逻辑起点。

"没有权力,便不可能存在任何家庭、市民社会、种族、整个人类,也不可能存在整个物质自然界和宇宙本身。须知即使是宇宙,也都服从于神明,大海、陆地听命于它,人类生活听从最高法律的命令。"③对权力的认

---

① 〔美〕乔治·霍兰·萨拜因:《政治学说史》(上册),盛葵阳、崔妙因译,商务印书馆1986年版,第39页。
② 〔美〕E.博登海默:《法理学:法律哲学与法律方法》,邓正来译,中国政法大学出版社2004年版,第377页。
③ 〔古罗马〕西塞罗:《论共和国 论法律》,王焕生译,中国政法大学出版社1997年版,第255页。

知,学界尚未达成统一的共识。丹尼斯指出:"权力一直是人人使用而无须适当定义的字眼。人们可以从不同的视角予以不同的回答:如从权力来源视角将权力解释为神的意志或人民公意等;从权力的功能视角将权力解释为强制力量、国家暴力等;从权力范围视角因政治权力与社会权力之不同而分别解释权力等。"同时,他从社会学角度对权力进行了界定,认为在社会科学文献中,虽然有几百种或许几千种社会权力定义,或一些人控制另一些人的权力定义,但只要合乎理智,就没有理由不尽量利用比较熟悉、比较简单的定义。因此,他主张采用稍加修改的罗素定义:权力是某些人对他人产生预期效果的能力,具体包括权力的有意性、权力的有效性、权力的潜在性、权力关系的单向性或非对称性、权力产生效果的性质等。在这里,丹尼斯运用哲学、伦理学、心理学和政治学理论,立足于当代实际的政治、社会及历史阶段,对权力作出了自己的解释。[①]

  权力研究存在于社会学、政治学、心理学等多个领域,在社会中有社会权力、在政治上有政治权力,但无论从何视角来定义权力,其中都会包含资源、优势、影响、支配、力量等核心要素。美国著名未来学家阿尔文·托夫勒在《权力的转移》中认为,权力是一种有目的地支配他人的力量,是由暴力、财富和知识三者构成的。最简单地体现权力的方式就是行使暴力,很显然,这是一种低质量的权力形式,它缺少灵活性,只能用于惩罚,并且风险很大。财富则不仅可以用于威胁和惩罚,还可用于奖赏,比暴力灵活得多。高质量的权力则来源于知识,它既可用于惩罚和奖励,也可用于劝说;它既能扩充武力和财富,也能减少达到某个目的所需的武力和财富的数量。所以,从最广泛的意义上来说,权力可以被界定为特定主体因为拥有一定的资源或者优势而能影响或支配他人的力量。

  我们在此所探讨的权力,主要是政治与法律层面上的国家权力,表现为国家因为拥有各种资源或优势对公民或社会组织而发生影响或支配的力量。国家权力是各种权力中最为重要、直接的权力,它以一国资源为基

[①] 参见〔美〕丹尼斯·朗:《权力论》,陆震纶、郑明哲译,中国社会科学出版社2001年版,第3页。

础,以国家强制性为保障,以控制和支配为手段,对一国内公民、社会组织等行为发生影响。国家权力以政府自身控制资源为前提,但是其并不以管控资源为最终目的,其最终目的是要控制和支配人——包括自然人,以及自然人组成的拟制的社会组织。因为权力最终建立在一种社会关系之上,而社会关系的基础必须是具有一定行为能力和意思能力的主体。由此不难发现,权力的本质是一种人与人的关系,而不是人与物的关系。

国家权力具有最高强制性和普遍性。国家权力的普遍性和最高强制性,意味着这种权力可以对社会或个人利益侵入得更为彻底、全面和顽强。强制力意味着如果对权力不服从,其后果将是被强制服从,或者是付出一定的代价。强制力的形式多种多样,既有看得见的军队、法庭、警察、监狱等国家暴力机器,也有看不见的其他方式,如被剥夺资格、社会舆论打压等等。所谓国家权力的最高强制性,是指在所有权力中以最具组织性、物质力量为强大保障的国家机器所实现的权力形态,权力主体拥有最大支配和左右权力所指向对象的可能性,而权力对象遭受意志压抑和利益损失处在最弱抵抗力之地位。例如,在现实生活中,国家权力往往打着合法性旗号任意侵害权力所指向对象的利益,而受国家权力侵害者很难寻找权利救济途径。因此,国家权力滥用造成的损害远远大于其他权力造成的损害,如司法领域的冤假错案。

国家权力具有扩张性与无限膨胀性属性。早在 1748 年,法国启蒙思想家孟德斯鸠就深刻阐释了对权力的独特认知:"一切有权力的人都容易滥用权力,这是万古不易的一条经验。有权力的人们使用权力一直到遇有界限的地方才休止。"[①]博登海默也指出:"不受制约的政治权力乃是世界上最具动力的、最肆无忌惮的力量之一,而且滥用这种权力的危险也是始终存在的。""一个被授予权力的人,总是面临着滥用权力的诱惑,面临着逾越正义和道德界线的诱惑。'人们可以把它比作附在权力上的一种咒语——它是不可抵抗的'。"[②]同时,国家权力具有腐蚀性、侵犯性属性。

[①] 〔法〕孟德斯鸠:《论法的精神》(上册),张雁深译,商务印书馆 1961 年版,第 154 页。
[②] 〔美〕E.博登海默:《法理学:法律哲学与法律方法》,邓正来译,中国政法大学出版社 2004 年版,第 376 页。

19世纪英国著名自由主义大师阿克顿一针见血地指出："权力使人腐败，绝对的权力绝对使人腐败。"①在阿克顿看来，任何绝对权力，不管是世俗的还是宗教的，不管是君主的还是人民的，都是一种堕落的、无耻的和腐败的力量。衡量任何一个政府具备不具备合法性的唯一尺度，就是看它的权力是否受到有效的限制，一个拥有绝对权力的政府是不具有合法性的。

国家权力的上述属性决定了权力必须受到制约，否则国家、社会、个人无法存在。所以，把权力关进"笼子里"，一直是人类的伟大梦想，而这一梦想只有在法治国家才能得以实现。"法律的基本作用之一乃是约束和限制权力，而不论这种权力是私人权力还是政府权力。在法律统治的地方，权力的自由行驶受到了规则的阻碍，这些规则迫使掌权者按一定的行为方式行事。"人类法治进步，法律有效制约权力，是法治国家生成的逻辑起点。但是，法律制约权力也面临着一对难以消解的矛盾：一方面权力需要法律制约，另一方面法律源自权力。法律制约权力，意味着权力在法律之下，法律在权力之上，权力必须听从法律的安排，依据法律行使；法律源自权力，则意味着权力在法律之上，法律在权力之下，法依权出，法随权动，听从权力安排，依权制定法律，法律的实施有赖于权力作为最后的保障，这就是权力制约的悖论。"例如，与封建时代彻底决裂的《拿破仑法典》，如果没有一个强有力的行政官施加压力，是否能被制定成法律，是颇值得怀疑的。"

"我们很难否认这样一个事实，即权力意志不论在个人生活还是在社会生活中经常都是一种强大的驱动力。在个人生活中，权力欲具有多种表现形式，这取决于有关个人的特有品质；它可能着力于获得政治和社会影响，获得金钱和财富，或征服女性。在社会生活中，群体间、阶级间及国家间为权力和支配权力所进行的斗争，乃是历史舞台上许许多多具有决定性事件的根源。在我们这个时代，权力在国际关系中的作用就得到了

---

① 〔英〕阿克顿：《自由与权力》，侯健、范亚峰译，商务印书馆2001年版，第342页。

较为充分的体现。"①很自然,法治国家离不开国家权力,没有国家权力的保障,无政府主义、民粹主义必将横行,社会治理失序,民众生活艰难,法律无法制定,也无法严格执行,法治国家永远只是人们美好的愿景。"在民主国家里,人民仿佛愿意做什么就做什么,这是真的;然而,政治自由并不是愿意做什么就做什么。在一个国家里,也就是说,在一个有法律的社会里,自由仅仅是:一个人能够做他应该做的事情,而不被强迫去做他不应该做的事情。""自由是做法律所许可的一切事情的权利;如果一个公民能够做法律所禁止的事情,他就不再有自由了,因为其他的人也同样会有这个权利。"②

法律是权力的产物,没有权力,绝无法律产生和存在可言。"法之所以为法,完全是国家权力的结果,或者说,国家权力实际上成为法律的重要因素和不可分离的组成部分,离开国家权力,就无所谓法律。"③当然,神学家与自然法学家们宣称法律来自上帝或自然理性,似乎与权力毫无关系,为法律披上了一层神秘的面纱。随着人类理性的觉醒,祛魅时代已经来临,法律背后的"上帝"早已失去存在的理据。法律背后是权力,权力左右了法律,这是现代社会不得不承认的事实。由此似乎可以推导出权力至上而不是法律至上,法律无非是权力的工具。从人类历史来看,法律长期受到权力的支配,被少数掌权者玩弄于股掌之间。权力没有受到法律控制构成了专制社会的制度基础,人民也就没有了自由和权利可言。当人民的权利意识觉醒之后,必然会打碎权力支配一切的枷锁,走向法律制约权力的坦途。

法律的控权性,即法律对权力的制约与控制是法律的本质要求。"在纯粹和理念形式意义上,法律就是对权力的限制,以最大限度地降低权力滥用的可能性。"④法律制约权力是法律的内在要求,因为如果法律不限制

---

① 〔美〕E. 博登海默:《法理学:法律哲学与法律方法》,邓正来译,中国政法大学出版社 2004 年版,第 371、374、375—376 页。
② 〔法〕孟德斯鸠:《论法的精神》(上册),张雁深译,商务印书馆 1961 年版,第 154 页。
③ 周祖成:《论权力与法律关系的和谐》,载《江苏省社会主义学院学报》2006 年第 1 期。
④ Edgar Bodenheimer, Power and Law: A Study of the Concept of Law, *Ethics*, Vol. 50, No. 2 (1940).

权力,法律就没有存在的必要。在法治国家,法律必须对国家乃至私人的权力进行限制。假如国家权力没有得到制约,国家的权力就可以无限扩张,直至扩张到任何私人的领域空间,最终构成了国家对私人乃至整个社会任何权利的主宰,进而形成了国家专制独断——这就需要公法的存在;假如私人的权力没有得到制约,私人的权力同样可以无限扩张,直至扩张到国家任何领域,最终构成了私人对国家任何权利的主宰,进而形成了无政府主义——这就需要私法的存在。因此,法律存在的意义就在于维护国家与私人之间的权力均衡,一方面控制国家权力以防止专制主义的出现,另一方面控制私人权力以防止无政府主义的出现。法律以多种社会力量存在为前提,而多种社会力量之间相互制约的关系维系于法律之中,构成了法律的核心内容。所以,法律的本质就是对权力的制约。

"政府的确既受法律又受人的统治。据说,法治意味着一切政府行为必须具有法律依据,必须被法律所授权。但这岂非同义反复?未经法律授权的行为不可能是作为政府的政府行为,它们一定不具有法律效力并常常是非法的。"[①]法律的控权性,即法律对权力的规制是法治国家的本质要求,也是法治国家的本质特征。对于人类而言,权力是一种必要的恶:说它是必要的,因为社会安宁与良好秩序、服务公共事务、提供公共产品等都离不开权力;说它是恶的,因为权力容易异化流变造恶,如权力寻租的贪污腐败、权力滥用的任人唯亲、权力扩张的任意作为,直至引发战争等等,无不是权力所引致。权力产生腐败,绝对权力导致绝对腐败,这已经成为人类政治法律生活中公认的一条铁律。

当然,法律控制权力也早已引发学者的质疑。约翰·奥斯丁指出,法律是主权者的命令,"然而,即使主权者可以制定约束自己的法律,制定约束自己承继者的法律,主权权力不可能受到法律限制这样一种判断,依然会是放之四海而皆准的普遍真理,依然会是绝无例外的";"所有人类政府,终究是人的政府。如果没有人去建立政府,没有人让政府拥有实际的

---

① 〔英〕约瑟夫·莱兹:《法治及其德性》,郑强译,载《公法》(第二卷),法律出版社2000年版,第90页。

权力,人类的法律将是乌有之物,是不值得一提的,或者是废纸一堆,是形同虚设的"。① 英国的霍布斯也认为,与国家存在不相协调的论调之一,就是认为拥有主权权力的人是受国家法律约束的。主权者是不受国家法律约束的,或不受自己制定的法律所约束。因为如果他是受国家法律约束的,他就等于是在自己约束自己。这就不是约束了,相反是一种自由。"国家的主权者不论是个人还是会议,都不服从国法。因为主权者既有权立法废法,所以便可以在高兴时废除妨碍自己的法律并制订新法,使自己不受那种服从关系的约束;这样说来,他原先就是不受约束的。"②

从这些言论可以看出,通过法律控制权力尤其是控制最高权力,实属人类的一大难题。人类有史以来,政治思想家们制约权力的智慧与方法层出不穷,控制权力的手段也多种多样,道德、宗教等都是原始的控权手段。随着人类政治文明的发展,以权力制约权力、以权力控制权力等,成为现代政治法律制度中控制权力的主要手段。虽然无论以什么手段控制权力,都离不开法律,但如果权力可以随心所欲地变更法律,那么法律就成了权力的附庸,法律制约权力也就成了一句空言。对此,英国宪法学者戴雪给出的解决办法是:"巴力门的主权运行所至,必归宿于法律主治,而法律主治不特要求巴力门出而运用主权,而且要求巴力门的主权以法律精神而运用。"戴雪用法律的精神来约束最高权力,显示出了对最高权力约束的软弱性。但同时应该注意到,戴雪提出了最高权力(主权)固然可以创制法律,但法律稳定性要求法律一旦被创制出来,随即把法律转授给了司法者,主权者也就不能随便对法律进行修改了。"巴力门固然是一个至尊立法者,他的意志所表示即成法律,但法律一经制定,这种意志旋即让审判员为之解释。而当解释之际,审判员的见解不但受执政者的感情所感应,而且受常法原理所转移,于是,他们对于违异常法原理的法案所下解释往往不能尽同巴力门的意旨。"③被法律所确定的其他国家权力,也

---

① 参见〔英〕约翰·奥斯丁:《法理学的范围》(中译本第二版),刘星译,北京大学出版社2013年版,第306、383页。
② 〔英〕霍布斯:《利维坦》,黎思复、黎廷弼译,商务印书馆2009年版,第207页。
③ 〔英〕戴雪:《英宪精义》,雷宾南译,中国法制出版社2001年版,第420页。

就必须依法而行。

法律对无限制行使权力设置障碍,保障权力行使、规制权力滥用是法律的基本目标与使命。"法律与赤裸裸的权力所具有的那些侵略性、扩张性倾向大相径庭,因为它所寻求的乃是政治和社会领域中的妥协、和平与一致。"[①]法律为权力设定明确的界限和程序,当权力超越了这一界限和程序,权力就成了违法的权力,也就失去了存在的合法性,自然需要受到法律的惩戒。人类政治实践表明,法律之所以是最有效的控制权力的手段,是由如下两个主要的因素决定的:一是任何权力的行使一般都是以法律作为根据,并以法律作为权力行使的范式与轨迹;二是在制约权力的规范中惟有法律具有国家强制力做保证,并具有公认公知的特点。[②] 至于创制法律的最高权力,自然属于人民,人民通过一定形式来行使这种权力。这就需要通过民主制度加以最终解决。从这里可以看出民主与法治的关联:民主是法治的基础,法治是民主的保障。

(四)人权保障

人权是人类文明进步的成果和标志,尊重和保障人权是现代文明的基本精神。人权是人作为人依其自然的和社会的本性所应当享有的权利,其内容包括人身人格权、政治权利与自由以及经济社会文化权利等。人权是人的尊严和价值的集中体现,是人的需求和幸福的综合反映。否认人在社会中应当享有本属于他自己的权利,就是否认他的做人的资格,使人不成其为人。权利保护是法治国家的精神与灵魂,也是法治国家的逻辑终点。由于形式法治国家排斥权利作为其理论基础,这样在理论上缺失逻辑终点,在实践中则失去发展的方向指南,最终将导致形式法治国家走向空洞,乃至绝境。人权是法治国家的目标,也是法治国家的本质特征。人权、民主与法治是人类政治文明的三要素,是近现代文明社会得以建构的三大支柱。人要成为人便有了人权的诉求,而要实现人权就离不

---

① 〔美〕E.博登海默:《法理学:法律哲学与法律方法》,邓正来译,中国政法大学出版社2004年版,第373页。
② 参见卓泽渊:《法治国家论》,中国方正出版社2001年版,第63页。

开民主与法治。人类之所以去人治、行法治,其目的在于近民主;人类之所以要远专制、近民主,其目的在于得人权。所以,在人权、民主与法治中,人权为灵魂,民主与法治皆为手段。人权、民主与法治共同构成现代社会制度文明的基脉。①

近代以来的人权发展历史表明,人权一开始就与法治国家相伴随,并构成法治国家的基本要素。在早期形式意义上的法治国家那里,法律仅被看作一种工具和手段,国家依法而治。尽管形式意义上的"法治国"不过是"行政法治"和实质意义上的"立法者统治",但也不可否认其中仍然包含了人权保障的因素。康德被认为是形式主义法治国家观的阐述者,他从其理性人权观出发来阐明法治国家的构建过程。在他看来,既然人权是源于普遍理性的道德权利,国家的作用即是通过法律的普遍形式保障每个主体自主行动,从而国家也就是通过法律联系起来的共同体。由于形式法治国对人权阐述的隐晦,他便进一步提出了实质意义上的法治国的诉求,把人权作为法治国家的价值直接作为判断的基准。德国学者萧勒教授指出,与使法治国蜕变为"合法性的空壳"的形式意义法治国相比,新的法治国概念则有特定的、实质的基本价值与基本要素。这种基本价值有二:一乃保障个人的自由;二乃将国家权力用法来规定之,以来对抗恣意滥权与不法。② 1959年,在印度新德里召开的国际法学家大会通过的《德里宣言》确认的法治原则第1条就规定:根据法治精神,立法机关的职能在于创造和维持使个人尊严得到尊重和维护的各种条件。为此,不但要承认公民的民事权利和政治权利,还必须尽力使普遍的人权宣言中宣布的原则付诸实施,不得以任何理由干预和限制任何人的平等权、宗教自由及政治权利和自由;一个公民的合法权利因国家机关的不法行为而受到损害时,应该得到及时、充分的救济。

所以,人权是指人之作为人享有或应该享有的权利。人为了作为人而存在,所不可缺失的权利正是基本人权。人具有自然属性和社会属性

---

① 参见齐延平:《人权与法治》,山东人民出版社2003年版,第13—14页。
② 参见陈新民:《德国公法学基础理论》(上册),山东人民出版社2001年版,第93页。

两大不可或缺的方面。自然属性保证了人的身体、生命的存在;社会属性则保证了人的思想、价值的存在。为保证人之作为人,就需对这两大方面进行基本的保护,由此引申出了生命权、人格尊严、财产权等基本人权。由上推理可知,人权本源不是法律权利,人权在国家法律产生之前就依其自然属性和社会属性而存在了。一方面,理论上人权高于法律①,这也为法律正当性提供了价值评判标准:凡是违反人权、侵犯人权的法律都不具有正当性。另一方面,人权需要国家法律的确认,更离不开法律的保护,只有建立健全人权法律体系,才能有效推进人权的实现。同时,人权是发展的概念,哪些权利应当被认为是个人的基本权利,随着时代的发展而变化,权利与义务实际上也是一个人权问题,法律权利是人权的法律化,人权只有通过法律的确认,才能实现从应然向法定权利的转化,进而成为公民能够真正享受到的实有权利。人权保障没有最好,只有更好,充分保障人权,国家必须不断完善人权保障的法律制度。

人权先于国家实证法而存在,为人权引向道德权利、自然权利开辟了道路。② 美国《独立宣言》宣示:"我们认为下面这些真理是不言而喻的:人人生而平等,造物者赋予他们若干不可剥夺的权利,其中包括生命权、自由权和追求幸福的权利。"《世界人权宣言》指出:"人人生而自由,在尊严上和权利上一律平等,他们富有理性和良心,并且应以兄弟关系的精神相对待。"可见,几乎所有人权保障条约,都不约而同地把人权纳入到"不可言说"的自然权利之中,这样也就为人权披上了一层神秘的面纱。这也是引发国际人权争论、甚至人类战争的根本原因。但是,无论如何,由于人权侵害的惨痛历史体验,人们自然产生了要用法律权利来保障这种个体的正当要求的认知。从这个意义上说,人权构成了法律建制的前提,同时

---

① 我国《宪法》第二章是公民的基本权利和义务、第三章是国家机构,将个人基本权利置于国家机关职权之前,以保障个人基本权利作为国家机关职权的确立和执行的底线。

② 人权作为道德权利、自然权利是西方人权理论、人权学说的主流思想,但是,仍然有学者主张人权就是一种法律权利,如哈贝马斯主张人权是法律权利,而根本否认人权是道德权利的说法。他认为,人权就其结构而言,属于一种实证的和强制的法律秩序,它使可诉讼的主观权利的需求得到论证。

也是法治国家的根本目标。马克思曾精辟指出:"法典就是人民自由的圣经。"①国家是人类为了限制在自然状态下每一个社会成员滥用自由,以及保护每个人免受他人侵害而成立的。"人民和各民族,由于他们彼此间的相互影响,需要有一个法律的社会组织,把他们联合起来服从一个意志,他们可以分享什么是权利。就一个民族中每个人的彼此关系而言,在这个社会状态中构成公民的联合体,就此联合体的组织成员作为一个整体而言,便组成一个国家。"②

法治国家的以上四个基本特征,彼此关联、相互支撑、统一于法治国家整体。法律至上性是法治国家的形式特征,是法治国家建成的前提条件;法律正义性是法治国家的实质特征,是法治国家正当性的重要基础;法律对权力的规制是法治国家的技术特征,是法治国家的有效保障和根本途径;人权的保障性是法治国家目标特征,是法治国家的基本目标和努力方向。正如20世纪上半叶德国政治、法律哲学家弗朗茨·诺伊曼(Franz Neumann)指出:"人权以及国家的一切干预行为必须以普遍规范为依据就构成了所谓'法治'(rule of law)或者用德语来说的'法治国'(rechtsstaatscharakter)。"③人权是当代人类最基本的文明底线。因此,全面、充分地实现和保障人权是法治的根本目的,是法治国家的应有之义。"一个主权政治政府的真正目的或目标,或者,这样一种政府为之存在的目的或目标,在于最大限度地促进人类幸福。"④

特别需要指出的是,在当代国际关系中,人权问题已被高度政治化,美国长期利用人权问题对外进行干涉,如战后的美国历届政府都有利用人权问题对外干涉的实践,广大发展中国家,尤其是国内存在民族问题的国家,是美国干涉的重点目标。中国坚定不移走符合自身国情的人权发展道路,始终坚持以人民为中心的发展思想,坚持人民幸福生活是最大的

---

① 马克思:《第六届莱茵省议会的辩论(第一篇论文)》,载《马克思恩格斯全集》(第一卷),人民出版社1958年版,第71页。

② 〔德〕康德:《法的形而上学原理——权利的科学》,沈叔平译,商务印书馆2009年版,第142页。

③ 转引自沈宗灵:《现代西方法理学》,北京大学出版社1992年版,第413页。

④ 〔英〕约翰·奥斯丁:《法理学的范围》(中译本第二版),刘星译,北京大学出版社2013年版,第239页。

人权,在发展中保障和改善民生,保护和促进人权;坚持人权普遍性与具体实际相结合,把生存权和发展权作为首要基本人权,系统推进全体人民的经济、政治、社会、文化、环境权利,努力维护社会公平正义,促进人的全面发展,加强人权司法保障。2004 年,"国家尊重和保障人权"明确载入《宪法》,开辟了中国人权保障的新阶段;2021 年,中国全面建成小康社会,夯实了人权基础,拓展了人权内涵,拓宽了人权视野,意味着人权的全面发展和全民共享,谱写了中国人权事业的新篇章,创造了人类尊重和保障人权的奇迹,丰富发展了人权文明多样性。

三、法治国家生成的历史逻辑

法理作为一种法律意识(理论、学说、观念和观点等),是法律精神(法意)的道理展现、学理解释和哲理阐发,是一定法律制度形态的理论基础和思想底蕴,在表层结构上表现为法的理论、原理、学说,在深层结构中则承载着法律正当性的价值追问和法律规范的义理阐发,内含良法的基本理念,内置善治的创新机制。法理的变迁与经济社会关系发展相一致,同时与政治法律制度相互制约。纵观人类法治发展史,每个国家的法律制度都是依照一定的法理为设计蓝图而构造。因此,只有把握其法理,才能透彻地领悟理解不同时代、具体国家法律制度的要义,确保法治国家的建立、法治社会的实现。

(一)法治是人类的永恒追求

从一定意义上说,法律是人类经验的产物,是对法律实践经验的总结。人类的法律发展史表明:与人类直接相伴的法律,不论它是民间习惯法还是官方制定法,都是人类实践经验的产物。[1] 但是,经验并不排斥理性和逻辑。人是高级的动物,人与自然界其他动物的区别就在于,人有理性,能理性思考自身所面临的各种问题,并做出合乎理性和逻辑的选择。

---

[1] 参见谢晖:《判例法与经验主义哲学》,载《中国法学》2000 年第 3 期。

没有理性和逻辑,人的经验毫无意义,犹如"雁过无痕"。美国联邦宪法重要创建者汉密尔顿在《联邦党人文集》的开篇曾提出:"人类社会是否真正能够通过深思熟虑和自由选择来建立一个良好的政府,还是他们永远注定要靠机遇和强力来决定他们的政治组织。"①这是一个人类法治的共同命题,人类法治进步不能依靠没有理性和逻辑的运气与暴力,必须立足既有法治经验与能力基础,选择最适合自己的法治国家发展道路。

人类的一切制度生成于历史之中,唯有进入历史的深处,我们才能找到这些制度的"合法"根据。回眸人类法治文明的演进,法治国家的生成,既有偶然性,也有必然性;既有自生自发天然而成的因素,也离不开人的控制人为而成的因素。无论哪种情形,其中都不可避免地暗含着某种逻辑。如果引用黑格尔所言"存在即合理",那么把"合理"换成"逻辑",这句话自然就成为"存在即合逻辑"。不合逻辑的存在是很难理解的,因为逻辑本身就是对存在的说明。存在就有存在的逻辑,不存在也有不存在的逻辑。因此,对于法治国家而言,它既然存在,就必须有存在的必然逻辑。世界各国都或多或少存在法治发展的历史实践经验——或成功或失败,只要还能循法治国家轨迹发展,就意味着存在必然的生成与发展逻辑。

法治是美好的,但是法治国家的诞生与成长并非一帆风顺,而是一场惊心动魄的冒险旅程,其中不乏挫败乃至血腥场面。从法治国家生成的历史经验来看,虽然每个国家所走过的道路并不相同,但是其中的曲折、斗争是相同的,英国如此,美国、德国、法国也是如此。可以说,法治国家生成的历史就是一部斗争史、牺牲史、血泪史。法治国家的建设发端于制约权力,终结于人权保障。权力滥用一直是法治国家的最大威胁,只要权力还没有得到合理有效的制约,法治国家建设就任重道远,而一旦国家权力纳入法律制约的轨道,就意味着国家迈向了法治的进程。在权力没有得到有效制约的国家,人民无权利与自由可言,因为此时人民所享有的权利与自由无非是统治者的一种施舍,当统治者不乐意提供这种权利与自由时,他可以随时加以撤回。而要制约桀骜不驯的权力,在任何时代都要

---

① 〔美〕汉密尔顿、杰依、麦迪逊:《联邦党人文集》,程逢如等译,商务印书馆2009年版,第3页。

付出代价。

(二) 英国法治发展的历史启示

英国被认为是世界上法治发生最早、制度最为成熟的国家,成为许多后发国家所模仿的典范。当前,世界各法治国家都或多或少受到英国及其原殖民地美国法治思想和制度直接或间接的影响。"现今世界上,有近三分之一的人生活在其法律制度不同程度受到过普通法影响的地区。英国曾是世界上最大的殖民宗主国,上述结果则正是这一事实的遗传。"① 当然,历史上,英国曾经是罗马的不列颠行省,罗马人把它划分为若干司法行政区实行巡回审判,后来的普通法就是通过这样的途径形成的,很难说这不是罗马人留下的遗产,尽管不少英国法学者讳言这一点,而强调普通法的原创性,对于他们,除了说爱国主义情绪压倒了对真理的热爱,还能说什么呢?②

英美法系即普通法系源于英国法。英国法虽然在盎格鲁-撒克逊时代的习惯法有其源流,但主要诞生于诺曼征服之后。③ 英国法治最初发展,也就是从控制王权(国家最高权力)开始的。英国法治源于古代的原始习俗,诞生于建国之时。大约在 25 万年前,不列颠岛上就有人类居住。但直到罗马人入侵,他们还未走出史前时代,没有建立国家,也没有什么法律制度,更谈不上法治。公元 43 年,罗马人入侵不列颠后,依据罗马法和当地的土著习惯实施统治长达 400 年,罗马法一度对不列颠产生直接影响。但是,由于当时的不列颠只是罗马帝国的一个边远行省,且罗马人的统治集中在少数几个大城市及其近郊地区,广大的农村地区继续保持着原来的生活方式和社会习惯。因此,罗马法的影响极其微弱,随着最后一批罗马人的撤离,本来就极为有限的罗马法对不列颠的影响荡然无存。

罗马人撤离后,盎格鲁-撒克逊人接踵而至。在原本处于原始社会氏族公社的盎格鲁-撒克逊人在征服不列颠的过程中,产生了以私有制和地

---

① 〔德〕K. 茨威格特、H. 克茨:《比较法总论》,潘汉典等译,法律出版社 2003 年版,第 325 页。
② 参见徐国栋:《罗马公法要论》,北京大学出版社 2014 年版,第 158 页。
③ 参见高鸿钧等主编:《英美法原论》(上),北京大学出版社 2013 年版,第 1 页。

缘关系为基础的国家——盎格鲁-撒克逊诸王国。与此同时,调整社会生活的规则也突破了家族范围的限制,开始发生质的变化。为了维护王国内的社会秩序,入侵者依据自己的传统做法,以民众集会的方式进行社会管理,调解处理居民间的纠纷。在此管理方式下,每个自由民都有权利和义务出席集会,并依本地区的传统习俗做出决议或判决。由于当时文化还不发达,作为判决依据的规则只能依靠人们的记忆以不成文的方式口耳相传,而非表现为成文的规则,其内容必然是经验主义的约定俗成,而非某个人意志的产物或专业人士讨论的结果。社会管理的自治主义方式和管理规则的经验主义相结合,使民族传统习俗在英格兰私有制和阶级产生后被保留下来,并融入国家生活中。在血缘关系被打破的基础上,当不断重复的习惯做法被人们确定下来并成为调整社会生活的公认规则时,盎格鲁-撒克逊习惯法产生了。[①]

　　从 7 世纪开始,随着国家的发展,英国法开始了成文化的尝试。经过长期反复的兼并组合,到 7 世纪初,英格兰出现了 7 个规模较大且相对稳定的王国。在此后 200 多年中,7 个王国互争雄长,战争不断,肯特、诺森伯利亚、麦西亚、威塞克斯等王国先后称霸英格兰。争霸战争在客观上加强了各地区间的联系,促进了各地习惯法的融合与发展,也促成了国王和贤人会议等全国性机构的出现。于是,国王在贤人会议的协助下,对各地的习惯法加以整理,并汇编成了一系列成文法典。但是,由于当时的英国缺乏国王立法的观念,各盎格鲁-撒克逊国王也没有把制定新的法律作为一种加强王权、管理社会的手段,因此所谓成文法典只不过是对既存的盎格鲁-撒克逊习惯法的记录与汇编。由于缺乏成熟的立法技术,那时的成文法典大多内容杂乱无章,且局限于刑罚方面,并未包括通行的习惯法的全部内容,更未涵盖社会生活的各个方面。所以,成文法典的出现也未能撼动习惯法的根本地位。"简而言之,在所有地区,都是由习惯法最终决定了前一时代法律遗产的命运。习惯法已经变成法律唯一的有活力的源

---

　　① 参见程汉大主编:《英国法制史》,齐鲁书社 2001 年版,第 4 页。

泉,甚至诸侯们在其立法中,也不过是要求对它加以解释而已。"①

英国法律史始于1066年,当时,诺曼底公爵威廉一世统治下的诺曼人在黑斯廷斯战役中大败益格鲁-撒克逊人,这使诺曼人有可能在后来的岁月里几乎逐渐控制了不列颠全岛。当然,在此前的数百年中,英格兰曾有自己的法律惯例,其中某些惯例已采取成文的形式,当时的英格兰,在益格鲁-撒克逊诸王的统治下尤其在阿尔弗烈德大帝(871—900)统治时期是一个组织松散的国家。威廉一世在1006年并没有立即废除这些传统的法律,也没有在英国法中实现任何突变,但后来者,诺曼诸王及其官吏对司法影响极大,从而我们可以大胆地对早期法律的任何影响不予考虑。②

1066年,威廉一世率军入侵英格兰,经过激烈的战斗,击败了以哈罗德为首的反抗自己的英吉利贵族势力,登上英国王位。这一事件在英国史上被称为诺曼征服。征服之初,威廉一世接收了英格兰王室的大片土地,没收了反对自己的英吉利人的土地。除自己保留最肥沃的一部分外,他把其余的土地按诺曼底封土制原则分封给约1400名直属封臣。后者将所得土地的一部分留作自营地,把其余部分再封给次级封臣,如此层层封受,直至最基层的骑士。这样,通过军事征服登上英国王位的威廉一世,凭借征服者的生杀予夺大权,不仅继承了原益格鲁-撒克逊王室的全部领地,而且没收了大量英吉利贵族的土地。此后,国王在经济上便处于绝对优势地位,任何贵族都无力与国王分庭抗礼。为防止大贵族割据一方,形成地域性的独立王国,威廉一世有意识地将贵族的领地分封在全国各地,不让其连成一片。许多贵族的领地分散在数郡或十几个郡内,有的贵族领地甚至分散在20个郡内。威廉一世还要求全国大大小小的封建贵族都必须效忠国王,履行提供骑士的军事义务。

在政治上,威廉一世为加强王权,取消了过去遗留下来的享有广泛政治权力的贤人会议,代之以御前会议。通过御前会议,一方面保证自己最

---

① 〔法〕马克·布洛赫:《封建社会》(上卷),张绪山译,商务印书馆2009年版,第198页。
② 参见〔德〕K.茨威格特、H.克茨:《比较法总论》,潘汉典等译,法律出版社2003年版,第273—274页。

高领主权的实现,维系着正常的封建秩序,另一方面对全国实施政治统治,履行一国之君的政治职能。在每次御前会议上,威廉一世都遵照加冕仪式的样子头戴王冠,以强化王权的合法性和神圣性。与此同时,威廉一世还加强了对教会的控制,即位后立即任命了大批诺曼人为高级教士,从英吉利人手中接管了教会。在他统治英国的21年内,一直牢牢地控制着高级教职的任命权,要求新任主教必须像世俗领主一样效忠国王,从而把教会置于从属于王权的地位。此外,威廉一世还把教会法庭同世俗法庭分开,严格限制教会法庭的司法权限;未经国王批准,教士大会制定的任何法律均告无效;教会法庭不得审判王室官员,不得将他们开除教籍。

威廉一世的后继人威廉二世和亨利一世,通过严厉打击贵族和教会分裂势力,进一步加强了中央王权。哪里有压迫,哪里就有反抗,对于国王的集权,英国的贵族及教会早已很难忍受。1087年威廉一世去世后,贵族集团立即以拥戴威廉长子罗伯特继位为名,于1088年发动叛乱,反对新王威廉二世,结果失败。1095年,贵族集团又发动第二次叛乱,仍以失败告终。亨利一世即位后,贵族集团于1102年再一次发动叛乱,但又一次失败。经过这几次重大斗争,贵族分裂势力被严重削弱。亨利二世为加强集权,于1164年颁布了《克拉伦敦宪章》(Constitution of Clarendon),它规定教士的刑事犯罪应首先向国王法庭投诉,并由此法庭决定是否应该由教会法庭审理。这个法令明确了国王在宗教领域内的司法终审权。1166年,亨利二世又颁布《克拉伦敦法令》(The Assize of Clarendon),将杀人和盗窃等刑事犯罪的审理权授予巡回法庭。在1176年的《北安普敦法令》(The Assize of Northampton)中,亨利二世把伪证罪和纵火罪也列入必须由国王法庭审理的范围,郡和百户区法庭只保留对轻微的刑事案件的司法权。这样,国王法庭对各类严重刑事犯罪拥有唯一的和最终的司法权。

1199年,约翰国王即位后,肆意践踏法律,力图建立更为集权的个人专制统治。他对内征收高额盾牌钱,没收大臣土地;对外向罗马教皇臣服,并每年向罗马教廷纳贡;加上在与法国战争中失败,使得国内矛盾层层深化。在司法上,约翰国王把大量诉讼收揽到自己手中。特别是1204

年丢失诺曼底后,他成为不出国门的"居家国王",可随时召开小会议,受理案件,致使普通诉讼法庭迅速走向衰落。1209年,约翰国王下令,任何诉讼都不得在普通诉讼法庭审理,而应提交国王操纵的小会议审理。① 约翰国王专制集权到了极点,激发了人民尤其是贵族们的强烈反抗。

贵族们"发现约翰王反复无常、专横跋扈、不值得信任,绝对不能指望他遵循任何固定的先例,或用任何共识来约束自己;他是一个说谎大师,对任何人的权利都不会尊重,只是顾及自己的意愿;贵族们来和约翰王进行一场最终的清算"②。贵族和教会联合社会其他阶层,于1215年掀起了一场反抗王权的运动,约翰国王在面临武装反叛的压力下别无选择,亲手签署《大宪章》,第1条开宗明义昭告,教会、大贵族和自由民的自由和权利不受侵犯;第12条规定,国王不可擅自征税;第38、39条规定,任何人未经其同等地位的人以及国家法律的裁判,皆不得被剥夺生命、自由或财产;第61条规定,由大贵族组成的25人委员会有监督国王和反抗政府暴政的权力。"王在法下",国王权力受限之处,也就是人民自由和权利所到之地,《大宪章》使国王权力受到宪法法律制约,标志着英国乃至世界法治国家建立的开端,即宪制政府的开端。正如丘吉尔所指出:"有人说亨利二世时期是英国法治的开端,其实不然,《大宪章》才是国王受法律约束的开始,这是前所未有的。"③

《大宪章》是一个界定君主与臣民在自由、收益、纳贡、婚姻、债务、土地、继承、交通、犯罪、诉讼等方面权利与义务的基本文件,其"目的主要在于捍卫贵族的自由,但是,不了解贵族而只惧怕国王的后代人却把它看成是对人民自由的保障"④。《大宪章》的签署并不表示臣民的权利与自由就得到了保障。事实上,《大宪章》颁布之后,限制王权的斗争从未间断,《大宪章》经过不断反复修改与变更,包括《权利法案》等一系列法律文件出

---

① 参见程汉大主编:《英国法制史》,齐鲁书社2001年版,第48—60页。
② 〔美〕伍德罗·威尔逊:《美国宪制政府》,宦盛奎译,北京大学出版社2016年版,第3页。
③ 〔英〕温斯顿·丘吉尔:《英语国家史略》(上册),薛力敏、林林译,新华出版社1983年版,第234页。
④ 〔英〕W. Ivor. 詹宁斯:《法与宪法》,龚祥瑞、侯健译,三联书店1997年版,第33页。

台，逐渐形成了近代英国代议制议会制度、权力分立制度、判例制度、司法独立制度等多种具有现代法治意义的制度。此后，在法官、律师以及法学家们的努力下，英国法治思想与理论得到极大提升，科克、霍布斯、黑尔、哈林顿、洛克、戴雪等对英国自由法治做出了巨大贡献，将中世纪的法律至上、正当程序和在法院、议会的自由辩论观念等整合为较为系统的法治学说。

《大宪章》是英国宪制之母，而英国宪制乃世界宪制之母。"《大宪章》的不朽贡献，在于将个人自由规定在根据法律对它们进行的调整之中。《大宪章》的签订之日，并非人们提及政治自由之日，并非人们遵照既定政治改革计划而行之日；然而，现代世界中宪制政府的历史，即政治自由的历史，即人们争取政府改革的所有历史，而且，关于自由是什么，人们有权期望从中得出一个至少是可行的概念。"[①]虽然最终没能完全付诸实施，但《大宪章》所开创的思路与经验却被英国大贵族集团继承下来。为保证国王能够遵守，1244年大贵族提出了一份文件，其内容为：由全国公意选出4名"自由维护者"，组成一个特别委员会，政府的任何决策都必须征得他们同意；未经全国公意许可，国王不得罢免他们；国王的重要大臣如大法官、掌玺大臣等，应由全体大贵族推举产生。很明显，该委员会的任务是防止和杜绝国王的不法行为再度发生。1258年通过的《牛津条例》又规定：建立一个由大贵族占主导地位的15人委员会，参与国家政府管理；国王应该根据该委员会的建议统治国家；国家高级大臣和地方官员任期为1年，届满时要向15人委员会述职；议会应定期召开，每年3次；议会有权决定所有国家重大事宜。

15世纪后期，随着都铎王朝、斯图亚特王朝的相继建立，国王权力有了新的扩张，在专制王权的重压下，《大宪章》似乎已被英国人所遗忘。在斯图亚特王朝时代，统治者极力宣扬"君权神授"，强调王权来自上帝，议会权力来自国王，极力抛开议会牵制，压制议会在国家决策中的作用，试图将王权推向极端，建立真正的君主专制制度。1642年，议会与国王之

[①] 〔美〕伍德罗·威尔逊：《美国宪制政府》，宦盛奎译，北京大学出版社2016年版，第4—5页。

间的战争爆发,并以议会胜利告终,国王沦为阶下囚。随后,议会成立特别最高法院,以叛国罪判处查理一世死刑,并废除君主制,成立共和国。从此,一院制的议会控制了国家最高权力,与之制衡的权力机关不复存在,此时的英国走向了另一个集权独裁统治的时代。暴风骤雨式的革命使人们很快意识到,没有制约的权力是没有出路的,无论是没有君主的绝对议会统治还是没有议会的君主专制统治,都不会建立起法治国家。1660年,君主复辟,君主制、两院制、枢密院等政权组织得以恢复。此后,议会与国王之间的斗争不断,"法律对一切公民一律平等的要求,成了议会反对国王的目标的主要武器。当时的英国人比今天更好地懂得,控制生产总是意味着取得一种特权:给予一个人许可做某种不允许他人做的事"①。1688年,英国资产阶级和新贵族发动的推翻詹姆士二世的统治、防止天主教复辟的"光荣革命"爆发;1689年,英国议会通过了限制王权的《权利法案》,奠定了国王统而不治的宪制基础,国家权力由君主逐渐转移到议会,国王的权力得到全方位制约,成为象征性地位的"虚君",君主立宪制政体确立。

"国家的形成完全是为了获得安全,特别是为了防止别人的掠夺。""法律和政府的存在是为了共同的安全,它们之所以有效,完全是因为法律的惩罚使得非正义的行为无利可图。"②政治是关于众人如何公共生活、共同治理的艺术,权力配置和监督制约是其永恒的核心命题,贯穿人类政治实践、法治探索始终。从英国法治的诞生和历史演进不难发现,国家权力尤其是国王权力受到监督制约,并不是一朝一夕之功,是经过漫长的残酷斗争甚至流血,以付出沉重代价为基础。只有国家权力得到有效监督制约之时,法治国才能真正独立存在,并最终持续成长。事实上,除英国之外,世界上其他国家的法治进步,如美国、德国、法国等,无不以监督制约国家权力作为建立法治国家的起点。可以说,没有国家权力的有效监

---

① 〔英〕弗里德里希·奥古斯特·冯·哈耶克:《自由宪章》,杨玉生等译,中国社会科学出版社2012年版,第249页。
② 〔美〕乔治·霍兰·萨拜因:《政治学说史》(上册),盛葵阳、崔妙因译,商务印书馆1986年版,第170、171页。

督制约，就没有法治国家可言，这是人类法治国家历史发展的基本经验总结。"因此，称摩擦最少的政府——在政府权力与公民权利之间有着最少的摩擦——为自由的政府并非是在牵强附会。世世代代的调整或有变化，但这一原则永不能变。宪制政府，作为维护个人自由的工具，是一种维持正确调整方式的手段，必须具备不断调适的机械设备。"①

四、法治国家生成的理论逻辑

法律、法治、法治国家是法理的核心范畴，法治国家是法的规定性与哲理性逻辑的展现和学理阐发。学术史上，"在与人类社会有关的问题中，没有几个像'什么是法律'这个问题一样，如此反反复复地被提出来并且由严肃的思想家们用形形色色的、奇特的甚至反论的方式予以回答。即使略去古代和中世纪关于法律'本性'的思索，而仅仅注意近150年的法律理论，我们在任何其他作为独立学科而被系统研究的课题中也看不到这种情况"②。与法律的概念讨论相随相伴，关于"法治国家"的探索和思考也同样如此。

（一）早期的理论形态

"我们看见天生爱好自由和统治他人的人类生活在国家之中，使自己受到束缚，他们的终极动机、目的或企图是预想要通过这样的方式保全自己并因此而得到更为满意的生活。"③法治国家不仅是人类历史发展、政治实践的产物，具有历史逻辑性，同时也是人类思想发展、理性论证的产物，具有理论逻辑。现代西方思想家大多数把法治国家作为理想的政治和社会目标，认为法治理论与西方自由主义政治和法律思想一脉相承。他们从法治之外寻求法治国的理论基础，不仅承认依法而治的重要性，更强调法律的内容和法律制度本身要受到更高级法律（如自然法）或法律的道德

---

① 〔美〕伍德罗·威尔逊：《美国宪制政府》，宫盛奎译，北京大学出版社2016年版，第8页。
② 〔美〕哈特：《法律的概念》，中国大百科全书出版社1996年版，第1页。
③ 〔英〕霍布斯：《利维坦》，黎思复、黎廷弼译，商务印书馆2009年版，第128页。

性制约。当然,在法治国理论逻辑论证上,由于偏重点不同,在历史上也曾形成自由法治国、形式法治国、实质法治国等法治国思想流派及其论证的理论逻辑。

自由法治国家是法治国最早出现的理论形态,思想家们从先验的自然法或自然权利出发,提出自由是法治国的基础,只有在个人自由受到侵害的时候,国家才能进行干预。如果我们进入法治国思想发端的追问,那么无疑德国法治国思想具有典型性和代表性。德国法治国思想先于德国法治国的实践而问世,较早对法治国理论进行全面逻辑证成的最杰出的思想家,当属德国哲学家康德①。罗马法和法国启蒙思想家特别是卢梭和孟德斯鸠的学说是康德法学思想的主要渊源。西方的法学,自柏拉图起到康德乃至今天,若用粗线条来描述其主流的话,可以说就是从人出发,从人性出发,探讨公民的自由和权利,从而论述法律的实质、作用以及其他属性。康德也是沿着这根轴线来展开他的法学思想的,其法学理论概括起来就是尊重人,因为只有人才有自由意志,才有与生俱来的天赋权利:自由。②

康德将人的自由、平等和独立置于其法治国思想的中心,第一次对法治国的核心内容——法律与国家的关系作出经典表述:"国家,从它是由所有生活在一个法律联合体中的具有公共利益的人们所组成的,并从它的形式来看,叫作共同体或称之为共和国(指这个词的广义的含义而言)。"所以,国家的基础,就是法律。"国家是许多人依据法律组织起来的联合体。"③很明显,这是直接针对福利国家学说将国家看作是为了福利目的的,人们依据最高权力组成的一个联合体而来的。在康德看来,国家的任务是通过法律给予公民一个自由的空间并对此加以协商与保障,这是

---

① "德国的作者们通常在阐述那导向'法治国家'(Rechtsstaat)的运动如何肇始时,把康德理论作为其启端。尽管这种说法也许对康德法律哲学的独创性有所夸大,但是,这些无疑是因为康德赋予了这些思想以一种形式,使这些思想在德国产生了最大的影响。"参见〔英〕弗里德里希·奥古斯特·冯·哈耶克:《自由宪章》,杨玉生等译,中国社会科学出版社 2012 年版,第 306 页。

② 参见〔德〕康德:《法的形而上学原理——权利的科学》,沈叔平译,商务印书馆 2009 年版,"译者的话"第 1 页。

③ 同上书,第 142、145 页。

公民个人所不能的。至于公民个人所能做的，即追求幸福与福利，则不必由国家去包办，而应放手让他们自己去自由地寻找。假如国家像父亲关照子女那样去对待臣民，亲躬他们的福利，那这是最大的专制。

康德将法分成自然的法和实证的法两大部分。自然的法以先验的纯粹理性的原则为根据，实证的法则由立法者的意识规定。所谓先验的纯粹理性的原则，在政治法律领域就是指自由的普遍法则。所以，康德给法（指自然法）下了这样一个定义：法是依照自由的普遍法制，个人的自愿行为在现实中与他人的自愿行为相协调的全部条件的综合。在这里，康德无非是要强调法所应遵循的自由原则和法具有的协调人们自由的功能，听起来不过是对孟德斯鸠、卢梭主张的重申，但在当时政治专制、思想禁锢的德国，意义非同一般，故黑格尔将康德的这一自由法律论誉为"一个伟大的开端"。同样基于这种先验理性，康德对公民的法律地位作出了一个自由的界定："纯从法律上看，公民的地位是先验地建立在以下三个原则之上：(1) 作为人，社会的每个成员是自由的；(2) 作为臣民，每个成员是平等的；(3) 作为公民，共同体的每个成员是独立的。"尽管康德笔下的平等只限于臣民之间，不包括君主，所谓独立也只是指拥有财产的市民阶级的独立，但却赋予人一种全新形象：他们不再是一群绝对俯首听命于君主的奴仆，而是自立于社会的主人。①

康德指出："这些法律必须要被看成是先验的必然，也就是，它们一般地来自外在权利的概念，并不单纯地由法令建立的。"特别强调实证法来源于自然法，自然法高于实证法这一核心主张。也正是基于"先验的必然"，康德赋予公民自由、平等、独立不可分离的法律的属性。"文明社会的成员，如果为了制定法律的目的而联合起来，并且因此构成一个国家，就称为这个国家的公民。根据权利，公民有三种不可分离的法律的属性，它们是：(1) 宪法规定的自由，这是指每一个公民，除了必须服从他表示同意或认可的法律外，不服从任何其他法律；(2) 公民的平等，这是指一

---

① 参见郑永流：《德国"法治国"思想和制度的起源与变迁》，载《公法》（第二卷），法律出版社2000年版，第44页。

个公民有权不承认在人民当中还有在他之上的人,除非是这样一个人,出于服从他自己的道德权力所加于他的义务,好像别人有权力把义务加于他;(3)政治上的独立(自主),这个权利使一个公民生活在社会中并继续生活下去,并不是由于别人的专横意志,而是由于他本人的权利以及作为这个共同体成员的权利。因此,一个公民的人格的所有权,除他自己而外,别人是不能代表的。"

虽然康德在理论上承认自然法的最高性,赞成实证法来源于自然法的主张,但面对现实时他也认为,"在任何情况下,人民如果抗拒国家最高立法权力,都是不合法的。因为唯有服从普遍的立法意志,才能有一个法律的和有秩序的状态",因此,"人民有义务去忍受最高权力的任意滥用,即使觉得这种滥用是不能忍受的"。① 这也反映了康德法治国思想的软弱、保守和妥协,具有革命与妥协的双重性,且有时前后矛盾。但康德对法治国第一次在理论上进行的论证,由于其在哲学上的巨大影响,对后世思想家的影响巨大而深远。如在德国19世纪法治国观念的萌芽及兴起中,法学家们的著述明显受到康德的影响,每个人在著作中几乎都会援引康德的理性主义及自然法观念,作为法律规范个人自由及国家权力之界限必要性的理论基础。②

魏克尔第一个完整地使用法治国概念,在他看来,法治国是国家发展的最高层次。在这样的国家里,民众与国家之间存在着一种法律关系,这种法律关系始于实证的法律,即在他的笔下的客观理性中滋生出来的。该实证法具有不同于道德律法的三种形式要素:第一,它对所有的公民共同适用,有普遍的效力,并且有外在的可识别性;第二,制定实证法的权力与道德律法没有渊源关系,所以它是公民外在的自由行为准则;第三,实证法具有实在的强制力。魏克尔将法律与道德进行分离,但是并不表示他不关心法律的内在价值,而是将法律看成了界定国家与公民关系的手段,认为法律是一个水坝,既可用来限制个人自由的泛滥,同时又可制约

---

① 参见〔德〕康德:《法的形而上学原理——权利的科学》,沈叔平译,商务印书馆2009年版,第145、146—147、155页。
② 参见陈新民:《德国公法学基础理论》(上册),山东人民出版社2001年版,第29页。

国家权力的运用。他认为，限制国家权力是法治国家存在的基础。国家权力非但不是无限的、绝对的，而且还要获得民众的同意，倘若国家完全剥夺了人民的自由，它便失去了存在的基础。这种国家便不再是法治国，其法律变成了强制、压迫人民的工具。

从德国先贤们的法治国思想理论中，我们不难看出，法治国家首先是针对一个相对于绝对君主专制、福利国家而设计出来的新型自由国家。这个国家应是最大限度地给予公民自由的活动空间，不去干预公民个人的私生活，哪怕是为了他们的幸福，只有当公民的自由受到威胁与侵害时，才出面通过法律予以纠正与保护，法律也只是在这里施展手脚。而要保证国家不干预公民个人的私生活，就必须以限制国家权力为基础。这样，他们就完成了自由法治国也即实质法治国的早期理论论证，为现代法治国家的诞生奠定了理论基础。当然，也有学者认为，原初的法治国概念是一致的，并无实质和形式之分。[①]

（二）多样的思想表达

理论随实践发展，学术同时代进步。法学史上，不同国家的不同历史时期，思想家们在不同社会发展阶段提出了关于法治、法治国家的睿智思想和独到见解。德国是近代法治国或法治思想与制度的重要发源地，在其法治发展的进程中，法学家们作出了卓越贡献。郑永流教授、陈新民教授对西方两大法律文化进行过系统整理和比较研究[②]，他们在德国生活、教学研究多年，中西学术交流、文字翻译没有语言和思维的障碍，资料较为全面，翻译准确精到。郑永流先生将德国"法治国"思想和制度渊源划分为如下六个阶段：自由法治国（18世纪末至19世纪30年代）；形式法治国（19世纪30年代至20世纪初）；混合法治国（1919年至1933年，魏玛时期）；"实质法治国"（1933年至1945年，第三帝国时期）；公正法

[①] 参见郑永流：《法治四章——英德渊源、国际标准和中国问题》，中国政法大学出版社2002年版，第95—96页。

[②] 参见陈新民：《德国公法学基础理论》，山东人民出版社2001年版；郑永流：《法治四章——英德渊源、国际标准和中国问题》，中国政法大学出版社2002年版。

治国(1949年至1990年,波恩时代);德国统一后的法治国(1990年之后)。以下择要选取部分代表性人物的理论观点、学术表达、实践贡献扼要介绍。

在法治国家思想史上,19世纪30年代至20世纪初叶,形式法治国家主张曾经风靡一时,其以实证主义为理论工具,认为法律无非是政府进行统治以实现政府目标的工具,主张法律就是法律,而不应包含道德价值等其他含义。法律应与政治进行分离,法律是带有极强技术性的政府统治之术,强调法律的程序性、清晰性、普遍性、规范性以及可预测性,在制度设计和安排上远离具有强烈政治色彩、价值意义的道德和权利基础。法律与民主、权利无关,即使在一个非民主的国家和社会,其对权利也表示出强烈的排斥,但是只要这个国家的法律具有公开性、稳定性、普遍性,能平等地、无溯及既往地适用于所有人,那么这个国家就是法治国家。

法学家施达尔(Friedrich Julius Stahl)是具体主张法治国家形式意义的代表、形式法治国理论最重要的阐述者之一,他从法哲学及宗教法的角度讨论研究国家的目的,代表作是《法律哲学》。宪法是现代国家立国、治理的基础,法律是秩序的保障。施达尔认为,国家必须是一个法治国,这是现代潮流的解决良方,也是真理。国家应像以法的方式具体规定公民的自由并对之加以严格保护范围那样,去确定自己作用的方式与界限,国家不应再坚持什么道德国家论,国家只是一个法律围栏,一个最低的法律围栏。法治国的概念不是指国家只依据法律秩序行事而不考虑行政目的,或仅仅只保护个人的权利,也完全不再意味只是实践国家的目标和内容,而仅是达成此目标和内容的形式与方式。也就是,国家存在的目的不在于保障个人,而在于保障整个国家共同客观存在的基础。由此,法治国的意义已被施达尔完全改写,自由的内容让位于外在的、与价值无涉的形式,国家与法律只不过是一个纯粹的社会技术或社会工具,这也成为近代法律工具论之源。

法学家兼法官格耐斯特(Rudolf von Gneist)继承了施达尔形式法治国的概念,同时对法治国的认识不在于概念的理论分析,更重在实践层面,强调社会的制度性建构,即强调社会的国家秩序,提出了法治国就是"法律的统治"或"依据法律统治"。国家对人民有法律任务,国家为了完成此任务,亟需能够将社会置于法律和法控制之下,以及习惯于接受法律及法控制的组织。但是,格耐斯特不把这些法律当作行政活动的基础,而认为这些法律构成了行政活动的框架与界限,建构起行政的组织骨架,作为司法程序规定控制行政活动,他认同法治国的原则是权力分立制度。祁克(Ott von Gierke)同样强调针对行政的司法保护,在《德意志团体法论》对国家和团体的理论史进行研究中,他依据其所创立的所谓合伙国家理论对此作了一番别样的解释:国家在类型上显得与其他国内人的团体相似,也是一个合伙,是人的最高合伙,而不是统治者侵犯臣民的机关。据此,行政法是规范的最高表现形式,与其他团体规范并无实质区别。作为法治国,国家应像其他团体一样,也位于本团体规范即法律之中,而不是法律之上。法治国意味着国家与法律的统一,在这种意义上,国家组织的创立与它们的相互关系本身就是法律;一切国家的职权存在的基础是法律并根据法律行使;只有公法才被承认为真正的法律。对行政的司法控制因之显得是对合伙的国家结构的完善,并保证在国家中实行法律的统治。

终身从事法律实务的贝尔(Ott Bähr)法官对法治国家概念作出重要贡献,其《法治国家——一个构想的发表》是德国首次单纯以法治国为书名的著作。贝尔赞同施达尔的见解,认为法治国家诚然设法将其生存发展完全地置于法规的统治之下,并且国家的目的也不只局限于实践法的目的而已。他特别强调国家依据法律及法的统治,崇尚法的重要性,由此逐步建构了法治国家的基本概念,基本要义包括:法律优位原则,法是规范国家生活的主要依据;分权原则,法治国建立在行政权与司法权分立之上;公法定位,公法之目的乃在于规范国家统治者与被统治者关系,公法应该比私法有更明确的成文规范;合法诉讼制度的建立,基于行政权必须服膺司法权之优位,以及行政权(政府权)必须依法律及法而行使,所以司法判决可以拘束行政权。贝尔指出,法治国家的法由法律及判决所组成,为了使法治国变成现实,仅仅将公共权力通过法律规定下来还不够,人们要通过司法在具体的案件中确认权利,为遭受侵害的权利的恢复建立一个不可动摇的基础;将行政置于法的监督之下,是法治国的核心条件;行政的司法保护在逻辑上需要赋予法官的独立地位。

由于形式法治国论者过分注重法治国的形式与程序,强调法律的工具性价值,远离法律的自由价值,缺乏对如何限制立法者的立法权限,以保证不制定不公正法律的思考,有人甚至笃信国家不可能为不公正之事,自然招致人们对其主张的潜在危险表示担忧,并对他们的学说提出了批评。具体来说,这种危险首先是容易(当然不是必然)使法律沦为统治者推行个人意志、实行专制统治的工具,与福利国和警察国中君主直接运用行政权力来干预民众生活相比,只不过多了一层法律的外衣;其次表现在由于形式法治国仍然是一种市民法治国,即它要保护的仍然是市民阶级的利益,而很少考虑到工人、农民、士兵及其他下层人的利益,这将会使法治国因社会的不公平而毁掉。思想家们对形式法治国在理论上的忧虑,在经历了两次世界大战之后,终于意识到这种思想所包含的危险具有现实性,从而开始了向实质法治国的理论探索。

施米特(Carl Schmitt)已经步入实质法治国概念的殿堂,他承继传统法治国概念、重视实证法,同时创新发展、实现超越,反对任何有法律规范的国家皆可称为法治国,而是提出了其特殊的概念。在《宪法学说》中,施米特将法治观与宪法合而为一加以讨论,指出现在的法治国家宪法有两个重大原则,即分配原则、组织原则,前者实现人民权利的保障,将个别的人民权利予以界定并分配其范畴,以防止国家权力的侵犯;后者基于权力分立理论,对国家公权力结构与权限进行界分,并相互监督与制约。分配原则产生基本人权体制,组织原则奠定权力分立体制。这样,法治国的概念就以保障人权与权力分立为基础,自然已经包含有所谓的价值观意义。所以,法治国不能只强调国家有客观的法律秩序以及人民法律上的权利保护为满足;法治国之所以有别于强权国家及警察国家,根本在于人民利益、公共安全与安宁的保障。

在《宪法学说》的第十三章"法治国的法律概念",施米特专门讨论了法治国理想中的法律概念,并将之与"政治的法律概念"进行了比较。① 法治国的理想,顾名思义,试图确立"法律的统治"。然而,如何理解其中"法律"的含义呢? 施米特认为,法治国理想中的"法律"既区别于命令,也区别于立法机关所通过的"法",它有着"特定的品质",这些品质如:"正当、理性、公正等等"。法治国中的"法"本应具有高级法的意涵,它源于西方理性主义的自然法传统,认为法律不是一个人或许多人的意志,而是理性。施米特指出,尽管在现代社会中自然法已丧失了自明性,然而仍有一个品质不能舍弃,否则法治国便无从说起,这个品质就是"法规范的普遍性",即法必须以人的自由、平等为前提,普遍运用于每一个公民。"法律面前人人平等是法治国的法律概念的内在属性。"②施米特批评了将一切按立法程序形成的东西皆称为法的形式主义法律概念:按照那种法律概念,所谓"法律的统治"便成了立法机关的统治。他强调指出,"法律的统治"首先意味着立法者本人必须受到法律的约束,只有在法律是具有特殊品质的一般性规范时,"立法者受到法律约束"才具有实质意义。

　　第二次世界大战结束后,纳粹政权崩溃,西德重新建立宪政体制,引发学界对法治国概念的新讨论。1949 年《德意志联邦共和国基本法》是具有浓厚法律技术性质的宪法,大量法学者参与了制定,和以往德国其他宪法不同的是,法治国的用语和概念已完全地引入其中,即在宪法条文中出现,如第 28 条第 1 款规定,各邦的宪法秩序必须符合联邦基本法所规定之共和、民主及社会法治国原则。③ 其时讨论基本法法治国概念最透彻的当属著名的公法权威肖勒(U. Scheuer)教授,他在《德国法治国的新发展》中指出,德国追求与实施一百余年的形式意义法治国,只使法治国剩下一个"合法性的空壳",因此新的法治国概念必须有特定的、实质的基本价值及基本要素。这种基本价值一是个人自由的保障;二是国家权力法

---

　　① 参见陈伟:《施米特与宪法的新概念》,载李强主编:《宪政与秩序》,北京大学出版社 2011 年版,第 90—91 页。
　　② 〔德〕卡尔·施米特:《宪法学说》,刘锋译,上海人民出版社 2005 年版,第 152 页。
　　③ 1990 年 10 月,统一后的德国在整体上继承了西德的法律制度,《德意志联邦共和国基本法》所确立的民主、社会法治国原则也继续被作为根本立国方略,法治国内容也无实质改变。

定,以对抗恣意滥权与不法。肖勒特别强调法律实证主义的不足,因此正义与平等的精神必须符合民主的立法程序,才能足以称为法治国家的法律。他同时认为,法治国必须承认欧洲某些传统文化的价值,如人性尊严、法律保留、权力分立、独立审判等。很明显,肖勒已将形式意义法治国的理念融入实质意义法治国之中。这表明,实质意义法治国容纳而不排斥形式意义法治国,更有助于实质意义法治国理念的实现。肖勒不仅强调法治国的精神内涵,还致力于推动法治国的实践,认为要建立实质意义的法治国,必须加强具体制度的建构。

总之,"共和国属于人民大众所有。不是以任意的方式而聚集形成的人的集合均是人民共同体(Po Po to),人民共同体是一个不仅居于共同的利益需要,而且首先居于共同的法律认识(Co Scienzaiuridica)而联合形成的人的共同体"①。法治国家是国家建设的系统工程,既是重大理论课题,更是复杂治道活动。没有正确的法治理论引领,就不可能有正确的法治实践。在人类法治文明的演进脉动中,世界各国法学家们都努力解答法的一般性问题,试图在不同经济、社会、文化和历史背景中发现法学的一般原理。我们考察法治国家及其生成的历史逻辑、实践逻辑和理论逻辑,对人类优秀法治文明成果积极吸收借鉴,有选择地吸收和转化,结合中国具体实际加以本土化改造,就是要以中国为背景,以法治实践为立足点,总结法治中国建设的经验与成就,思考具体法律问题折射出的普遍性规律,形成一整套表达中国法治实践的概念、范畴,深入阐释中国特色社会主义法治体系背后的法理。以法治国是中华法文化的核心内容,源自春秋战国时期的法家。"法与时转则治,治与世宜则有功。"②法治作为具体的社会治理活动,不可能脱离相应的社会基础、社会条件,需要"因俗而治"、因时而变、因地制宜,需要建立在社会成员普遍自律的基础上,需要社会大众自觉依照法律规则实行自我管理、自我约束、自我治理,没有社会成员高度的自治意识,没有强烈的自律精神和法律敬畏,法治就难以落

---

① 〔古罗马〕西塞罗:《论共和国 论法律》,王焕生译,中国政法大学出版社1997年版,第5页。
② 《韩非子·心度》。

地,不仅不会出现那种理想的法治状态,甚至会出现普遍违法、法不责众的混乱和无序。最为典型的是,2020年新冠肺炎疫情大流行以来,我们愈发能够体会到人与人之间的生命关联,生命不是个别的、孤立的自然现象,而是有其共性的、彼此相连的社会特征。欧美国家民众对佩戴口罩等防疫措施的拒不配合,反口罩、反封锁(反对防疫隔离、限制等措施)、反科学、反疫苗、反公共卫生政策,导致全球疫情一再反复。因此,法治国家建设必须立足具体国情,即本国法的历史、文化传统和现实国情。

第四章

国家结构形式与区域治理*

大国之所以成为大国,是因为它确立了大国建构之道。国家结构形式是国家整体与其部分、中央政权与地方政权间相互关系的政治法律制度,既是立宪者在立宪之时对政治现实所作的宪法判断,本质上也是不同社会发展阶段国家权力纵向配置"度"的平衡的政治设计,涉及央地关系、疆域管控、行政区划、边疆治理、民族构成等。复合单一制是中国特色的国家结构形式,它以普通模式、民族模式、特区模式的实践形式,成功解决人口民族众多、国土幅员辽阔大国的国家整合和国家建设问题,维护多民族国家的统一和稳定,为大国国家结构形式提供了独特范例。其中,民族区域自治是中国国家结构形式中的重要组成部分,集中体现了"坚持各民族一律平等,铸牢中华民族共同体意识,实现共同团结奋斗、共同繁荣发展的显著优势"。

维护民族团结和国家统一是中华民族的最高利益。习近平指出:"我们坚持准确把握我国统一的多民族国家的基本国情,把维护国家统一和民族团结作为各民族最高利益;坚持马克思主义民族理论中国化,坚定走中国特色解决民族问题的正确道路;坚持和完善民族区域自治制度,做到统一和自治相结合、民族因素和区域因素相结合;坚持促进各民族交往交流交融,不断铸牢中华民族共同体意识;坚持加快少数民族和民族地区发展,不断满足各族群众对美好生活的向往;坚持文化认同是最深层的认同,构筑中华民族共有精神家园;坚持各民族在法律面前一律平等,用法律保障民族团结;坚持在继承中发展、在发展中创新,使党的民族政策既一脉相承又与时俱进;坚持加强党对民族工作的领导,不断健全推动民族团结进步事业发展的体制机制。"①这"九个坚持"是新时代坚持和完善民族区域自治制度的根本遵循。

---

* 初稿执笔魏红英、冉艳辉博士。
① 习近平:《在全国民族团结进步表彰大会上的讲话》(2019年9月27日),载《人民日报》2019年9月28日。

一、国家结构形式理论

一个健全有力的体制乃是人们所必须追求的第一件事；我们应该更加重视一个良好的政府所产生的活力，而不只是看到一个广阔的领土上所提供的富源。①

——〔法〕卢梭

无论采取何种形式，只要不是很小的城邦，历史上任何国家都必定存在某种形式的纵向分权，即在不同层级的政府之间配置不同的治理权力。在传统社会，由于交通和通讯的限制，仅仅是有关治理之信息的传递就非常耗费时间、人力和物力，如果民族众多、区域条件不同，各地所面临的问题以及解决问题的方式也应当不同，解决具体政治问题不仅需要一般的、抽象的知识和原则，而且需要大量的具体的判断和地方性的知识。在这样的条件下，如果治理都由中央政府统起来，治理不仅不可能有效，甚至完全不可能实施。而从历史上看，任何国家的政治治理就不可能由单一层面的政府来完成，即使是最独裁的政府也无法做到一切公共决策都由中央做出。②

恩格斯指出："国家是社会在一定发展阶段上的产物；国家是承认：这个社会陷入了不可解决的自我矛盾，分裂为不可调和的对立面而又无力摆脱这些对立面。而为了使这些对立面，这些经济利益互相冲突的阶级，不致在无谓的斗争中把自己和社会消灭，就需要有一种表面上凌驾于社会之上的力量，这种力量应当缓和冲突，把冲突保持在'秩序'的范围以内；这种从社会中产生但又自居于社会之上并且日益同社会相异化的力

---

① 〔法〕卢梭：《社会契约论》，何兆武译，商务印书馆2009年版，第61—62页。
② 参见苏力：《当代中国的中央与地方分权——重读毛泽东〈论十大关系〉第五节》，载《中国社会科学》2004年第2期。

量,就是国家。国家和旧的氏族组织不同的地方,第一点就是它按地区来划分它的国民。""第二个不同点,是公共权力的设立,这种公共权力已经不再直接就是自己组织为武装力量的居民了。这个特殊的公共权力之所以需要,是因为自从社会分裂为阶级以后,居民的自动的武装组织已经成为不可能了。"①当然,一切制度所要处理的问题在不同国家必定会以不同形式表现出来,解决的办法也可能不同,解决的形式、路径亦不同。

（一）国家结构、国家形式与国家结构形式

国家结构是随着国家的产生和发展而形成、变化的,包括国家内部疆域划分及其整体与组成部分之间关系的确定。在民族众多、各地区发展不平衡的大国,往往会采取更大程度的中央和地方的分权,常常表现为联邦制。因为在大国,由于空间的延伸,中央和地方分权的问题不是一个要不要的问题,而只是一个如何分的问题。因此,国家诞生,为了实现有效治理,必须建立国家机构、进行区域划分、合理配置权力等,即国家形式的建构。国家形式、国家结构形式是政治学、宪法学的重要内容,是既相互联系又内涵各异的概念。国家形式包括国家政权组织形式和国家结构形式,是国家权力横向结构与纵向结构的具体表现,国家结构形式是国家形式的组成部分,是国家形式之一,但不是国家形式的全部。"国家形式是由三个主要因素结合而成,这就是:(国家的)政体形式,(国家的)结构形式,(国家的,政治的)制度形式。"②

国家形式与国家性质相对应,是国家政权组织形式和国家结构形式的总称。国家政权组织形式就是政体,是指统治阶级采取何种原则和方式来组织自己的政权机关、实现自己的统治。我国《宪法》规定:"中华人民共和国的一切权力属于人民。人民行使国家权力的机关是全国人民代表大会和地方各级人民代表大会。人民依照法律规定,通过各种途径和

---

① 恩格斯:《家庭、私有制和国家的起源》,载《马克思恩格斯选集》(第四卷),人民出版社2012年版,第186—187页。
② 〔俄〕B.B.拉扎列夫主编:《法与国家的一般理论》,王哲等译,法律出版社1999年版,第282页。

形式,管理国家事务,管理经济和文化事业,管理社会事务。"我国的政权组织形式是人民代表大会制度。国家形式反映国家阶级本质,如果说政体解决的是国家权力的横向配置,那么国家结构形式解决的就是国家权力的纵向配置问题。

国家性质即国体,通常指社会各阶级在国家中所处的地位。具体来说,是指在一个国家中,哪个阶级或哪些阶级处于统治地位、掌握国家权力,哪些阶级是统治阶级的同盟者,哪些阶级处于被统治和被压迫的地位,统治阶级的性质决定着国家的性质。《宪法》总纲第 1 条明确规定:"中华人民共和国是工人阶级领导的、以工农联盟为基础的人民民主专政的社会主义国家。"这就是我国的国体。国体具有相对稳定性,国家形式则会随着历史条件、文化传统、民族特点、国内阶级力量的对比和国际环境等因素的变化而变化。同一类型的国体,也可以采取不同的政体或国家结构形式。

国家结构形式是国家结构的具体表现形态,是指国家整体与其组成部分之间、中央政权与地方政权之间相互关系的政治法律制度。国家各部分领土的政治权力之间的关系,主要包括中央与地方政府的权力关系。现代国家结构形式主要包括单一制和联邦制两种类型,由各国的历史传统、民族状况以及政治、经济、文化等发展情况决定,两种国家结构形式各具特色。纵观世界各国的政治实践,资本主义国家和社会主义国家中都有采用单一制和联邦制的,国家结构形式与国家性质并没有必然的联系。[1]

国家结构形式是行政区域划分与国家权力配置的结合,不同于国家结构,如果仅有区域的划分,只是地理意义上的国家结构,即国家的领土结构;如果仅有国家权力的划分,则是国家权力结构。它们都是国家结构的内容,只有二者的结合,不仅与公共政权密切相关,而且还同国家的根本特征之一——领土相联系,才构成国家结构形式。因此,俄罗斯学者认为:"国家结构形式应理解为国家政权的行政领土制度,国家与其组成部

---

[1] 参见周叶中主编:《宪法》,高等教育出版社、北京大学出版社 2000 年版,第 228 页。

分之间,国家的个别部分之间,中央和地方机关之间相互关系的特点。"①那么,国家结构形式与国家结构到底是什么关系?乍看起来是形式与内容的关系,其实不然。国家结构不仅包括领土结构、权力结构,而且还包括其他内容,其中权力结构又有纵向和横向之分。而国家结构形式除了国家结构中有关领土划分和国家权力纵向配置外,还包含着将二者结合起来的原则,所以它们是相互依存关系。

现代意义的国家结构形式是随着宪法的产生而产生的,并不以一个国家的建立为起点。国家结构则是伴随地域性的国家代替血缘性的氏族组织而产生的。有国家就有国家结构,但并不一定有现代意义的国家结构形式。国家整体与部分的划分从纯粹意义上看是一种配置权力的技术性手段,但它却是近代民主制度的产物,体现民主与法治对国家权力的要求,即防止个人专制和权力滥用、保障个体和地方的自由权。前资本主义国家不存在现代意义的国家结构形式,因为当时国家整体与组成部分不可能有明确的权力或利益区分。"朕即国家",君主治国不可能以民众的幸福为出发点,而是以维护其王朝利益为核心。国家主权的私人属性并不因为城邦制、联盟制、帝国制、等级分封制中地域范围的划分而改变。只有在资本主义产生后,有了一定的民主事实,通过宪法确立了人民主权原则,才有了真正意义上的整体与部分国家权力的区分,即使这种区分是模糊的。

国家结构制度则表示上述相互关系存在及运行的各类准则或规范,它是关系存在及关系互动的各种规范的总和,是国家结构形式的法律化、规范化。国家结构制度与中央和地方关系既有联系,又有区别。国家结构制度中整体与部分的关系,实质上就是中央与地方最高层级之间的权力关系,它包括各自的法律地位、权限划分的原则内容及权力运作特征。一般意义上,它不包括中央与地方非最高层级的关系。但地方非最高层级与中央的关系有时也会影响国家结构制度:它制约着社会资源配置,进

---

① 〔俄〕B.B.拉扎列夫主编:《法与国家的一般理论》,王哲等译,法律出版社1999年版,第287页。

而影响社会利益关系；它深刻地影响着多民族国家中的民族关系；它直接或间接地影响着社会政治发展的走向。

（二）单一制与联邦制：国家结构形式基本类型

基于不同的地理环境、历史文化和政治传统，国家的整体与部分的关系各不相同，可以划分为不同的类型。目前，学术界对国家结构形式的分类标准并不统一，代表性的大致有如下观点。

国内早期（20世纪上半叶）的宪法学者认为，二者的区分标准在于中央和地方事权的划分方式。"联邦制与单一制根本差别之所在，我们以为应全在国家事权划分的手续。凡属联邦国家，其中央政府与各邦政府的事权，全由宪法划定，所以各邦政府的事权，有宪法为保障；其在单一制国家，无论分权至如何程度，其地方团体的事权，总系经由中央政府以普通的法律或命令规定。所以，地方团体的事权，初无宪法保障。许多学者对于联邦制与单一制的讨论，往往因忽视或误解这个异点而发生重大错误。"①实际上，当今无论是联邦制还是单一制国家，中央政府与地方团体的分权都在宪法中有所体现，因此这种区别标准已不能反映当今政治现实。"将政府主要权力在各州中进行分配，这是让宪法协议地方化和特殊化；而这种让宪法程序有弹性地适用于新的区域、广大地区各式各样又不断变化着的情况，这是我们的政治得以成功的真正原因所在。"②

也有观点认为，判断的标准是国家的区域单位是否可以脱离中央而独立。区域性单位可脱离中央而独立的属于联邦制国家，反之则属单一制国家，它反映了苏联联邦制的特例。③譬如，美国是典型的联邦制国家，各州权力很大，拥有自己的法律、税收、警察、教育、选举制度等，联邦政府最初的权力大致包括各州之间的外交、国防、造币、移民、入籍以及贸易等。但随着时间的推移，联邦政府在教育、社会福利、住房补贴、国土安全、交通等国家公共事务方面的权力日益广泛，作为区域性单位的各州政

---

① 王世杰、钱端升：《比较宪法》，中国政法大学出版社1997年版，第316—317页。
② 〔美〕伍德罗·威尔逊：《美国宪制政府》，宦盛奎译，北京大学出版社2016年版，第262页。
③ 参见何华辉：《比较宪法学》，武汉大学出版社1988年版，第148页。

府不可能脱离联邦政府而独立①。

还有观点认为,判断的标准依据主权权力是由全国性政府独占还是其与区域性政府分享。由全国性政府独占主权权力的是单一制,由全国性政府同区域性政府分享主权权力的是联邦制。② 对于这一观点,学者的认同度较高。但是,随着世界政治实践的发展,单一制国家中央政府向地方政府分配权力的现象也越来越普遍,由全国性政府"独占"权力的情形已不能解释所有单一制国家的具体实践。例如,我国国家结构形式有着基于传统主义的单一制内核,但由于内部民族与文化的多样性、地区发展的不平衡性、改革开放与祖国统一的特殊历史需求以及国家结构思想上现代主权原则与传统帝国原则并用的特殊构成,导致单一制具有丰富的制度弹性,有些制度直接体现了某种联邦制原则(如民族区域自治、特别行政区自治以及基于分税制的财政联邦制)。

所以,判断的标准应该是国家权力的纵向存在形态:国家权力集中于中央、处于完整形态,地方只有间接的国家权力的国家为单一制国家;国家权力处于纵向分离形态,中央与地方分享国家权力的国家为联邦制国家。这里涉及两个概念,即国家主权和国家权力。国家权力是可分的,而国家主权不可分。国家主权作为独立国家自主地处理对内对外事务的最高权力,是完整的、不可分割的。不论是早期的资产阶级思想家,还是现代学者,大多持此观点。③ 英国哲学家霍布斯将国家主权看作国家的灵魂,认为其性质是"不可转让和不可分割的",权分则国分,国分则不国。法国18世纪启蒙思想家卢梭认为主权在民:"主权既然不外是公意的运

---

① 美国历史上的南北战争其实就是宪法危机。当时南部几个州主张独立,时任总统詹姆斯·布坎南(James Buchanan)认为,这些州是不对的,不过他同时认为,根据宪法联邦政府没有权力发动战争,强制这些州留下。但布坎南的继任者亚伯拉罕·林肯(Abraham Lincoln)不是他那样狭隘地理解宪法,而是坚决反对国家分裂,维护国家统一,把内战作为拯救联邦、恢复国家统一的最高奋斗目标,并废除叛乱各州的奴隶制,成功击败了南方分离势力。

② 参见童之伟:《国家结构形式论》,武汉大学出版社1997年版,第146页。

③ 也有学者提出,根据欧洲一体化的经验,无论是联邦制还是单一制,主权都已不是一个不可让渡、不可分割、不可进化的单一概念,而是个可以转让、可以变更、可以融合的复合概念。笔者认为,这里所指的"主权"实质上就是"主权行使权",与下文童之伟先生的观点相似,故在此不再赘述。参见张千帆:《国家主权与地方自治——中央与地方关系的法治化》,中国民主法制出版社2012年版,第31页。

用,所以就永远不能转让。""由于主权是不可转让的,同理,主权也是不可分割的。因为意志要么是公意,要么不是;它要么是人民共同体的意志,要么就只是一部分人的。在前一种情形下,这种意志一经宣示就成为一种主权行为,并且构成法律。在第二种情形下,它便只是一种个别意志或者是一种行政行为,至多也不过是一道命令而已。"① 美国汉密尔顿则更直接,认为"主权内的主权"是一种"政治上的怪物"②。

可见,国家主权是国家的本质内容,是国家区别于其他社会团体的特殊属性,是抽象的、完整的、不可分割的。但是,国家权力不等同于国家主权。正如童之伟教授认为,国家权力所有权就是主权所有权,国家权力行使权就是主权行使权,在代议民主制下,主权的所有者与行使者通常是分开的。主权虽然统一不可分,但是主权权力即最高国家权力行使权却可以而且应该分开。③ 国家权力是主权的行使,与主权的所有不同,它是具体的、可操作的,它必须依附一定的机构和人员、通过一定的具体形式而体现,而具体的机构和人员是可分的。所以,没有国家主权的中央与地方区分之意,只有国家权力的整体与部分分离之说。总之,不管分类标准如何,单一制和联邦制的类型是公认的,二者的区别体现在国家权力(国家主权的行使权)的存在状态、中央与地方权力划分和运作方式、权限争议的解决办法等方面。由于国家结构形式的前提是主权国家的存在,因此学术界的主流观点认为,邦联制不是国家结构形式的类型。

(三) 单一制(Unitary System)

单一制是由若干行政区域单位或自治单位组成的单一主权国家、权力和权威合法地集中于中央的国家结构形式,中央政府代表了国家的所有主权,其特点主要体现在宪法体系、政权机构、外交主权、国家安全等方面:第一,宪法体系方面。国家只有一部宪法,法律由统一的中央立法机

---

① 〔法〕卢梭:《社会契约论》,何兆武译,商务印书馆2009年版,第31、33页。
② 〔美〕汉密尔顿、杰伊、麦迪逊:《联邦党人文集》,程逢如等译,商务印书馆2009年版,第85页。
③ 参见童之伟:《国家结构形式论》,武汉大学出版社1997年版,第132—134页。

关根据宪法制定。第二，政权机构方面。国家只有一个最高立法机关、一个中央政府、一套完整的司法系统；地方接受中央的统一领导，地方政府的权力由中央政府授予，地方行政区与单位和自治单位没有脱离中央而独立的权力；中央对地方的立法、行政、司法实施监督和控制。第三，外交主权方面。国家整体是代表国家进行国际交往的唯一主体。第四，国家安全方面。国家安全是绝对的中央事权，地方维护国家安全是法定职责、宪制责任。

实践中，由于各国的历史发展、社会状况和文化传统的差异，单一制国家也存在多种形式。例如，有学者将单一制国家分为中央集权型和地方分权型。在中央集权型关系之下，中央政府将部分权利交给地方政府行使，而中央政府仍有最终的决定权，法国是这种类型的典型国家；在地方分权型关系之下，权力的分配是一种确定性转移，以立法的形式将权力赋予地方政府，实行地方自治，并规定中央政府不得随意干涉地方权力范围内的事务，英国是这种类型的典型国家。[1] 还有学者将单一制国家分为三种类型：(1) 地方自治制型（非中央集权型）。在地方分权型单一制国家，地方居民依法自主组织地方公共机关，并在中央监督下依法自主处理本地区事务，中央不得干涉地方具体事务，代表国家有英国、意大利。(2) 中央集权制型。法国是典型的中央集权型单一制国家，地方政权在中央政权的严格控制下行使职权，由中央委派官员或由地方选出的官员代表中央管理地方行政事务，地方居民没有自治权或地方虽设有自治机关，但自治机关受中央政权的严格控制。(3) 民主集中制型。以社会主义国家为主，如苏联体制的主要特征是存在着一种更为严格的等级制度，通过正式组织即执政党共产党的控制，以民主集中制及单一候选人选举制度来实现。[2]

目前，世界近200个国家地区大多采用单一制国家结构形式，其主要原因在于：第一，有利于中央集权。单一制政府是中央集权制政府，在立

---

[1] 参见张千帆主编：《宪法学》，法律出版社2004年版，第426—427页。
[2] 参见任进：《中外地方政府体制比较》，国家行政学院出版社2009年版，第6页。

法上,由国家统一制定宪法和法律,行政上实行统一领导和管理,对外关系上则是国际法主体,能统一制定对外政策,对武装力量实施统一的领导和指挥,同时在国家结构形式上比较单一,便于处理中央和地方的关系。第二,国家组织比较简单,与联邦制相比,没有联邦与成员国之间机构和事务上的重复。同时,由于地方政府受中央政府的统一领导,地方政府的机构设置和人员配置相对来说要少一些。第三,有利于提高政府工作效率。单一制政府由中央实行统一领导,没有联邦制国家各州的各自为政,从解决全国性事务的角度看,更有利于提高政府工作效率。

从民族状况、经济发展、地理环境、历史因素等方面看:第一,单一民族国家不存在复杂的民族关系问题,则通常实行单一制;第二,一个国家不同区域之间经济发展水平比较均衡,不存在区域间的较大差异,则通常实行单一制;第三,一个国家不同地区的地理条件之间不存在较大的差异,不同地区之间形成比较紧密的联系,则通常实行单一制;第四,历史因素包括一个国家建立之后中央与地方分权模式的存续时间、特定历史事件对中央与地方关系的影响以及一些历史遗留问题的解决等方面,一个国家通常会因为单一制的历史因素而实行单一制。

单一制国家的特点是全面的政治统一及其不可分割性,地方政府只是中央政府的分支,有义务服从中央命令,且不具备宪法保障的自治权力,优点在于它很简单,且掌握一切最高权力,可以更好地抵抗分离倾向。① 当然,单一制的国家结构形式也存在弊端,如地方的自治权较小,中央权力比较集中,政策缺乏灵活性,不利于调动地方政府的积极性,等等。不过,从理论上说,在单一制体制下地方政府的权力来自上级政府的"授权";或者说,从法理看,地方政府只是中央政府的派出机构,而非独立于中央的机构。但在权力操作层面,无论是中央还是地方,都很难根据理论和法律规定来行动,因为如果完全根据理论和法律来行动,就会出现很多问题,导致治理危机。

---

① 参见〔俄〕B.B.拉扎列夫主编:《法与国家的一般理论》,王哲等译,法律出版社1999年版,第288—289页。

中央和地方的关系理论上表现为委托者和代理者的关系,但两者的关系并非简单的授权关系,因为代理者(地方政府)对事物有自己的考量,其行为会出现和中央(委托者)不一致的情况。因此,中央政府要设计一些制度规则,使得两者保持一致。这样做有其积极的一面,也有其消极的一面。积极之处在于保持了法律和政策的一致性,消极之处就是忽视了地方差异,使得法律和政策难以落实下去。单一制国家假定地方政府只是执行者,而不是决策者。事实上,地方政府也是一级政府,并非仅仅是中央的代理。有很多方面需要地方官员的直接决策,而非简单地等待和听从中央的决策。如果太过于集权,中央政府就会面临信息收集、信息传送、中央官员对信息的判断等问题。更重要的是,即使中央政府获得完整的地方信息,决策时也要考虑到全社会的利益。这里涉及局部和整体的关系:一条信息在中央层面的公布会不会造成全社会的惊恐?要不要将此信息发布为一个全国性的"新闻",抑或是控制在局部地区发布?这些都是必须考虑的。这种多因素的考虑和决策需要时间,所以在实际层面往往拖延了信息的发布和传播。①

(四)联邦制(Federal System)

联邦制在人类政治制度文明的演进中有着久远的历史。公元前265年,罗马征服了除波河流域的意大利领土,成为意大利的主人。次年即公元前264年,爆发了第一次布匿战争(公元前264年—公元前241年),通过这次战争,罗马战胜迦太基,取得了地中海的控制权,夺取了地中海第一大岛西西里,把自己的领土扩张到了天然边界以外,由此产生了对这一海外领地的治理模式选择问题。罗马人面临两个选择:一是曾适用于意大利被征服领土的同盟制;二是迦太基人和叙拉古人留下的模式。同盟制的历史可追溯到公元前366年,罗马开始征服意大利,与征服地区订立同盟条约,把他们变成自己的保护国;同盟国彼此之间不得订立联盟条约,不得互战,在发生纠纷时由罗马仲裁,在其他方面各同盟国保留自己

---

① 参见郑永年:《疫情与中国治理制度》,载《联合早报》2020年2月18日。

的自治,由此逐渐形成了罗马与诸同盟国构成的联邦。①

纵观西方历史的演进,由于封建割据,西方社会长期存在的问题是王权衰弱、中央权威不立、国家四分五裂。所以,英美国家的历史是中央向地方求取权力的历史。美国基本上是在1787年制宪时,经过激烈的辩论和斗争,强有力的联邦政府模式才胜过了各州高度自治的邦联模式,联邦制从政治理念走向政治实践。② 德国当代著名政治学家和法学家施米特认为,联邦"是以自由协定为基础的永久联合体,它以各成员邦的政治自保为共同目标,并且从这一目标出发改变了各成员邦之间的总体政治状态"③。政治实践表明,联邦制是两个或多个分享权力的政府对同一地理区域及其人口行使权力的体制,由在法律上相对独立的单位(如联盟共和国、自治共和国、州)组成统一国家。在联邦制国家,国家权力至少在两级政府中进行分配,并受宪法保障,虽然其成员拥有有限的准国家权力,但联邦拥有最高和最终的国家权力。

联邦制被认为是在极端的中央集权和松散的邦联之间的一种折中形式,优点是它允许联邦成员自治,因地制宜制定适合当地情况的法律;缺点是治理成本高,如在法律上不是很"经济",对国家的法律资源要求比较高,且多套法律同时并行,还有可能产生大量的法律冲突问题。总体而言,联邦制具有以下几个特点:第一,国家有两套法律体系,除有联邦的宪法、法律外,各成员还有各自的宪法和法律,但联邦法律高于各成员的法律;第二,国家机构的组成复杂,除设有联邦立法机关、政府和司法系统外,各成员还设有各自的立法机关、政府和司法系统;第三,从解决权限争议的角度看,联邦制国家均设有仲裁机关(最高法院或宪法法院),对中央和地方各自的宪法权利所发生的争议作出裁决。

联邦制国家在处理联邦与联邦成员之间的关系上也有许多共同的原则:第一,联邦成员自治原则,联邦制区别于集权制的关键之处在于地方自治,联邦与各联邦成员之间在法律意义上互不从属,各联邦成员地位平

---

① 参见徐国栋:《罗马公法要论》,北京大学出版社2014年版,第137—139页。
② 参见齐延平:《自由大宪章研究》,中国政法大学出版社2007年版,第7页。
③ 〔德〕卡尔·施米特:《宪法学说》,刘锋译,上海人民出版社2005年版,第385页。

等;第二,法律保障原则,宪法保障联邦与联邦成员实行分权,权力采取列举方式,联邦和各州不能任意单方面修改宪法,联邦和州之间的权力划分争议通过司法途径解决;第三,联邦和睦原则,联邦制所保障的政治多元化和地方自治不应对整个联邦的稳定与和平产生不利影响,如美国《联邦宪法》第一章第八节特别授权国会调节"州际贸易",以防止各州的地方保护主义措施导致相互报复,从而破坏整个美洲大陆的共同市场。

虽然人类历史上存在过不同联邦或国家联盟,但美国是第一个现代宪制意义上的联邦制国家。"美国有两个互相结合而且可以说是互相嵌入对方的不同社会。美国有两个截然分开和几乎各自独立的政府;一个是一般的普通政府,负责处理社会的日常需要;另一个是特殊的专门政府,只管辖全国性的一些重大问题。简而言之,美国内部还有二十四个小主权国,由它们构成联邦的大整体。"① 以宪制而言,美国宪法既体现了州权与联邦权力的平衡思维和制度理念,同时也展现出美国人的政治特点,其中最为突出的就是宏大创制的偏好和保守主义精神内核。美国宪法的一个显明特征是通过联邦制的科学安排(甚至不仅是科学,而是智慧),成功地将具有"原始而平等的主权"的各州整合成为一个统一的现代国家,解决了大国民主的难题,因而是人类政治科学的伟大成就,其后为世界各联邦国家所借鉴与效仿。联邦制在欧洲(如德国、瑞士等)以及欧美影响下的整个世界范围内获得了广泛的接受、实践、反思与修正,甚至刺激着基于传统主义的单一制国家也通过法律方式实行某种接近联邦制的局部安排。②

目前,全球有20多个国家实行联邦制,如美国、俄罗斯、德国、印度、巴西、墨西哥等,人口总数在20亿以上,占世界大约二分之一的土地。其中,领土最小的是位于东加勒比海背风群岛北部的岛国——圣基茨和尼维斯联邦,只有267平方公里,最大的是俄罗斯,达1700多万平方公里,国土面积超过200多万平方公里的国家大多数是联邦制国家。而在亚洲、欧洲、北美州、南美州、大洋洲、非洲面积最大的国家中,除了中国以

---

① 〔法〕托克维尔:《论美国的民主》(上卷),董果良译,商务印书馆2009年版,第72页。
② 参见〔加拿大〕乔治·安德森:《联邦制导论》,田飞龙译,中国法制出版社2009年版,第143页。

外,俄罗斯、加拿大、巴西、澳大利亚、苏丹均实行联邦制。从民族状况、经济因素、地理环境、历史传统等方面来看,选择联邦制的国家,第一,通常是多民族国家,或各民族聚居的地域范围差距不大,或没有形成一个起主导作用的民族,如美国是一个移民国家,各民族之间缺少共同的历史文化纽带;第二,国内区域间经济发展水平存在较大差异,不同区域间在经济上无法建立起密不可分的联系;第三,不同地区地理条件存在较大差异,地区间联系比较松散;第四,有的地区之间还存在较大矛盾,没有中央集权历史,长期缺乏中央权威。

在人类政治文明的演进中,政治思想家们为大国实行联邦制进行了连续的理论探索和论证。18世纪法国启蒙思想家孟德斯鸠特别推崇联邦制:"一个共和国,如果小的话,则亡于外力;如果大的话,则亡于内部的邪恶";"联邦共和国既由小共和国组成,在国内它便享有每个共和国良好政治的幸福;而在对外关系上,由于联合的力量,它具有大君主国所有的优点",并且能防止大国分裂、分散的弊害。① 19世纪法国政治思想家托克维尔经过对美国政治制度的实地考察,也高度赞赏联邦制:"在美利坚合众国,也像在一个单一制国家一样,工作和思想均属自由,没有任何东西抑制进取精神。它的政府尊重天才和知识。在整个联邦内,就像在由同一个帝国统治的国家内部一样,到处是一片升平气象。""联邦既像一个小国那样自由和幸福,又像一个大国那样光荣和强大。"② 马克思、恩格斯主张单一制,同时非常关注联邦制:"在德国,中央集权制和联邦制的斗争就是近代文明和封建主义的斗争。""联邦就是自由者和平等者的联合。因此,德国应当成为联邦国家。难道德国人联合为一个统一的大国就会违背自由者和平等者的联合这个概念吗?"③ 当然,将联邦制理念成功变为现实的是美国联邦党人,在政治法律史上对联邦制的形成和发展作出了直接理论贡献,为美国成为世界超级大国奠定了坚实的制度根基。

---

① 参见〔法〕孟德斯鸠:《论法的精神》(上册),张雁深译,商务印书馆1961年版,第130、131页。
② 〔法〕托克维尔:《论美国的民主》(上卷),董果良译,商务印书馆2009年版,第202页。
③ 马克思、恩格斯:《法兰克福激进民主党和法兰克福左派的纲领》,载《马克思恩格斯全集》(第五卷),人民出版社1958年版,第48页。

(五) 单一制与联邦制的区别与融合趋势

单一制与联邦制的区别主要是国家权力的纵向存在形态不同,即国家权力在中央与地方之间的状态和运作机制不同。前者处于完整形态,地方政府层级管理的隶属性色彩浓;后者处于分离形态,地方政府与中央政府共享国家权力。单一制和联邦制都是解决国家纵向权力关系的政治法律制度,归纳起来,它们的主要区别在于:

第一,国家权力配置,即国家权力的存在形态是分离还是完整。单一制国家国家权力比较完整地集中于中央政府,而联邦制国家权力由联邦和联邦成员国共同享有。尽管地方自治型单一制国家的地方政府享有部分国家权力,但其权力来源于中央政府,所享有的各种自治权取决于中央政府的授予。

第二,政府设置和法律体系,即政府和法律体系是单一还是双重。联邦制模式由双重政府体系构成,中央政府和各成员政府均有相互独立的立法、司法和行政,而单一制将所有的主权集中到中央政府。在联邦制下,公民必须服从两套法律,而在单一制模式下,只有一套法律体系通行全国。

第三,政府法律地位,即中央政府与地方政府的地位是平等还是从属。单一制实行中央控制,地方和省级政府在法律上只是中央的分支机构,从属于中央政府。而在联邦制国家,联邦中央与各联邦成员之间在法律意义上互不从属,各联邦成员地位平等,在规定范围内是相互平等的联盟关系,联邦政府行使国家主权,是对外交往的主体。

第四,争议解决机制,即中央与联邦各成员政府之间关系的协调机制是有还是无。联邦制国家需要有特殊的协调机制用于协调联邦政府与各成员政府以及各成员政府之间的关系;单一制模式则无须这种特殊的协调机制。

从世界各国国家结构形式的发展看,已表现出不断融合的趋势,即吸纳其中有益因素。也就是说,随着全球化、信息化的增强,国家结构形式两种类型的融合趋势已是事实。

一方面,联邦制国家借鉴单一制的特点,如在行政方面保留联邦的性质,在立法方面加强中央集权制,以此保持联邦国家的稳定。与此同时,伴随经济一体化、政治集权化发展,许多联邦制国家还在不断限制和缩小成员单位政府权力,加强和扩充联邦权力,以强化联邦政府权威。联邦制越来越多地采用具有统属性的方式重构国家权力,联邦政府与地方政府关系的集权化程度加深。以美国为例,"联邦政府自创建以来,其权力就得到增长,甚至是大大增加,并且在多数情况下,这种权力的增长并不需要对宪法进行修订。但几乎在任何情况下都应当将这种联邦政府权力增长的进程视为完全正常与合法的。不能将宪法仅仅视为一份法律文件,像遗嘱或契约那样理解。宪法在必要的情形之下必须是生命的载体。随着民族生活的改变,这个蕴含改变的文件的解释必须依据适宜的调整而决定,所依据的不是这一文件制定者的原初意图,而是迫切的需要与生活的新局面本身"[1]。

另一方面,单一制国家也在学习联邦主义的因素。中央政府通过地方分权,或采用地方自治,让渡部分国家权力,甚至对外交往的国家权力。如依照我国宪法规定[2],香港、澳门实行资本主义制度和资本主义生活方式即"一国两制",享有特殊法律地位、高度自治,除了有权依照基本法的规定自行处理特别行政区行政事务、行使立法权之外,还有独立的司法权和终审权,在对外交往方面,特别行政区政府有参加外交谈判、国际会议和国际组织的权力,可以签订国际协议,有权与外国互设官方、半官方机构,有权签发特区护照和旅行签证。单一制国家吸收联邦主义的因素让渡部分国家权力,一般是为了实现特定的国家治理目标。

现代国家建设的政治实践表明,联邦制与单一制已不再是传统政治理论所论证的截然对立的两极,可以成为你中有我、我中有你的结果形态,单一制与联邦制之间的差别只是权力在中央与地方配置程度的不同,不是二元对立的。如美国宪法具有单一制和联邦制宪法的混合特征,一个全国性的政府和联邦组成单位的各州政府同时并存;立法部门都由两

---

[1] 〔美〕伍德罗·威尔逊:《美国宪制政府》,宦盛奎译,北京大学出版社 2016 年版,第 275 页。
[2] 《宪法》第 31 条规定:"国家在必要时得设立特别行政区。在特别行政区内实行的制度按照具体情况由全国人民代表大会以法律规定。"

院组成,呈混合性的特征,一院代表各成员体,一院直接代表人民。在《宪法第十七条修正案》通过之前,联邦参议员是由州议会加以选举的,更体现了这一全国性立法机构的混合性特征——原来联邦制议会与单一制全国性议会的混合。① 对此,托克维尔也表达了清晰的观点:"既然已经宣布联邦是享有宪法规定的那部分主权的单一制统一国家,那根据这部宪法建立和办事的政府就享有全国政府拥有的一切权利,而向公民直接发号施令的权利,则为其中最主要的权利。"② 因此,"及时准确地解决国家结构问题,在很大程度上保障了国家的稳定,使它更有成效地发挥职能,否则,不符合国家性质和任务的不适宜的国家结构形式,能够成为它瓦解的原因之一"③。当然,联邦制是否必然向单一制过渡,这是与国家结构形式分类相关的一个重要问题。

在中国政治学、宪法学界有一种说法,认为联邦制必然向单一制过渡,依据源于马克思、恩格斯、列宁的有关论述。上文已述,马克思、恩格斯赞成单一制,不主张联邦制,如1891年6月恩格斯在论述德国国家制度的改造时明确指出:"应当用什么东西来代替现在的德国呢?在我看来,无产阶级只能采取单一而不可分的共和国的形式。""我们的'联邦制国家'已经是向单一制国家的过渡。"④ 列宁准确地总结了马克思、恩格斯的观点:"联邦权根本是荒谬的,因为联邦制是双边协定。马克思主义者决不能在自己的纲领内拥护任何联邦制,这是用不着说明的。"⑤ "恩格斯同马克思一样,从无产阶级和无产阶级革命的观点出发坚持民主集中制,坚持单一不可分的共和国。他认为联邦制共和国或者是一种例外,是发展的障碍,或者是由君主国向集中制共和国的过渡,是在一定的特殊条件下的'一个进步'。而在这些特殊条件中,民族问题占有突出的地位。"⑥

---

① 参见刘海波:《政体初论》,北京大学出版社2005年版,第181、235—236页。
② 〔法〕托克维尔:《论美国的民主》(上卷),董果良译,商务印书馆2009年版,第183页。
③ 〔俄〕B. B. 拉扎列夫主编:《法与国家的一般理论》,王哲等译,法律出版社1999年版,第288页。
④ 恩格斯:《1891年社会民主党纲领草案批判》,载《马克思恩格斯全集》(第二十二卷),人民出版社1965年版,第275页。
⑤ 列宁:《论民族自决权》,载《列宁全集》(第二十五卷),人民出版社2017年版,第274页"注"。
⑥ 列宁:《国家与革命》,载《列宁全集》(第三十一卷),人民出版社2017年版,第68—69页。

"马克思在原则上虽然是反对联邦制的,但他这次却容许联邦制。"①

那么,该如何看待这个问题?从现实上说,学术界讨论的这种观点是不成立的,否则根本无法有力解释美国联邦制存在的现实。二战以来,美国联邦制的集权现象只能说明时代的发展分权向集权的转化,而不能说明联邦制向单一制的转化。从理论上说,"过渡说"是对马克思主义创始人著作的教条理解和国家结构形式的误解。国家统一、主权安全,这是国家的核心利益,无论是单一制国家还是联邦制国家,这都是必须坚守的底线,联邦制只不过是在复杂因素和历史条件下实现国家建设的一种精妙的制度设计和安排。应该说,单一制与联邦制不存在优劣之分,关键在于是否与本国经济发展水平、历史文化传统、政治制度等相适应。正如列宁所指出:"不是实行各个民族工人组织的联邦制,而是实行各民族的团结,建立用当地无产阶级的各种语言来进行工作的统一组织。"②

著名中国问题专家郑永年先生以 2020 年新冠肺炎疫情引发的席卷全球、规模空前的公共卫生危机开展的讨论,也为我们拓展了思考的路径。单一制体制下存在的问题,可以借用一些联邦体制的方法。实际上,中国在很长时间里曾经实施"行为联邦"的方法。"行为联邦"不是西方那种宪制或法理上的联邦,而是具体操作或政策设计和执行行为上的联邦,它满足了单一制体制集权但在很多方面又必须分权的需要。在行为联邦体制下,一些领域由中央政府统筹,中央权力"一竿子插到底",深入各个地方,便于中央政府直接收集和处理信息,并在此基础上作出科学决策。在另外一些领域,中央完全授权地方,让地方政府来决策和执行。尽管"行为联邦"这种非制度化的特征,给单一制体制下的中央地方关系带来弹性,但也阻碍了中央地方关系的制度化发展。

从国际层面看,二战以来,从前非常分权的联邦体制呈现出越来越集权的现象,表明中央(联邦)政府在当代社会所承担的功能和责任越来越多。中央政府的权力不仅仅限制在传统的外交和军事领域,也几乎涉及

---

① 列宁:《论民族自决权》,载《列宁全集》(第二十五卷),人民出版社 2017 年版,第 274 页。
② 列宁:《"八月联盟"的空架子被戳穿了》,载《列宁全集》(第二十五卷),人民出版社 2017 年版,第 33 页。

政治经济社会的各个重要方面,包括财政、金融、社会保障、公共卫生等。不管怎么说,治理疫情期间的社会是一个综合的制度和政策工程。对现代复杂社会的治理不能简单用集权或分权来概括,人们必须寻求一种可以结合集权和分权的体制,既需要高度的中央集权,因为疫情涉及整个社会,又需要高度的地方自治,因为治理的对象是具体的地方社会。互联网和社交媒体的广泛使用、人口的大规模流动,加上大城市化等因素,更是在呼吁兼具集权与分权的复合型治理体制的出现。在这个体制内,人人都是利益相关者,人人都有一份责任来维护好的公共品(public goods),而避免坏的公共品(public bads)。①

(六) 邦联制(Confederalism)不是国家结构形式范畴

邦联制是指由两个或两个以上保留了独立主权的国家,为实现军事、政治、经济利益等特定目的而组成的一种松散的国家联合体。邦联制比联邦制松散,是主权国家的联盟,通常根据条约组建。历史上曾出现过的邦联有:1780—1787年的美国邦联(不久以后依据宪法组成了联邦制国家——美利坚合众国),1815—1848年的瑞士同盟,1820—1866年的德意志同盟,英国及其前殖民地组成的"大英联邦"(British Commonwealth),独立国家联合体、欧盟(欧共体),等等。

邦联制之所以不属于国家结构形式的范畴,原因有以下几点:第一,一般而言,邦联没有主权国家的某些权力,它根据各成员国所缔结的条约而组成,成员国除了根据条约明确表示让予或委托邦联机构的权力外,各自仍保留对内、外的主权,保留本国政府机关的一切职能;第二,邦联不是国家主体,它没有统一的宪法,没有凌驾于各成员国之上的中央政府,没有统一的军队、税制、预算等;第三,邦联对成员国没有强制力,各成员国既可将让予邦联的权力收回,也可以自由退出邦联,如英国"脱欧"(退出欧共体);第四,邦联不是一个主权国家,邦联的事务由邦联成员国"首脑会议"或邦联会议按条约的规定共同决定,它的决定只有在经过成员国政

---

① 参见郑永年:《新冠肺炎疫情与中国治理制度》,载《联合早报》2020年2月18日。

府的认可后才具有法律效力。因此,邦联仅是一种国家联盟的形式,不是国家实体,不属于国家范畴,邦联制也不是严格意义上的国家结构形式范畴。

以美国为例,独立战争(1775—1783年)开启了其独立建国之路,1776年7月,大陆会议通过由托马斯·杰斐逊执笔起草的《独立宣言》,宣告了美国的诞生。但是,在国家结构形式上,建国者们却颇费周折,由邦联到联邦制,经历了10年的艰辛探索、艰苦斗争。独立战争期间,大陆会议于1777年11月通过《邦联条例》,并于1778年经各州批准后生效,依据条例解散了大陆会议,建立邦联政府。该邦联政府实际上是一个松散的州联合体,不设总统,邦联议会(中央政府)权力很小,没有主权国家应有的宣战、媾和、签约、发行货币、借债、征兵和征税等权力,而州的权力却很大,拥有主权国家所享有的一切权力。也就是说,美国建国之时实行的是高度地方自治的邦联制。《邦联条例》实施的10年中,邦联制出现了许多新问题,如财政、经济和军事等,国家运行在既定的邦联制度轨道上,已经呈现出令人极度忧虑的低效率、离心力,国家的有效治理已经无法依赖邦联制度了,美国面临一个国家发展的重大考验,政治法律精英们深刻意识到,"必须要建立一个强有力的中央政府"。

恰在此时,主张维持小规模共同体直接民主的反联邦党人(州权主义者),却坚决拒斥将美国引上联邦制度的轨道。双方对美国应当建成一个什么样的国家,都有自圆其说的理由。联邦党人当然认定,唯有建构强有力的中央政权的联邦制,美国才有望解决已经暴露无遗的治国弊端,而这些弊端恰恰就是邦联制度造成的:邦联是一个松散联盟,没有统一而强大的中央政府机构;邦联大会没有独立的行政和司法机关,因此在政治、经济、外交、军事上都显得软弱无能,没有中央征税机制、没有统一武装力量、没有专门执行机构、无权调节贸易争端,邦联与各州的权力有效性都得不到保证。但邦联是美国独立后确立起来的制度体制,不仅人们习以为常,而且还有像反联邦党人那样的社会人士对之进行政治理论的论证。这种论证,不仅基于小规模共同体最有利于维持民主政体,而且已深深扎根在美国人不信任国家权力的政治心理沃土之中。联邦主义者(联邦党人)和州权主义者的全方位博弈和激烈较量[1]，在1787年费城制宪会议上达到高潮，最终《美利坚合众国宪法》颁布，联邦政府正式成立，美国联邦制得以正式确立。从此，美国踏上大国强国之路，特别是经由1898年美西战争(Spanish-American War)的验证，崛起为名副其实的世界强国。到今天为止，美国的世界超级大国之路已经走了一百多年。

二、中国特色国家结构形式

中国共产党自诞生之日起，就开始了"建立一个什么样的新中国，怎么样建立这个新中国"的探索，从"真正民主共和国"性质的"中华联邦共和国"到"工农苏维埃共和国"和"苏维埃人民共和国"，再到"民主共和国"和"新民主主义共和国"，最后定格为"中华人民共和国"。新中国是工人阶级领导的、以工农联盟为基础的人民民主专政的国家，这就是新中国的国体；民主集中制的人民代表大会制度，这就是新中国的政体；统一的多民族国家和在单一制国家中的民族区域自治制度，这就是新中国的国家结构形式；中国共产党领导的多党合作和政治协商制度，这就是新中国的政党制度。其中的国体，具有最根本的意义和决定性的作用。[2]

单一制是中国国家结构形式的主体，复合单一制（或带有复合因素的单一制）是中国特色国家结构形式，它以中央与普通地方关系模式、中央

---

[1] 汉密尔顿、杰伊、麦迪逊所著《联邦党人文集》(商务印书馆2009年版)集中反映了当时美国政治精英们的思考：如何把四分五裂的邦联合众为一，如何巩固这个政治共同体——"这个问题本身就能说明它的重要性，因为它的后果涉及联邦的生存、联邦各组成部分的安全与福利，以及一个在许多方面可以说是世界上最引人注意的帝国的命运"。纵观全书，前三十余篇阐明将邦联整合为一个强有力的联邦的重要性，而后半部分是对政治共同体内部权力配置的具体分析——如果没有一个统一的政治共同体，所谓分权就等同于"皮之不存，毛将焉附"。因此，作者著述意图明确：阐释美国的政体选择，何以落在共和国上；针对反联邦党人强烈主张的直接民主理念，有破有立地申述共和建国的宪法精神；切中依宪执政、依宪治国必须遵循的基本方略，对国家结构、权力体系、行政方式和预期效果，进行简明扼要解答。这样，以自己对美国宪法的晓畅解释，让美国社会尤其是美国精英阶层理解宪法精神，辨析建国难题，形成宪法共识，认同联邦理念，从而有力地捍卫美国建国必须确立的联邦制度，避免美国革命后建立的邦联制度让国家陷入分崩离析境地的危险。参见任剑涛：《〈联邦党人文集〉讲了些什么》，载《光明日报》2015年10月20日。

[2] 参见中共中央党史研究室：《中国共产党的九十年》(新民主主义革命时期)，中共党史出版社、党建读物出版社2016年版，第352—353页。

与民族区域自治地方关系模式、中央与特别行政区关系模式(以下简称普通模式、民族模式、特区模式)三种实践模式,构成宏观和谐的基础,蕴含着发展的适应性、内容的兼容性、功能的多样性特征,有效化解了在人口众多、民族多元、国土辽阔、历史问题遗存的大国国家整合、国家建设难题。中国的制度创造独具特色,为大国国家结构形式提供了中国智慧、中国方案。

(一)复合单一制国家结构形式

全球大国中只有中国没有采用联邦制国家结构形式,而采取单一制国家结构形式。中国是历史上单一制存续时间最长久、最稳定的国家,为什么会成为大国国家结构形式的例外?为何单一制能完成联邦制的使命,维护国家的统一和稳定?这就是单一制下的多样化地方政府模式的魅力所在,具体包括普通集权模式、民族自治模式、特区复合模式乃至将来的台湾模式。这不由得联想到英国哲学家罗素对中国问题的高见:"中国的人口占到全世界的四分之一,所发生的问题即使对中国以外的任何人没有影响,本身也具有深远的重要性……因此,对中国问题应该有明智的了解。"[1]

国内早期对中国国家结构形式的研究,基本上与对中国宪制的研究起始同步(童之伟,1997)。据考察,"在我国历史上,政治活动家和学者着眼于实现民主宪政而提出国家结构形式问题始于19世纪末"[2]。新中国成立后,相关研究成果分别散见于宪法学教科书及政治学综合性教材中,没有明确的地方政府模式的区分。改革开放后,学者们开始从不同的视角开展研究。[3]

---

[1] 〔英〕罗素:《中国问题》,秦悦译,学林出版社1996年版,第1页。
[2] 童之伟:《国家结构形式论》,武汉大学出版社1997年版,第8页。
[3] 早期的综合研究如陈嘉陵主编的《各国地方政府比较研究》,渐渐成果较多的是宪法学或法理学、政府理论、央地关系(中央与地方关系)等专题研究,如地方政府(王沪宁,1986;薄贵利,1991;陈嘉陵,1991;郑贤君,2000;周黎安,2008;杨雪冬,2009)、宪法学或法理学(童之伟,1997;应松年、薛刚凌,2003)、政府理论(谢庆奎,1998;毛寿龙,1996;林尚立,1998、2008;李芝兰,1998;郑永年,2010)、经济关系(董辅礽,1996)、财政关系(戴小明,1999;胡书东,2002)、政治制度(浦兴祖,1999;杨宏山,2002)、中国制度转型(辛向阳,1996;吴国光,1995;王绍光,1997)等。

纵观中国历史,央地关系(即中央与地方关系)始终是关乎国家统一、社会稳定、经济发展、区域活力的重大命题。随着香港、澳门回归祖国,特别行政区基本法的实施日益受到学界关注;与此同时,区域经济的快速发展、西部大开发战略的实施以及中央区域政策的持续推进,区域发展与合作深化,地方政府之间竞争与合作所产生的问题日趋普遍,也引发人们对中央与地方关系的重新审视,如中央与特别行政区关系特别是中央与地方关系法治化研究[1]、经济合作区地方政府关系研究[2]、区域法治研究(包括区域间政府合作模式研究)[3]等,对国家结构形式理论回应和解释中国新阶段的政治和法治实践问题提出了新的要求和期待。目前,国外对中国国家结构形式和地方政府模式的研究比较少见,散见于中国政治体制、中国地方政府模式中。据笔者目之所及,专门的研究多集中在个别省份与中央关系的某时段的个案研究中(David,1986;Kenneth Lieberthal,1995、2004)。

对国家结构形式的深入研究,许多建立在中央与地方政府关系模式(简称地方模式)研究基础上。地方政府模式是指依据国家权力的纵向划分方式,所形成的地方政府地位、组织结构、职权划分及其运行的类型或形态,是国家结构形式的外在表现形式,其内容包括地方政府与中央政府之间、地方政府与地方政府之间、地方政府与民众之间的关系,其中占主

---

[1] 王振民:《中央与特别行政区关系:一种法制结构的解析》,清华大学出版社2002年版。张千帆:《论国家统一与地方自治——从港澳基本法看两岸和平统一的宪法机制》,载《华东政法大学学报》2007年第4期;《国家主权与地方自治——中央与地方关系的法治化》,中国民主法制出版社2012年版;《中央与地方关系法治化的制度基础》,载《江海学刊》2012年第2期。封丽霞:《中央与地方立法关系法治化研究》,北京大学出版社2008年版。苏力:《当代中国的中央与地方分权——重读毛泽东〈论十大关系〉第五节》,载《中国社会科学》2004年第2期;《大国宪制——历史中国的制度构成》,北京大学出版社2018年版。胡鞍钢等:《中国国家治理现代化》,中国人民大学出版社2014年版。

[2] 陈瑞莲:《区域公共管理理论与实践研究》,中国社会科学出版社2008年版;汪伟全:《区域经济圈内地方利益的冲突与协调——以长三角地区为例》,上海人民出版社2011年版。

[3] 刘隆亨主编:《中国区域开发的法制理论与实践》,北京大学出版社2006年版;叶必丰:《行政协议:区域政府间合作机制研究》,法律出版社2010年版;《区域经济一体化的法律治理》,载《中国社会科学》2012年第8期;周佑勇主编:《区域政府间合作的法治原理与机制》,法律出版社2016年版;公丕祥主编:《区域治理与法治发展》,法律出版社2017年版;骆天纬:《区域法治发展的理论逻辑——以地方政府竞争为中心的分析》,法律出版社2017年版;冉艳辉、郑洲蓉:《中国区域合作中地方利益协调机制研究——兼析武陵山片区龙凤经济示范区的利益协调》,中国社会科学出版社2017年版。

导地位的角色是中央与地方的关系。尽管早在 20 世纪 60 年代,西方学者已在各国地方政府研究的基础上开始更深入的国际视野的比较研究,并且提出了一些认同程度较高的模式理论,如美国学者奥德福提出的英国型、法国型、苏联型和传统型地方政府模式;也有学者提出联邦分权型、单一分权型、拿破仑行政长官型、共产党国家型、后殖民主义型的地方政府模式①,以及代理模式、合作模式、权力依赖模式②。塞缪尔·休姆斯则认为,地方政府根据其是否具有代议性,可分为非代议的地方政府、半代议的地方政府和代议性的地方政府。在非代议地方政府中,没有一个代议性的机构;半代议地方政府也有一个代议性的机构,但其主要人员是官员或任命的指定人员,或者代议机构没有实际政治权力,仅起咨询或协商作用;代议性地方政府不仅存在一个代议性机构,而且这一机构几乎全部由选举的成员组成,拥有实际政治权力。③ 在其时的国外学者眼中,中国地方政府是作为国别整体与其他国家相区别,要么归于共产党国家型,要么归于苏联地方政府型。

这些模式理论具有一定的学术价值,对于人们认识不同地方政府的特点很有帮助。只是许多研究会切割中国地方政府特有的整体特征或风格,而这容易造成对地方政府生存环境和背景的认识错觉。还有的研究惯于以成文法为依据,没有着力关注中国社会变迁与转型期生动的政治实践与成文法之间的巨大差距。因此,有必要从宪制和国家整合的视角,运用系统的结构分析方法,从区域政治发展的非均衡性出发,超越纯粹政治制度层面的研究,对介于中央和民众之间的地方政府模式作深入解读,探讨和激发多样性地方政府模式发展的共同理念。

在既有的研究中,关于中国国家结构形式,理论界有多种阐释,如"有中国特色的民主集中单一制""带有联邦制特点的单一制""具有复合制某

---

① 参见任进:《地方政府典型模式比较研究》,载《比较法研究》1996 年第 3 期。
② 参见〔英〕伊夫·梅尼、文森特·赖特主编:《西欧国家中央与地方的关系》,朱建军等译,春秋出版社 1989 年版,第 43—44 页。
③ See Samual Humes, *Local Governance and National Power: A Worldwide Comparison of Tradition and Change in Local Government*, London: Harvester Wheatsheaf, 1991, p.203.

些特征的单一制""复合式单一制"等①,为后学从不同视角深入研究提供了认识问题的方法。但他们只是孤立地注意到部分地方制度或特别行政区制度对国家结构形式的影响,忽视了其他地方制度的客观存在,没有或很少从整体上研究和全面反映中国国家结构形式的特色。我们认为,"带有复合因素的单一制"是中国国家结构形式的独特创造,目前有普通模式、民族模式、特区模式三种实践模式,正是这样的制度创造使中国成为大国国家结构形式的特殊范例。所以说,复合单一制(或带有复合因素的单一制)是中国特色国家结构形式。

(二)单一制为主体的地方政府模式

具有复合因素的单一制仍然是一种单一制,现行的普通模式、民族模式、特区模式三种实践模式都具有单一制国家结构形式的基本特征,其中,普通模式是中国国家结构形式的主体。

1. 普通模式:典型单一制的实践形式

中国各省与中央之间的关系,是典型单一制国家的中央与地方关系,其制度框架、功能结构及运作规则与典型单一制国家法国大体相似。中央对地方享有决定权,决定地方的存在及活动范围。地方政权赖以生存的物质实体——地域、机关和职能都由中央机关划分、设置、授权,它们不是地方与中央之间协商的结果,而是中央单方面意志的决定。中央在双方关系中起主导作用,地方政权机关不过是中央政权机关的"代理机构""下属机构"或"组成部分"。所有按行政区划设置的普通行政区域均服从中央的统一领导,接受中央监督。中央集中了所有的权力和权威,掌握全权并维护国家的统一。

在中国,从权力机关的关系看,最高权力机关与地方权力机关之间存

---

① 参见童之伟:《国家结构形式论》,武汉大学出版社1997年版,第367页;浦兴祖主编:《中华人民共和国政治制度》,上海人民出版社1999年版,第596、598页;王远美:《"一国两制"对我国国家结构形式的影响》,载《北京教育学院学报》1997年第1期;谢邦宇:《香港回归与"一国两制"》,载《徐州师范大学学报(哲社版)》1997年第2期;林伯海:《联邦制、邦联制抑或"一国两制"——关于中国统一模式的政治学思考》,载《理论与改革》2001年第5期;艾晓金:《中央与地方关系的再思考——从国家权力看我国国家结构形式》,载《浙江社会科学》2001年第1期。

在着法律监督、业务指导的关系。全国人大有权修改宪法,监督宪法的实施,制定和修改刑事、民事、国家机构的和其他的基本法律;地方各级人大在本行政区域内,保证宪法、法律、行政法规的遵守和执行。中央和地方人大常委会有权撤销本级人民政府的决定和命令和下一级国家权力机关制定的不适当决定。从行政机关的关系看,地方人民政府具有双重从属地位,从属于同级立法机关和上级业务主管部门。地方各级人民政府对本级人民代表大会负责并报告工作,地方各级人民政府对上一级国家行政机关负责并报告工作。全国各级地方人民政府都是国务院统一领导下的国家行政机关,都服从国务院。从审判机关的关系看,最高人民法院监督地方各级人民法院和专门人民法院的审判工作,他们之间构成监督关系。从法律监督机关的关系看,最高人民检察院领导地方各级人民检察院和专门人民检察院的工作。"中央机关也许会把某些职能和权力分配给下级,但保留了收回这些权力或干预其贯彻执行的权威;权力分散并不保证下级有权永久或自主地行使自己的权力。"①

民族模式是单一制中央与地方关系在民族自治地方的独特表现(详见本章第三部分的论述)。

2. 特区模式:单一制央地关系的特殊形态

中国是单一制国家,为和平解决祖国统一问题而创设的"一国两制",是单一制国家内部的两种制度,中央与特别行政区关系是中央与地方关系的特殊形态。香港、澳门的主权和治权都在中央,其高度自治权由中央依法授予。尊重和维护"一国"是实行"两制"的前提,"一国"不可挑战,"两制"必须在"一国"之内运行。党的十九届四中全会通过的《中共中央关于坚持和完善中国特色社会主义制度、推进国家治理体系和治理能力现代化若干重大问题的决定》明确指出:"坚持'一国'是实行'两制'的前提和基础,'两制'从属和派生于'一国'并统一于'一国'之内。"②

---

① 〔美〕詹姆斯·R.汤森、布兰特利·沃马克:《中国政治》,顾速、董方译,江苏人民出版社1994年版,第302页。
② 《中国共产党第十九届中央委员会第四次全体会议文件汇编》,人民出版社2019年版,第58页。

从特区产生过程来看，特别行政区根据中国宪法的规定而设置，是中国不可分离的一个地方行政区域，而不是一个独立的政治实体。在解决香港、澳门问题时，不是中国中央政府与这两个地区进行讨价还价的谈判，而是中国中央政府与英、葡两国政府就香港、澳门主权归属及归属的程序进行谈判。也就是说，无论从历史上或者是回归进程中，香港、澳门两地就只是中国中央政府下属的一个地区，并不是与中央政府平起平坐的政治实体单位。现代法治都是宪制法治，香港、澳门从回归的那一刻起，其所有法律制度的效力均来源于中国宪法和特别行政区基本法，凡与中国宪法和特别行政区基本法有抵触的不予保留。

从特区享有的权力来源来看，特别行政区是中国为了解决主权问题而特别设置的地方行政区域。特别行政区享有的高度自治权，来源于中央政府，不是其固有的。基本法多次出现的"授权""授予"概念，表明特别行政区的权力的从属地位。正是这样权力的构成形态而非权力享有的差异，成为单一制与联邦制的基本区别。香港、澳门特别行政区的高度自治权，是相对的而不是绝对的。"一国两制"的法理基础是宪法和特别行政区基本法，这些都是由全国人民代表大会制定的。基本法明确规定，全国人民代表大会常务委员会决定宣布战争状态或因特别行政区内发生特别行政区政府不能控制的危及国家统一或安全的动乱而决定特别行政区进入紧急状态，中央人民政府可发布命令将有关全国性法律在特别行政区实施。这些规定，都体现了"一国"的原则性、根本性和"两制"的从属性、派生性。

从中央对特区的监督来看，如果说仅有授权仍然不足以体现特区的从属地位的话，那么对未授予权力的保留以及对已授予权力的监督，则可以比较全面地反映中央与地方之间的非平等关系。基本法规定，中央享有对特区权力运作的监督和控制权，具体表现为：中央通过对特区行政长官的任免和对特区财政预决算案的备案，实施行政管理权监督；中央通过提案权、备案、立法否决权实施对特区立法权的监督；在司法方面，特区法院对国防、外交等国家行为无管辖权，如审理案件中遇到涉及国防、外交等国家行为的事实问题，须取得中央人民政府的证明书；特区终审法院法官和法院首席法官的任免,须报全国人大常委会备案;某些案件的审理应由特区终审法院提请全国人大常委会作出解释,如全国人大常委会作出解释,特区法院在引用该条款时,应以此解释为准。

从特区享有的权力来看,在对外关系上,特区享有的权力不具有独立性,不具有最高性,即使是司法终审权的运用,也只能在基本法规定的范围内,而基本法的解释权属于全国人大常委会。《中华人民共和国香港特别行政区基本法》(以下简称《香港特别行政区基本法》)和《中华人民共和国澳门特别行政区基本法》(以下简称《澳门特别行政区基本法》)第12条规定,特别行政区是中华人民共和国一个享有高度自治权的地方行政区域,直辖于中央人民政府。这是宪法规定的具体化。可见,特别行政区是中华人民共和国的一部分,是地方一级行政区域,中央人民政府与特别行政区的关系是在单一制国家结构形式内中央与地方之间的关系,特别行政区享有高度自治权,但不享有国家主权,没有外交和国防方面的权力,更不是一个独立的政治实体。① 所以说,特别行政区本质上是中央人民政府直辖的一个地方行政区域,而不是联邦制下的成员国,特区享有的高度自治权与联邦制成员国享有的权力是两个完全不同性质的权力。

"一国两制"是为实现国家和平统一而提出的基本方针,是我国的一项基本国策,实行"一国两制"是要在坚定维护国家主权、安全、发展利益的同时,维护香港、澳门长期繁荣稳定。实践充分证明,"一国两制"不仅是解决历史遗留的香港、澳门问题的最佳方案,也是香港、澳门回归后保持长期繁荣稳定的最佳制度安排。坚守"一国"之本,善用"两制"之利,是特区繁荣发展的根本原因。因此,"在具体实践中,必须牢固树立'一国'意识,坚守'一国'原则,正确处理特别行政区和中央的关系"②。全面准确

---

① 维护国家安全、统一是一个主权国家生存与发展的基础和前提,是一个主权国家的根本利益和核心利益。《香港特别行政区基本法》和《澳门特别行政区基本法》第23条明确规定,特别行政区应自行立法禁止任何叛国、分裂国家、煽动叛乱、颠覆中央人民政府及窃取国家机密的行为,禁止外国的政治性组织或团体在特别行政区进行政治活动,禁止特别行政区的政治性组织或团体与外国的政治性组织或团体建立联系。特别行政区自行立法保护国家安全,首先是义务设定,同时也是职权授予。

② 习近平:《在庆祝香港回归祖国20周年大会暨香港特别行政区第五届政府就职典礼上的讲话》(2017年7月1日),载《人民日报》2017年7月2日。

贯彻"一国两制""港人治港""澳人治澳"、高度自治的方针,坚持依法治港治澳,维护宪法和基本法确定的宪制秩序,完善特别行政区同宪法和基本法实施相关的制度和机制,坚持以爱国者为主体的"港人治港""澳人治澳",提高特别行政区依法治理能力和水平。

"一国两制"是一项前无古人的开创性事业,需要在实践中不断探索。"我们要全面准确贯彻'一国两制''港人治港''澳人治澳'、高度自治的方针,落实中央对香港、澳门特别行政区全面管治权,落实特别行政区维护国家安全的法律制度和执行机制,维护国家主权、安全、发展利益,维护特别行政区社会大局稳定,保持香港、澳门长期繁荣稳定。"①党的十九届四中全会作出了很多有现实针对性的具体部署,比如"把坚持'一国'原则和尊重'两制'差异、维护中央对特别行政区全面管治权和保障特别行政区高度自治权、发挥祖国内地坚强后盾作用和提高特别行政区自身竞争力结合起来";比如"完善中央对特别行政区行政长官和主要官员的任免制度和机制、全国人大常委会对基本法的解释制度,依法行使宪法和基本法赋予中央的各项权力";比如"建立健全特别行政区维护国家安全的法律制度和执行机制,支持特别行政区强化执法力量"。

总之,只有在实践中不断完善治港治澳法律制度体系,才能更好坚持和完善"一国两制"制度体系,推动"一国两制"的实践行稳致远,维护国家主权与安全,保障香港、澳门长期繁荣稳定。2020年6月30日,十三届全国人大常委会第二十次会议全票通过《中华人民共和国香港特别行政区维护国家安全法》,香港特首随即签署相关文件,香港国安法于当晚刊宪生效;2021年3月11日,十三届全国人大四次会议高票通过《全国人民代表大会关于完善香港特别行政区选举制度的决定》,重构以选委会为中心的选举制度,为落实"爱国者治港"原则和中央对香港行使全面管治权奠定牢固根基。随着香港国安法的全面深入实施、新选制的稳步推进和落实,香港居民依法享有的各项权利和自由将得到更充分的保障,香港的国

---

① 习近平:《在庆祝中国共产党成立100周年大会上的讲话》(2021年7月1日),载《求是》2021年第14期。

际金融、贸易、航运中心地位将更加稳固,法治和营商环境将更加优良,行政立法关系将更加顺畅,社会氛围将更加和谐,长期困扰香港的各类深层次矛盾和问题将更有条件得到有效解决,"一国两制"也必将取得新的更大胜利。

(三)中国国家结构形式的鲜明特色

中国双重性地位的普通地方、分权性的民族自治地方、复合性的特别行政区是中国地方政治制度的创新,是对人类政治制度和政治文明的重大贡献。

1. 普通模式是传承与借鉴的融通创新

依据法律的规定,中国地方政府既是同级国家权力机关的执行机关,又是地方国家行政机关。作为同级权力机关的执行机关,地方政府由地方人民代表大会产生,权力由它派生,向它负责并报告工作;作为地方国家行政机关,又必须接受国务院和上一级国家行政机关的统一领导,向它负责并报告工作。因此,地方行政机关具有双重性地位,它将国家代表的身份与地方代表的身份结合为一体,将政治的民主性及行政管理的隶属性巧妙地结合起来。作为同级国家权力机关的执行机关,地方政府突出了政治上的民主性;作为地方国家行政机关,突出了行政上的隶属性。从实践看,这一体制特色鲜明,并为社会主义国家所普遍采用,其本质是由民主集中制原则和议行合一原则所决定的,与西方国家地方政府体制有很大的不同。西方国家有的地方行政机关不由议会选举产生,有的虽由议会选举产生,但一旦选出,不对议会负责,地方政府只具有中央"代言人"身份,权力高于议会,如法国1982年前的省长;有的地方行政机关由中央在地方设置,但与地方权力机关分属二套机构,如瑞典;有的国家地方行政机关与权力机关是一体化的,但不是以行政权为主,而是以立法权为主,如英国——地方议会是英国地方的立法机关和决策机关,地方议会选举产生的主席兼任该区的行政首脑。在实际的政治生活中,中国地方政府的双重地位,有利于克服三权分立造成的相互掣肘,提高行政效率,但同时容易形成中央高度集权,不利于地方主动性积极性的发挥。

民族区域自治是地方自治和民族自治的有机结合(具体见本章第三部分内容)。

2. 特区模式是人类政治制度的重大创造

"一国两制"是中国国家结构形式史无前例的创新,不仅为中国国家结构形式增色添彩,而且在世界国家结构形式史上写上了浓重的一笔,特别行政区制度的实行,不论是过程还是形式,都是对传统单一制的突破和发展,是对人类制度文明的贡献。习近平指出:"'一国两制'是中国的一个伟大创举,是中国为国际社会解决类似问题提供的一个新思路新方案,是中华民族为世界和平与发展作出的新贡献,凝结了海纳百川、有容乃大的中国智慧。"①

(1)特殊化的制度设置。在改革开放的历史条件和时代背景下,为了解决港澳台历史遗留问题,邓小平提出"一国两制"的伟大构想,并适时作出宪制安排。1982年《宪法》第31条规定:"国家在必要时得设立特别行政区。在特别行政区内实行的制度按照具体情况由全国人民代表大会以法律规定。"1990年、1993年,香港、澳门特别行政区的宪制性文件——《香港特别行政区基本法》《澳门特别行政区基本法》通过,"一国两制"设想以宪法和法律的形式确立,为香港、澳门特别行政区的设立奠定了坚实法律基础。设立特别行政区有利于国家统一和领土完整,有利于所设区域的繁荣发展。将国家统一和地方繁荣二者同时都作为设置地方区域制度的目标,改变了过去绝大多数国家将地方作为国家管理的手段和工具的单向思维,创造性地把手段和目的进行了很好的融合统一,使国家结构形式目标功能具有复合性。

(2)复合性的区域地位。特别行政区的地位特殊具体表现为:一方面,它具备地方区域的特点,香港、澳门都是中华人民共和国不可分离的部分,是中国一个享有高度自治权的地方行政区域;另一方面,它具有联邦成员的特点,特区享有范围更广、程度更深的自治权,有些权力甚至高

---

① 习近平:《在庆祝香港回归祖国20周年大会暨香港特别行政区第五届政府就职典礼上的讲话》(2017年7月1日),载《人民日报》2017年7月2日。

于联邦制国家的成员邦。这种寓政治、经济、法律等自治权于一体的地方自治,在世界上也罕见。中央与特区在许多事务上,不是中央与一般地方关系中简单的服从和领导关系,在涉及特区的一些行政和立法问题上,中央须与特区协商、征询特区政府意见。例如,立法否决权,征询特区基本法委员会;对基本法附件三的法律增减,须征询特区基本法委员会和特区政府;中央各部委、各省(自治区、直辖市)如需在特区设立机构,须征得特区政府同意;人大常委会对基本法的解释,应由特区终审法院提请,并且在解释前征询特区基本法委员会;在司法领域,特区实行独立的司法权和终审权;等等。这些在很大程度上体现了联邦制的特征,而且中央与特区的关系划分方式类似于联邦制。但特区权力由中央授予,不是自身固有,不存在剩余权的归属。的确,中央与特别行政区关系在一定程度上已突破传统意义上的单一制框架,具有某些联邦制特征。尽管如此,我们也不能将整个国家的结构制度界定为联邦制。根据政治多数决定原则,特区的数量对整个国家而言,不足以引起质的变化,但其影响是巨大的,这也就是为什么称我国为"中国特色的单一制国家"或带有复合因素的单一制国家。

(3) 差异性的制度并存。 特别行政区可以实行不同于宪法规定的国家主体部分的"社会主义制度和政策",而"保持原有的资本主义制度和生活方式,五十年不变",实行不同于主体区域的资本主义社会制度。在资本主义与社会主义意识形态领域的斗争仍未消失的当今时代,特别行政区使社会主义政治制度的中国出现了一块"资本主义的自留地"或"政治特区",实行的民主制度与内地主体的民主制度在性质、渊源、背景、基础及运作的规则都不一样。首先,特区与内地民主制度的表现形式不同,特别行政区的民主制度与内地以人大为权力机关并实行中国共产党领导的多党合作和政治协商制度完全不同,特别行政区"不实行人民民主专政,不采取人民代表大会制,它是爱国者的民主政权。它体现分权原则,是行政主导、独立司法、行政与立法既互相制约又互相配合的政治制度"[①]。其

---

① 童之伟主编:《宪法学》,清华大学出版社 2008 年版,第 259 页。

次，特别行政区与内地民主制度的产生背景不同。以香港为例，在设计特别行政区的政治体制时，基本法起草委员会采纳了以下三个原则：一是要按照"一国两制"的方针和《中英联合声明》中关于香港特别行政区政治体制的规定，从香港的实际出发，有关政治制度既要有利于维护国家的主权、统一和领土完整，又能保证香港特别行政区实行高度自治；二是要有利于香港的经济繁荣和社会稳定，兼顾社会各阶层利益；三是既要保持香港原有政治的优点，又要逐步发展适合于香港情况的民主参与。① 最后，特别行政区民主制度的具体运作规则不同。行政长官在特别行政区的政治体制中以及特别行政区与中央的关系中扮演着关键角色，特别行政区行政长官代表特别行政区与中央或者外国交往，地位非同一般，社会高度关注。《香港特别行政区基本法》第 45 条规定，行政长官在当地通过选举或协商产生，由中央人民政府任命；行政长官的产生办法根据香港特别行政区的实际情况和循序渐进的原则而规定，最终达至由一个有广泛代表性的提名委员会按民主程序提名后普选产生的目标，原则性与灵活性相统一。立法会的产生则没有硬性规定，《香港特别行政区基本法》第 68 条规定，立法会的产生办法根据香港特别行政区的实际情况和循序渐进的原则而规定，最终达至全部议员由普选产生的目标。

（4）高度自治的权力享有。特区既超越单一制国家地方自治权，也超越联邦制国家成员享有的权力。与民族区域自治地方相比，自治权力的范围更广，自治程度更高，除国防、外交和国家安全等其他国家性事务外，在立法、行政、司法和一些对外事务上享有很高的自治权。在立法方面，特区可以根据基本法规定并依照法定程序制定、修改和废除法律；民族自治地方必须维护国家法制统一，适用全国性法律，在此前提下根据法律授权和本地具体情况可以制定法律变通和补充规定，制定自治条例、单行条例和地方性法规。在行政方面，特区在保护私有财产权基础上，实行独立的财政制度、独立的税收制度和货币金融制度，有地方的、非人民币

---

① 参见肖蔚云主编：《一国两制与香港基本法律制度》，北京大学出版社 1990 年版，第 188—189 页；王叔文主编：《香港特别行政区基本法导论》（修订本），中共中央党校出版社 1997 年版，第 206—207 页。

的法定货币,发行权属于特区。这些权力本是国家整合所不可缺少的,不仅民族地方不曾享有,就是世界上其他国家的自治地方也不曾享有。在司法方面,特区享有独立的司法权和终审权,法院只服从特区的法律,不受内地法院的审查监督和业务指导。特区设立终审法院,行使对案件的终审权,无须由内地对案件做出最终处理;特区司法系统与国家司法系统没有领导与被领导、监督与被监督的关系,拥有自己的终审法院;民族自治地方的人民法院和人民检察院不属于地方自治机关,仍属于全国法院和法律监督系统的组成部分,接受上级的领导和监督,法院也无终审权。在对外事务方面,特区在中央授权下可以自行处理有关对外事务,享有某些独立的外事权,包括签订和履行协议、参与某些与特区有关的外交谈判、参加国际会议、享有有关会议的发言权,有以"中国香港(澳门)"的名义单独同各国或地区及有关国际组织签订国际协议的权力。此外,特区享有特别管制权和某些只有国家才有的权力,譬如可以两种文字作为正式语言、可以实行出入境管制、可在外国设立官方或半官方的经济和贸易机构、可与各国或各地区缔结互免签订协议、可实行原在香港实行的民用航空管理制度等。

(5)**多样性制度功能**。特别行政区制度就其自身价值而言,保持和促进了特区的繁荣和稳定,维护了国家主权和领土完整,实现了地方制度政治统治和公共治理的双重职能;与此同时,它还实现了自身价值的溢出功能。特别行政区制度的实践价值具体表现为:就国内来说,对和平统一台湾起到示范效应,这也是在港澳设立特别行政区制度的目的之一;对世界其他国家而言,提供了解决因历史、种族等问题而产生的冲突和争端的崭新思路,贡献中国智慧、中国方案,当然这种溢出功能还有待于时间去验证。特别行政区制度的理论意义在于,它打破了传统政治学和宪法学意义上国家结构形式中单一制和联邦制的思维定式,在新的政治理念上实现了理论创新。

普通地方行政区与中央的关系由高度集权制向集权制、由行政性分权到经济性分权的发展历程,昭示了国家与社会、政治与经济关系发展的方向和趋势;民族区域自治制度提供的解决多民族国家复杂民族问题的方式和途径,与已经分离或处于动乱的其他国家解决民族问题的制度相比,已显示出巨大的制度优势。特别行政区制度将两种不同社会制度寓于一国的伟大创举,在经济全球化、政治多极化和文化多元化的新时代新世界,为解决各国或地区因利益、民族、社会制度的差异所引起的冲突开拓了崭新的视野,提供了不一样的中国智慧、中国路径。

(四) 中国国家结构形式的产生与发展

当代中国的国家结构形式是历史传承的产物,是中国共产党将马克思主义国家理论与中国具体国情(地理环境、历史传统、民族因素和经济发展等)相结合的创造,其发展路径影响并将长期决定中国国家结构形式的未来走向。探寻大国治理逻辑,汲取历史和思想智慧,从政治制度史的演进视角,中国之所以成为一个多民族统一国家,除了经济、文化方面的原因,法政制度构造方面的"大一统"设计、思想源流方面"天下"观与"华夷之辨"之间的张力也是重要原因。在古典中国政治哲学的"天下体系"构想中,中原王朝与边疆政权,均为天下体系的有机组成部分,而华夷之辨实际上具有相对性。天下体系中对统治者唯一性的强调、对"中"意识的强调,使得无论是汉族还是少数民族出身的政治精英,都以统一天下为己任,视割据为乱象、统一为正统,并采取了一系列具体的政治举措来巩固这个统一的多民族国家。①

1. 中国古代早期集权单一制国家结构形式的演进和发展

"中国在人类发展史上曾经长期处于领先地位,自古以来逐步形成了一整套包括朝廷制度、郡县制度、土地制度、税赋制度、科举制度、监察制度、军事制度等各方面制度在内的国家制度和国家治理体系,为周边国家和民族所学习和模仿。"②中国古代早期国家结构形式的演进和发展经历了奴隶社会的联邦制和分权单一制、封建社会集权单一制两个重要阶段。

---

① 参见常安:《多民族统一国家的法政思想源流》,载《石河子大学学报(哲学社会科学版)》2014年第2期。
② 习近平:《坚持和完善中国特色社会主义制度、推进国家治理体系和治理能力现代化》(2019年10月31日),载《习近平谈治国理政》(第三卷),外文出版社2020年版,第120页。

中国奴隶社会国家结构形式的具体形式,比较有代表性的看法有以下四种:等级制、藩国联盟和封国采邑制、原始联盟制、分封制。我们主张分为两个阶段——夏朝藩国联盟阶段和商周等级分封阶段,它们分别对应于现代意义上的地方自治联邦制和地方自治单一制。等级分封制与藩国联盟制的一个显著区别在于:藩国的权力是"自然生成"的,夏王得到的只是藩国出让的共主的名义以及贡赋;而分封的诸侯国的权力来自周王的授予。古代早期国家结构形式的上述特征表明,长期盛行的关于中国自古以来是高度集权的单一制的说法是站不住脚的。如果将藩国、诸侯国看作地方的话,那么中国古代地方自治的特征更为突出。

中国封建社会国家结构形式始于秦统一中国后的郡县制。郡县制的普遍化具有划时代意义,它是中国地方自治制向中央集权制转化的重大转折点。郡县制与分封制的区别在于:(1)郡县是比较完善的一级地方国家机构,而不像分封诸侯那样具有中央派出机关的性质。(2)郡县制的郡守和县令由君主任命,对君主负责,随时可免职,不像封国的职位可以世袭,而这有利于扩大中央的权势。(3)郡县的管理权直接来源于君主的授予,它与君主之间存在上下级的指挥与服从关系,直接接受朝廷的命令和监督,因此,郡县制的推行有利于建立中央高度集权的单一制国家结构。

在封建时代,单一制中也产生了复合性的因素——羁縻府州。羁縻府州是中央王朝处理与少数民族关系而设置的自治性地方机构,开始于西汉时期,盛行唐宋两代,并于元明清发展为土司制度。羁縻府州的设置,打破了单一制国家结构形式的常规,使之带有复合制的特征。羁摩府州是我们认识中国国家结构形式时不可忽略的内容。一方面,羁縻府州的少数民族大多臣服或归附于中央王朝,他们接受王朝的授权和赐印,与中央之间形成名义上的上下级的统治关系。另一方面,中央对羁縻府州实行特殊的管理制度,如唐代对其不征税赋,地方治理"全其部落,顺其土俗",行政长官由少数民族的首领担任,并可以世袭其职。也就是说,中央得到的只是名义上的归附,羁縻府州实行完全的地方自治,自治权不亚于联邦制国家州的权力。

中国古代尽管存在奴隶社会的藩国联盟、封建社会早期松散的郡县制和羁縻府州等地方自治形式，历经历史的变迁和王朝变换的改造，但未发展为联邦制，而是演变成集权单一制。集权的路径包括有意识地改造秦汉时期集军事、文化、经济和司法于一身的可以自行辟除属吏的地方机构，具体操作是：(1) 将地方政事与军事、政务机构与军事机构分离，分离后的军事权直属中央和皇帝；(2) 将地方官员的管理权与任命权分离，废除了地方辟除属吏的权利，改由中央统一任命，集中全国的人事权；(3) 将司法权从地方事权中分离，削弱地方事权；(4) 加强对地方官员的监管。同时，将特别地方改造为普通的地方机关，如羁縻府州作为特殊的地方机关，唐朝时中央对其不征收赋税，仅要求其定期或不定期交纳以土特产为主的贡品，并一般返之以超值的赏赐，其与中央关系一般由唐朝国力的盛衰所决定，并不像普通府州那样具有行政强制性；元朝时中央加强了对少数民族土司的控制，要求土司承担规定的贡赋和征发；明朝对土司实施制度化管理，改变土司制度的随意性，使中央的控制更为便利，既曾在今天的贵州地区实行改土归流政策，废土司，设置正式行政区，也曾趁镇压土司叛乱之机，废止部分土司；清朝雍正时期推广改土归流政策，更是缩小了特别地方区域的范围和数量。随着历史的演进，在封建社会郡县制及官僚制的基础上，中国国家结构形式中的集权特征大为增强，而地方自治的成分逐渐减弱，并形成一种历史的惯性。当然，其间也经历过反复。

为什么中国的地方自治制没有像西方国家地方自治那样保存下来呢？这应该与中国古代的亚细亚生产方式、宗法制度有很大关系。其中，封建制本身的缺陷不能不说是其消亡的根本原因。封建制下天子或中央直接统治对象是诸侯，而不是诸侯的臣民。诸侯割断了天子与百姓的天然联系，并以它的领地和居民作为筹码对抗中央或天子，这必然导致中央与地方诸侯的"拉锯战"，因而成为受到封杀的理由。相反，古代西方国家的臣民属于中央，也属于地方，个人的自由和权力由国家的法律决定，地方机关对所辖区民众的控制并非完全、彻底，中央在地方有施展其统治权的空间，中央对地方的自治能够容忍并承认，从而使地方自治得以延续。

在历史演进中,中国国家结构形式中的集权特征大为增强,而地方自治的成分逐渐减弱,并且发展成为一种历史的惯性。

《左传》有云:"国与天地,有以立焉。"中国古称华夏,是有着数千年文明传统的泱泱大国,中华文明在地理上的蔓延扩大,在历史上的绵延不息,铸就了中国作为一个统一的多民族国家铁的史实,这是西方很多学者百思不得其解却又不得不承认的历史事实,特别是国家得以政治稳定、经济繁荣的制度所具有的特质。中国古代集权单一制为世界政治制度的多样化增添了色彩,在历史上具有重要的价值和意义。它克服了地域辽阔和管理松散可能带来的国家分裂危机,促进了不同地区和民族的统一,推动了各地区和各民族之间的交流和融合,有利于生产力的发展和经济的繁荣。当然,中国古代国家结构形式与历史上任何其他政治制度一样,有其相应缺陷与固有流弊,从而引发了清末民初对其的否定和怀疑。

2. 清末民初联邦制的尝试

中国集权单一制国家结构形式,历经两千年的历史发展,到 19 世纪末,遭遇到内外双重挑战,即国内资产阶级知识分子的正面批判及国外欧美联邦制度东进的侧面冲击。在应对挑战中,清末无奈地进行变法维新。从戊戌变法开始,当近代思想家们考虑从政治变革入手来复兴中国社会时,他们开始审视已陷于全面危机的中央集权的国家结构形式,开始联邦制的探索。其时的中国单一制国家结构形式具有稳定性和持续性的积极特征,但同时具有包容性不足和适应性不强的消极成分,它对外界反应的缓慢和滞后,导致政治制度的僵化,从而积累了许多自身无法解决的矛盾,其中中央与地方的矛盾尤为突出。清末各种矛盾激化,义和团运动、资产阶级维新运动兴起,外国入侵,清王朝摇摇欲坠。思想家们在思考清政权日渐式微、民族危机日益加深之原因时,将视野投向国家政治制度的重要方面——国家结构形式,从而引发了联邦制的讨论和关注。

政治思想家对联邦制的探索,一是受到欧美政治制度的冲击。由于清廷的腐朽,国家羸弱,有志之士纷纷将目光投向世界,寻求列强的政治经验。在辛亥革命前夕,无论是立宪派还是革命派,对联邦制都有着浓厚的兴趣。例如,其时立宪党的骨干成员欧榘甲曾言:"既就现今中国本部总督所辖之地，而分立为国土"或者"因河流江流海流，分为南北中三大部分"，"然后公议建立中国全部总政府于各省政府之上。如日耳曼联邦、合众国联邦之例，即谓全中国自立可也"。当时的革命派也主张："共和政治也，联邦政体也，非吾党日以为建设新中国无上之宗旨乎！然吾党之目的而达，则中国之政体将变为法国之共和、美国之联邦。"①二是基于中国当时的社会现实。辛亥革命后，各省相继独立，如何在各省独立的基础上建立一个统一的中央政府被提上议事日程，联邦制再次受到人们的青睐，并引发了更大范围的争鸣。赞成派和反对派因为问题的现实感和紧迫性而激烈争论，焦点是中国要不要以及能不能实行联邦制。赞成派从揭示中国集权制弊端开始，介绍欧美联邦制的优点，列举了许多理由，反对派则争锋相对。争论的理由今天看来几乎与英国政治学家蒲莱士关于联邦制的观点如出一辙，只不过根据中国国情作了比较充分的论证和注脚。当时各省也有不同程度的实践，如山东独立时，省咨议局向清廷所提八条，其中就有"宪法须注明中国为联邦政体""咨议局章程即为本省宪法"②。自 1920 年开始至 1926 年落幕的"湖南自治运动"，更是当时国人"联邦制"理想的一次短暂实验。

　　从当时的历史大环境来看，国人对联邦制探索的失败，可以从以下几个方面分析：第一，中国传统的大一统思想根深蒂固。当时的国民对联邦主义有着太多的误解，人们总是把联邦与分裂、单一与统一联系起来，认为联治就是分裂，单一就是统一、就是爱国，一个省制定宪法的行为就是分裂国家，这也最终导致《湖南省宪法》被废止。第二，民众民主政治意识的缺乏。当时的国民缺乏对法治的信仰，军人也视宪法和法律如敝屣。《湖南省宪法》可谓成也军人、败也军人，当军人需要它为利益争取合法性时，就将它捧为圣经，当不需要它时，它就变成了"伪宪"和"废纸"，在民主政治不成熟的大背景下，《湖南省宪法》根本没有存在的政治文化基础。第三，中国的积贫积弱、长期战乱以及列强对中国内政的干预等，无一不

---

① 转引自张木丹、王忍之编：《辛亥革命前十年间时论选集》（第一卷·上册），生活·读书·新知三联书店 1960 年版，第 82—83、270—310 页。
② 李剑农：《最近三十年中国政治史》，上海太平洋书店 1935 年版，第 463 页。

影响着民主政治在中国的发展。① 因此,将联邦制等同于地方分权,将单一制等同于中央集权,没有认识到当时统治阶级的统治本质,没有认识到资产阶级民主政治的经济社会基础脆弱,因而也不可能实现消除军阀割据、实行国家统一的目标,更不可能给人民带来自由和民主。解决中国问题的重任历史地落在了中国共产党人身上。

3. 复合单一制国家结构形式:中国共产党的探索实践

中国特色国家结构形式的创立是中国共产党人政治自觉的产物。"民族建设是国家建设成功的关键,直达国家的核心内涵。"②对于任何一个多民族国家来讲,民族问题历来是一个国家治理的难题,而今天,中国民族区域自治制度一定程度上已经解决这一难题。回眸历史演进和新中国国家制度的创建,民族区域自治制度的建立和发展,是中国共产党领导的治国理政行动,中国共产党在理论与实践上发挥着主导性作用,党的领导是贯穿其中的主线。

从中国共产党的政治文件中可见,最早涉及国家结构形式的是1922年7月的《中国共产党第二次全国代表大会宣言》:"中国人民应当反对割据式的联省自治和大一统的武力统一,首先推翻一切军阀,由人民统一中国本部,建立一个真正民主共和国;同时依经济不同的原则,一方面免除军阀势力的膨胀,一方面又因尊重边疆人民的自主,促成蒙古、西藏、回疆三自治邦,再联合成为中华联邦共和国,才是真正民主主义的统一。"③中国共产党将中国本部与边疆少数民族区分开来,并提出将二者统一的方法——建立联邦共和国。早期中国共产党主张联邦制而非单一制,重要原因当然是列宁有关思想和国际共产主义运动的影响,同时还有中国当时联省自治运动的影响。中国共产党早期的部分领导人赞成并积极参与了这一运动。毛泽东在20世纪20年代也持赞同的意见,并参加了湖南自治共和国运动,认为"湖南自治是现在唯一重大的事,是关系湖南人死

---

① 参见陈建平:《湖南省宪研究》,法律出版社2009年版,"摘要部分"。
② 〔美〕弗朗西斯·福山:《政治秩序与政治衰败:从工业革命到民主全球化》,毛俊杰译,广西师范大学出版社2015年版,第168页。
③ 中共中央统战部编:《民族问题文献汇编》,中共中央党校出版社1991年版,第17页。

生荣辱的事";"各省自决自治,为改建真中国唯一的法子,好多人业已明白了"。① 随着联省自治军阀割据本质的暴露,联省自治遭到了共产党人的坚决唾弃。

20世纪30年代中后期,国内政治形势发生了很大变化,其基本特点就是日本帝国主义要变中国为它的殖民地,而联邦制的主张不利于国家的完整,易被帝国主义利用,因而也是"不成熟"的、为时尚早的思想。1935年前后,中国共产党的主张开始发生变化,1939年毛泽东著作(《中国革命和中国共产党》)和中国共产党的政治读物中开始明确使用"中华民族"概念:"中国是一个多民族的国家,中华民族代表中国境内各民族之总称。"② "中华民族"整体概念的认识和理论提升,构成了中国各民族建立现代统一国家的逻辑前提,它所体现的是中国各民族休戚与共的命运共同体,为中国共产党的单一制国家结构形式主张提供了重要的理论基础。20世纪30年代中期到40年代初,中国共产党在陕甘宁解放区的回族、蒙古族聚居的地区进行民族区域自治制度的尝试。解放战争时期,中国共产党发展了抗日战争时期就已形成的民族区域自治政策。与此同时,各个时期区域性的政权组织体制、中国共产党的组织制度也为单一制国家结构形式的确立进行了实践探索和体制准备。

1946年1月,在重庆召开的政治协商会议上,中国共产党代表团提交的《和平建国纲领草案》鲜明提出:"收复区的各级地方政府,应与当地各抗日党派及无党派民主人士协商,先成立临时的、民主联合的省、市、县政府,再筹备经过自由普选产生正式的省、市、县政府,在少数民族区域,应承认各民族的平等地位及其自治权。"1946年4月23日,陕甘宁边区第三

---

① 参见《毛泽东早期文稿》,湖南出版社1990年版,第528、531页。
② 中共中央统战部编:《民族问题文献汇编》,中共中央党校出版社1991年版,第808页。在重塑"中国""中华""中国人"等古老概念与摄取"外来的现代'民族'概念"的基础上,清代梁启超、杨度等人在20世纪初形成了"中国各民族一体融合的'大民族'现代观念",且在这一意义上率先使用了"中华民族"一词;中华民国的成立为"中华民族"概念的明确提出和全民认同创造了条件,融合五族、推动民族平等融合成为民初各派政治势力的共识,民国初年现代中华民族观念已经基本形成,到五四运动之后特别是20世纪20年代后中华民族整体观念得以确立,"中华民族"一词写进了国共两党的政纲且"已开始在中国被愈来愈多地加以使用了"。参见黄兴涛:《重塑中华:近代中国"中华民族"观念研究》,北京师范大学出版社2017年版。

届参议会第一次会议通过的《陕甘宁边区宪法原则》规定:"边区各少数民族,在居住集中地区,得划成民族区,组织民族自治政权,在不与省宪抵触原则下,得订立自治法规。"①这些主张随后成功落实到内蒙古自治政府的建构过程中,1947年4月23日,内蒙古人民代表会议召开,内蒙古自治政府成立。内蒙古自治区政府的建立,标志着民族区域自治政策从边区少数民族地域落实到省一级自治区域,为中国共产党最终把民族区域自治政策上升到国家制度的高度奠定了有效的实践基础。

从宪制意义上说,当代中国国家结构形式确立于1954年,其后不断探索前行。1954年一届全国人大一次会议通过的《宪法》规定:"中华人民共和国是统一的多民族国家。""各民族一律平等。""各少数民族聚居的地方实行区域自治。各民族自治地方都是中华人民共和国不可分离的部分。"这是关于新中国的国家结构形式以及解决民族问题的基本制度、基本政策的更加明确、具体的规定,并长期得到了坚持和贯彻执行。20世纪90年代前,中国一直在探寻中央与地方关系比较合理的稳定模式,1994年全国推行分税制改革就是一种全新的探索,分税制体现着国家结构形式的意义。

(1) 以财政关系而不是行政关系为规范二者关系的基础,校正了国家整体与部分之间关系的焦点,标志着中国中央与地方关系核心内容——利益关系的凸现。

(2) 承认并确定了地方政府的地位和角色,回归并充实了国家结构形式的民主内涵。现代意义的国家结构形式的产生是近代民主制度的产物,体现着民主和法治对国家权力滥用与专制的制约。中央利益和地方利益的存在是国家结构形式存在的前提,也是它的构成要素,从这个意义上讲,分税制为地方政府的存在和发展提供了法制和物质上的保障,有利于民主政治制度尤其是国家结构形式的完善。

(3) 分税制的推行,使中央与地方关系可能走出传统中央对地方强制的关系和地方对中央讨价还价的模式,从某种意义上说,它预示着中央

---

① 中共中央统战部编:《民族问题文献汇编》,中共中央党校出版社1991年版,第991、1047页。

与地方关系的制度化规范化走向。分税制改革确定了一种以规则为基础的税收分成方法——中央税归中央政府、地方税归地方政府，共享税则按规定的比例进行分配，中国的分税制因此而被称为"联邦财政制"。

（4）从长远来看，有利于重建国家—社会—公民之间的新型关系。中央与地方税的划分及其征管，中央可以通过自己的机构在地方直接面对社会收税，改变了过去通过地方政府代理、不与社会发生直接联系的做法，中央政府与地方政府一样可以直面社会中的个人，因而就信息流的畅通而言，更有利于下情上达，避免少数精英主政，有利于建立新型的国家—社会—个人的关系。

中国特色国家结构形式的形成是历史发展与中国共产党政治理性、政治智慧的结晶，源于中国古代国家治理传统，得益于中国革命的艰辛探索，构建于新中国初期的奠基。正如马克思所言："人们自己创造自己的历史，但是他们并不是随心所欲地创造，并不是在他们自己选定的条件下创造，而是在直接碰到的、既定的、从过去承继下来的条件下创造。"①所以，中国国家结构形式既是历史的继承，又是对历史的反思，长期稳定的单一制为特色的形成提供了历史根基，特别地方制度为特色的形成提供了素材。此外，中国国家结构形式的确立还有如下因素的综合考量。

（1）理论渊源。 中国以马列主义国家学说为指导，并且在实践中发展马克思主义，没有选择联邦制。马克思、恩格斯一直主张无产阶级夺取政权后采取单一制国家结构形式。他们认为，统一的不可分割的单一制共和国，有利于无产阶级革命运动的联合和团结，而且对于无产阶级夺取政权后的经济和文化的发展非常有利。对于联邦制，他们则持否定态度，只是将它作为一种例外、一种过渡形式。他们认为，只有在特殊情况下，联邦制才能实现，一种情况是解决民族问题时可以利用，如英国两个岛上居住着四个民族；另一种情况是像美国这样的大国，而且各个地方有同样的政治结构。需要指出的是，由于马克思、恩格斯的有关思想缺乏社会主

---

① 马克思：《路易·波拿巴的雾月十八日》，载《马克思恩格斯选集》（第一卷），人民出版社2012年版，第669页。

义实践的基础,他们面临的紧迫任务并不是设计国家结构形式问题,而是探索无产阶级革命手段、途径、方法和建立什么样的政权问题,因此他们的设想在很大程度上依赖于当时德国的历史背景,不能形成完整和比较成熟的理论。我们不能拘泥于他们的个别结论和具体行动纲领,而应该在实践中坚持和发展具有与时俱进理论品质的马克思主义。

列宁是国际共产主义运动中将国家结构形式思想付诸实践的开拓者,在思想发展的脉络和具体主张上,有其鲜明特点,思想主张前后有过变化,从主张单一制、反对联邦制,到十月革命后赞成联邦制、实践联邦制。十月革命前,列宁曾主张民主集中的单一制,他从否定党的联邦制开始,进而反对国家联邦制,认为联邦制"把独特性和隔阂合法化,使之提高为原则,提高为法律",不利于无产阶级的革命斗争;联邦制"削弱经济联系,它对于一个国家来说是一种不合适的型式",不利于国家经济的发展;更重要的是,马克思、恩格斯主张单一制、反对联邦制。当然,列宁并不是绝对地反对联邦制,这是列宁实事求是的一个范例,他赞同马克思、恩格斯的主张,"与其存在民族不平等,不如建立联邦制"。特别是十月革命后,面对国内国际复杂的局势,为了防止各民族分崩离析,列宁及时调整了党的战略,宣布建立以"自由民族的自由联盟"为基础的俄罗斯苏维埃社会主义联邦共和国。这样,列宁从起初反对到可以允许、从直接主张到大力宣传,完成了整个思想的转变。列宁实践的联邦制在后来的发展中经过党的民主集中制领导体制的运行走向了事实上的高度集权单一制,最后导致了苏联的解体。但这并不是联邦制的过错,是多重因素的必然,否则便无法解释美国联邦制两百多年光彩依旧的现实。

列宁的思想和实践对中国共产党早期的主张影响很大,当时苏联共产党在政策和人员上直接指导中国共产党,并且这种影响直到 20 世纪 30 年代中后期由于苏联无暇顾及才渐渐放松,这也是为什么中共二大至六大期间党的文件有联邦制主张而后期很少见的一个原因。但是,中国没有拘泥于马列的设想,而是在理论上自觉探索。在长期的革命斗争中,毛泽东吸收马克思、恩格斯的地方自治单一制和列宁的民族自治联邦制的优点,结合中国中央集权的政治传统和民族特点进行思考。早期"湖南共和国"的联邦制主张,没有超出资产阶级共和国的范畴,毛泽东认为它是地方自治的一种具体形式,即省自治,并完全从中跳出,放弃过去曾经设想的联邦制建国方案和民族自决的口号,在中国共产党六届六中全会扩大会上阐述了在单一制国家内建立民族自治地方的思想。1939年年底,毛泽东提出的"中华民族"这个代表中国境内各民族的新概念,为中国共产党单一制国家结构形成主张奠定了重要的理论基础,极大地推动了中国共产党的民族工作。1949年,新中国建构起单一制国家形式,实行民族区域自治,在马列主义设想的单一制中,增加了民族平等、民族团结和民族繁荣的新内容,地方自治与民族区域自治相结合、政治因素与经济因素相统一,丰富和发展了马列主义国家理论。

"一国两制"构想是邓小平对马列主义国家结构形式理论的重大贡献。第一,丰富了马列主义国家结构形式的思想内容,突破了"一国一制"国家结构形式的传统理论,社会主义国家结构形式容量扩充,社会制度的"混合型"特征展现。第二,丰富了马列主义国家结构形式的功能思想,国家结构形式的某些资本主义成分可以为社会主义服务,允许特定区域实行资本主义,有利于社会主义社会生产力的发展,当然利用资本主义因素为社会主义国家结构形式服务,必须有非同一般的政治胆识和勇气,它来自对中国特色社会主义制度、中国共产党领导的坚定自信。第三,构想的理论贡献不仅在于"一国两制"所包含的国家结构形式内容,还在于构想提出过程所体现的对国家结构形式创新的方法论和政治理念。国家结构形式并非一成不变,它作为国家的一项重要制度,既可随历史发展保持相对稳定,又可随环境变化作相应变革,但改革的基本前提是要有正确的方法,即坚持马克思主义活的灵魂——具体问题具体分析,从实际出发,实事求是。单一制和联邦制既是制度,同时也是理念或原则,相互之间可以借鉴、融合、利用,单一制国家可以利用联邦制的有益元素。

（2）地理因素。世界上国土面积辽阔的国家目前多采用联邦制国家结构形式。人类思想史的演进中,政治理论家们为大国实行联邦制进行了理论上的广泛论证。法国思想家孟德斯鸠、托克维尔、美国联邦党人认为,联邦制能防止大国被分裂、分散的弊害,能够将大国强盛与小国自由的长处结合起来。国家地理环境和区位格局的确是国民无力改变、对社会发展产生重要影响的因素。在中国的历史发展中,地理环境、地域范围、区域格局同样对国家结构形式产生了重要影响。

中国疆域辽阔、背山面海,鸦片战争前,除了北方游牧民族并非强大的威胁外,并不存在外部的压力,因而容易产生分裂割据倾向。如此的地理因素是联邦制产生的绝好条件,然而在中国却为单一制形成奠定了基础。正是意识到并且每经历一段时间后真实地感受到辽阔地域的松散性以及内部分离的可能性,中国历代统治者都特别重视以人为方式去改变和克服自然状况可能造成的弊端,其中行政区划管理就是一例。有关研究表明,唐宋之前,中央大都依山川地形的自然界限或历史因素来确定地方行政区划,但这样的制度安排容易被地方当作据险割据的条件,所以自元代开始,行省区域主要以军事控制为目的,打破了自然地理界限和地区间的经济联系,形成犬牙交错和以北制南的格局,该历史格局形成后一直沿袭,并为新中国所承袭。除行政区划之外,另一个重要的手段是建立专制的高度集权的政治制度,孟德斯鸠在分析"亚洲的奴役"的自然原因时曾指出:"在亚洲,人们时常看到一些大帝国,这种帝国在欧洲是绝对不能存在的。这是因为我们所知道的亚洲有较大的平原,海洋所划分出来的区域广阔得多",因而"权力就不能不老是专制的了。因为如果奴役的统治不是极端严酷的话,便要迅速形成一种割据的局面,这和地理的性质是不相容的"。① 尽管专制不等同于单一制,但它所显示的集权特征与单一制有某些相似之处,中国为克服辽阔地域可能产生的地方割据,采取了中央集权单一制。

(3)民族因素。同样是疆域辽阔、民族众多,同样是少数民族在边疆地区,同样实行社会主义,为什么中国共产党选择了单一制国家结构形式,实行民族区域自治,而苏联选择的是联邦共和国来解决民族问题呢?民族因素的影响是否存在?回答是肯定的。民族因素对国家结构形式的影响是通过民族构成、地域分布、民族关系特点以及民族历史传统而产

---

① 参见〔法〕孟德斯鸠:《论法的精神》(上册),张雁深译,商务印书馆1961年版,第278页。

生的。

首先，民族分布状况。中国各民族在历史发展中形成了以汉族为主的各民族大杂居、小聚居的交错分布形态，各民族地区分布、区划界限并不十分明显，不像苏联各少数民族呈块状分布，形成了明确的民族聚居区。中国各少数民族集中地分布在中西部及边境地区，经济发展水平和文化程度与内地汉族存在很大差异，落后很多。同时，"由于汉民族高度发达的经济和文化持续不断地向边疆地区辐射与扩散，因此中国各民族的同质性因素日益发展"。这正好与当时的俄罗斯相反，其时俄罗斯"异族"边疆地区的资本主义发展程度和文化水平，往往高于国家的中部地区。

其次，民族关系特点。中国各民族通过政治、经济、文化交流，形成了"中华民族多元一体"格局。历史上虽然也存在过对少数民族的压迫和民族歧视，但并不是汉族一个大民族始终处于统治地位，压迫少数民族，有的少数民族如蒙古族、满族也曾统治过中国，华北和西北更是长期由各少数民族交替统治，不像俄罗斯民族那样，一直是一个绝对的、唯一的始终占统治地位的民族。因此主体民族与少数民族的矛盾没有苏联建立前那样尖锐。

再次，民族数量构成。中国有55个少数民族，直到今天其全国人口占比也不到10%，且各民族呈现大分散、小聚居的状态，汉族在人口数量上占绝对优势。中国有一个主体民族和一种起主导作用的语言，少数民族人口比重少，但分布面积广；而苏联少数民族人口约占全国人口的47%，与主体俄罗斯相差不远。

最后，民族历史传统。中华民族在历史上多次的民族迁徙、屯田、移民以及近代反对帝国主义、封建主义、殖民主义的斗争中加深了团结和友谊，形成了各民族相互交错的大杂居、小聚居的局面，形成了汉族和民族以及少数民族之间"三个分不开"的血肉关系，这样的历史联系、民族传统，"就不可能设想采取如同苏联那样的民族共和国办法"，不适宜"一族一国"的传统模式。

最重要的是，新中国成立前中国各民族总体上没有经历民族分离，羁縻府州制度等政治实践、治理经验为民族区域自治提供了历史智慧。苏联成立前,各民族已经分离,经过二月革命和十月革命,许多民族实际上已经是独立国家,因此不得不采用联邦制这一"过渡形式"。对此,新中国主要缔造者之一的周恩来,于 1957 年 8 月 4 日,在全国人民代表大会民族委员会召开的民族工作座谈会上的讲话中有过清晰的表述:"历史的发展使我们的民族大家庭需要采取与苏联不同的另一种形式。每个国家都有它自己的历史发展情况,不能照抄别人的。采取民族区域自治的办法对于我们是完全适宜的。""在中国适宜于实行民族区域自治,而不宜于建立也无法建立民族共和国。"①1987 年 10 月 13 日,邓小平在会见匈牙利社会主义工人党总书记卡达尔时进一步强调:"解决民族问题,中国采取的不是民族共和国联邦的制度,而是民族区域自治的制度。我们认为这个制度比较好,适合中国的情况。"②

(4)经济因素。马克思曾指出,应该尽可能地从经济方面"为任何当时的独特的国家形式,发现最隐蔽的秘密,发现隐藏着的基础"③。那么,影响中国单一制建立的隐蔽基础是什么呢?我们认为,中国中原地区自秦汉以来长期采取的农业经济、地主租佃制是中国采取中央集权制的根本原因。一方面,地主经济或封建经济中自给自足的农业生产对集权产生依赖,这已为多数人所认同。马克思也认为,小农经济的封闭性和分散性为中央集权提供了广泛的社会基础。"小块土地所有制按其本性来说是无数全能的官僚立足的基础。""它也就引起这一国家权力的全面的直接的干涉和它的直属机关的全面介入。"④另一方面,租佃制经济形态,地主对土地及佃农的占有的不稳定性,以及从土地所有权中游离出来的行政权、军事权、司法权并不由地主所亲自掌握,容易促成后三种权力在官

---

① 周恩来:《关于我国民族政策的几个问题》,载《周恩来选集》(下卷),人民出版社 1984 年版,第 256—257 页。
② 邓小平:《我们干的事业是全新的事业》(一九八七年十月十三日),载《邓小平文选》(第三卷),人民出版社 1993 年版,第 257 页。
③ 马克思:《资本论》(第三卷),人民出版社 2018 年版,第 894 页。
④ 马克思:《路易·波拿巴的雾月十八日》,载《马克思恩格斯选集》(第一卷),人民出版社 2012 年版,第 766、767 页。

府专管的基础上逐级上收,形成中央集权之势,并得以长期维持。此外,地理环境差异造成的经济发展水平的不平衡,以及边疆少数民族地区明显落后于中原地区的情势,增强了中心地带的核心凝聚力,成为单一制发展的政治优势。

一个超大规模国家的地域差异、民族差异和文化差异形成的多元性,对国家结构形式的影响是客观存在的。2014年9月28日,习近平在中央民族工作会议上指出:"多民族是我国的一大特色,也是我国发展的一大有利因素。在我国5000多年文明发展史上,曾经有许多民族登上过历史舞台。这些民族经过诞育、分化、交融,最终形成了今天的56个民族。各民族共同开发了祖国的锦绣河山、广袤疆域,共同创造了悠久的中国历史、灿烂的中华文化。秦汉雄风、盛唐气象、康乾盛世,是各民族共同铸就的辉煌。可以说,多民族的大一统,各民族多元一体,是老祖宗留给我们的一笔重要财富,也是我们国家的一个重要优势。"[①]

国家属性决定政治形式,经济形式是政治形式的基础,政治形式的本质取决于国家类型,民族特性影响政治形式。任何政治形式形成后在规约政治统治的同时,也将全面规约社会生活和社会发展。这就意味着,在政治形式形成、巩固和发展的过程中,除了统治阶级意志起作用外,基于一定社会、历史和文化基础上的社会环境因素,也将起很大的影响作用。社会环境因素将具体影响一定政治形式在一定社会中的存在方式,以及社会价值和实际的政治功能。[②] 理论是行动的先导,错误的理念必然导致错误的政策。对于国家治理而言,因没有自主性观念和自主性理论而犯下颠覆性战略性错误的国家,在历史上并不鲜见。中国共产党在革命与建设的不同阶段,基于对历史和现实的充分把握,形成了其民族建设、国家治理战略。其中,马克思主义基本原理与中国实际相结合创建的民族区域自治制度,成为国家基本制度的重要组成部分,巩固和发展了中华民

---

① 习近平:《全面贯彻党的民族政策和宗教政策》(2014年9月28日、2016年4月22日),载《习近平谈治国理政》(第二卷),外文出版社2017年版,第299页。

② 参见王沪宁主编:《政治的逻辑——马克思主义政治学原理》,上海人民出版社1994年版,第274页。

族共同体。

中国是统一的多民族国家,各民族在分布上交错杂居、文化上兼收并蓄、经济上相互依存、情感上相互亲近,形成你中有我、我中有你,谁也离不开谁的多元一体格局。从一定意义上说,一部中国史就是各民族交融汇聚成多元一体中华民族的历史,就是各民族共同缔造、发展、巩固统一的伟大祖国的历史。我国辽阔的疆域是各民族共同开拓的,悠久的历史是各民族共同书写的,灿烂的文化是各民族共同创造的,伟大的精神是各民族共同培育的。实现中华民族伟大复兴的中国梦,就要是以铸牢中华民族共同体意识为主线,把民族团结进步作为基础性事业抓紧抓好,坚持党对民族工作的全面领导,坚定不移走中国特色解决民族问题的正确道路,坚持和完善民族区域自治制度,在坚持党的领导中增进政治认同,在弘扬爱国主义精神中增进国家认同,在建设共有精神家园中增进文化认同,在交往交流交融中增进情感认同。

建立单一制的国家结构形式,在统一的多民族国家中实行民族区域自治,是社会主义国家制度的独特创造,意义极其深远。首先,为国家治理在地方的创造性实践提供了制度依据和指引,开辟了地方多样性治理的广阔空间;其次,有利于保障国家的统一和国内各民族的团结,巩固人民民主政权,保障国家建设具有和平、安定的政治和社会环境,遏制和粉碎各种敌对势力分裂、分化中国的图谋,维护中国领土主权的完整,促进整个中国的发展,铸牢中华民族共同体意识;再次,有利于广泛而充分地调动各族人民建设祖国、保卫祖国的积极性,并按照全国一盘棋的要求,配置人力、物力等方面的资源,保证整个中国的繁荣和各民族的共同发展;最后,有利于保障各民族的平等地位,便于各少数民族从本民族、本地区的实际出发,更好地管理本民族的事务,行使当家作主的权利,这是加强人民民主政治建设的基本路径之一。[①] 新中国成立以来,56个民族手足相亲、守望相助,推动少数民族的面貌、民族地区的面貌、民族关系的面貌、中华民族的面貌都发生历史性巨变。

---

① 参见沙健孙:《新中国单一制国家结构形式的确定及其重大意义》,载《红旗文稿》2019年第18期。

三、民族区域自治：中国的独特创造

古今中外，正确处理民族关系、解决国内民族问题是多民族国家治国理政的重大课题，必须立足国情进行科学合理的制度设计。制度合适不合适、可行不可行，对民族关系、国家建设乃至国家前途命运影响甚大。列宁指出："在分析任何一个社会问题时，马克思主义理论的绝对要求，就是要把问题提到一定的历史范围之内；此外，如果谈到某一国（例如，谈到这个国家的民族纲领），那就要估计到在同一历史时代这个国家不同于其他各国的具体特点。"①

中国是统一的多民族国家，铸牢中华民族共同体意识，始终保持国家完整统一，实现各民族共同团结奋斗、共同繁荣发展，是中国共产党民族政策的方针宗旨和宪法基本精神。中华民族共同体意识，是国家统一之基、民族团结之本、精神力量之魂。2014年5月，在第二次中央新疆工作座谈会上，习近平鲜明提出"中华民族共同体意识"重大论断；2017年10月，党的十九大报告明确强调"铸牢中华民族共同体意识"，并将其写入《中国共产党党章》②；2018年3月，十三届全国人大一次会议通过《中华人民共和国宪法修正案》，"中华民族"一词首次写入国家的根本法。2019年9月，在全国民族团结进步表彰大会上，习近平开创性提出"四个共同"的中华民族历史观：我们辽阔的疆域是各民族共同开拓的，我们悠久的历史是各民族共同书写的，我们灿烂的文化是各民族共同创造的，我们伟大的精神是各民族共同培育的。从多元走向一体、从尊重差异性到增进共同性，56个民族在多元中铸就整体、在整体中百花齐放，共同凝聚在中华民族旗帜下，推动中华民族走向包容性更强、凝聚力更大的命运共同体。

---

① 列宁：《论民族自决权》，载《列宁全集》（第二十五卷），人民出版社2017年版，第232页。
② 《中国共产党章程》总纲："中国共产党维护和发展平等团结互助和谐的社会主义民族关系，积极培养、选拔少数民族干部，帮助少数民族和民族地区发展经济、文化和社会事业，铸牢中华民族共同体意识，实现各民族共同团结奋斗、共同繁荣发展。全面贯彻党的宗教工作基本方针，团结信教群众为经济社会发展作贡献。"

"中华民族作为一个自觉的民族实体,是近百年来中国和西方列强对抗中出现的,但作为一个自在的民族实体则是几千年的历史过程所形成的。"① 在近现代救亡图存的共同斗争中,中国各民族产生了同属中华民族的强烈认同感。1840年鸦片战争后,面对亡国灭种的空前危机,各族儿女团结抗争、共赴国难,休戚相关的共同体特征更加凸显,中华民族意识应运而生。中华民国"五族共和"的建国主张,促进了中华民族意识的发展。"九一八"事变后,"中华民族到了最危险的时候",各民族共同团结抗日。经过抗日战争的洗礼,"中华民族"成为全国各族人民普遍认同的共同称谓。1939年冬季,毛泽东在编写《中国革命和中国共产党》的课本中,第一章"中国社会开篇"第一节即以"中华民族"为题,坚持马克思主义民族平等观点,深刻阐明中国是一个多民族的国家,中华民族由中国各民族组成。"中华民族的各族人民都反对外来民族的压迫,都要用反抗的手段解除这种压迫。他们赞成平等的联合,而不赞成互相压迫。在中华民族的几千年的历史中,产生了很多的民族英雄和革命领袖。所以,中华民族又是一个有光荣的革命传统和优秀的历史遗产的民族。"②

1949年新中国成立,标志着中国从一个传统国家迈入了现代国家,赋予中华民族全新的意义。在现代国家建设中,坚持各民族一律平等,维护民族团结,创立民族区域自治制度,中华民族共同体意识不断强化巩固。"我们是根据中国民族历史的发展、经济的发展和革命的发展,采取了最适当的民族区域自治政策,而不采取民族共和国的制度。中华人民共和国是单一体的多民族的国家,而不是联邦国家,也无法采取联邦制度。"③中国国家结构形式有三种地方模式,其中的一个特殊类型——民族区域自治,是中国国家结构形式的独特创造和制度创新。坚持民族因素和区域因素相结合,"坚持和完善民族区域自治制度,做到统一和自治相

---

① 费孝通:《中华民族的多元一体格局》,载《北京大学学报(哲学社会科学版)》1989年第4期。
② 毛泽东:《中国革命和中国共产党》(一九三九年十二月),载《毛泽东选集》(第二卷),人民出版社1991年版,第623页。
③ 周恩来:《关于我国民族政策的几个问题》,载《周恩来选集》(下卷),人民出版社1984年版,第260页。

结合、民族因素和区域因素相结合"①,形成了坚持各民族一律平等,铸牢中华民族共同体意识,实现共同团结奋斗、共同繁荣发展的显著优势。

(一)地方自治的讨论

中国是否存在地方自治,长期以来学术界有不同的认识、不同的观点,也是我们的研究不可回避的问题。论证、回答这一争议的难题,就必须深入分析地方自治的概念、内涵,以及中国地方自治的历史、客观存在及其基本特征。

1. 地方自治的基本内涵

地方自治是一个有多种定义的复杂术语,学者们站在各自不同的角度对它进行过许多阐释。日本学界一般是从团体自治和居民自治两个角度进行解释,如日本颇具权威性的语言工具书《广辞苑》解释道:"地方团体作为独立的团体,自己负责并且依靠自己的机关来处理属于自己的事务,按照本地居民的意愿制定和实施政策"②;《剑桥百科全书》则是从内部自治的角度进行界定,认为它是"将原来由上一级权力机构实施的某些立法权力和行政职能下放给划定界限的地区内选出的机构。内部自治通常是为替代分裂而提出的一种做法"③;美国学者则注重它的法定性,认为"地方自治是通过州向地方政府发布特许状,允许地方政府在执行自己活动中拥有处理权和灵活性的一种法律安排"④;《苏联百科词典》对地方自治的解释是"宪法给予国家某一地区独立行使国家政权或实施管理的权利"⑤;《中国大百科全书(政治卷)》将地方自治定义为"在一定的领土单位之内,全体居民组成法人团体(地方自治团体),在宪法和法律规定的范围内,并在国家监督之下,按照自己的意志组织地方自治机关,利用本地区的财力,处理本区域内公共事务的一种地方政治制度"⑥。

---

① 习近平:《在全国民族团结进步大会上的讲话》,载《人民日报》2019 年 9 月 28 日。
② 韩铁英:《团体自治的虚像与实像》,载《日本学刊》1997 年第 4 期。
③ 〔英〕大卫·克里斯特尔:《剑桥百科全书》,中国友谊出版公司 1996 年版,第 565 页。
④ 郑贤君:《地方自治学说评析》,载《首都师范大学学报(社会科学版)》2001 年第 2 期。
⑤ 苏联百科词典编委会:《苏联百科词典》,中国大百科全书出版社 1986 年版。
⑥ 《中国大百科全书(政治卷)》,中国大百科全书出版社 1992 年版,第 56 页。

目前,在俄罗斯联邦有两种自治,即民族自治和地方自治,两者之间存在重大差别:(1)民族自治以民族或民族集团的聚居地为基础,地方自治则以居民居住的一定行政区域单位为基础;(2)民族自治的组织形式是作为俄罗斯联邦主体的共和国、自治州和自治专区,地方自治的组织形式则是作为俄罗斯联邦主体内行政区域单位的区或市(镇、村)的自治;(3)民族或民族集团通过共和国、自治州、自治专区的国家权力机关自主地行使国家权力,居民主要通过区或市(镇、村)的地方自治机关,自主地解决地方事务;(4)民族自治是民族国家组织或者是类国家组织的一种形式,地方自治是居民自治的一种形式。所以,俄罗斯联邦的地方自治,是指在俄罗斯联邦各联邦主体的一定行政区域单位的(区、市、市辖区、镇、村居民点)内居住的居民,直接地或通过其选举产生的地方自治结果,自主地解决地方性事务,并受到国家司法保护的居民自治形式。①

尽管国度不同,学者的视角不同、看法不同,阐释地方自治的观点有异,但是有的要素是公认的:近现代意义的地方自治是资本主义商品经济和民主政治发展的产物,以国家与社会分离、公共事务与私人事务分离为前提;自治的核心内容是一定领土单位的法定自治权。这就回答了谁自治以及如何自治的关键问题:自治主体必须是由居民选举产生的、代表居民意志的代议机关,自治机关的存在是地方自治的一个必要前提,只有自治机关真正由居民产生,对居民负责,取代由国家任命、指派的官僚,自治才同"他治""官治"相区别;自治事务具有地方性,国情不同,自治事务在不同的国家有不同的内容,但一般而言,国防、外交事务、国家安全除外;自治权由国家宪法和法律规定,即自治权法定。这是现代法治民主制度组成部分的地方自治的基本要义。

以上述标准衡量,中国地方自治是政治实践的一种客观存在,无论是从法理上,还是从具体政治实践上,抑或是未来国家与社会发展趋势上,都不能否认地方自治制度在中国存在的事实。如晚清启蒙思想家严复在

---

① 参见刘向文:《俄国政府与政治》,五南图书出版股份有限公司2002年版,第427—428页。

其变法主张的具体建议中,就包括实行地方自治:"地方自治之制,乃刻不容缓者矣。窃计中国即今变法,虽不必遂开议院,然一乡一邑之间,设为乡局,使及格之民,推举代表,以与国之守宰相助为理",形成"地方自治之基础",就可以使人人懂得"尊主隆民"的义务,自愿"加赋保邦"。他强调:"设地方自治之规,使与中央政府所命之官和同为治,于以合亿兆之私以为公,安朝廷而奠磐石,则固不容一日缓者也。失今不图,行且无及!"①1946年1月16日重庆召开的政治协商会议上,中国共产党代表团提交的《和平建国纲领草案》第(五)部分内容就是地方自治:"(甲)积极推行地方自治,废除现行保甲制度,实行由下而上的普选,成立自省以下各级地方民选政府。(乙)中央与地方之权限,采取均权主义,省得自订省宪,各地得采取因地制宜的措施。"②

2. 中国地方自治的特征分析

中国地方自治是在后发型国家的民主政治制度的基础上产生并发展的,其与封建社会末期清末民初的地方自治、西方发达资本主义国家的地方自治具有根本的不同,基本特征主要表现为区域分布非完全性、自治动力的非内生性以及行政性与自治性结合的双重属性。

第一,当代中国地方自治制度存在于民族自治地方和特别行政区,具有区域分布的不完全性和非普遍性,一般地方并不具有自治性质,即使是经济特区,有的只是经济政策方面的"特权",不是完全意义上的地方自治。经济特区与其他普通行政区一样,只是中国中央政府机关的下属机构、代理机构或组成部分,都服从中央统一领导,接受中央政府监督,地方权力全部来自中央的授予,地方政府程度不同地从属于中央政府,普通地方与中央之间是典型的上下级隶属关系,不具有地方自治的特点。

第二,中国地方自治制度的产生具有非内生性,是国家为了解决特殊的具体历史问题和现实问题而采取的特殊法律制度,国家政权授予,具有很强的国家整合功能。而清末民初及西方发达国家的地方自治,是随着

---

① 〔法〕孟德斯鸠:《孟德斯鸠法意》(上册),严复译,商务印书馆1981年版,第361、374页。
② 中共中央统战部编:《民族问题文献汇编》,中共中央党校出版社1991年版,第991页。

资本主义的成长壮大而自然演进的,现代西方地方自治是随着资产阶级经济实力的强大、由地方共同体内部自发产生,并经过长期斗争由国家法律确定、认可,因而西方地方自治具有自治动力的内生性特征。

第三,当代中国地方自治制度具有行政性和自治性的双重属性。一般而言,地方政府要么是行政性的,要么是自治性的,行政性地方政府与自治性地方政府的区别在于:行政性地方政府从属于中央政府,其机关设置、人员身份、职能范围、财政能力等都取决于中央政府决定,职权由中央授予,财政由中央拨款;自治性地方政府与中央的关系相对分离,地方自治政府并不隶属或不完全隶属于上级政府,也不具有国家代表的身份,它是地方的行政机关,不是国家的地方行政机关,地方政府的机构设置和人员编制一般自行确定,无须经过中央讨论,地方政府的事务大多由法律明确划分,有专属自己的事务范围,地方政府有相对独立的财政管理权和人事管理权,地方政府的工作人员不属于国家公务员系列。实践表明,中国的地方自治对于解决中国区域社会发展的非均衡性、推进国家整合和国家建设发挥了积极的重要作用,为社会主义民主政治的完善和发展进行了有益尝试。

3. 民族区域自治:内含地方自治因素的制度创新

民族区域自治是指在国家统一领导下,各少数民族依照《宪法》《民族区域自治法》规定,在其聚居的区域建立民族自治地方,以实行自治的民族成员为主设立自治机关,并按照民主集中制原则由自治机关行使自治权,自主管理本民族内部事务和地方事务的政治法律制度,其基本要义包括:领土完整、国家统一是前提;一定的聚居区域是基础;自主机关行使自主权是核心;培养使用少数民族干部是关键;保障少数民族当家作主是实质。民族区域自治体现了统一与自治的结合、民族因素与区域因素的结合、政治因素与经济因素的结合,完全符合中国国情和实际,是一种特殊的地方自治类型。《宪法》第4条规定:"中华人民共和国各民族一律平等。国家保障各少数民族的合法的权利和利益,维护和发展各民族的平等团结互助和谐关系。禁止对任何民族的歧视和压迫,禁止破坏民族团结和制造民族分裂的行为。国家根据各少数民族的特点和需要,帮助各少数民族地区加速经济和文化的发展。各少数民族聚居的地方实行区域自治，设立自治机关，行使自治权。各民族自治地方都是中华人民共和国不可分离的部分。各民族都有使用和发展自己的语言文字的自由，都有保持或者改革自己的风俗习惯的自由。"1984年，《民族区域自治法》颁布实施，为民族区域自治制度的坚持和发展提供了基本的法律保障。民族区域自治制度是中国的一项基本政治制度。

创建新中国，进行现代国家建设，中国共产党在探索设计国家结构制度时，坚持以马克思主义国家学说为指导，参考马克思、恩格斯关于地方自治单一制的论述和列宁关于民族自治联邦制的实践，结合中国政治传统和民族特点，最后选择民族区域自治，立足在单一制框架内解决国内民族问题，坚持民族平等，体现民族团结，促进民族发展，维护国家统一，具有鲜明中国特色。民族自治地方行政性和自治性的双重属性体现为：一方面，自治机关与上级机关存在着上下级的指导、领导或行政隶属关系，自治机关是国家的一级地方政权机关；自治机关成员由选举产生，但在进入选举程序前都要接受上级机关的指导、监督；自治机关成员一经当选，属于国家公务员序列，而不仅仅是地方的民意代表；国务院批准自治区的区域划分，批准自治州、自治县的建置和区域划分，审定行政机构编制；民族自治地方有管理地方财政的自治权，但民族地区经济发展水平普遍落后，财政能力弱、自给率低，必须依靠国家的财政援助。另一方面，自治机关的自治权由宪法和民族区域自治法等法律规定，享有宪法规定的广泛自治权，包括立法自治权、经济自治权、财政自治权、人事自治权、文化教育自治权以及使用民族语言文字的自治权等。民族自治地方自治机关具有双重身份，既是民族自治地方选出的民意机关，又是国家地方政权机关，是国家在地方的代表，既要对本地区居民负责，也要对中央负责，接受中央政府和上级政府的领导，是自治机关与地方国家政权机关的结合体。

（二）单一制国家特点的民族模式

中央与民族自治地方关系实践模式（简称"民族模式"）是单一制中央与地方关系在民族自治地方的创新实践，中央与民族自治地方关系仍然是单一制国家中央与地方关系范畴,体现单一制国家的基本特点。

民族自治地方的建立、区域界限的划分、名称的组成等方面的规定具有单一制国家的特点。根据《民族区域自治法》第 14 条的规定,民族自治地方的建立、区域界线的划分、名称的组成,由上级国家机关会同有关地方的国家机关,和有关民族的代表充分协商拟定,按照法律规定的程序报请批准。民族自治地方一经建立,未经法定程序,不得撤销或者合并;民族自治地方的区域界线一经确定,未经法定程序,不得变动;确实需要撤销、合并或者变动的,由上级国家机关的有关部门和民族自治地方的自治机关充分协商拟定,按照法定程序报请批准。

民族自治地方是中华人民共和国不可分割的组成部分,对国家统一负有宪制义务。《宪法》序言强调,中华人民共和国是全国各族人民共同缔造的统一的多民族国家;平等团结互助和谐的社会主义民族关系已经确立,并将继续加强;在维护民族团结的斗争中,要反对大民族主义,主要是大汉族主义,也要反对地方民族主义。《宪法》第 4 条规定,各民族自治地方都是中华人民共和国不可分离的部分。《民族区域自治法》第 5 条规定,民族自治地方的自治机关必须维护国家的统一,保证宪法和法律在本地方的遵守和执行。

国家对民族自治地方自治权行使进行监督。例如,关于立法自治权的监督,《民族区域自治法》第 19 条规定,民族自治地方的人民代表大会有权依照当地民族的政治、经济和文化的特点,制定自治条例和单行条例;自治区的自治条例和单行条例,报全国人民代表大会常务委员会批准后生效;自治州、自治县的自治条例和单行条例报省、自治区、直辖市的人民代表大会常务委员会批准后生效,并报全国人民代表大会常务委员会和国务院备案。关于变通自治权的监督,《民族区域自治法》第 20 条规定,上级国家机关的决议、决定、命令和指示,如有不适合民族自治地方实际情况的,自治机关可以报经该上级国家机关批准,变通执行或者停止执行。关于财政自治权的监督,《民族区域自治法》第 33 条规定,民族自治地方的自治机关对本地方的各项开支标准、定员、定额,根据国家规定的原则,结合本地方的实际情况,可以制定补充规定和具体办法;自治区制定的补充规定和具体办法,报国务院备案;自治州、自治县制定的补充规定和具体办法,须报省、自治区、直辖市人民政府批准。

(三)民族区域自治是民族和区域因素的结合

当今世界,纯粹的单一民族国家基本是不存在的,民族关系的处理也就成为国家治理的共同难题。历史发展不同、文化传统不同、政治理念不同,各国处理民族关系的方式和政治法律制度自然也不同。如作为单一制的常态是建立普通地方政府;作为单一制的特殊是建立民族地方政府,包括民族语言和文化自治地方、民族区域自治地方;联邦制是民族共和国成为联邦成员单位。斯大林在《马克思主义和民族问题》一文中专门讨论了"民族自治""地域自治""区域自治"等,提出民族文化自治(文化自治)。"自治权不是给予主要是住着捷克人或波兰人的捷克或波兰,而是给予一切捷克人和波兰人,不分地域,不管他们居住在奥地利什么地方。因此,这种自治就叫作民族自治,而不叫作地域自治。""应当把区域自理了解为区域自治。"[1]

中国实行的民族模式,基础是"少数民族聚居的地方",必须具备民族和地方的基本要素。"我们根据我国的实际情况,实事求是地实行民族区域自治,这种民族区域自治,是民族自治与区域自治的正确结合,是经济因素与政治因素的正确结合,不仅使聚居的民族能够享受到自治权利,而且使杂居的民族也能够享受到自治权利。从人口多的民族到人口少的民族,从大聚居的民族到小聚居的民族,几乎都成立了相当的自治单位,充分享受了民族自治权利。这样的制度是史无前例的创举。"[2]它既立足于少数民族权益的保护,又着眼于少数民族地区的发展;既给予少数民族语言文字的自治权,又赋予它们政治经济自治权。通过建立民族自治地方、自治机关民族化,国家权力机关有少数民族、民族地区人大代表的固定名

---

[1] 斯大林:《马克思主义和民族问题》,载《斯大林选集》(上卷),人民出版社1979年版,第82、103页。
[2] 周恩来:《关于我国民族政策的几个问题》,载《周恩来选集》(下卷),人民出版社1984年版,第258页。

额等方式,真正保障少数民族在国家政权中的地位和作用。民族区域自治制度集中体现了"坚持各民族一律平等,铸牢中华民族共同体意识,实现共同团结奋斗、共同繁荣发展的显著优势"。

同样是疆域辽阔、民族众多,同样是少数民族分布在边疆地区,同样是实行社会主义,同样是以马克思列宁主义为指导,苏联和中国却选择了不同的模式。当时苏联采取的民族共和国联邦制,是"一族一国"的典型模式。中国的民族区域自治是在国家统一领导下的自治,各民族自治地方都是中国不可分离的一部分,民族自治地方的自治机关都是中央政府领导下的一级地方政权,都必须服从中央统一领导。民族区域自治制度吸收了联邦制的优点和积极因素,民族自治地方享有广泛而全面的自治权,内容包括立法、行政、财政、经济、语言文字等。民族自治地方的自治机关具有一般地方机关和民族自治机关双重属性,是单一制下的地方自治模式,是单一制下有效解决民族问题的制度创造。

(四)地方政府模式的共同特点

一般而言,国家政权确立之初,就是国家结构形式定型之时。但中国国家结构形式的确立和发展过程并不与政权确立完全同步,不是一次性完成。地方政权的建立有早于全国性政权确立的,如内蒙古民族自治区地方政权;有同步确立的,如普通行政区和绝大多数自治区;还有的在主体政权确立之后,由体制外进入的,如一国两制的港澳特区和将来的台湾特区。我国地方政府模式总体上有以下特点:

第一,发展的适应性。中国国家结构形式的确立和发展是一个不断丰富的过程。它不是一次性完成,而是随着时间的推移、形势的发展不断增添新的内容,体现了原则性与灵活性的结合,是承继和超越的过程。它的内容呈伞状向外扩展,而不是线状发展或者窄幅震荡。过程大体可以分为三个阶段:第一阶段,是随着统一的中央政权的建立,承继历史,选择了单一制国家结构形式,赋予国家结构形式民主含义,使地方政府具有双重地位,同时超越单纯的集权单一制,建立民族自治地方,为集权单一制增添了新的内容——民族区域自治制度;第二阶段,是设立特别行政区,特区高度自治,实行"一国两制",超越一国一制的传统模式,国家结构形式创新发展,单一制有了复合的因素。随着台湾问题解决、祖国实现完全统一,必将超越现有的模式,进一步创新人类国家结构形式。当然,这种模式的具体样貌会怎样,有待时间说明。①

第二,内容的兼容性。国家结构形式的一般分类有单一制与联邦制、集权制与分权制、社会主义与资本主义的区分,任何国家结构形式都可以归于其中的某一类。中国从总体上说,属于社会主义的单一制,但是仔细分析,它不是传统意义上纯粹的集权制和纯粹的单一制,而是在历史状态中不断演变并将继续演变的复合式国家结构形式,是集权与分权、单一与联邦、传统与现代等多因素的综合体,具有多样性和兼容性的特征。中国代表国家整体的中央具有唯一性,中央政府是国家权力的唯一代表,国内只有一个最高权力机构——中央政府,它是统一国家的象征,其他政权机关都是中央统一领导下的地方政府,中央与地方之间不是平等关系。在这点上,现代意义上的单一制国家概莫能外,即使是联邦制国家也是一样。中国存在着不同功能、不同地位、不同机构和不同地方制度的地方政权机关。它们的与众不同之处在于多样性和差异性程度更深,如有作为中央代理机构的集权的普通地方机关,有享有地方特定范围自治权的民族自治地方自治机关,以及享有高度自治权的特别行政区机关。它们共同构成中国国家政权组织结构的特殊形态——"一托三"。三种地方制度显示出权力在中央与地方之间存在和运行的不同特点,使中国的单一制蕴含复合色彩。

第三,功能的多样性。中国存在着不同的地方政权机关,它们是国家出于不同的策略目标而设置的。基于中国超大型国家的稳定和发展,基

---

① "探索'两制'台湾方案,丰富和平统一实践。'和平统一、一国两制'是实现国家统一的最佳方式,体现了海纳百川、有容乃大的中华智慧,既充分考虑台湾现实情况,又有利于统一后台湾长治久安。""'一国两制'在台湾的具体实现形式会充分考虑台湾现实情况,会充分吸收两岸各界意见和建议,会充分照顾到台湾同胞利益和感情。""两岸同胞是一家人,两岸的事是两岸同胞的家里事,当然也应该由家里人商量着办。和平统一,是平等协商、共议统一。"参见习近平:《为实现民族伟大复兴、推进祖国和平统一而共同奋斗》(2019年1月2日),载《习近平谈治国理政》(第三卷),外文出版社2020年版,第406页。

于社会主义的政治意识形态，中国在处理中央与地方关系上坚持国家利益至上、中央权利优先。地方的特殊，是为了加强全国统一所必要的特殊。中国国家结构形式的发展一开始就与社会主义政治制度的孕育和成长交织，且始终服务于社会主义的国家治理目标。作为一种管理方式，它同政治制度和国家性质并不是直接合一，而是借助于社会环境的变化，通过适时调整来强化其服务职能，如民族区域自治制度、特别行政区制度的创立和发展。

2018年3月，中共中央印发的《深化党和国家机构改革方案》明确提出：深化地方机构改革，"地方机构改革要全面贯彻落实党中央关于深化党和国家机构改革的决策部署，坚持加强党的全面领导，坚持省市县统筹、党政群统筹，根据各层级党委和政府的主要职责，合理调整和设置机构，理顺权责关系，改革方案按程序报批后组织实施。深化地方机构改革，要着力完善维护党中央权威和集中统一领导的体制机制，省市县各级涉及党中央集中统一领导和国家法制统一、政令统一、市场统一的机构职能要基本对应。赋予省级及以下机构更多自主权，突出不同层级职责特点，允许地方根据本地区经济社会发展实际，在规定限额内因地制宜设置机构和配置职能。统筹设置党政群机构，在省市县对职能相近的党政机关探索合并设立或合署办公，市县要加大党政机关合并设立或合署办公力度。借鉴经济发达镇行政管理体制改革试点经验，适应街道、乡镇工作特点和便民服务需要，构建简约高效的基层管理体制"。这是新时代推进国家治理体系和治理能力现代化的重大创新举措，必将对地方政府模式、地方政府治理产生重大影响。

总之，中国国家结构形式具有"一"与"多"的结合、集权与自治的共存、稳定与动态的统一等基本特征。中国特色国家结构制度蕴含现代国家建设的多重价值，多样性的中央与地方关系模式有利于国家统一与社会和谐，但挑战国家的整合能力，要保持和保护多样性，探索不同模式共存共荣的多元和谐发展途径，克服多样性模式差异性过大带来的潜在的国家整合建设危机。地方政府已经成为中国现代经济和政治系统中主要的行动者，它的组织机构和规范其行为的制度网络在当代社会中占据着支配者的角色。就经济而言,随着区域经济的发展,不同地方政府模式的差异会不断显现,对地方经济的发展必然会产生重大影响;就民主法治而言,人民当家作主的实质要求人民有权制约最高权力,以防止国家权力对人民权利的侵犯,要求人民有参与政治、管理国家和地方事务的能力,二者缺一不可,地方政府模式作为宪制的基本内容,是实现这两个目的的重要保障。地方政府模式反映政治资源在中央与地方之间配置的原则、机制、途径、方式和内容,直接决定公民权利和自由的范围与特点,其通过宪制纵向分权,为公民参与地方事务管理提供机会和场所,进而为公民最终更好地管理国家和社会事务提供经验。

四、自治权及其理论基础

国家结构形式理论讨论在国家机构体系内纵向配置和运用国家权力的问题,实质是讨论一国主权在不同层次政府的分配方式问题。随着现代主权理论的发展,主权与分权并行不悖,这一点在各国的宪制实践中也能体现出来。自治权问题是我们讨论民族区域自治制度的基础,本节将在主权理论下阐释自治权的相关原理。

(一)自治权与主权、自决权

主权一般是指一个国家对内对外所享有的最高权力,目前学界普遍认为其主要包含两方面含义:一是指一个民族国家相对于其他民族国家的地位,表明每个国家在其自身的地理范围内都拥有自主的管辖权,不受其他国家的干涉和限制;二是指在一国之内存在着构成最高政治和法律权威的实体,主权构成国家权力存在和行使的正当性基础。[1]

自治是相对于他治的概念。纵观目前系统研究自治权的文献资料,具有代表性的观点为:"它是指一种在社会团体内,经过团体多数人认可或者默示地、合法地、独立自主行使具有约束力和支配力的一种权力。自

---

[1] 参见王广辉:《比较宪法学》,北京大学出版社2007年版,第84页。

治权是通过'章程'规定而行使的。简言之,是一种体现在社会团体内的具有约束力和支配力的、自主合法的行为,是一种权力的体现,它的本质属性是团体内的合法自主的权力。"①

自决权是一项国际人权法上的权利。自决权通常被称为民族自决权,是同世界各国的民族运动联系在一起的。在第一次世界大战之前,民族自决原则就被用来解决欧洲尤其是东欧的民族问题,列宁领导的俄国社会民主工党把民族自决权写在党纲上。早在1952年联合国大会通过的《关于人民和民族自决权的决议》就指出,人民与民族应先享有自决权,然后才能保证充分享有一切基本人权。在该决议中,"人民(peoples)自决权"和"民族(nation)自决权"的概念被并用。但是,有学者认为,1960年的《给予殖民地国家和人民独立宣言》中使用了"人民自决权"(Right of Peoples to Self-determination),《国际人权公约》当中也使用的是"人民自决权"的概念,因此,把"民族自决权"称为"人民自决权"更为贴切。②

一般认为,民族自决权的内容包括两方面:第一,民族自决权就是摆脱殖民统治,建立或恢复独立的主权国家的权利。这是对于受殖民统治或外国军事侵略和占领下的民族而言的,对于已经建立独立国家的民族整体来说,作为其组成部分的少数民族不存在这种意义上的民族自决权。因此,承认民族自决权与尊重国家的主权是一致的。第二,民族自决权指各民族国家有权不受外来干涉地决定其政治地位,自由选择适合其自身发展的社会、政治和法律制度,自由追求经济、社会及文化的发展,自由处置其自然财富和资源的权利,等等。

在讨论主权国家内的少数民族地位问题之前,主权、自治权、自决权概念的内涵和外延要清晰界定。由于主权是一国对内对外的最高权力,民族自决权也包含"外部自决"和"内部自决"两方面,因此在行使"外部自决"权的时候,必须尊重一国主权的独立和领土的完整。从行使自决权的主体来看,一方面,处于殖民统治之下、正在争取民族解放和国家独立的

---

① 张文山等:《自治权理论与自治条例研究》,法律出版社2005年版,第4页。
② 同上书,第25—26页。

民族才享有民族自决权,作为主权国家组成部分的少数民族享有的是民族自治权。例如,1960年的《给予殖民地国家和人民独立宣言》规定"所有的人民都有自决权",同时又规定"任何旨在部分地或全面地分裂一个国家的团结和破坏其领土完整的企图都是与联合国宪章的目的和原则相违背的"。另一方面,对于单一民族国家来说,民族自决权的主体是指单一民族构成的全体人民;对于多民族国家来说,民族自决权的主体是指国家领土范围内多民族构成的全体人民。

（二）自治权与主权:主权之下的自治

自治是伴随着人类共同体特别是社会联合体的产生而产生的政治社会现象,我们在这里所要讨论的民族区域自治,是在主权国家之内的自治,因此,厘清自治权与主权之间的关系至关重要。

1. 主权概念的起源与发展

主权理论是从国家最高权力的观念演变而来的。西方政治思想史的共识,法国人波丹(Jean Bodin,也译作博丹或布丹)在其1576年出版《国家论六卷》中首创主权概念、创立主权学说:"他从神权论抛在神学废物堆中捡来了最高权力这一思想。这样,这本书就对主权进行了分析,并把它纳入宪制论的范畴。"波丹关于主权原则的阐述是他政治哲学的最重要组成部分,"他认为最高权力的出现是把国家同包括家庭在内的其他一切群体区别开来的标志",国家只是在公民服从一个共同主权者的统治的情况下才存在,主权是"不受法律约束的、对公民和臣民进行统治的最高权力"。[①] 对于主权的归属,波丹认为应当是君主,君主在行使权力时,只向上帝负责并受制于自然法则。主权是绝对的、不可分割和永恒的。波丹的主权理论很大程度上是对当时法国社会现实的反应:当时法国因分裂主义而导致频繁的内战和内乱。波丹强化君主的权威,是为了恢复和巩固国家的统一和秩序。在波丹之前,法学家限于自然法,因而不能超越

---

① 参见〔美〕乔治·霍兰·萨拜因:《政治学说史》(下册),刘山等译,商务印书馆1986年版,第456、462页。

基督教的单一共同体观念;政治学家则限于实际政治生活,而不考虑政治权力的法律依据。① 波丹创立的主权理论,在当时具有重要的国内法意义,即对内的统治权。此后的很长时间里,国内法意义上的主权理论发展了起来,国与国之间的主权理论却迟迟没有建立。

英国政治学家霍布斯(Tomas Hobbs)修正了波丹的主权理论。建立在古老的契约构想之上,在霍布斯的主权理论中,主权的归属从君主转向了政府,"由于人们的不合群倾向,期待他们自发地尊重彼此的权利是毫无希望的,而除非所有的人都做到相互尊重,要任何一个人放弃自助就不合情理了。只有在存在一个会惩罚不履行契约的政府的情况下,才可以指望契约的履行"②。但是,根据霍布斯的主权理论,个人并不是完全屈从于主权的,臣民服从的目的是需要主权的保护,如果主权偏离了这个基本目的行使,臣民就有权不服从。这一点使得霍布斯的主权理论与臣民的权利之间存在着一定的张力。

法国启蒙思想家卢梭认为,人生来是自由的、平等的:"在自然秩序中,所有的人都是平等的,他们共同的天职,是取得人品;不管是谁,只要在这方面受了很好的教育,就不至于欠缺同他相称的品格。"③卢梭从他的自然哲学观点出发,提出了人民主权论即主权在民,进一步完善了主权理论。卢梭指出社会契约构成了主权者:"立法权力是属于人民的,而且只能是属于人民的。""因为主权者的一切行为都只能是法律。"因此,合法性的源泉在一般的人民手中,而不是在君主或贵族阶层或任何其他团体手中。每个公民都发现自己处于和国家的双重关系中:在享有主权的范围内,他是立法者,但作为必须服从法律的个人,他又是法律的臣民。卢梭全面论述了主权的基本属性和主权建立的基础——公意(人民的意志或主权的意志),"公意永远是公正的,而且永远以公共利益为依归";主权的要素不是权力,而是代表公共利益的普遍意志,"公意只着眼于公共的利

---

① 参见张千帆:《国家主权与地方自治——中央与地方关系的法治化》,中国民主法制出版社2012年版,第5页。
② 〔美〕乔治·霍兰·萨拜因:《政治学说史》(下册),刘山等译,商务印书馆1986年版,第527页。
③ 〔法〕卢梭:《爱弥儿》(上卷),李平沤译,商务印书馆2009年版,第15页。

益";主权是不可让与的,因为"主权者既然只不过是一个集体的生命,所以就只能由他自己来代表自己;权力可以转让,但是意志却不可以转移"。①

综上所述,在人类思想史上比较有影响力的主权理论几乎都是绝对主义的主权理论,即主权是单一的、至高无上的,是不可转让、不可分割的权力。然而,事实上,随着人类宪制民主政治实践的发展,绝对主权理论也逐渐陷入了解释的困境。法国历史学家托克维尔曾对联邦制进行系统研究:"在各种联邦制的固有缺陷中,最突出的是其所采用的手段的复杂性。这种制度必须允许两种主权并存。""一切联邦制国家所依据的原则,是把主权分为两部分。""联邦主权是人工创造的;各州主权是天然存在的,它像家庭的父权一样,不必费力就能建立起来。"②因此,要与时俱进、科学地对待人类思想史的理论成果。

首先,绝对主权理论很难解释现代宪制秩序中的有限权力。现代宪制理念已经无法容下一个至高无上的不受约束的权力,即便如卡尔·施米特所描述的那样,在某些时刻国家需要一个政治"决断者"③,我们也很难想象,哪一个具体的机构或者人能够承担此种"重任"。因此,有学者主张,根据现代宪法学的主流理论,制宪权已成为国民主权的最重要内涵,也是主权理念的具体化。也就是说,在一般情况下,公民不能直接行使主权,只有在制宪这种特定时刻出来发挥作用。

其次,绝对主权理论必然导致中央集权,无法解释世界各国权力分立的政治实践。汉密尔顿认为,尽管政府的全部权力是在人民的代表手中,但"如果人民代表背叛他们的选民,那么除了行使原有的自卫权以外,别无他法可循";"可以毫不夸张地说,人民完全是自己命运的主人。权力几乎总是互相敌对的,全国政府随时准备阻止州政府的篡夺,州政府对全国

---

① 参见〔法〕卢梭:《社会契约论》,何兆武译,商务印书馆 2009 年版,第 71—72、31 页。
② 〔法〕托克维尔:《论美国的民主》(上卷),董果良译,商务印书馆 2009 年版,第 202、205、207 页。
③ 参见〔德〕卡尔·施米特:《宪法学说》,刘锋译,上海人民出版社 2005 年版。

政府也有同样的布置"。① 因此,美国联邦宪法对权力分立的设计从根本上突破了传统的主权理论。

最后,绝对主权理论在现实中缺乏可操作性。绝对主权理论不仅无法解释美国等联邦制国家的分权现象,甚至是在单一制国家的政治实践中也缺乏可操作性。以深受卢梭影响的法国为例,1958年制定的《法兰西第五共和国宪法》确立了人民主权原则,但是在具体行使主权的问题上,对卢梭的绝对主权理论作出了根本性的调整。该宪法第3条规定:"人民通过其代表和复决方式来行使这一主权,人民中的任何部分或个人都不得自行篡夺其主权之行使。"可见,在制定法律过程中,人民的主权还是由其代表来行使,法律要成为人民"公意"的表达,在现实中只能通过议会来完成。此外,根据《法兰西第五共和国宪法》,法国还设立有宪法委员会来监督议会的立法——卢梭所想象的至高无上的、不可转让的权力也未能在法国实现。

中国现行《宪法》中虽然没有明确规定国家结构形式是单一制,但是正如本章前三节所述,中国实质上是复合单一制国家。从主权的归属上看,根据《宪法》第2条、第3条的规定,中华人民共和国一切权力属于人民,人民行使国家权力的机关是全国人民代表大会和地方各级人民代表大会。国家行政机关、审判机关、检察机关、监察机关都由人民代表大会产生,对它负责,受它监督。可以看出,我国宪法清晰确立了主权在民的原则。有学者认为,"如果宪法规定的人大选举机制运行良好,那么中国就形成了相当标准的人民主权政府,而且这个权力体系将是自下而上的:选民直接选举县级以下各级人大,这些人大进而产生各级地方政府;县级以上人大由下级人大逐级产生,进而产生各级政府,直至全国人大和中央政府的所有其他部门"②。尽管处在上述单一制的宪法框架下,宪法还是为分权留下了充分的空间。例如,"一国两制"制度授予特别行政区高度

---

① 参见〔美〕汉密尔顿、杰伊、麦迪逊:《联邦党人文集》,程逢如等译,商务印书馆2009年版,第158、159页。
② 张千帆:《国家主权与地方自治——中央与地方关系的法治化》,中国民主法制出版社2012年版,第25页。

的自治权,享有独立的行政管理权、立法权、独立的司法权和终审权。除了特别行政区制度和民族区域自治制度之外,《宪法》第 3 条规定的"中央和地方的国家机构职权的划分,遵循在中央的统一领导下,充分发挥地方的主动性、积极性的原则",也为其他普通地区的地方自治留下了充分的空间。

2. 自治权概念的起源与发展

从词源上看,据学者考证,汉语"自治"一词出自《三国志·魏志·毛玠传》:毛司职"人事权",专挑清廉者荐举,从而改变了官场上的奢华之风,对此,太祖十分满意,叹曰:"用人如此,使天下人自治,吾复何为哉!"不过,这里的"自治"是"自律"之意。现代法治意义上的"自治"是从西方引进的一个词汇。西方的"自治"源于希腊文,后由英文在世界传播,在英文中,"自治"由 autonomy、self-governance、self-rule、self-administration 等词汇来表达。"自治、自主(autonomy)的字面意思是指自我统治;在通用的政治语言中,亦指实行自我管理的国家,或国家内部享有很大程度的独立和主动性的机构;自我治理(Self-governance)是指'某个人或集团管理其自身事务,并且单独对其行为和命运负责的一种状态'。"①所以,在这些概念中,既有包括私人或私人自愿组成团体(如社团、公司、互助组织等)的自主和自我治理,也有包括大大小小的政治共同体的自我治理。自治是指在一定的社会团体中,不是"由外人制定团体的章程,而是团体的成员按其本质制定章程(而不管它是如何进行的)"②。从这个意义上说,随着人类社会的产生,"自治"就产生了。随着现代宪制民主的不断发展,"自治"成为现代民主政治的重要词汇,在不同的语境下有着丰富的内涵,但不论是自治,还是自主、自我治理、自我管理,其基本要义都是自治与法律的结合。法律是自治的依据和保障,任何自治的形式、内容、权限以及自治的程度等都离不开宪法和法律的设定。

自治权作为政治概念,与产生于任何人类社会的联合体之中的"自

---

① 邓正来主编:《布莱克维尔政治学百科全书》,中国政法大学出版社 1992 年版,第 48、693 页。
② 〔德〕马克斯·韦伯:《经济与社会》(上卷),林荣远译,商务印书馆 1997 年版,第 79 页。

治"不同,它产生于人类早期的政治共同体中,这类共同体基于成员的授权,在一定程度上享有对内对外的统治权,即主权。例如,在古希腊的雅典城邦,为了实行地方自治,雅典城邦被划分为大约一百个市区,或者也可称之为选区或教区或镇区。这些市区是地方自治的行政单位。各市区大致按其大小比例选举数目不等的候选人,然后从选举出来的候选人名单中用抽签的方法确定实际由哪些人来担任公职。根据希腊人的理解,这是一种极富高度民主色彩的自治方式。①再如,早在罗马帝国时期,欧洲就有大量自治城市,到公元2世纪中叶,罗马人建立了一个横跨欧、亚、非三大洲的帝国,但罗马人也是让城市实行不同程度的自治。"每一个城市都有它自己的地方自治,都有它本地的'政治'生活,都有它自己所要解决的社会经济问题。在所有城市之上,有一个强有力的中央政府,它执掌国家大事——外交、军事、国家财政。"②换句话说,在古希腊的雅典城邦、罗马帝国的自治城市这类政治共同体中,人们的"自治"才称得上是行使"自治权"。

自治权作为一个法律概念,根据学者的研究,最早出现在中世纪欧洲的城市宪章和特许状里。③"城市宪章是一种具有宪法性质的法律文献,它是由国王、封建领主或大主教颁发的,用以确认自己所属区域内某一城市的自治特权或独立地位或经商授权,有时称为特许状。城市宪章或特许状是自治城市的根本法和主要渊源,是城市法的法律基础。它以法律形式对一种既成事实予以认可,规定该城市的自治权和市民所享有的权利和义务。"④当然,到了专制王权时代,随着国家权力的日益强大,城市自治也就逐渐衰微。中世纪的这种城市自治权意识上接古代的城邦主义,下启近代的地方自治权观念,是西方政治思想史上一个必不可少的中间环节。自治权发展到今天,已经广泛存在于世界各国,只是各国授予自治

---

① 参见〔美〕乔治·霍兰·萨拜因:《政治学说史》(上册),刘山等译,商务印书馆1986年版,第26—27页。
② 〔美〕M.罗斯托夫采夫:《罗马帝国社会经济史》(上册),马雍、厉以宁译,商务印书馆2009年版,第198页。
③ 参见张文山等:《自治权理论与自治条例研究》,法律出版社2005年版,第37页。
④ 林榕年主编:《外国法制史》,中国人民大学出版社2003年版,第137页。

主体自治权的程度不同。接下来以英、法、美、日等国的地方自治为例,对自治权在不同国家的表现形式略加阐释。

英国是分权制国家,地方自治有着悠久的传统。英国的地方政府大致分为三级:第一级是地区级的权力下放政府,如苏格兰地方当局、威尔士地方当局和北爱尔兰地方当局;第二级是郡、市议事会;第三级是郡自治镇、市自治镇及教区的议事会。它高度的地方自治主要体现为:第一,建立在议会基础之上的法制统一。中央政府在行政方面没有直接对地方政府发号施令的权力,只能通过统一的司法体制以及司法审查等监督机制,中央主导立法,中央的控制主要是法律的控制。第二,借助司法体系建立的法律关系。中央政府、地方政府都是法律上独立的人格者,存在的纠纷可以借助与普通法人相同的司法途径予以解决。第三,中央政府通过倡议议会立法来决定对地方的授权或权力的收回。第四,中央通过财政转移支付影响地方。第五,中央派驻地方的代表机构建立与地方的沟通,但由于中央与地方的事权关系划分十分明确,几乎没有交叉和重叠现象,基本不存在中央驻地方机构监督地方的问题。①

法国实行中央集权,但也发展出了比较成熟的地方分权和公务分权体制。法国的地方自治团体具有双重身份,既是地方的自治单位又是国家的行政区域。以大区的自治权为例,法国原来最大的地方行政单位是省,1955年开始建立计划行动区,1972年颁布法律正式改名为大区,承认大区的法律人格,取得自治权力,有自己专有的职权、机构和收入。随着1982年法律的修改,大区的自治权进一步扩大。现在,法国的大区、省以及市政一样,同时是国家的行政区域和地方自治团体,国家对地方团体执行国家公务行为的监督是层级监督,除此之外对地方团体的监督则是自治监督,国家这一监督权只能在法律规定的情况下和范围内行使。②

美国建国后从邦联制变为联邦制,并成为世界联邦制国家的典型,联邦各州与联邦政府都享有国家的一部分主权。因此,有学者认为,州"不

---

① 参见张越编著:《英国行政法》,中国政法大学出版社2004年版,第385、397—398页。
② 参见王名扬:《法国行政法》,中国政法大学出版社1988年版,第110页、121页。

能算地方政府。地方政府是指州以下的县和市。州对于所辖的县市,也同法国一样实行中央集权"①。在现有宪制体制下,州所辖的县市也具有双重属性:一是以地方政府的资格,执行自治职能;二是州的代理人,执行政府职能。

日本的地方自治被认为有居民自治和团体自治两种类型。居民自治是指地域的居民根据自己的意思以自己的责任来满足地域性行政需要;团体自治是指设立独立于国家的地域团体,该团体通过自己的机关以该团体的责任来处理自己的事务。地方公共团体既包括市町村、都道府县等普通地方公共团体,也包括基于公共事务的需要而设立的各种特别地方公共团体。②

3. 自治权与主权的关系

传统的主权理论发展到现代逐渐衰落,随着主权国家的地方自治、民族自治等政治实践的发展,自治权的问题却越来越受到关注。自治权和主权关系密切,一方面,人类社会的自治活动随着主权理论的发展而受到限制。根据波丹的主权理论,国家只有在公民服从一个共同主权者的情况下才存在。但是,在国家产生之前,已经存在着基于共同语言、宗教、习俗、规则的各类群体,这类群体可能被称为"城市""民族"或其他的社会联合体,由于它们的存在不是基于一种正式的政治约定,从而区别于"国家"这种正式的政治共同体。③ 一旦在这种社会联合体之上成立国家,"自治"就服从于主权。另一方面,自治权的行使要以不损害和削弱一国的主权为前提。一旦自治权的行使危及主权的独立或领土的完整,自治权就可能遭到主权的"否决",要么受到限制,要么被取消。

(三) 自治权属性:权利与权力的统一

自治权究竟是一种权力还是权利?对于这个问题,学界长期以来存

---

① 张文山等:《自治权理论与自治条例研究》,法律出版社 2005 年版,第 42 页。
② 参见〔日〕盐野宏:《行政法》,杨建顺译,法律出版社 1999 年版,第 609—619 页。
③ 参见〔美〕乔治·霍兰·萨拜因:《政治学说史》(下册),刘山等译,商务印书馆 1986 年版,第 462 页。

在争议。自治权的属性直接决定了自治权的内容以及相关保障制度,是讨论地方自治权和民族自治权、民族区域自治权的基础性问题。国外学者对自治权的属性也存在争议。以日本为例,关于地方团体自治,就存在"固有权说"和"传来说"的争议。固有权说认为,地方公共团体的自治权是其固有的,不是从国家传来的,是先于国家的权力;传来说则认为自治权来自国家。① 以下将从民族区域自治制度的视角,即民族区域自治权的属性,就国内学术界对自治权属性的讨论作简要评述。

有观点认为,自治权是国家权力的一部分,由国家授予并由宪法和法律予以确认。民族区域自治权"是国家赋予的,是国家完整权力系统中的一个环节,一个组成部分",是"自治机关管理本民族自治地方内部事务的权力"。② 民族区域自治权还"是宪法赋予的地方性权力,是国家权力系统的组成部分,受国家的统一领导和监督"③。"自治权作为一种权力,应从权力的属性去认识它",民族区域自治权是"民族自治地方的自治机关,在国家宪法和民族区域自治法及其他法律授予和规定的权限内,结合当地民族政治、经济和文化的特点,自主地行使管理本地方、本民族内部事务的一种特定的民族权力和国家权力"。④

另有观点认为,自治权是自治主体的一种权利。民族自治权"是国家根据统一和自治原则赋予民族自治地方的权利,也是自治民族根据平等自治原则享有的权利"⑤。"自治权,即民族自治地方自治机关的自主权,是指民族自治地方的人民代表大会和人民政府依照宪法、民族区域自治法和其他法律规定的权限,根据本地方实际情况贯彻执行国家的法规、政策,自主管理本地方各民族内部事务和地方性事务的民主权利。"⑥从上述观点可以看出,若将自治权作为一种权利,那它究竟是国家赋予的还是自

---

① 参见〔日〕盐野宏:《行政法》,杨建顺译,法律出版社1999年版,第602页。
② 参见王天玺:《民族法概论》,云南人民出版社1988年版,第234页。
③ 王允武主编:《中国自治制度研究》,四川人民出版社2006年版,第129页。
④ 参见张文山等:《自治权理论与自治条例研究》,法律出版社2005年版,第3—4页。
⑤ 金炳镐:《自治机关建设与自治权行使》,载王铁志、沙伯力主编:《国际视野中的民族区域自治》,民族出版社2002年版,第79页。
⑥ 陈云生:《民族区域自治法——原理与精释》,中国法制出版社2006年版,第229页。

治主体固有并依法行使的,学者们见解不一。

还有观点认为,自治权是权利与权力的结合体。"民族自治地方的自治机关的自治权是指法律法规明确规定的,由自治机关根据法律法规规定的原则,结合当地民族政治、经济和文化的特点,自主地行使管理本地方、本民族内部事务的一种特定的民族权利与国家权力。"[1]将民族自治权理解为权利、或公权力都有道理,只是从国家机关的角度称为公权力更合适。

从自治权的起源上看,人类的自治行为出现在主权国家产生之前,如果将自治权完全视为国家权力的一部分,就无法解释自治权所包含的自然属性或道德属性;如果将自治权完全视为自治主体的权利,又无法解释其公共性和对于主权的服从性。权利权力双重属性说可以解决上述困境。但是,认为权利权力双重属性的学者又必须解决的问题是:权力和权利这看似性质截然不同的概念,如何能够统一到"自治权"之中?

借助利益法学派观点和法权中心主义思想,可为上述问题提供解决思路。[2] 首先,权力权利统一于一个概念之中,必须追寻二者共同的更深层次的本质,即利益。将法律的本质归结为利益,具有代表性的是19世纪德国法学家耶林,他认为就法律而言,即使它的旗帜上带着必然性,但是最终还是要诉诸利益。[3] 一旦社会利益得到法律的确认,就以法定权力或者权利的形式表现出来,简称"法权"。[4] 而宪法和法律,就是按照一定的正义观确认法权归属、解决法权冲突的规范体系。从这个意义上说,权力和权利都是利益的表现形式,具体到自治权的双重属性,一方面,权力具有公共属性,代表的是公共利益或国家利益,在这个层面上,自治权是国家权力的一部分,来自国家的授予,自治群体在宪法和法律规定的权限

---

[1] 吴宗金:《民族法制的理论与实践》,中国法制出版社1998年版,第151页。
[2] 法权中心主义理论的具体内容参见童之伟:《再论法理学的更新》,载《法学研究》1999年第2期。我们曾将其具体化论证教育领域的权力、权利关系问题,此处借鉴该论证思路解释自治权的权利权力双重属性。相关论述参见冉艳辉:《我国公民受教育权的平等保护——以法权中心主义为进路》,中国政法大学出版社2013年版。
[3] See Rudolf Von Ihering, *Law as a Means to an End*, trans. Isaac Husik, New York: Macmillan, 1913, p. 33.
[4] 参见童之伟:《再论法理学的更新》,载《法学研究》1999年第2期。

范围内行使自治权；另一方面，权利具有私的属性，代表的是自治群体本身的利益，在这个层面上，自治权是自治群体所固有的，国家只是依据宪法和法律不予干预或提供保障而已。在上述关于自治权属性的讨论中，虽然秉持权力说的学者普遍将自治权视为国家权力的授予，但还是有些学者意识到自治权主体地位的双重性——同时作为地方国家机关与自治机关，但是由于没有进一步对这两种主体身份所代表的利益属性（国家利益与自治主体利益）加以区分，因此没有充分认识到民族区域自治权的权利属性。

  对自治权属性的认识直接决定对其"权"的内容的理解，由于自治权具有权利和权力双重属性，宪法和法律对于自治权的规定也应当从权利和权力这两个方面去解读。以民族区域自治权为例，一方面，自治机关依照宪法和法律的规定行使权力。民族自治地方的自治机关有权行使地方国家机关的职权，同时依照宪法、民族区域自治法和其他法律规定的权限行使自治权，根据本地方实际情况贯彻执行国家的法律、政策，具体包括：制定自治条例和单行条例，管理地方财政，发展教育、科学、文化、卫生、体育事业，保护和整理民族的文化遗产，发展和繁荣民族文化，等等。另一方面，自治机关享有宪法和法律保障的权利，具体包括：民族平等，接受国家从财政、物资、技术等方面的帮助，使用和发展民族语言文字，决定保持或者改革民族风俗习惯，等等。

第五章

区域法治前沿

　　法治乃国家善治之基,是国家治理的基本方式,是国家良政善治的基本保障。法治与国家治理体系内在统一、外在耦合,国家治理现代化在本体和路径上就是国家治理法治化,内含良法的基本价值,内置善治的创新机制。地方是区域的基础,区域是地方的延伸,国家是多样性区域的聚合,国家治理是地方性知识、经验的积累。区域法治是国家法治的逻辑展开与落地落实,是国家法治在一定区域的创造性落实,是国家法治的有机组成部分,已经成为学界和社会高度关注的跨学科新兴研究领域,成为新时代中国社会科学的知识生长热点。现代区域法治适应地缘性的经济社会发展规律,持续拓展国家法治多样性新形态,是法治中国历史逻辑、理论逻辑和实践逻辑的必然,是观察国家法治发展的新理念、新维度、新视阈。

　　区域是法治的地理基础,区域法治是法治的空间生成。一方水土养育一方人文,滋养区域公共生活品质。立足地方,着眼区域,科学把握差异性,注重地域特色,坚持一致性与多样性统一、政治性与学理性统一、理论性与实践性统一,加强区域法治研究,从深层次上认识区域法治概念的沿革、内涵和意义,从区域法治的历史脉动和比较视野中,总结区域法治的理论机理和实践探索,理解和考察新时代区域法治的经验、问题与挑战,依照学术规律展现法学的实践品格,有效推动区域法治的知识创新,回答区域法治研究中的新挑战新问题,更大程度上凝聚区域法治概念和理念的共识,彰显自身理论特色,形成新的学术创见,有助于全面建构中国特色社会主义法治概念和法治话语,提炼"中国之治"的经验与逻辑,回应、阐释和引领当代中国区域法治实践。

> 法律应该和国家的自然状态有关系；和寒、热、温的气候有关系；和土地的质量、形势与面积有关系；和农、猎、牧各种人民的生活方式有关系。法律应该和政制所能容忍的自由程度有关系；和居民的宗教、性癖、财富、人口、贸易、风俗、习惯相适应。最后，法律和法律之间也有关系，法律和它们的渊源，和立法者的目的，以及和作为法律建立的基础的事物的秩序也有关系。
>
> ……这些关系综合起来就构成所谓"法的精神"。①
>
> ——〔法〕孟德斯鸠

区域法治持续拓展国家法治新样态，探索法治可能新境界，开创法治发展新空间、新未来，是法治中国历史逻辑、理论逻辑和实践逻辑的必然，是观察国家法治发展的新理念、新维度、新视阈。党的十八届四中全会通过的《中共中央关于全面推进依法治国若干重大问题的决定》指出："全面推进依法治国，总目标是建设中国特色社会主义法治体系，建设社会主义法治国家。这就是，在中国共产党领导下，坚持中国特色社会主义制度，贯彻中国特色社会主义法治理论，形成完备的法律规范体系、高效的法治实施体系、严密的法治监督体系、有力的法治保障体系，形成完善的党内法规体系，坚持依法治国、依法执政、依法行政共同推进，坚持法治国家、法治政府、法治社会一体建设，实现科学立法、严格执法、公正司法、全民守法，促进国家治理体系和治理能力现代化。"②因此，要坚持一致性和多样性统一，科学把握差异性，注重地域特色，提供多元的有效规范供给，建立高效的法治体系。多元的规范供给主要包括以宪法为核心的国家法律体系、以党章为根本的党内法规制度体系、体现共建共治共享理念的社会规范体系、体现社会主义核心价值观的道德规范体系。法治体系包括法治运行维度、法治社会维度和法治区域维度，法治运行维度重视法治运行

---

① 〔法〕孟德斯鸠：《论法的精神》（上册），张雁深译，商务印书馆1961年版，第7页。
② 《中国共产党第十八届中央委员会第四次全体会议文件汇编》，人民出版社2014年版，第21页。

过程的各个环节,法治社会维度侧重关注法治在具体社会行业和领域的状况,法治区域维度聚焦行政和地理区域范围内的法治状态,不同维度的法治体系服务于同一治理目标,实现全方位、多领域、无盲区的法治。

一、区域法治渊源

(一)区域法治的理论渊源

一方水土养育一方人文,滋养区域公共生活品质。从知识获取的进路,人的智识首先来自地方性知识,即生活成长地的地域环境;从公共生活的进路,人的规则意识首先同样来自地方性知识,如社区、学校的公共生活。"履不必同,期于适足;治不必同,期于利民。"[①]这是近代中国"睁眼看世界"的第一批知识分子代表、清代思想家魏源的洞见,总结区域法治的理论机理和实践经验,探寻区域法治的理论渊源。以域外的视角,回望人类法治文明的发展演进,区域法治的理论渊源可以从18世纪法国启蒙思想家、古典自然法学的主要代表孟德斯鸠的政治法律代表作《论法的精神》的精辟论述,以及启蒙思想家、哲学家卢梭的《社会契约论》中得到启迪。

孟德斯鸠生活在17世纪末和18世纪前半期的法国,他出身于贵族世家,年轻时专攻法律,当过律师,在波尔多议会工作了7年,并担任议长3年,政治经验丰富;卖掉继承的议长职务后,他到各国旅行考察,吸收经验和知识,专事政治、法律问题研究,《论法的精神》是他一生辛勤研究的最后成果,该书内容系统、体系完整严密。在书中,他"企图以丰富的历史事实为根据,建立起国家与法的一般性的规律与原则,寻找出历史演进的规律"[②]。法是一定社会关系的产物,法的内容和作用都取决于它所调整的社会关系。"从最广泛的意义上来说,法是由事物的性质产生出来的必

---

① (清)魏源:《古微堂内集·治篇》。
② 张雁深:《孟德斯鸠和他的著作》,载〔法〕孟德斯鸠:《论法的精神》(上册),张雁深译,商务印书馆1961年版,第13—18页。

然关系。在这个意义上,一切存在物都有它们的法。""法就是这个根本理性和各种存在物之间的关系,同时也是存在物彼此之间的关系。"

孟德斯鸠以前的资产阶级思想家对社会的观念是纯粹形而上学的、不变的,但孟德斯鸠是以历史事实和世界古今各国的政治社会制度为依据,并由此得出结论,认为人类社会不是静止不变的,而是在演进的。社会、历史领域的真正科学理论是由19世纪的无产阶级理论家完成的,但在"前科学"时期,孟德斯鸠曾作出过巨大贡献,特别是在研究方法上为法律科学发展作出了开创性贡献。"孟德斯鸠以前的法律学者主要满足于法律条文的解释。孟德斯鸠则在法律之外,从历史、生活、风俗习惯种种方面去研究法律的'精神',从社会的演进去探求这种力量在政制、法律方面所起的作用和一般的规律;这是一个伟大的尝试;它在社会理论的'前科学'时期,使法学向科学前进了一大步。"①《论法的精神》是法学史上第一部运用完整的法学比较方法进行法学研究的巨著,它的每一章都把世界上各主要国家的法从历史、现实层面进行反复交错比较②。当然,从思想渊源而言,"他的想法本身可能最初源于亚里士多德,尤其是源于《政治学》一书各卷,其中分析了城邦的民主政治与寡头政治的无数细微差别。关于法律必须适应各种不同情况,包括自然条件和体制条件,关于好的政体必须在这一相对意义上表现优越,凡此种种亚里士多德均已表述,他还就民族性同气候的关系作出推论"③。

孟德斯鸠认为,一般的法律是人类的理性,各国的法律是人类理性在特定场合的适用,因此,法律和地理、地质、气候、人种、风俗、习惯、宗教信

---

① 〔法〕孟德斯鸠:《论法的精神》(上册),张雁深译,商务印书馆1961年版,第1、18页。
② 譬如,在书中详细讨论中国的章节主要有:第七章政体原则与节俭法律、奢侈以及妇女身分的关系——第六节中国的奢侈,第七节中国因奢侈而必然产生的后果;第八章三种政体原则的腐化——第二十一节中华帝国;第十四章法律和气候的性质的关系——第八节中国的良好风俗;第十九章法律和构成一个民族的一般精神、风俗与习惯的那些原则的关系——第十节西班牙人和中国人的性格,第十三节中国人的礼仪,第十七节中国政体的特质,第十九节中国人如何实现宗教、法律、风俗、礼仪的这种结合,第二十节为中国人的一种矛盾现象作一解。参见〔法〕孟德斯鸠:《论法的精神》(上册),张雁深译,商务印书馆1961年版。
③ 〔美〕乔治·霍兰·萨拜因:《政治学说史》(下册),刘山等译,商务印书馆1986年版,第621—622页。

仰、人口、商业等都有关系；地理环境尤其是气候、土壤等，和人民的性格、感情有关系，由于自然地理环境不同，导致民族精神的差异，也对法律有着举足轻重的影响；只有适合民族精神的法律，才是好的法律。"法律应该和国家的自然状态有关系；和寒、热、温的气候有关系；和土地的质量、形势与面积有关系；和农、猎、牧各种人民的生活方式有关系。法律应该和政制所能容忍的自由程度有关系；和居民的宗教、性癖、财富、人口、贸易、风俗、习惯相适应。最后，法律和法律之间也有关系，法律和它们的渊源，和立法者的目的，以及和作为法律建立的基础的事物的秩序也有关系。应该从所有这些观点去考察法律……这些关系综合起来就构成所谓'法的精神'。"这鲜明表达了孟德斯鸠的观点：法的存在与发展有其自身的脉动规律，它受到社会形态、地理环境、生活方式、民族性格、气候条件等因素的影响。

卢梭的《社会契约论》第一卷开宗明义："我要探讨在社会秩序之中，从人类的实际情况与法律的可能情况着眼，能不能有某种合法的而又确切的政权规则。"同时，在第二卷中以生活的事例和通俗的语言论证了国家治理与法律制度、国土疆域与行政区划、立法原则与文化传统等关系，指出立法要深思熟虑，治理要因地制宜："正如建筑家在建立一座大厦之前，先要检查和勘测土壤，看它是否能担负建筑物的重量一样；明智的创制者也并不从制订良好的法律本身着手，而是事先要考察一下，他要为之而立法的那些人民是否适宜于接受那些法律。""正如大自然对于一个发育良好的人的身躯给定了一个限度，过了这个限度就只能造成巨人或者侏儒那样；同样地，一个体制最良好的国家所能具有的幅员也有一个界限，为的是使它既不太大以致不能很好地加以治理，也不太小以致不能维持自己。"所以，要尊重民族的历史，全面掌握人口状况（如数量多少、性别结构、文化程度等），以及基本国情，并且明确提出法律实施不能"一刀切"，要充分考虑地区差异和特殊性："同一个法律并不能适用于那么多不同的地区，因为它们各有不同的风尚，生活在迥然相反的气候之下，并且也不可能接受同样的政府形式。""使一个国家的体制真正得以巩固而持久的，就在于人们能够这样地因事制宜，以至于自然关系与法律在每一点上总是协调一致,并且可以这样说,法律只不过是在保障着、伴随着和矫正着自然关系而已。"①

区域法治是一种历史存在,在中外法学史上,法学家们在以习惯法为视角的观察、思考中,表现了对区域法治的高度关注和清晰表达。例如,19世纪英国著名法律史学家梅因,通过对十八世纪法国法律制度进化的考察,在《古代法》第四章"自然法的现代史"中,以自然法为主线讨论了当时法国的区域法治状况及其演进:"一次巨大的分裂终于在这个国家发生,把它分为成文法区域(Pays du Droit écrit)和习惯法区域(Pays du Droit Coutumier),前者承认成文的罗马法为其法律学的基础,后者只在它能提供一般表现形式或是它能提供同当地惯例相一致的法律推理方法时,才加以采用。这样划分的区域,又被划分为不同的小区域。在习惯法区域中,就其习惯的性质来说,省与省之间不同,县与县之间、市与市之间又有不同。"②

马克思主义经典作家们更是为我们创新思考提供了全新的理论智慧。恩格斯在《家庭、私有制和国家的起源》中指出:"国家是社会在一定发展阶段上的产物。""国家和旧的氏族组织不同的地方,第一点就是它按地区来划分它的国民。正如我们所看到的,由血缘关系形成和联结起来的旧的氏族公社已经很不够了,这多半是因为它们是以氏族成员被束缚在一定地区为前提的,而这种束缚早已不复存在。地区依然,但人们已经是流动的了。因此,按地区来划分就被作为出发点,并允许公民在他们居住的地方实现他们的公共权利和义务,不管他们属于哪一氏族或哪一部落。这种按照居住地组织国民的办法是一切国家共同的。""第二个不同点,是公共权力的设立,这种公共权力已经不再直接就是自己组织为武装力量的居民了。"③

毛泽东同志既是伟大的理论家,也是实践者,在领导中国革命、建设

---

① 〔法〕卢梭:《社会契约论》,何兆武译,商务印书馆2009年版,第3、55、59、60、68页。
② 〔英〕梅因:《古代法》,沈景一译,商务印书馆2009年版,第56页。
③ 恩格斯:《家庭、私有制和国家的起源》,载《马克思恩格斯选集》(第四卷),人民出版社2012年版,第186—187页。

的不同历史时期,更是从理论与实践的结合,对地方、区域治理和区域法治进行深入思考、创造性探索。例如,新中国成立后,中共中央、毛泽东同志根据国际国内和西藏形势,高瞻远瞩,充分考虑国家利益特别是西藏人民利益,作出和平解放西藏的重大决策,于1951年5月23日,在北京签订《中央人民政府和西藏地方政府关于和平解放西藏办法的协议》。在尊重西藏历史、尊重西藏实际、尊重藏区群众民族感情和宗教传统的基础上,协议明确规定:根据《共同纲领》的民族政策,在中央人民政府统一领导之下,西藏人民有实行民族区域自治的权利。对于西藏的现行政治制度,中央不予变更;达赖喇嘛的固有地位及职权,中央亦不予变更;各级官员照常供职。实行《共同纲领》规定的宗教信仰自由的政策,尊重西藏人民的宗教信仰和风俗习惯,保护喇嘛寺庙;寺庙的收入,中央不予变更。有关西藏的各项改革事宜,中央不加强迫;西藏地方政府应自动进行改革,人民提出改革要求时,得采取与西藏领导人员协商的方法解决之。①1956年2月12日,在同藏族人士的谈话中,毛泽东同志指出:"对西藏地区的土地改革要采用不同的办法,要采用云南的办法。云南有土司,他们也是贵族,那里是通过和平协商的办法进行土地改革的,人民满意,土司也满意。总之,贵族的生活不变,照老样子,可能还有些提高,宗教信仰也全照老样子,以前信什么,照样信什么。"②

笔者认为,毛泽东同志关于和平解放西藏的英明决策和治藏方略,也是邓小平同志20世纪80年代初提出"一国两制"(即一个国家,两种制度)伟大构想的直接思想和实践智慧来源。为妥善解决台湾问题,恢复对香港、澳门行使主权,实现祖国和平统一,"一国两制"的构想"主要是在我们党的十一届三中全会以后形成的。这个构想是从中国解决台湾问题和香港问题出发的。十亿人口大陆的社会主义制度是不会改变的,永远不会改变。但是,根据香港和台湾的历史和实际情况,不保证香港和台湾继续实行资本主义制度,就不能保持它们的繁荣和稳定,也不能和平解决祖

---

① 参见《中央人民政府和西藏地方政府关于和平解放西藏办法的协议》,载《人民日报》1951年5月28日。

② 毛泽东:《同藏族人士的谈话》,载《毛泽东文集》(第七卷),人民出版社1999年版,第4页。

国统一问题。因此,我们在香港问题上,首先提出要保证其现行的资本主义制度和生活方式,在一九九七年后五十年不变"①。在中英开始谈判香港前途的时候,邓小平同志还以生动形象的话语——"马照跑、舞照跳",来形容回归后实行"一国两制"的香港维持资本主义制度不变,保持原有社会生活方式不变,表达中央政府的承诺,并明确指出:"港人治港有个界线和标准,就是必须由以爱国者为主体的港人来治理香港。"②1990年4月4日,七届全国人大三次会议通过的《香港特别行政区基本法》第一章总则第5条规定:"香港特别行政区不实行社会主义制度和政策,保持原有的资本主义制度和生活方式,五十年不变。"

1956年4月25日,毛泽东同志在中共中央政治局扩大会议上发表《论十大关系》的讲话,以苏联的经验为鉴戒,总结了中国的经验,提出了调动一切积极因素为社会主义事业服务的基本方针,对适合中国情况的社会主义建设道路进行了初步探索。在讲话第五节中央和地方的关系中,毛泽东同志明确指出:"我们的宪法规定,立法权集中在中央,但是在不违背中央方针的条件下,按照情况和工作需要,地方可以搞章程、条例、办法,宪法并没有约束。我们要统一,也要特殊。为了建设一个强大的社会主义国家,必须有中央的强有力的统一领导,必须有全国的统一计划和统一纪律,破坏这种必要的统一,是不允许的。同时,又必须充分发挥地方的积极性,各地都要有适合当地情况的特殊。"③该讲话清晰指明了在确保中央统一领导、国家法制统一的前提下,地方因地制宜开展创造性治理对国家建设、国家治理的重要意义,蕴含着国家法治与地方法治和区域法治相互依存、相互促进的辩证统一,是毛泽东思想活的灵魂——实事求是在国家建设、国家治理中的具体运用。④

---

① 邓小平:《我们非常关注香港的过渡时期》(一九八四年七月三十一日),载《邓小平文选》(第三卷),人民出版社1993年版,第67页。
② 邓小平:《一个国家,两种制度》(一九八四年六月二十二日、二十三日),载《邓小平文选》(第三卷),人民出版社1993年版,第61页。
③ 毛泽东:《论十大关系》,载《毛泽东文集》(第七卷),人民出版社1999年版,第32页。
④ 毛泽东思想活的灵魂是贯穿其中的立场、观点、方法,它们有三个基本方面,这就是实事求是、群众路线、独立自主。

习近平法治思想是马克思主义法治理论中国化的最新成果,是新时代区域法治的根本遵循,法治中国建设的要旨全面体现于习近平法治思想之中,指引新时代区域法治创新发展、高水平推进。习近平指出:"改革开放是前无古人的崭新事业,必须坚持正确的方法论,在不断实践探索中推进。摸着石头过河,是富有中国特色、符合中国国情的改革方法。摸着石头过河就是摸规律,从实践中获得真知。摸着石头过河和加强顶层设计是辩证统一的,推进局部的阶段性改革开放要在加强顶层设计的前提下进行,加强顶层设计要在推进局部的阶段性改革开放的基础上来谋划。"①这一重要论述为区域法治发展提供了科学的方法论指导。改革的核心是创新突破,要求"破"和"变",法治的核心是规则秩序,要求"立"和"定";改革以"破"和"变"求创新发展,法治以"立"和"定"求规则秩序。法治引领改革、助力改革、保障改革,新时代改革开放实质上是改革与法治的协同共进。"'改革与法治如鸟之两翼、车之两轮',要坚持在法治下推进改革,在改革中完善法治。"②

《中共中央关于坚持和完善中国特色社会主义制度、推进国家治理体系和治理能力现代化若干重大问题的决定》明确规定:"健全充分发挥中央和地方两个积极性体制机制。理顺中央和地方权责关系,加强中央宏观事务管理,维护国家法制统一、政令统一、市场统一。适当加强中央在知识产权保护、养老保险、跨区域生态环境保护等方面事权,减少并规范中央和地方共同事权。赋予地方更多自主权,支持地方创造性开展工作。按照权责一致原则,规范垂直管理体制和地方分级管理体制。优化政府间事权和财权划分,建立权责清晰、财力协调、区域均衡的中央和地方财政关系,形成稳定的各级政府事权、支出责任和财力相适应的制度。构建从中央到地方权责清晰、运行顺畅、充满活力的工作体系。"2021年7月9日,中央全面深化改革委员会第二十次会议强调指出,要坚持全国一盘棋,更好发挥中央、地方和各方面积极性,推动部门高效联动、区域协同发

---

① 习近平:《改革开放只有进行时没有完成时》(2012年12月31日),载《习近平谈治国理政》(第一卷),外文出版社2014年版,第67—68页。

② 习近平:《加强党对全面依法治国的领导》,载《求是》2019年第4期。

展;要加强统筹指导,督促地方和部门找准服务和融入新发展格局的切入点,更好服务和融入全国新发展格局,绝不能脱离实际硬干,更不能为了出政绩不顾条件什么都想干;要强化底线思维,有效防范应对重点领域潜在风险,守住新发展格局的安全底线。①

建设粤港澳大湾区,是习近平亲自谋划、亲自部署、亲自推动的重大国家战略,"一个国家、两种制度、三个关税区、三种货币"之下的湾区建设,开世界未有之先例,是新时代推动形成全面开放新格局的新举措,也是推动"一国两制"事业发展的新实践。习近平强调:"积极作为深入推进粤港澳大湾区建设。要抓住粤港澳大湾区建设重大历史机遇,推动三地经济运行的规则衔接、机制对接,提升市场一体化水平。要继续鼓励引导港澳台同胞和海外侨胞充分发挥投资兴业、双向开放的重要作用,在经济特区发展中作出新贡献。"②2019 年 2 月,《粤港澳大湾区发展规划纲要》正式公布;2021 年 3 月,"十四五"规划和 2035 年远景目标纲要提出"高质量建设粤港澳大湾区","加强内地与港澳各领域交流合作,完善便利港澳居民在内地发展和生活居住的政策措施";2021 年 9 月,《横琴粤澳深度合作区建设总体方案》《全面深化前海深港现代服务业合作区改革开放方案》相继公布,顶层设计密集推出,支持香港、澳门更好融入国家发展大局。

从区域法治的法律渊源而言,我国《宪法》要求维护社会主义法律、制度的统一和尊严,"一切法律、行政法规和地方性法规都不得同宪法相抵触"(第 5 条),同时强调,"充分发挥地方的主动性、积极性"(第 3 条),最大限度包容和鼓励区域法治探索,为区域法治、省域治理开辟了广阔空间。2018 年 3 月,中共中央印发《深化党和国家机构改革方案》,明确指出要深化地方机构改革,赋予省级及以下机构更多自主权,突出不同层级职责特点,允许地方根据本地区经济社会发展实际,在规定限额内因地制

---

① 参见《习近平主持召开中央全面深化改革委员会第二十次会议》,载《人民日报》2021 年 7 月 10 日。
② 转引自王晔、鞠鹏:《深圳经济特区建立 40 周年庆祝大会隆重举行》,载《人民日报》2020 年 10 月 15 日。

宜设置机构和配置职能。"深化地方机构改革,要着力完善维护党中央权威和集中统一领导的体制机制,省市县各级涉及党中央集中统一领导和国家法制统一、政令统一、市场统一的机构职能要基本对应。赋予省级及以下机构更多自主权,突出不同层级职责特点,允许地方根据本地区经济社会发展实际,在规定限额内因地制宜设置机构和配置职能。统筹设置党政群机构,在省市县对职能相近的党政机关探索合并设立或合署办公,市县要加大党政机关合并设立或合署办公力度。借鉴经济发达镇行政管理体制改革试点经验,适应街道、乡镇工作特点和便民服务需要,构建简约高效的基层管理体制。"这是新时代国家治理体系现代化的重大创新举措,为区域法治、地方治理提供了方向指引和行动指南。

(二)区域法治的法律资源

区域法治是深化全面依法治国实践和建构国际法治秩序的崭新法治形态。推进区域法治实践,加强区域法治理论研究,既是新时代哲学社会科学交叉融合、创新发展的必然产物,又是深入实施国家区域发展战略以及加强国际交流合作的必然要求,既有域外的经验和教训可资借鉴,又有区域法治研究的起步和雏形作为前引,同时还有其深厚的宪制基础和丰富的法律资源,中国宪法、法律、行政法规以及执政党的政策有关规定,为区域法治提供了明确法律指引和制度保障。概要列举如下:《宪法》,《中华人民共和国立法法》(以下简称《立法法》),《民族区域自治法》,《香港特别行政区基本法》,《澳门特别行政区基本法》,《中华人民共和国长江保护法》(以下简称《长江保护法》),《中共中央关于全面推进依法治国若干重大问题的决定》,中共中央办公厅、国务院办公厅印发的《党政主要负责人履行推进法治建设第一责任人职责规定》《法治政府建设与责任落实督察工作规定》《关于加快推进公共法律服务体系建设的意见》,中央全面依法治国委员会印发的《关于加强法治乡村建设的意见》,《全国人民代表大会常务委员会关于授权最高人民法院在部分地区开展民事诉讼程序繁简分流改革试点工作的决定》,《中共中央 国务院关于建立更加有效的区域协调发展新机制的意见》,《中共中央 国务院关于新时代推进西部大开发形成新格局的指导意见》《海南自由贸易港建设总体方案》,以及中共中央印发的《法治社会建设实施纲要(2020—2025年)》《法治中国建设规划(2020—2025年)》。

《宪法》第3条第4款规定:"中央和地方的国家机构职权的划分,遵循在中央的统一领导下,充分发挥地方的主动性、积极性的原则。"第4条第3款规定:"各少数民族聚居的地方实行区域自治,设立自治机关,行使自治权。各民族自治地方都是中华人民共和国不可分离的部分。"第5条第1—3款规定:"中华人民共和国实行依法治国,建设社会主义法治国家。国家维护社会主义法制的统一和尊严。一切法律、行政法规和地方性法规都不得同宪法相抵触。"第100条规定:"省、直辖市的人民代表大会和它们的常务委员会,在不同宪法、法律、行政法规相抵触的前提下,可以制定地方性法规,报全国人民代表大会常务委员会备案。设区的市的人民代表大会和它们的常务委员会,在不同宪法、法律、行政法规和本省、自治区的地方性法规相抵触的前提下,可以依照法律规定制定地方性法规,报本省、自治区人民代表大会常务委员会批准后施行。"第115条规定:"自治区、自治州、自治县的自治机关行使宪法第三章第五节规定的地方国家机关的职权,同时依照宪法、民族区域自治法和其他法律规定的权限行使自治权,根据本地方实际情况贯彻执行国家的法律、政策。"

《立法法》第72条规定:"省、自治区、直辖市的人民代表大会及其常务委员会根据本行政区域的具体情况和实际需要,在不同宪法、法律、行政法规相抵触的前提下,可以制定地方性法规。设区的市的人民代表大会及其常务委员会根据本市的具体情况和实际需要,在不同宪法、法律、行政法规和本省、自治区的地方性法规相抵触的前提下,可以对城乡建设与管理、环境保护、历史文化保护等方面的事项制定地方性法规,法律对设区的市制定地方性法规的事项另有规定的,从其规定。设区的市的地方性法规须报省、自治区的人民代表大会常务委员会批准后施行。省、自治区的人民代表大会常务委员会对报请批准的地方性法规,应当对其合法性进行审查,同宪法、法律、行政法规和本省、自治区的地方性法规不抵触的,应当在四个月内予以批准。省、自治区的人民代表大会常务委员会在对报请批准的设区的市的地方性法规进行审查时,发现其同本省、自治区的人民政府的规章相抵触的,应当作出处理决定。"

《民族区域自治法》第 19 条规定:"民族自治地方的人民代表大会有权依照当地民族的政治、经济和文化的特点,制定自治条例和单行条例。自治区的自治条例和单行条例,报全国人民代表大会常务委员会批准后生效。自治州、自治县的自治条例和单行条例报省、自治区、直辖市的人民代表大会常务委员会批准后生效,并报全国人民代表大会常务委员会和国务院备案。"第 20 条规定:"上级国家机关的决议、决定、命令和指示,如有不适合民族自治地方实际情况的,自治机关可以报经该上级国家机关批准,变通执行或者停止执行;该上级国家机关应当在收到报告之日起六十日内给予答复。"

《中共中央关于全面推进依法治国若干重大问题的决定》要求:"明确立法权力边界,从体制机制和工作程序上有效防止部门利益和地方保护主义法律化。对部门间争议较大的重要立法事项,由决策机关引入第三方评估,充分听取各方意见,协调决定,不能久拖不决。加强法律解释工作,及时明确法律规定含义和适用法律依据。明确地方立法权限和范围,依法赋予设区的市地方立法权。""最高人民法院设立巡回法庭,审理跨行政区域重大行政和民商事案件。探索设立跨行政区划的人民法院和人民检察院,办理跨地区案件。完善行政诉讼体制机制,合理调整行政诉讼案件管辖制度,切实解决行政诉讼立案难、执行难等突出问题。""推进多层次多领域依法治理。坚持系统治理、依法治理、综合治理、源头治理,提高社会治理法治化水平。深入开展多层次多形式法治创建活动,深化基层组织和部门、行业依法治理,支持各类社会主体自我约束、自我管理。发挥市民公约、乡规民约、行业规章、团体章程等社会规范在社会治理中的积极作用。"

2016 年 12 月,中共中央办公厅、国务院办公厅印发《党政主要负责人履行推进法治建设第一责任人职责规定》,第 2 条开宗明义规定:"本规定适用于县级以上地方党委和政府主要负责人。"第 4 条明确规定:"党政主要负责人作为推进法治建设第一责任人,应当切实履行依法治国重要组织者、推动者和实践者的职责,贯彻落实党中央关于法治建设的重大决策部署,统筹推进科学立法、严格执法、公正司法、全民守法,自觉运用法治思维和法治方式深化改革、推动发展、化解矛盾、维护稳定,对法治建设重要工作亲自部署、重大问题亲自过问、重点环节亲自协调、重要任务亲自督办,把本地区各项工作纳入法治化轨道。"

2019年7月,中共中央办公厅、国务院办公厅印发的《关于加快推进公共法律服务体系建设的意见》明确要求:"加强欠发达地区公共法律服务建设。统筹利用中央财政转移支付资金等资金渠道,加强公共法律服务经费保障,并对欠发达地区特别是革命老区、民族地区、边疆地区、贫困地区予以倾斜。以公共法律服务平台建设、法律服务人才培养和村(居)法律顾问建设等为重点,集中实施一批法律服务扶贫项目,将其中属于政府职责范围且适宜通过市场化方式提供的服务事项纳入政府购买服务范围,引导社会力量参与提供。建立健全法律服务资源依法跨区域流动制度机制,支持欠发达地区律师事务所建设,鼓励律师事务所等法律服务机构到欠发达地区设立分支机构。鼓励发达地区法律服务机构通过对口援建、挂职锻炼、交流培训等形式支持欠发达地区法律服务机构发展。加强对欠发达地区引进法律服务专业人才和志愿者的政策扶持,持续推进'1+1'法律服务志愿者活动,支持利用互联网等方式开展远程法律服务。"

为进一步优化司法资源配置,推进案件繁简分流、轻重分离、快慢分道,深化民事诉讼制度改革,提升司法效能,促进司法公正,2019年12月28日,十三届全国人大常委会第十五次会议通过《全国人民代表大会常务委员会关于授权最高人民法院在部分地区开展民事诉讼程序繁简分流改革试点工作的决定》:授权最高人民法院在北京、上海市辖区内中级人民法院、基层人民法院,南京、苏州、杭州、宁波、合肥、福州、厦门、济南、郑州、洛阳、武汉、广州、深圳、成都、贵阳、昆明、西安、银川市中级人民法院及其辖区内基层人民法院,北京、上海、广州知识产权法院,上海金融法院,北京、杭州、广州互联网法院,就优化司法确认程序、完善小额诉讼程序、完善简易程序规则、扩大独任制适用范围、健全电子诉讼规则等,开展民事诉讼程序繁简分流改革试点工作……试点期限为二年,自试点办法印发之日起算。

2020年6月1日,中共中央、国务院印发《海南自由贸易港建设总体方案》,在第二部分制度设计中明确指出:"以贸易投资自由化便利化为重点,以各类生产要素跨境自由有序安全便捷流动和现代产业体系为支撑,以特殊的税收制度安排、高效的社会治理体系和完备的法治体系为保障,在明确分工和机制措施、守住不发生系统性风险底线的前提下,构建海南自由贸易港政策制度体系。"其中,法治制度的任务是,建立以海南自由贸易港法为基础,以地方性法规和商事纠纷解决机制为重要组成的自由贸易港法治体系,营造国际一流的自由贸易港法治环境。主要内容涵盖三大方面:制定实施海南自由贸易港法,以法律形式明确自由贸易港各项制度安排,为自由贸易港建设提供原则性、基础性的法治保障;制定经济特区法规,在遵循宪法规定和法律、行政法规基本原则前提下,支持海南充分行使经济特区立法权,立足自由贸易港建设实际,制定经济特区法规;建立多元化商事纠纷解决机制,完善国际商事纠纷案件集中审判机制,提供国际商事仲裁、国际商事调解等多种非诉讼纠纷解决方式。①

2020年12月26日,十三届全国人大常委会第二十四次会议通过《长江保护法》,自2021年3月1日起施行。第1条明确规定:"为了加强长江流域生态环境保护和修复,促进资源合理高效利用,保障生态安全,实现人与自然和谐共生、中华民族永续发展,制定本法。"第2条清晰规定:"在长江流域开展生态环境保护和修复以及长江流域各类生产生活、开发建设活动,应当遵守本法。本法所称长江流域,是指由长江干流、支流和湖泊形成的集水区域所涉及的青海省、四川省、西藏自治区、云南省、重庆市、湖北省、湖南省、江西省、安徽省、江苏省、上海市,以及甘肃省、陕西省、河南省、贵州省、广西壮族自治区、广东省、浙江省、福建省的相关县级

---

① 2021年6月10日,《中华人民共和国海南自由贸易港法》已由十三届全国人大常委会第二十九次会议表决通过,即日起公布施行。

行政区域。"第3条规定:"长江流域经济社会发展,应当坚持生态优先、绿色发展,共抓大保护、不搞大开发;长江保护应当坚持统筹协调、科学规划、创新驱动、系统治理。"

顺应新时代新要求,为推动中部地区高质量发展,《中共中央 国务院关于新时代推动中部地区高质量发展的意见》明确要求:"推动省际协作和交界地区协同发展。围绕对话交流、重大事项协商、规划衔接,建立健全中部地区省际合作机制。加快落实支持赣南等原中央苏区、大别山等革命老区振兴发展的政策措施。推动中部六省省际交界地区以及与东部、西部其他省份交界地区合作,务实推进晋陕豫黄河金三角区域合作,深化大别山、武陵山等区域旅游与经济协作。加强流域上下游产业园区合作共建,充分发挥长江流域园区合作联盟作用,建立淮河、汉江流域园区合作联盟,促进产业协同创新、有序转移、优化升级。加快重要流域上下游、左右岸地区融合发展,推动长株潭跨湘江、南昌跨赣江、太原跨汾河、荆州和芜湖等跨长江发展。""持续优化市场化法治化国际化营商环境。深化简政放权、放管结合、优化服务改革,全面推行政务服务'一网通办',推进'一次办好'改革,做到企业开办全程网上办理。推进与企业发展、群众生活密切相关的高频事项'跨省通办',实现更多事项异地办理。对标国际一流水平,建设与国际通行规则接轨的市场体系,促进国际国内要素有序自由流动、资源高效配置。加强事前事中事后全链条监管,加大反垄断和反不正当竞争执法司法力度,为各类所有制企业发展创造公平竞争环境。改善中小微企业发展生态,放宽小微企业、个体工商户登记经营场所限制,便利各类创业者注册经营、及时享受扶持政策,支持大中小企业融通发展。"

2021年6月10日,十三届全国人大常委会第二十九次会议表决通过《全国人民代表大会常务委员会关于授权上海市人民代表大会及其常务委员会制定浦东新区法规的决定》,授权上海市人民代表大会及其常务委员会根据浦东改革创新实践需要,遵循宪法规定以及法律和行政基本规则,制定浦东新区法规,在浦东新区实施。① 此次立法授权"比照经济特区法规",也就是给上海地方立法赋能扩权,在浦东新区行使相当于经济特区的立法权,而经济特区立法权最大的特点就是可以"变通"即立法变通权。全国人大常委会首次授权非经济特区的上海变通适用国家法律、行政法规,这是新时代我国立法制度的又一次重大变革创新,进一步拓展了"重大改革于法有据"的法治路径,体现了"特事特办"的改革创新精神。从此,上海拥有了两类不同性质的立法:依职权的省级人大立法,适用于全上海;特区立法,根据全国人大常委会授权,行使制定浦东新区法规。因此,浦东新区不止要素开放,更突出强调制度创新、制度开放、法治引领。

二、区域法治研究缘起

从法治实践的视角,区域法治是一项古老而常新的政治法律活动,是国家治理在行政和地域空间上的落地落实、具体化。从法治理论的视角,目前,中国的区域法治研究滞后于区域法治实践。例如,早在20世纪60年代,从太行山腰修建的引漳入林工程"人工天河"红旗渠,修建初期的1962年8月15日,河南省林县和山西省平顺县就签订了《林县、平顺两县双方商讨确定红旗渠工程使用权的协议书》,明确修渠"占用平顺县人民群众的土地、山坡、房屋、树木等一切财产",给予全部作价364567元补偿;对渠道占用平顺县境内的土地,"确保河南省林县人民群众永远使用的权利"。在这一跨(省、县)区域的重大项目建设中,时任两县主政官员的高瞻远瞩和难得的产权意识、法治思维直到今天并没有受到学界的关注和重视。②

---

① 浦东新区不是经济特区,但自1990年开发开放以来,承担了多个国家战略,包括全国首个综合配套改革试点、全国首个自贸试验区,扮演着先行先试的角色,同时也是上海"五大中心"建设的核心承载区。目前,浦东新区已占上海市1/5的面积、1/4的人口,贡献了1/3的GDP。随着改革进入深水区,浦东新区呼唤更大的改革赋权。

② 资料来源:2019年10月,笔者随中共中央党校(国家行政学院)厅局级干部进修班(第74期)在河南省林州市"红旗渠纪念馆"开展体验式教学时所得,协议书原件保存于林州市档案局(档案资料编号443-1)。

依据国内法学学术发展的历史进程,区域法治研究作为一种自觉的学术现象,起始于改革开放以后的 20 世纪 80 年代,标志性事件是 1984 年,史筠教授在北京大学法律系招收了第一个民族法的研究生,研究方向是从法学的视角探讨中国民族区域自治制度,同时,经济特区法治研究也被提上日程;扩展于 21 世纪初叶,如民族区域法治研究在民族高校、民族地区高校兴起,香港特别行政区法治研究在北京大学、中国人民大学等高校受到重视,国家区域发展战略"西部大开发的法治保障问题"被西南政法大学等高校学者关注[①];风起于中国特色社会主义法治新时代。区域法治研究经历了从非自觉到自觉的学术发展过程,具体表现包括:从学者个体兴趣到学科自觉意识;从特定类型的区域法治研究到话语体系建构;从零星分散研究到团队集体攻关,如研究平台纷纷建立、研究队伍不断扩大、学术交流日益活跃以及话语体系、学术体系正在形成等。

例如,2015 年 3 月 18 日,中国社会科学院法学研究所与四川省依法治省领导小组办公室联合推出的我国首部区域法治蓝皮书——《四川法治蓝皮书·四川依法治省年度报告(2015)》在北京发布[②];2015 年 3 月,江苏省委办公厅、省政府办公厅印发《法治江苏建设指标体系(试行)》,这是全国首个省级区域法治建设指标体系,由 7 大类、29 项单项考核指标和 1 项综合评判指标共 30 项指标构成。[③] 中国法治论坛(2019)以"学习贯彻习近平总书记全面依法治国新理念新思想新战略"为主题,更加凸显了中国法治论坛的宗旨,高度契合全面推进依法治国、建设社会主义现代化法治强国、大力实施创新驱动发展战略的重要时代背景,聚焦区域法治前沿问题。"深圳建设中国特色社会主义先行示范区(法治城市示范)的战略构想",围绕中共中央、国务院出台关于支持深圳建设中国特色社会主义先行示范区的意见中"法治城市示范"的战略定位和发展任务,提出了

---

① 如由广东省法学会行政法研究会、湖北省法学会行政法研究会主办,中山大学行政研究所、广东外语外贸大学区域一体化法治研究中心承办的"湖广两省行政法学研究会 2011 年年会",于 2011 年 8 月 19—21 日在广东韶关召开,主题就是"区域经济一体化与行政法治"。

② 参见庞莹:《我国首部区域法治蓝皮书——四川法治蓝皮书在北京发布》,载《四川日报》2015 年 3 月 19 日。

③ 参见丁国锋、马超:《全国首个省级区域〈法治建设指标体系〉出台》,载《法制日报》2015 年 3 月 31 日。

明确的法治建设思路:第一,在强化法治驱动上做示范,推动率先建设体现高质量发展要求的现代化经济体系;第二,在强化法治规范上做示范,推动率先营造彰显公平正义的民主法治环境;第三,在强化法治涵养上做示范,推动率先塑造展现社会主义文化繁荣兴盛的现代城市文明;第四,在强化法治引领上做示范,推动率先形成共建共治共享共同富裕的民生发展格局;第五,在强化法治保障上做示范,推动率先打造人与自然和谐共生的美丽中国典范。"深圳前海中国特色社会主义法治建设示范区的重大实践与前沿问题"明确提出,努力构建中国特色社会主义法治建设示范区制度体系,为中国特色社会主义法治建设提供可复制、可推广经验做法:一是探索前海特色的法定机构区域治理模式;二是提供前海土地管理模式;三是提供我国监察体制改革前海样本;四是形成一批在全国推广的司法改革经验。"海南自由贸易港法治建设的重大实践和前沿问题",重点阐述了海南自由贸易港建设的立法模式和基本定位等构想,提出了海南自由贸易港立法的政府管理机制创新意见,建议深化"放管服"改革破除体制机制弊端、制度创新以营商环境为主要抓手、通过主体待遇制度完善社会主义市场经济体制、全面采用负面清单管理制度、人才发展制度创新等五个方面实现政府管理机制创新。①

有学者归纳了当代区域法治实践样态的五种类型:(1)国家改革试点形成的区域法治。这是国家为进行某个领域的法治建设,先在国内某些地方确立若干试点单位,并授予试点单位以"特权",试点单位在经过若干制度探索后,可能形成一种创新性的区域法治模式。(2)自主协定形成的区域法治。这是主权国家之间的区域法治的主要类型,已在中国—东盟自由贸易区、欧洲经济区和北美自由贸易区中得到集中体现。(3)民族区域自治形成的区域法治,如自治区、自治州、自治县的民族区域法治。(4)经济特区形成的区域法治。经济特区是中国自20世纪70年代末、80年代初实行对外开放政策以来,为发展对外贸易,开展对外经

---

① 参见徐峰:《解读中国法治论坛(2019)为前沿区域法治建设建言献策》,载《人民法治》2019年第20期。

济合作和技术交流,吸引外资、引进技术,在某些地区所划出的实行特殊政策的一定区域。(5)国家实施区域发展战略而形成的区域法治。这在西部大开发战略中得以集中体现。①

笔者认为,上述概括不尽全面,还有遗漏。主权国家内部地方政府之间合作形成的区域法治就是独特类型,具体如开展生态环境保护特别是重点生态功能区保护、江河流域治理形成的区域法治形态等。② 例如,在我国水污染防治起步之地,京冀协同治理生态环境,建设国家湿地公园。1954年建成的官厅水库,面积163平方公里,是新中国成立后修建的第一座大型水库,作为北京的饮用水水源地,划归北京市管理,水库海拔479米高程以下管辖权归属北京,但74%的面积在河北省怀来县,只有26%在北京市延庆区;1997年,官厅水库因为污染严重,退出北京饮用水水源地之列;后经治理,水质改善,2007年恢复北京备用饮用水水源地功能,协同治理、全域共治,官厅水库生态环境明显改善。③ 为了让母亲河碧水长流,长江流域各地司法机关依法打击破坏生态环境各类违法犯罪,同时不断创新司法理念,以司法之力护航长江流域生态环境保护和高质量发展。2020年9月下旬,重庆市、四川省、贵州省、云南省高级人民法院相关负责人签署环境资源审判协作框架协议,共同建立长江上游跨区域环境资源审判协作机制,沿江法院围绕上中下游不同特点分别签订司法协作协议,长江全流域以及重点区域的司法协作模式初步形成。

中国地域广袤辽阔,区域发展不平衡不充分的问题将长期存在,区域协调发展是宪法序言中贯彻新发展理念的重要组成内容。习近平明确要

---

① 参见姜涛:《区域法治:一个初步的理论探讨》,载公丕祥主编:《变革时代的区域法治发展》,法律出版社2014年版,第171—172页。
② 参见徐隽、倪弋、金歆:《共同守护母亲河碧水长流》,载《人民日报》2020年12月10日。例如,1922年11月签署的《科罗拉多河协定》是美国水法之基石,科罗拉多河是美国西南部的大动脉,其流域的水权分配是比较典型的区域水权分配事例,为科罗拉多河流域水资源的开发管理奠定了初步法律框架和争端解决基础;后随着时代的发展、大型水利工程的建设、科罗拉多河委员会的成立、州际水权争端的处理,围绕科罗拉多河逐步形成了一整套完善的法律机制。详情参见 http://waterplan.state.wy.us/BAG/green/briefbook/lor/lor-3.html。资料来源:《科罗拉多河协定》,姚远译,载公丕祥主编:《区域法治发展研究》(第1卷),法律出版社2016年版,第386—391页。
③ 参见刘毅等:《官厅水库水更清了》,载《人民日报》2020年6月19日。

求:"实施区域协调发展战略","建立更加有效的区域协调发展新机制"。①《中共中央 国务院关于建立更加有效的区域协调发展新机制的意见》指出:"实施区域协调发展战略是新时代国家重大战略之一,是贯彻新发展理念、建设现代化经济体系的重要组成部分",要"建立健全区域政策与其他宏观调控政策联动机制""健全区域发展保障机制""建立健全区域协调发展法律法规体系"。

需要指出的是,学者们的分析研究维度不同,也可以进行多种形式的分类划分:(1)从行政区划视角可分为单一型区域法治和混合型区域法治。前者指单一行政区划内的地方法治,后者指跨行政区划的一体化、合作型法治。(2)从法治功能视角可分为综合型区域法治和目标型区域法治。以行政区划为基础的地方法治都属于综合型,而目标型区域法治有特定的功能目标,包括江河流域治理、国家公园建设、巡回法庭等。《长江保护法》第1条明确规定:"为了加强长江流域生态环境保护和修复,促进资源合理高效利用,保障生态安全,实现人与自然和谐共生、中华民族永续发展,制定本法。"国家公园是生物多样性最富集的地方,要保护的是全国最精华、最珍贵、最核心的自然生态资源,建立国家公园体制,是党中央站在实现中华民族永续发展的战略高度作出的重大决策,是生态文明和美丽中国建设具有全局性统领性和标志性的重大制度创新。②巡回法庭是司法改革的"试验田",以制度创新根治司法地方化、行政化难症,实现跨区域重大行政和民商事案件就地审理,方便当事人开展诉讼活动,保护当事人合法权益,维护司法公正。③(3)从区域治理视角可分为普通型区

---

① 参见习近平:《决胜全面建成小康社会 夺取新时代中国特色社会主义伟大胜利——在中国共产党第十九次全国代表大会上的报告》(2017年10月18日),载《人民日报》2017年10月28日。

② 2015年,中国启动开展东北虎豹、祁连山、大熊猫、三江源、海南热带雨林、武夷山、神农架、普达措、钱江源、南山等10处国家公园体制试点,区域涉及12个省份,总面积超过22万平方公里,约占陆域国土面积的2.3%。

③ 2014年10月23日,党的十八届四中全会通过的《中共中央关于全面推进依法治国若干重大问题的决定》要求:"最高人民法院设立巡回法庭,审理跨行政区域重大行政和民商事案件。探索设立跨行政区划的人民法院和人民检察院,办理跨地区案件。"2014年12月2日,中央全面深化改革领导小组第七次会议审议通过《最高人民法院设立巡回法庭试点方案》和《设立跨行政区划人民法院、人民检察院试点方案》。

域法治和特别类型区域法治。①

近年来,伴随着区域法治研究的活跃,还有学者提出了"特定区域"法治先行,认为随着改革开放的不断深入,我国出现了一些较为发达的"特定区域",这些特定区域对法治建设有更高的需求,却遇到了诸多法律上的瓶颈,也由此影响了这些特定区域经济发展和法治建设。经济与法治之间的密切关系,决定了特定区域经济的超前发展需要法治的先行作为支撑,同时,只有法治的先行才能促进特定区域经济的快速和高质量发展。要通过国家权力机关对特定区域所在地的省、市权力机关直接的精准立法授权方式,允许它们在一定范围内突破或变通上位法,制定适合特定区域发展需要的地方立法。为实现特定区域的法治先行,必须对国家法治统一的含义作出新解读,法治统一并非机械地要求地方立法与上位法的完全一致,必须对地方间的法治公平进行重新认识,法治公平并不是法治建设的平均主义。②

区域法治为区域合作治理、区域发展提供充分的法律资源和有效法治保障。譬如,长江流域生态环境保护事关国家经济社会发展的全局。长江全长6300多公里,为世界第三大河流,全流域涉及19个省份,流域面积180万平方公里,横跨东、中、西部,是我国重要的战略水源地、生态宝库和黄金水道。万古奔腾的长江,承载着从巴山蜀水到江南水乡的千年文脉,孕育着中华民族的灿烂文明。然而,一段时期以来,长江流域一些地方,人与自然争水,生态流量难以保障,出现了河湖生态系统萎缩、生态退化等问题。2016年1月5日,习近平在重庆召开的推动长江经济带发展座谈会上明确指出:"当前和今后相当长一个时期,要把修复长江生态环境摆在压倒性位置,共抓大保护,不搞大开发。"2020年12月26日,历经三次审议,十三届全国人大常委会二十四次会议表决通过《长江保护法》,"共抓大保护、不搞大开发"写入法律。这部法律是中国首部全国性流域立法,自2021年3月1日起施行。针对长江保护中所面临的部门分

---

① 参见本章第四部分"区域法治与省域治理"。
② 参见王春业:《论我国"特定区域"法治先行》,载《中国法学》2020年第3期。

割、地区分割等体制和机制问题,《长江保护法》坚持系统观念,加强规划、政策和重大事项的统筹协调,在法律层面有效推进长江上中下游、江河湖库、左右岸、干支流协同治理。①黄河保护立法已经纳入全国人大常委会2021年的立法计划,长江保护法的立法理念、制度设计和立法工作经验对其他流域立法包括黄河保护立法,具有重要的借鉴意义。②

区域法治是国家治理体系的有机组成部分,是国家法治在一定区域的具体展现、延伸、落实,是国家法治在区域的创新实践,区域法治和高标准区域治理代表着国家治理能力与水平。全球化和地区化并行发展、全球主义和区域主义共同崛起是20世纪后期以来世界格局的重要现象,全球化、地方化同时并行是当今时代的显著特点。区域法治展现国家法治生机与魅力,区域法治也是观测国家法治状况的重要维度和解释依据,更是推动国家法治转型和法治发展、实现国家治理体系和治理能力现代化的有效路径。国家法治与区域法治互为依存、相互促进、共同发展,国家法治发展指引区域法治创新、保障区域法治实践;区域法治创新助力国家法治试验,倒逼、催生国家法治变革,推进国家法治发展。经由区域法治迈向法治国家、法治政府、法治社会一体建设,可以更好推进法治中国建设,实现国家治理体系和治理能力现代化。推动区域法治创新,助推法治中国建设,已经成为新时代中国特色社会主义法治建设的亮丽风景,并日益为中国法律、法学界所广泛关注,成为学术和社会高度关注的跨学科新兴研究领域,成为新时代中国社会科学的知识生长热点。

(一)区域法治研究机构

随着区域法治研究的兴起,区域法治研究机构不断建立,具体类型包括:(1)民族区域法治研究,主要设立在民族高校、民族地区高校和社会科学院,如中南民族大学民族法制研究中心、云南大学西南边疆少数民族研究中心等。(2)港澳台法治研究,主要设立在985高校,广东、福建沿

---

① 参见张天培:《用法治力量守护长江》,载《人民日报》2021年3月25日。
② 参见《栗战书主持召开黄河保护立法座谈会》,载《人民日报》2021年4月15日。

海高校,以及地方社会科学院等,如武汉大学两岸及港澳法制研究中心、中国人民大学台湾法律问题研究所、深圳大学港澳基本法研究中心等。(3)普通区域法治研究,高校、地方社会科学院等多有设立,如南京师范大学江苏高校区域法治发展协同创新中心、华南理工大学广东地方法制研究中心、广东外语外贸大学区域一体化法治研究中心等。(4)经济特区及自贸区法治研究,所在区域的高校、社会科学院多有设立,如海南师范大学海南经济特区法治战略研究基地、上海财经大学自贸区法治研究中心等。

(二)区域法治论坛组织

区域法治论坛是中国法学会围绕国家发展战略全局,适应新形势、新任务需要,拓宽研究领域,充分发挥职能作用的开创性工作。论坛已成为各省区市法学会立足本地、研究本地、服务本地,建立区域法学会合作机制,推进区域法治建设的重要阵地和平台。论坛举办以来,建立了区域法学研究机制,取得了一系列优秀成果,积累了宝贵的经验。早在2008年7月16日至17日,"区域法治论坛工作座谈会"在浙江杭州召开,中国法学会指出:加快区域协调发展离不开法治的支撑,必须依靠法治的健全和完善,实施区域发展战略是一项宏大的系统工程,其中法治的作用不可替代;区域法治论坛的创办适应了国家实施区域协调发展战略的需要,是法学会组织推动广大法学、法律工作者服务区域协调发展战略的具体体现,是深化和拓展法学研究领域、繁荣法学研究的有益尝试,是聚合区域法学资源、推动合作研究的重要举措。会议审议通过了中国法学会《关于进一步办好区域法治论坛的意见》,明确要求要将区域法治论坛办成繁荣和发展马克思主义法学理论的重要阵地,长期坚持下去,不断提高论坛质量,办出特色,办成"品牌"。[①] 目前,我国有由中国法学会指导、省(区、市)和副省级城市法学会主导的七大区域法治论坛,以及内蒙古、西藏、宁夏、新疆、广西5个自治区法学会共同主办的民族区域法治论坛。

---

① 参见呼满红:《把区域法治论坛办成"品牌"》,载《民主与法制》2008年第16期。

从 2018 年、2019 年各区域法治论坛的主题,可以观测区域法治发展、区域法治研究近年来的概貌。2018 年各大论坛主题和承办单位为:(1) 第十三届东北法治论坛,承办单位为辽宁省法学会,主题"优化营商法治环境,助力东北振兴发展";(2) 第十三届环渤海区域法治论坛,承办单位为山西省法学会,主题"建立开放型经济新格局的法治保障";(3) 第十五届长三角法治论坛,承办单位为安徽省法学会,主题"城乡融合发展的法治保障";(4) 第十一届中部崛起法治论坛,承办单位为江西省法学会,主题"乡村振兴战略与法治服务保障";(5) 第十三届泛珠三角合作与发展法治论坛,承办单位为广西壮族自治区法学会,主题"新时代区域法治合作机制创新与发展";(6) 第十三届西部法治论坛,承办单位为云南省法学会,主题"西部生态文明建设的法治保障";(7) 第三十届全国副省级城市法治论坛,承办单位为大连市法学会,主题"新时代城市社会治理的理论与实践";(8) 第五届民族区域法治论坛,承办单位为广西壮族自治区法学会,主题"新时代宪法实施与民族区域法治建设"。2019 年各大论坛主题为:(1) 第十四届东北法治论坛,新时代东北全面振兴、全方位振兴中法治的规范与保障作用;(2) 第十四届环渤海区域法治论坛,环渤海区域高质量协同发展的法治保障;(3) 第十六届长三角法治论坛,长三角一体化发展法治保障;(4) 第十二届中部崛起法治论坛,民营经济高质量发展法治保障;(5) 第十四届泛珠三角合作与发展法治论坛,优化营商环境的法治保障;(6) 第十四届西部法治论坛,防范化解重大风险法律问题研究;(7) 第三十一届全国副省级城市法治论坛,市域社会治理现代化的理论与实践;(8) 第六届民族区域法治论坛,贯彻落实《中国共产党政法工作条例》有关问题研究。[①]

(三) 区域法治著作举要

1. 区域法治基础研究。如刘隆亨主编:《中国区域开发的法制理论与实践》,北京大学出版社 2006 年版;文正邦、付子堂主编:《区域法治建

---

① 资料来源:中国法学会会员部提供。

构论——西部开发法治研究》,法律出版社 2006 年版;姜彦君等:《历史性突破:浙江法治建设的价值探索》,浙江大学出版社 2008 年版;公丕祥主编:《变革时代的区域法治发展》,法律出版社 2014 年版;公丕祥主编:《区域法治发展研究》(第 1 卷),法律出版社 2016 年版;骆天纬:《区域法治发展的理论逻辑——以地方政府竞争为中心的分析》,法律出版社 2017 年版;刘莘主编:《区域法治化评价体系与标准研究》,中国政法大学出版社 2013 年版。

2. 特别类型的区域法治研究——民族区域法治研究、特别行政区法治研究、经济特区法治研究、自由贸易区(自贸区)法治研究。如戴小明:《中央与地方关系——民族自治地方财政自治研究》,中国民主法制出版社 1999 年版;戴小明、潘弘祥等:《统一·自治·发展——单一制国家结构与民族区域自治研究》,中国社会科学出版社 2014 年版;陈立斌主编:《自由贸易区司法评论》(第一辑),法律出版社 2014 年版;郑少华主编:《自由贸易法治评论》(第一辑),法律出版社 2014 年版。

3. 普通区域法治研究——区域立法合作、区域政府合作、区域联合执法、区域司法合作(包括设立跨行政区划的人民法院、人民检察院的司法权配置)以及区域环境治理、区域流域治理研究等。如叶必丰等:《行政协议:区域政府间合作机制研究》,法律出版社 2010 年版;陈光:《区域立法协调机制的理论建构》,人民出版社 2014 年版;吕志奎:《区域治理中政府间协作的法律制度:美国州际协议研究》,中国社会科学出版社 2015 年版;石佑启:《区域经济一体化中府际合作的法律问题研究》,经济科学出版社 2018 年版;陶品竹:《京津冀协同发展与区域法治建设研究》,中国政法大学出版社 2018 年版;孟庆瑜等:《京津冀区域生态环境协同治理政策法律问题研究》,人民出版社 2019 年版。

三、区域法治的概念辨析

概念是反映事物本质属性的思维形式,它反映客观事物的本质特征。人类在认识事物的过程中,把所感觉到的事物的共同特点提炼出来加以概括就成为概念。概念是进行科学研究的基本范畴,学术研究离不开概念表达,没有概念对事物的抽象,就无法确立起理论分析的基本框架。区域是法治的地理基础,人类一切活动都与地理相关,区域法治是法治的空间生成。区域、法治、区域法治,是开展区域法治研究必须涉及的最基本概念。其中,区域法治是一个跨学科的法学崭新概念,它既体现了1978年党的十一届三中全会决定实行改革开放、告别"以阶级斗争为纲"的政策思维,是40多年来地方、区域"摸着石头过河"进行法治探索实践的经验总结,也是新时代中国法学创新发展的具体成果。

(一) 区域与国家

区域是人类赖以生存的基础条件、空间环境。今天,尽管信息时代正在对社会空间进行全面改造,互联网打破了传统空间的限制,让世界变得更加美好,人工智能让人们的生活更加便捷,但是人类社会无论科技进步到什么样的发展阶段,都要依靠一定的区域生存,依靠一定的区域聚居。按地理区域划分居民是国家的固有特征,恩格斯指出:"国家和旧的氏族组织不同的地方,第一点就是它按地区来划分它的国民。正如我们所看到的,由血缘关系形成和联结起来的旧的氏族公社已经很不够了,这多半是因为它们是以氏族成员被束缚在一定地区为前提的,而这种束缚早已不复存在。地区依然,但人们已经是流动的了。因此,按地区来划分就被作为出发点,并允许公民在他们居住的地方实现他们的公共权利和义务,不管他们属于哪一氏族或哪一部落。这种按照居住地组织国民的办法是一切国家共同的。"[①]

所以,一般而言,区域是一个地理和空间概念,边界既明确也模糊,包括自然、人文、经济区域等。狭义的区域即指地方,是为了实现既定治理目标按照一定的指标和方法划分出来的,如省、市、县、乡等,治理边界清

[①] 恩格斯:《家庭、私有制和国家的起源》,载《马克思恩格斯选集》(第四卷),人民出版社2012年版,第187页。

晰;广义的区域是指两个及两个以上的地方联合体①,也叫地区,如民族地区。地方是区域的基础,区域是地方的延伸,是民族国家构成的地理空间,国家是不同区域的聚合。在中文语境中,"国"的初文是"或",也是"域"的本字,即邦国、区域,古文字的演化进程从一个方面反映了先人对地方、区域与国家关系的认知。②今天,地方、地区、地域、区域,人们常常以同义交叉混合使用。在具体场域,从不同的视角,人们对区域也有不同的理解、解读,如大家常说的小区、社区、生活区域、办公区域,可以是随意的、边界模糊的。但是,省域、市域、县域则都是具体明确而又不同的区域。很自然,大到国家与国家的国际区域,以及国家的某一地区,小到山区村寨、居民社区,以至写字楼的办公区、国际航班的座次区,等等,人们都习惯地称之为区域。而在2020年以来的新冠肺炎疫情防控中,疫情风险等级最初由一个省市区县或者市区内的一个片区、乡镇,即使最小划定范围也是某一个街道,到精准识别、精准防控时,以城市居民住宅小区、居民社区和农村居民村为基础,封控区实行"区域封闭、足不出户、服务上门"。以中高风险区域调整来控制疫情发展,进一步把中高风险区域范围缩小,一方面说明对于新冠疫情防控的能力更强,对于新冠病毒流行病学调查追溯更精准,另一方面有利于复产、复工、复学,避免影响其他人的正常工作生活和社会运行。当然,在学理上,区域原本是地理学中的概念,对区域概念作出科学、权威定义的,当然是地理学领域。

以政治学和法学的学术话语,国内法意义上的区域,是指法定的行政区划或跨行政区划的特定疆域,即以行政区划为基础的行政区域和跨行政区域。区域具有整体性、差异性、开放性的特征,区域内部地理、经济、人文要素等相互作用和相互影响,构成一个统一的整体;任何一个区域内部都有着相对的一致性,而各个区域之间则普遍存在着差异性;区域并不是孤立存在的,而是与其他区域有着各种各样的联系。观察后不难发现,

---

① 譬如,毛泽东同志在抗日战争胜利前夕就曾从广义上使用过"区域"一词,他指出:"东北是一个极其重要的区域。"参见毛泽东:《在中国共产党第七次全国代表大会上的结论》,载《毛泽东文集》(第三卷),人民出版社1996年版,第410页。

② 参见(汉)许慎:《说文解字》,(清)段玉裁注,上海古籍出版社1981年版,第631页。

能够构成某一共同区域,一般有其自然环境和历史文化上的基本特征:山水相依、地域相邻;历史相似、格局一致;人缘相亲、民俗相近;道路相连、信息互通;彼此依存、优势互补,等等。例如,京津冀,"北京、天津、河北人口加起来有1亿多,土地面积有21.6万平方公里,京津冀地缘相接、人缘相亲,地域一体、文化一脉,历史渊源深厚、交往半径相宜,完全能够相互融合、协同发展"①。再如,近年来中国城镇化取得举世瞩目的成就,城镇化进程的一个重要空间特征是都市圈化,人口集聚,大城市跨行政区发展,跨城通勤人口大量涌现,特别是北京、广州、上海、深圳等特大城市都市圈,有些城市甚至出现百万级人口跨城通勤,城镇体系逐渐成型,都市圈通过空间和通勤体系形成了一个整体的网络。

区域既是学理概念,也是制定法概念,在近年的法律法规中经常可见。例如,为贯彻落实《司法部关于印发〈关于优化公证服务更好利企便民的意见〉的通知》(司发〔2021〕2号)和《司法部关于印发〈关于深化公证体制机制改革 促进公证事业健康发展的意见〉的通知》(司发〔2021〕3号)精神,促进公证资源均衡配置,方便群众选择优质服务,就近办理公证事项,根据《公证机构执业管理办法》的有关规定,2021年7月,司法部办公厅下发《关于调整公证机构执业区域的通知》(司办通〔2021〕69号),决定进一步调整公证机构执业区域:对于法律关系相对简单的一般证明性公证事项,公证机构的执业区域放开至本省、自治区、直辖市行政区域,一般证明性公证事项的范围由省、自治区、直辖市司法行政机关结合实际确定;对于继承等民生类公证服务事项、提存类公证服务事项,以及重大财产处分等涉及群众切身利益、审查核实告知公证程序要求高的公证事项,结合本地区实际情况,按照分类推进、分步实施、有序调整的原则扩大执业区域;涉及不动产的公证执业区域仍按《中华人民共和国公证法》第25条第2款的规定执行。行政区域建制,目前中国实行省(区、市)、市(州、盟)、县(市、区、旗)、乡(镇)四级行政区划体制。《宪法》第30条具体而明

---

① 习近平:《优势互补互利共赢扎实推进努力实现京津冀一体化发展》(2014年2月26日在北京主持召开京津冀协同发展座谈会上的讲话),载《人民日报》2014年2月28日。

确规定:"中华人民共和国的行政区域划分如下:(一)全国分为省、自治区、直辖市;(二)省、自治区分为自治州、县、自治县、市;(三)县、自治县分为乡、民族乡、镇。直辖市和较大的市分为区、县。自治州分为县、自治县、市。自治区、自治州、自治县都是民族自治地方。"第 31 条规定:"国家在必要时得设立特别行政区。在特别行政区内实行的制度按照具体情况由全国人民代表大会以法律规定。"

近年来,特色小镇建设已经成为县域推动文旅融合发展的重要载体、平台和路径。那么,什么是特色小镇?2016 年 10 月发布的《国家发展改革委关于加快美丽特色小(城)镇建设的指导意见》(发改规划[2016]2125号)指出,特色小(城)镇包括特色小镇、小城镇两种形态。特色小镇主要指聚焦特色产业和新兴产业,集聚发展要素,不同于行政建制镇和产业园区的创新创业平台。特色小城镇是指以传统行政区划为单元,特色产业鲜明、具有一定人口和经济规模的建制镇。可见,特色小镇不是行政区划单元上的一个镇,也不是产业园区的一个区,而是按照创新、协调、绿色、开放、共享发展理念,聚焦新兴产业,形成"产、城、人、文"四位一体的重要功能平台,是文化和旅游的场域交汇、城市与乡村的文明互动、现代与传统的生活交融。特色小镇建设有利于缓解大中城市环境承载能力超负荷的问题,把人口和产业从城市向乡村疏导,推进乡村振兴。

跨行政区划的特定疆域,如粤港澳大湾区、西部大开发的西部地区、京津冀协同发展战略的京津冀三省市、中部崛起战略的中部地区、东北振兴战略的东北三省等,大江大河流域的黄河流域、长江流域、长三角地区、珠三角地区等,以及《中国农村扶贫开发纲要(2011—2020 年)》确定的六盘山区、秦巴山区、武陵山区、乌蒙山区、滇桂黔石漠化区、滇西边境山区、大兴安岭南麓山区、燕山—太行山区、吕梁山区、大别山区、罗霄山区等集中连片特困地区。2015 年 5 月 5 日,中央全面深化改革领导小组第十二次会议审议通过《关于在部分区域系统推进全面创新改革试验的总体方案》;9 月 7 日,该方案正式公布,京津冀、上海、广东、安徽、四川、武汉、西安、沈阳等 8 个区域被确定为全面创新改革试验区。

区域因其历史文化、资源禀赋或环境区位等的独特性而存在。从同类区域的比较优势而言,以粤港澳大湾区为例,其特点首先是规模大,面积和人口分别是东京湾区的4倍和2倍;粤港澳大湾区总面积为56453平方公里,东京湾区是13566平方公里;粤港澳总人口有7276万人,东京湾区有3678万人。但粤港澳大湾区的最大特点是区内有两种不同的政治和经济制度、三种货币、三个独立的关税区,这是世界上另外三个湾区(即纽约湾区、旧金山湾区及东京湾区)所不具备的。粤港澳大湾区的11个城市有着很好的劳动分工:香港是国际金融中心,深圳是科技创新中心,广州是全球商贸中心,东莞等地是制造业中心。这种明确的劳动分工,对于经济发展非常有利。所以,粤港澳大湾区的特点不仅是规模大,而且还在于其内部丰富的多样性以及明确的劳动分工。①

香港、澳门与珠三角九市文化同源、人缘相亲、民俗相近、优势互补,而香港作为中国唯一实行普通法的司法管辖区,可以在粤港澳大湾区建设中发挥"一国、两制、三法域"的独特优势。为促进粤港澳大湾区建设,发挥香港法律执业者和澳门执业律师的专业作用,2020年8月11日,十三届全国人大会常委会第二十一次会议决定:授权国务院在广东省广州市、深圳市、珠海市、佛山市、惠州市、东莞市、中山市、江门市、肇庆市开展试点工作,符合条件的香港法律执业者和澳门执业律师通过粤港澳大湾区律师执业考试,取得内地执业资质的,可以从事一定范围内的内地法律事务。具体试点办法由国务院制定,报全国人民代表大会常务委员会备案。试点期限为三年,从试点办法印发之日起计算。试点期间,国务院要依法加强对试点工作的组织指导和监督检查,就试点情况向全国人大常委会作出报告。试点期满后,对实践证明可行的,修改完善有关法律。

(二)法与法治的意蕴

法、法治,无疑是开展区域法治研究的核心概念。那么,什么是法?何谓法治?法治何为?"如果我们能通过任何方法,断定法律概念的早期形式,这将对我们有无限的价值。这些基本观念对于法学家,真像原始地

---

① 参见严圣禾等:《粤港澳大湾区:打造世界级经济平台》,载《光明日报》2021年5月28日。

壳对于地质学家一样的可贵。这些观念中，可能含有法律在后来表现其自己的一切形式。"①当启蒙时代的理性主义仍然宣扬法律秩序是由国家立法者基于理性而有意识地规划和设置的时候，德国法学家萨维尼（Friedrich Carl v. Savigny）及其历史法学派就将法律视作一个历史上形成的文化现象，它萌生于特定民族的灵魂深处并在那里经过长期的历史进程而孕育成熟。② 广而言之，法是生命体的规则，是群体的规范，具体包括三个层面的要义：法是宇宙万物生生不息的法则；法是社会生活有序运行的规范；法是国家实现有效治理的工具。"法律不只是法律人的法律，而是全社会的法律。"法与每个人的生活息息相关。以历史的视角，法首先是一种地方性知识；以实践逻辑，法治是立足于地方的治理；法在民间，在田野，在民众的生活中。从法的不同层面观察，法具有调整对象的特定性，适用区域的确定性，实施方式的多样性。法不只是刻板的条文，法来源于生活、服务于生活，法只有内涵生活的气息，才有活力、有力量。

法是"禁止恶"的社会治理手段。在中国古代，"法"字是繁体字"灋"。依据《说文解字》的释义："'灋'，刑也。平之如水，从水；廌，所以触不直者去之。"意思是说，"灋"字左偏旁从水，意为公平，右偏旁从廌去，表示正直。对于其核心内涵，早在春秋战国时期，先人们就以睿智思辨为后人提供了清晰解答："法者，所以兴功惧暴也；律者，所以定分止争也；令者，所以令人知事也。法律政令者，吏民规矩绳墨也。夫矩不正，不可以求方；绳不信，不可以求直。"③可见，"法"是辨别是非曲直、衡量功过赏罚的手段，"法"的作用在于"兴功惧暴""定分止争""令人知事"，也就是君臣百姓都应遵循的行事准则，"动无非法"，严格遵守法律，有法可依，有序可循。"凡将举事，令必先出。曰事将为，其赏罚之数，必先明之。立事者，谨守令以行赏罚，计事致令，复赏罚之所加。有不合于令之所谓者，虽有功利，则谓之专制，罪死不赦。首事既布，然后可以举事。"④ "以法治国"，民众

---

① 〔英〕梅因：《古代法》，沈景一译，商务印书馆2009年版，第2页。
② 〔德〕K. 茨威格特、H. 克茨：《比较法总论》，潘汉典等译，法律出版社2003年版，第212页。
③ 《管子·七臣七主》。
④ 《管子·立政》。

在生产生活中,行止坐卧均有规绳;国家在治民施政时,进退取舍皆具章法。

乡村是人类永远的家园,家庭、社区蕴含着法的基因和社会治理的终极密码。笔者生长在湘西南山区,有幸与湖湘文化的杰出代表曾国藩、魏源祖居地山相连、水相依、文同脉、习同俗、礼相通,又在位于国家集中连片特贫地区——武陵山片区腹地的湖北民族学院(2018年更名为湖北民族大学)任职近10年,时常走近农家,遍访当地山水,"零距离"观察所在地域基层社会治理样态,体悟"山高皇帝远"的真实意表:入乡随俗,尊重首创;尊重传统,德法共治;因地制宜,休生养民;官员自律,身正示范。深刻领悟人类文明发展史先哲们的思想智慧,结合自身长期在基层社会(乡村地区)的工作生活体验①,依据法的生成逻辑,笔者认为,法的基本内涵,有如下三重意蕴,即可从三个层面进行划分和阐释:自然法,民间法,国家法;自然法是国家法的基本遵循,民间法是国家法的生活滋养,国家法贯通自然法、民间法;国家法、民间法、自然法互为依存,共同构筑人类和谐、社会和睦,引领百姓美好生活。综观人类法理论的演进,自然法思想本身是超时代的,在不同的文化中都能找到超越实在法的、建立在理性原则之上的自然法来作为实证法的尺度——体现正义的规范。②

(1)自然法,包括自然法则、法的原则、法的精神等,可以称之为"形而上之法"。在法学史上,中国没有如西方的自然法系统学说、法学流派,但自然法传统是客观存在,自古就有自然法的理念和思想,如《道德经》《管子》等中华经典就有深邃的呈现,其中《管子》更被喻为中国法哲学的开山之作。天道循环,大自然客观存在的运行法则不以人的意志为转移。"人法地,地法天,天法道,道法自然。"③宇宙本身就是一个系统,有自己的

---

① 湖北民族大学位于国家集中连片特贫地区——武陵山片区腹地、鄂渝湘黔四省市交界的恩施土家族苗族自治州恩施市,恩施州当地人俗称"湖北的青藏高原"。其时,远离中心城市,既没有高速,也不连铁路,沪蓉高速(宜昌—重庆段)2009年才建成通车,宜万铁路(宜昌—万州段)2011年建成通车,大雨、大雾天气,飞机不能起飞落地,山高路险,交通不便,信息相对闭塞。

② 参见李道刚:《儒家天道观与德国自然法》,载米健主编:《中德法学学术论文集》(第一辑),法律出版社2003年版,第18页。

③ 《道德经·第二十五章》。

程序和运行秩序,生生不息,井然有序;天道运行、人与自然和谐共生法则,高深而宏大只能意会,具体而意深不可言传①。如中国古人讲:"法者,法天地之位,象四时之行,以治天下。"②"天之道,不争而善胜,不言而善应,不召而自来,坦然而善谋。天网恢恢,疏而不失。"③西方哲人讲:"宇宙精神","自然命令","永恒真理",等等。法国启蒙思想家孟德斯鸠反对宗教,反对神人同形论,反对灵魂不灭说,反对迷信,他批判了宗教神学的世界观,将宗教之法、道德之法拨正为自然之法,系统阐述了人与自然关系:"一切存在物都有它们的法。上帝有他的法;物质世界有它的法;高于人类的'智灵们'有他们的法;兽类有它们的法;人类有他们的法。""上帝是宇宙的创造者和保养者;这便是上帝和宇宙的关系。上帝创造宇宙时所依据的规律,就是他保养时所依据的规律。他依照这些规律行动,因为他了解这些规律。他了解这些规律,因为他曾制定了这些规律。他曾制定这些规律,因为这些规律和他的智慧与权力之间存在着关系。"④需要指出的是,不同的学者对自然法的内容看法各异,因而在自然法理论框架的学术归类上有神意的自然法、自然的自然法和理性的自然法,这里所讨论的当然不是指神意的自然法。

(2)民间法,包括少数民族习惯法,可以称之为"形而下之法"。也就是,人们在居住地域由日常生产生活习惯习俗长期演变而来、代代相传的生存规则。民间法大多从自然法萌生,也可以归于自然法——朴素自然法,是基层特别是乡村民众社会生活的原生法,也有学者将其归类于精神资源的乡村文化,如自先秦开始在民间口口相传的"欲生于无度,邪生于无禁"⑤等。

---

① 《管子·心术上》:"道也者,动不见其形,施不见其德,万物皆以得,然莫知其极。故曰:'可以安而不可说'也。"所以,笔者未能思考出更精准的词汇概括,以"自然法"代之。"近现代西方学者在研究法秩序时,往往将其置于宇宙的背景之下予以关照,中国古代学者亦然。"参见李道刚:《儒家天道观与德国自然法》,载米健主编:《中德法学学术论文集》(第一辑),法律出版社2003年版,第13页。
② 《管子·版法解》。
③ 《道德经·第七十三章》。
④ 〔法〕孟德斯鸠:《论法的精神》(上册),张雁深译,商务印书馆1961年版,第1页。
⑤ 《尉缭子·治本》。

(3) 国家法或制定法,"制定法是国家最高权力对于法规则的表达"①,可以称之为"形而中之法"。国家法是国家立法机关通过法定程序创制的法律规范,基本概念和内涵学界已经有充分的共识,在此不详细赘述。

恩格斯指出,随着生产力的发展和科学技术的进步,人类实现了对自然界的支配和统治,"但是我们不要过分陶醉于我们人类对自然界的胜利。对于每一次这样的胜利,自然界都对我们进行报复。每一次胜利,起初确实取得了我们预期的结果,但是往后和再往后却发生完全不同的、出乎预料的影响,常常把最初的结果又消除了"②。同时针对当时因自然资源的掠夺性开采在欧洲、美洲许多地方出现的水土流失等生态破坏现象,恩格斯提出了严肃警告:"因此我们每走一步都要记住:我们决不像征服者统治异族人那样支配自然界,决不像站在自然界之外的人似的去支配自然界——相反,我们连同我们的肉、血和头脑都是属于自然界和存在于自然界之中的;我们对自然界的整个支配作用,就在于我们比其他一切生物强,能够认识和正确运用自然规律。"③所以,人类对自然界的支配和统治必须建立在正确地认识和运用自然规律的基础之上,否则就会出现人与自然的矛盾、冲突,招致自然界的报复。而要解决人与自然的矛盾、协调人与自然的关系,人类首先必须学会正确认识自然规律,克服那种对于自己支配和统治自然的行为后果的短视,尤其要克服那种"自古典古代衰落以后出现在欧洲并在基督教中得到最高度的发展",把"精神和物质、人类和自然、灵魂和肉体之间的对立的荒谬的、反自然的观点"。④ 面对日趋严重的全球环境问题,恩格斯关于人与自然关系的规范性分析,在今天仍具有重要的时代价值。

2021年4月30日,中央政治局就新形势下加强我国生态文明建设进行第二十九次集体学习,习近平在主持学习时强调:"要完整、准确、全面

---

① 〔德〕萨维尼:《当代罗马法体系Ⅰ》,朱虎译,中国法制出版社2010年版,第12页。
② 恩格斯:《自然辩证法》,载《马克思恩格斯选集》(第三卷),人民出版社2012年版,第998页。
③ 同上。
④ 同上书,第999页。

贯彻新发展理念,保持战略定力,站在人与自然和谐共生的高度来谋划经济社会发展,坚持节约资源和保护环境的基本国策,坚持节约优先、保护优先、自然恢复为主的方针,形成节约资源和保护环境的空间格局、产业结构、生产方式、生活方式,统筹污染治理、生态保护、应对气候变化,促进生态环境持续改善,努力建设人与自然和谐共生的现代化。"①自然法则启示我们,人类必须携手尊重自然,顺应自然,呵护自然,尊重规律,遵道而行,循道而为:顺风顺水,依山傍水,人类只有与水毗邻而居,生活于江河湖海之滨,方可大化流行,生生不息;人往高处走,水往低处流②……敬畏天地,敬畏自然,敬畏生命,日落而息,日出而作。2021年6月,国家发展和改革委员会下发通知,严格限制高层建筑,不得新建500米以上超高层建筑,即体现了对大自然的敬畏、对人居环境的保护。③ 天地有正气,人间有正道;天道有常,天道者,自然规律;地道不欺,地道者,生活环境;人道不爽,人道者,人心向背;违天道欺地道骗人者,必为天地人所不容,必将受到惩罚。"按照自然生活是最高的善,亦即过适度的、符合德性要求的生活,或者说遵循自然,如同按照自然的法律生活,亦即尽其可能,完成自然要求的一切……自然要求我们如同遵循法律般地遵循德性的要求生活。"④

---

① 《保持生态文明建设战略定力 努力建设人与自然和谐共生的现代化》,载《人民日报》2021年5月2日。

② 这一谚语除字面表意,更有深刻的文化内涵:如水的美德(汇成溪流、融入大海、滋润大地、滋养万物、永远谦卑),不断修正自我德行,永葆水一般的善性。"上善若水。水善利万物而不争,处众人之所恶,故几于道。居善地,心善渊,与善仁,言善信,政善治,事善能,动善时。夫唯不争,故无尤。"(《道德经·第八章》)。

③ 2021年6月19日,《国家发展改革委关于加强基础设施建设项目管理 确保工程安全质量的通知》(发改投资规〔2021〕910号)发布,要求严把超高层建筑审查关,严格执行《住房和城乡建设部、国家发展改革委关于进一步加强城市与建筑风貌管理的通知》,把超大体量公众建筑、超高层建筑和重点地段建筑作为城市重大建筑项目进行管理。其中,对100米以上建筑应严格执行超限高层建筑工程抗震设防审批制度,与城市规模、空间尺度相适宜,与消防救援能力相匹配;严格限制新建250米以上建筑,确需建设的,要结合消防等专题论证进行建筑方案审查,并报住房和城乡建设部备案;不得新建500米以上超高层建筑。资料来源:中华人民共和国国家发展和改革委员会,https://www.ndrc.gov.cn/xxgk/zcfb/ghxwj/202107/t20210706_1285472.html。

④ 〔古罗马〕西塞罗:《论共和国 论法律》,王焕生译,中国政法大学出版社1997年版,第208页。

"万物并育而不相害,道并行而不相悖。"①人因自然而生,人与自然和谐共生。新时代中国,人与自然生命共同体理念正在深入人心,坚持人与自然和谐共生,推动生态环境保护从认识到实践发生了历史性、转折性、全局性变化,显著增强了全面小康社会的"绿色底色"和"质量成色",制度建设不断健全。2021年9月,中共中央办公厅、国务院办公厅印发《关于深化生态保护补偿制度改革的意见》明确提出,生态环境是关系党的使命宗旨的重大政治问题,也是关系民生的重大社会问题;健全生态保护考评体系,加强考评结果运用,严格生态环境损害责任追究;加强自然资源资产离任审计,对不顾生态环境盲目决策、造成严重后果的,依规依纪依法严格问责、终身追责。该意见精神体现了中央对保护生态环境的高度重视,其中,关于终身追责的规定,对各级决策者必将发挥威慑警示与政绩导向作用,也对领导干部如何扎实推进生态文明各项制度建设,切实将制度优势转化为治理效能提出了更高要求。

人类法治文明的演进表明,自然法、民间法生长于基层,传承文化根脉,为国家法发展提供滋养,为国家法实施奠基培土,为法治社会、法治国家建设夯基垒台;国家法吸收自然法、民间法养分,为自然法和民间法发展指引方向。当然也要看到,现有的法学教育越来越突出专业细分,专业技术性凸显,以文史哲为基础的综合素质不足,精于技、乐于术,而贫于道,专业知识"强"而综合能力弱,近年来每年的专业就业率排行榜上,连续占据了多年的就业榜尾②,知识结构和社会认知严重失衡,不少学生离开校门进入社会,往往缺乏社会常识、不懂生活常理,对公序良俗、道德底线缺少应有的认知。例如,在中纪委披露的严重违纪违法典型案例中,生于1979年2月的张标,是一位准80后年轻干部,研究生毕业于清华大学法学院,在其作为中央国家机关(住房和城乡建设部)"援青"干部任职德令哈市期间,毫不掩饰对金钱的渴望,不拒美色的诱惑,12万的名表看不

---

① 《礼记·中庸》。
② 《2020年中国法科毕业生就业状况调查报告》显示,2020年全国法科毕业生就业困难的局面仍未改善,西南政法大学、吉林大学法学院就业率均低于全校平均水平,武汉大学法学院就业率则更为惨淡,以63.87%的就业率全校垫底。

上,化名重婚大操大办,在四年半时间里疯狂敛财四千余万元,为购买豪宅名车、取悦特定关系人、保障两个家庭,在违纪违法的路上狂奔,最终走向不归路。① 这也是应试教育、功利教育的共性。国家法的系统性教学不断完善,课程设置日益精细,国家法已经获得足够重视,民间法引起了少数学者的关注,但无法进入教学课程体系,自然法还只是个别学者的兴趣,而20世纪60年代以来一些西方马克思主义学者从自然法的角度解读马克思的法律观,提出了马克思主义的自然法理论②。我们要在推动中华文明创造性转化、创新性发展中激活民间法治资源生命力,在区域法治尤其在基层社会治理、法治教育中,适应新形势,创造新经验,政府民间协同,理论实践互进,精英与草根对接,现代与传统融通,激发民间智慧,大力推动推广自然法、民间法与国家法的深度融合,助力国家法在基层特别是乡村地区的落地落实。

家庭是社会的细胞,人类社会生活的伦理之源;"一切社会之中最古老的而又唯一自然的社会,就是家庭"③。社会是家庭的延伸,家庭是基层社会治理的基础;没有规矩的家庭,比贫穷更可怕。古语云"3岁看大,七岁看老",并有"孟母三迁"的典故,精辟深刻,切中肯綮,生动诠释了家庭教育、环境育人的根本意义。"善有善报,恶有恶报;不是不报,时候未到。"这一在中国民间口口相传的谚语告诫,鼓舞人们要崇德向善,永远对生活、未来充满希望:正义或许会迟到,但从来不会缺失;坚信——假如生活欺骗了你,不要悲伤,不要心急!忧郁的日子里须要镇静:相信吧,快乐的日子将会来临!法就在民间,在生活里,在生命中。上述多维分析理路,有助于法的普及、公民法治意识的培育与养成,助力法治社会建设。"人之初,性本善。性相近,习相远。苟不教,性乃迁。教之道,贵以专。昔孟母,择邻处。"④人的自我探索与成长不可能一蹴而就,父精母血,基因

---

① 参见方弈霏、刘兰兰:《胆大妄为 在违纪违法路上狂奔——青海省柴达木循环经济试验区德令哈工业园党委原副书记、管委会原常务副主任张标严重违纪违法案剖析》,https://www.ccdi.gov.cn/yaowen/202109/t20210901_249262.html,2021年9月10日访问。
② 参见邱昭继:《马克思主义的自然法理论及其当代价值》,载《学习与探索》2018年第7期。
③ 〔法〕卢梭:《社会契约论》,何兆武译,商务印书馆2009年版,第5页。
④ 《三字经》。

遗传，言传身教，环境熏陶，生命个体的孕育、成长，家庭是人生的第一所学校，父母是孩子的第一任老师、孩子人生的第一责任人，孩童时烙刻的规矩、规则记忆，来自父母、长者、家庭成员日常生活的重复演示，在家庭、公共生活中的提醒提示，如生活习性、礼仪规矩等。"一个从少年时代开始就习惯于服从这个社会的法律的人，永远不会想去违犯这些法律的。"① 中国传统非常重视家庭教育，注重孝道（孝养、孝亲、孝老、孝敬），曾子曰："慎终追远，民德归厚矣。"②父母的启蒙是最好的教育，如幼年时父母在故事中对生活规矩、礼义廉耻的朴素表达，对好人的推崇、对英雄的景仰、对天道的敬畏都铭记于心：举头三尺有神明③，人在做，天在看，好人有好报！这是基层民众人文信仰赓续始终的最质朴呈现。"道也者，不可须臾离也；可离，非道也。是故君子戒慎乎其所不睹，恐惧乎其所不闻。莫见乎隐，莫显乎微。故君子慎其独也。"④有了童蒙养正的培根，从小受到良好家教，接受做人的规矩与文化陶冶，知敬畏、存戒惧、守规矩，就为学校教育固本铸魂夯实了文化根基；有了规则的启蒙、自然法则理念，就为法治意识和法治思维厚植了培育土壤。

  法律的权威源自人民的内心拥护和真诚信仰。但是，规则意识不会与生俱来，法治思维也不是天赋的思维形式，而要在后天的学习、教育、实践中逐步形成。例如，在公众高度关注的娱乐界，李云迪、霍尊等一些所谓"明星大腕""艺术家""青年领袖"，频频挑战社会良知、道义乃至法律尊严，当面具彻底撕开、劣根性暴露，双面人设崩塌，"王子"跌落神坛，就是家庭教育重要性的鲜活例证：他们从小"艺术"，接受"成功教育"，但缺失做人的根本教育，违法失德、自取其辱，最终被打回原形。特别是在一段

---

① 〔法〕摩莱里：《自然法典》，黄建华、姜亚洲译，商务印书馆 2009 年版，第 23 页。
② 《论语·学而》。
③ "观天之神道，而四时不忒。"（《周易·观卦第二十》）在中国文化语境里，"神"本质上是阴阳变化，不测之谓神，和西方宗教里的神不可混同。具体述之，中国人文信仰中的神有三类：所有的自然现象，如天坛、地坛、日坛、月坛，天地日月星辰都要敬仰；关于生活世界的神，与我们的日常生活密切相关，不能分开，如门神、灶神；由人变成的神，就是人实现了自我超越，如关公关羽、千古英雄岳飞、医圣孙思邈等历史人物。参见楼宇烈：《中国的人文信仰》，中国大百科全书出版社 2021 年版，第 47—54 页。
④ 《礼记·中庸》。

时间里,一批"流量明星"金玉其表、败絮其中,社会浮躁、道德滑坡,拜金炫富、资本裹挟,美丑不分、娱乐至死,无底线追星、"饭圈"乱象丛生,吸毒明星可以洗白、偷漏税后还能复出,教育"内卷"、教育脱离了育人本质。

习近平强调:"法律要发挥作用,首先全社会要信仰法律;道德要得到遵守,必须提高全体人民道德素质。要加强法治宣传教育,引导全社会树立法治意识,使人们发自内心信仰和崇敬宪法法律。"①法治社会是构筑法治国家的基础,法治社会建设是实现国家治理体系和治理能力现代化的重要组成部分。自然法、民间法滋养百姓心灵,沁润民众生活,是法治国家、法治政府、法治社会一体建设的基础工程。自然法、民间法从家庭开始,"从娃娃抓起",潜移默化,润物无声,规则意识融入血液、沁入骨髓,法治成为种子根植于孩子成长的内心,遵规守纪成为自觉、成为习惯、成为自然,在基层生根,这就是民间智慧,这就是人民力量。如此,把社会主义核心价值观有机嵌入家庭教育,融入百姓生活,孵化法治养分,知法守法成为风尚,法治教育将不仅仅是政府的单一推动,而成为民众的自觉行动、生活方式,实现法律、法治普及在家庭教育、学校教育和社会教育中的有机融通与深度融合,确保国家法律在基层的有效实施。《法治社会建设实施纲要(2020—2025年)》明确要求,推动全社会增强法治观念,"全民守法是法治社会的基础工程。树立宪法法律至上、法律面前人人平等的法治理念,培育全社会法治信仰,增强法治宣传教育针对性和实效性,引导全体人民做社会主义法治的忠实崇尚者、自觉遵守者、坚定捍卫者,使法治成为社会共识和基本原则。"

马克思清晰指出:"法律是肯定的、明确的、普遍的规范。"②法律在现象上是一种规范或行为准则,也即中国古代思想家所讲的规矩、衡石、纯墨等,因此它就具有普遍性(或一般性)的特征,这也就是说,它是适用于一般的人或事而不是适用于个别的人或事,是反复适用而不是仅适用一

---

① 习近平:《坚持依法治国和以德治国相结合》(2016年12月9日),载《习近平谈治国理政》(第二卷),外文出版社2017年版,第135页。
② 马克思:《第六届莱茵省议会的辩论(第一篇论文)》,载《马克思恩格斯全集》(第一卷),人民出版社1958年版,第71页。

次。在中外法律思想史中,这是思想家们的基本共识。① 德国法学家萨维尼认为:"法律是一种准则,这种准则确定了每个人安全和自由在其中生存和活动的不可分割的边界线。"②全面认识法治,深刻理解法治,首先需要明确法或法律的起源。法律与国家一样都是人类社会发展到一定阶段的产物,都是人类文明的重要组成部分。但法律的萌芽和出现早于国家,"事实上,禁忌是原始社会唯一的约束力,是以后人类社会中家庭、道德、宗教、政治、法律等所有带有规范性质的禁制的总源头"③。早在人类原始社会阶段就已经产生了原始习惯和原始戒律,这是人类法律及法律文明的直接来源。而这些原始习惯和戒律,则又直接来源于人类在社会生活过程中对于社会秩序和生活规则的强烈需求。"万物各异理,而道尽稽万物之理,故不得不化;不得不化,故无常操;无常操,是以死生气禀焉,万智斟酌焉,万事废兴焉。"④

可见,虽然人类各种语言对"法"一词所表示的对象具有不同的称谓,但是人们相信这一对象是有自己的固定内在要素的。⑤ 法治作为当代社会普遍接受的基本信念之一,经历了数百年历史风雨的淘洗,古今中外,政治家、思想家、法学家以及各法学流派对法和法治的定义已不知其数,因论者思想语言、思维表达、生活场景、政治环境、时空变换等条件的差异,表述不尽相同。那么,法、法律或法治到底是什么?对这一表面上看起来不是问题的问题,其实根本不可能给出一个人人可以接受的明晰答案。"许多年以来,英语世界中的法律哲学基本上是被奥斯汀、格雷、霍姆斯和凯尔森的传统主宰着。他们的总体法律观所占据的核心地位并不意味着这种观点被人们完全满意地接受了:即使是它的支持者们也时常显示出对它的某些含意感到不自在。"⑥只有在一个特定的语境或者场域中,

---

① 参见沈宗灵:《现代西方法理学》,北京大学出版社1992年版,第424页。
② 转引自[英]弗里德里希·奥古斯特·冯·哈耶克:《自由宪章》,杨玉生等译,中国社会科学出版社2012年版,第210页。
③ 任骋:《中国民间禁忌》,中国社会科学出版社2004年版,第17页。
④ 《韩非子·解老》。
⑤ 参见[英]约翰·奥斯丁:《法理学的范围》(中译本第二版),刘星译,北京大学出版社2013年版,第2页。
⑥ [美]富勒:《法律的道德性》,郑戈译,商务印书馆2009年版,第1页。

人们才可能据其指引去接近它。百余年前,晚清启蒙思想家严复在译介西方法学文献时,就已经敏锐地意识到中西方语言中"法"概念上存在的重大差异、中外思想家对法的不同理解:"西文'法'字,于中文有理、礼、法、制四者之异译,学者审之。"①

我们今天的语境以及所处时代已经完全不同于古人,而法、法律词汇早已有之,所以今大其所表达或指代的意义当然已与古代大不相同。② 同时,语言只是(重要的)媒介,不同语言对信息的汲取,对思维方式,对事物理解、印象形成和价值判断都会产生影响,并且不同国家学者的研究往往也会打上各自国家制度和文化的烙印。例如,在西方法治发展史上,古代的宪法以小国寡民的城邦制为基础,以阶级宪法为特征,现代宪法以民族—领土国家为基础,以全民性为特征,两者虽然不同,但不能否认后者来自前者,两者的连续性是明显的。③ 另以与法治密切相关的人权概念为例,人人得享人权是全人类的共同理想,也是中国的不懈追求,但西方强调的人权,是以"自由"为主体的政治权利;中国则鲜明提出,"人民幸福生活是最大的人权"。在具体的现实生活中,一个国家的人权状况如何,根本不应该由某种原理,完全应该由这个国家民众自身的感受加以判定。

当代美国著名法理学家、哈佛大学法理学教授富勒在论述"法律的一般性"时指出:"一套使人类行为服从于规则之治的系统所必须具备的首要素质是显而易见的:必须有规则存在。我们可以将此表述为一般性要求。"④法律是公共意志的表现,国家法律是随着国家的产生而产生的,具有鲜明的阶级性。马克思主义经典《共产党宣言》包含着对历史唯物主义法学原理的精辟论述,马克思、恩格斯在其中深刻揭露了资产阶级法的本质:"你们的观念本身是资产阶级的生产关系和所有制关系的产物,正像你们的法不过是被奉为法律的你们这个阶级的意志一样,而这种意志的

---

① 〔法〕孟德斯鸠:《孟德斯鸠法意》(上册),严复译,商务印书馆1981年版,第3页。
② 参见齐延平:《自由大宪章研究》,中国政法大学出版社2007年版,第2—3页。
③ 参见徐国栋:《罗马公法要论》,北京大学出版社2014年版,第27页。
④ 〔美〕富勒:《法律的道德性》,郑戈译,商务印书馆2009年版,第55页。

内容是由你们这个阶级的物质生活条件来决定的。"①而在人民当家作主的社会主义社会,当阶级矛盾已经不再是社会主要矛盾,法的阶级性本质往往集中表现为法的政治性和人民性。政党和政治法律制度是人为的产物,不是生命体,所以必须依靠人的力量才能推陈出新。通俗地讲,所谓法治,就是用法律的准绳去衡量、规范、引导社会生活。

"故《明法》曰:'以法治国,则举措而已。'"②以法治国是何意?明确"以法治国"的原则,一切都按法运作。"'法治'字面上意指法律的统治。采其广义,意味着人们应该服从法律并被法律所统治。但是,在政治和法律理论当中,它已被狭义地解读,即政府应当被法律所统治并从属于法律。这一意义上的法治观念经常以这样的词语来表达:'法治而非人治'。一旦人们使用这些公式,它们的模糊性即变得明显。政府的确既受法律又受人的统治。"法律是公意的行为,法治的字面意义包括两个方面:"(1)人们应当被法律统治并服从法律,以及(2)法律让人们能够受其指导。"③在现代治理中,法治是调节国家、社会、市场、个人关系的一种规范性力量。"是故形而上者谓之道,形而下者谓之器,化而裁之谓之变,推而行之谓之通,举而错之天下之民谓之事业。"④"[刚柔交错],天文也。文明以止,人文也。观乎天文,以察时变。观乎人文,以化成天下。"⑤可见,从文化的视野认知和表达,笔者认为,法治是文化共识、价值认同(社会共识)之上的规则之治、秩序之治、宪制之治、互信共治、良法善治、理性之治。"法,非从天下,非从地出,发于人间,合乎人心而已。"⑥在此,古代中外思想家的认知惊人相似:"要知道,我们需要解释法的本质问题,而这需要到人的本性中去寻找。"⑦"人性的首要法则,是要维护自身的生存,人

---

① 马克思、恩格斯:《共产党宣言》,载《马克思恩格斯全集》(第四卷),人民出版社1958年版,第485页。
② 《管子·明法解》。
③ 〔英〕约瑟夫·莱兹:《法治及其德性》,郑强译,载《公法》(第二卷),法律出版社2000年版,第90、91页。
④ 《周易·系辞上传》。
⑤ 《周易·贲卦》。
⑥ 《慎子·逸文》。
⑦ 〔古罗马〕西塞罗:《论共和国 论法律》,王焕生译,中国政法大学出版社1997年版,第189页。

性的首要关怀,是对于其自身所应有的关怀。"①因此,法治要促进、保障人的自由全面发展,必须始终承认人的主体地位,尊重并满足人性发展的客观要求,实行人性化的服务,并将社会发展的一切成果惠及每一位社会成员。

良法善治是法治的本质内涵。"安国之法,若饥而食,寒而衣,不令而自然也。"②良法尊重自然理性、尊重人性特点、尊重文化传统、尊重法治规律,保护人民对美好生活的向往,保障民众高品质生活。用精辟的文字表述,"良法就是为人民的利益所需而又清晰明确的法律"③。如以民法总则为引领的《民法典》,坚持以人为本理念并充满人性关怀,还有刑法的惩恶扬善、反垄断法的市场公平原则等,也都充分体现了对人性的尊重和约束,是良法的核心要素。良法融入社会道德精髓,体现惩恶扬善精神,良法是善治的前提,善治是良法的实现目标,良法奠基善治、支撑共治。④ 而具体到民众日常生活中,对绝大多数人而言,保障秩序和稳定,就是政府最大的善。习近平在中央全面依法治国工作会议上强调指出:"要坚持以人民为中心。全面依法治国最广泛、最深厚的基础是人民,必须坚持为了人民、依靠人民。要把体现人民利益、反映人民愿望、维护人民权益、增进人民福祉落实到全面依法治国各领域全过程。推进全面依法治国,根本目的是依法保障人民权益。要积极回应人民群众新要求新期待,系统研究谋划和解决法治领域人民群众反映强烈的突出问题,不断增强人民群

---

① 〔法〕卢梭:《社会契约论》,何兆武译,商务印书馆2009年版,第5页。
② 《韩非子·安危》。
③ 〔英〕霍布斯:《利维坦》,黎思复、黎延弼译,商务印书馆2009年版,第271页。
④ 哲学大师黑格尔曾专门探讨相互作用、相互关系的思维模式,并指出要达到对真理的认识,必须通过概念(抽象的普遍性的观念)的思维才能实现。"例如,认斯巴达民族的风俗为斯巴达制度的结果,或者反过来,认斯巴达的制度为他们的风俗的结果,这种看法当然是不错的。不过这种看法不能予人以最后的满足,因为事实上,这种看法对于斯巴达民族的风俗和制度并没有概念式的理解。而这样的理解只在于指出这两个方面以及一切其他足以表现斯巴达民族的生活和历史的特殊方面,都是以斯巴达民族的概念为基础。"在黑格尔看来,斯巴达民族的风俗与制度之间存在相互关系,但二者本身却受制于一个更高的东西,即斯巴达民族的概念,也就是斯巴达民族的精神和文化。参见〔德〕黑格尔:《小逻辑》,贺麟译,商务印书馆2009年版,第321—323页。

众获得感、幸福感、安全感,用法治保障人民安居乐业。"①

古希腊著名政治思想家亚里士多德认为:"法治应包含两重意义:已成立的法律获得普遍的服从,而大家所服从的法律又应该本身是制订得良好的法律。"②良法善治是人类法治文明的高级型态,是新时代中国特色社会主义法治追求的新境界。法治的基本内核是宪法法律至上,逻辑前提是良法之治,外在形式是法律面前人人平等,内在价值是控制公权、保障人权。因此,法治建设的核心是坚持法律至上,维护宪法权威;前提是科学立法,提高立法质量;关键是依法行政,严格规范公正文明执法;保障是公正司法,提高司法公信力;手段是加强科技应用,提升执法效能;基础是全民守法,建设法治社会。

人类历史是人性展现的历史。"一般地说,法律,在它支配着地球上所有人的场合,就是人类的理性;每个国家的政治法规和民事法规应该只是把这种人类理性适用于个别的情况。为某一国人民而制定的法律,应该是非常适合于该国人民的;所以如果一个国家的法律竟能适合于另外一个国家的话,那只是非常凑巧的事。"③文化自信是一个国家、一个民族发展中更基本、更深沉、更持久的力量。民主与法制是人类几千年文明积淀的精华,是优秀的政治文化遗产;法治是人类社会进入现代文明的重要标志,是实现国家治理体系和治理能力现代化的必然要求和根本路径,具有鲜明的文化属性和政治属性;法治既是国家治理体系和治理能力现代化的基本构成,也是区域经济社会发展的软实力和核心竞争力。市场经济本质上是法治经济,市场经济的有序运行必须以良法善治为基础,在法治范围内活动,由法治规则来守护。良好的营商环境,是激发市场主体活力、增强发展动能的前提。因此,必须强化公平竞争审查制度的刚性约束,及时清理废除妨碍统一市场与公平竞争的各种规定和做法,才能推动形成统一开放、竞争有序、制度完备、治理完善的高标准市场体系。

---

① 《坚定不移走中国特色社会主义法治道路 为全面建设社会主义现代化国家提供有力法治保障》,载《人民日报》2020年11月18日。
② 〔古希腊〕亚里士多德:《政治学》,吴寿彭译,商务印书馆1965年版,第199页。
③ 〔法〕孟德斯鸠:《论法的精神》(上册),张雁深译,商务印书馆1961年版,第6页。

实践表明,只有以法治完善制度、强化监管,才能构建起统一开放、竞争有序的市场体系,打造出公平公正的竞争环境,确保营商环境具有制度稳定性和可预见性,从根本上激活市场内生活力,促进各要素资源的可自由流动。习近平指出:"法治是最好的营商环境。要把平等保护贯彻到立法、执法、司法、守法等各个环节,依法平等保护各类市场主体产权和合法权益。要用法治来规范政府和市场的边界,尊重市场经济规律,通过市场化手段,在法治框架内调整各类市场主体的利益关系。要把工作重点放在完善制度环境上,健全法规制度、标准体系,加强社会信用体系建设,加强普法工作。"①这一重要论断,深刻阐明了法治和营商环境的关系,一方面,指明营商环境需要完善的法律制度和有效的法律实施,以实现营商环境的法治化;另一方面,要求法律制度能够确认和保障市场在资源配置中决定性作用的有效发挥,以确保营商环境的市场化。

法是一般性(普遍性)与特殊性(地方性、区域性、民族性、历史性等)、阶级性(人民性)与社会性、规范性(引导性)与强制性特征的辩证统一。经济基础决定上层建筑,法由经济基础决定,这是马克思主义关于法律与经济关系的基本观点。马克思在《〈政治经济学批判〉序言》中指出:"我的研究得出这样一个结果:法的关系正像国家的形式一样,既不能从它们本身来理解,也不能从所谓人类精神的一般发展来理解,相反,它们根源于物质的生活关系。"②马克思的这个发现在法学史上具有划时代意义。以往的法学理论认为国家与法决定经济,而马克思在这里把两者关系从根本上颠倒过来了,动摇了黑格尔法哲学体系的根基,是法学史上伟大的变革,将法学从唯心主义哲学体系中挣脱出来,开创了以唯物史观为理论基础的历史唯物主义法学。在《哲学的贫困》中,马克思更加鲜明地指出:"无论是政治的立法或市民的立法,都只是表明和记载经济关系的要求而

---

① 新华社:《完善法治建设规划提高立法工作质量效率 为推进改革发展稳定工作营造良好法治环境》,载《人民日报》2019年2月26日。
② 马克思:《〈政治经济学批判〉序言》,载《马克思恩格斯选集》(第二卷),人民出版社2012年版,第2页。

已。"①同时，在马克思主义辩证唯物主义看来，经济关系决定法，但法对经济基础也有反作用。区域法治的目标之一，就是要致力于建构一套有利于区域经济健康发展的规则体系，营造公开透明的法治环境，把平等保护贯彻到立法、执法、司法、守法等各个环节，依法平等保护所有市场主体产权和合法权益。

所以，在中国新一轮改革开放中，地方政府纷纷提出优化营商环境，其核心应该是尊重市场经济规律，通过区域法治建设，打造高水平开放平台，厘清、规范政府和市场的边界，完善市场化、法治化、国际化、便利化营商环境，以法治思维和法治方式打破行政壁垒、提高政策协同，打通梗阻、畅通循环，让生产要素在更大范围内顺畅流动，即主动对接新的经济社会秩序，营造良好的法治环境，激发市场活力，从而走出优化营商环境就是主要运用各种优惠政策吸引经济主体的陷阱，具体包括健全法律制度、放宽市场准入、推进公平监管、提升政务服务。工作路径是，优化区域立法发展环境、区域行政法治环境、区域司法环境、区域法治文化环境等；进一步深化"放管服"改革，"放"要放得开，力促项目依法承诺直接落地，"管"要管得住，管出公平、管出质量，特别是对新兴产业创新包容审慎监管、促进发展，"服"要服务好，服务出便利、服务出实惠，如办税、金融等环节优化。如此，方能从过去凭借减税让利，或通过拼资源、变政策换来外商投资的青睐，走向完善服务、建构信用、加强法治的转变，实现优化市场环境、破除区域壁垒、防止市场垄断目标，持续增强区域投资的吸引力。②

法治护航高质量发展、高效能治理、高品质生活。对国家治理而言，法治是良政善治的必然产物，是治国理政的基本方式，法治为全面形成社会秩序奠定规则基础，保障经济高质量发展；对社会治理而言，法治加快社会治理现代化，为社会和谐、国家长治久安稳固基石；对公民个人而言，

---

① 马克思：《哲学的贫困》，载《马克思恩格斯全集》（第四卷），人民出版社1958年版，第121—122页。

② 2019年10月，国务院公布《优化营商环境条例》，重点针对营商环境的突出短板和市场主体反映强烈的痛点难点堵点问题，对标接轨国际先进水平，从完善体制机制的层面作出相应规定，自2020年1月1日起施行。

法治是秩序的根本保障,是一种美好生活的方式。"政治法使人类获得自由;民法使人类获得财产。""在民法的慈母般的眼里,每一个个人就是整个的国家。"①全民有了规则意识、法律观念,恪守法治精神;公职人员有了法治思维,依法行政、厉行法治;各阶层、团体和个人就有了长期稳定的预期,可以长期规划,形成互惠互利互信的互动交往,并促进社会进步、国家发展。具体要义是:(1)法治尊重个体意志,保障公民自由。法律是自由的起点,为保障人的自由而存在,是自由的界限,确定自由的范围,如宪法对公民自由的保护。(2)法治保护公民权益,协调利益关系。法律是协商平衡的艺术,是利益关系的调节器,是市场交易的准则,是政府行为的尺度,是维护公民权益的利器,如民商法对公民聪明才智以及财产权的保护等。(3)法治稳定社会秩序,保障公民人身财产安全。法治通过建构良好的社会秩序,实现公民对安全的期待。(4)法治彰显平等理念,捍卫公民人格尊严,提升国民幸福指数。(5)法治维护社会公平,实现社会正义。公平正义是法治的灵魂,是法治的生命线。

当然,依法治国的核心问题是法治,而法治意味着法的理念与现实的辩证统一,但法学理论或曰法治理想,与法治实践、法律实务可能永远存在差距。特别是在具体的司法实践中,如在评判一个案件的事实认定是否符合客观实际时,是用"客观真相"还是用"法律真实"来表述,对此颇有争议,学术界、实务界专家学者的说法不一。现在我们已经越来越能看出坚持客观真相说的正确性,司法人员认定的案件事实只有与客观发生的事实相符合,司法公正才能立得住。因为公正往往藏在事实真相之中或者长在事实真相之上。如果只满足于证据证明的所谓法律真实,而对案件发生的客观真相不予深究,就可能导致司法认定的事实与客观发生的事实相背离,那些因误解受骗、证据灭失或举证不能的当事人就可能得不到公正对待。判断法律真实主要靠证据,而追寻客观真相还需要靠良知。因此,有些国家的宪法或诉讼法明确规定,法官要根据良知进行裁判。我国诉讼法规定司法人员办案"以事实为根据、以法律为准绳",没有明确良

---

① 〔法〕孟德斯鸠:《论法的精神》(下册),张雁深译,商务印书馆1963年版,第189、190页。

知处于什么位置,但这并不意味着办案除了事实和法律之外不再需要良知等"主观法律"。可以把"以法律为准绳"的法律理解为"双重法律",即作为文字法条的"客观法律"和作为内心良知的主观法律,二者都是公正裁判的准绳。实践中一些司法人员和律师办案常常引发公众对于人性、良知的质疑或拷问,虚假诉讼案件一度十分猖獗,这与有的法律人有意无意地把良知或真相抛在一边至有关系。①

笔者非常认同最高人民法院原专委胡云腾先生的上述真知灼见。尤其是近年来涉黑恶势力人员组织串访维权、著名企业家猥亵幼女无罪辩护②、律师与海南省高院副院长之间大肆行贿受贿、农民工 180 万工伤赔偿中律师巨额收费等一系列典型案件,已经不是一般的法律问题:在新时代中国特色社会主义的中国,这些司法人员、法律工作者在金钱的诱惑或资本裹挟下,连做人的起码良知都荡然无存,更不用说追求事实真相了。因此,广大法学、法律工作者要不断提高政治站位,善于从一般法律关系中发现问题,从错综复杂利益关系中把握政治逻辑。例如,网络上流传的一起离婚案件的审理,90 后夫妻离婚双方都不要女儿,法院判决:"不许离!"据了解,该夫妻在 2016 年登记结婚,因生活琐事吵闹分居,后来双方同意离婚,但都不愿意抚养女儿,法官认真负责,曾组织多次调解没有成功,一审判决不准予离婚。法官表示,双方实际抚养条件基本相当,如强行判决,对孩子伤害很大。这样的判决既坚守了良知,也彰显了公正。

(三) 区域法治的内涵

区域法治是地缘性或地缘意义上的法学新概念。作为一个跨学科的崭新概念,区域法治已经成为法治国家建设领域的全新论题,加强区域法治的学术研究,厘清区域法治的科学内涵,全面准确阐释区域法治的基本

---

① 参考胡云腾《大师风范 法治情怀——恭贺陈光中先生九十华诞》,载《法制日报》2020 年 7 月 1 日。

② 为进一步规范量刑和量刑建议工作,落实宽严相济刑事政策和认罪认罚从宽制度,增强量刑公开性,实现量刑公正,最高人民法院、最高人民检察院研究制定了《关于常见犯罪的量刑指导意见(试行)》,自 2021 年 7 月 1 日起在全国法院、检察院全面实施。

要义,对于推进新时代法学理论创新、助力法治中国建设具有重要意义。目前,中国学界对"区域法治"的使用并没有形成统一的共识,有的称"区域法治",有的称"区域法治发展",有的称"地方法治",有的称"地方法制"或"地方法制建设",等等。

若排除有关特别类型区域法治的研究,如民族区域法治研究、特别行政区法治研究,区域法治研究肇始于中央西部大开发战略的提出,具体有两大标志性事件值得学术史重视:一是2000年7月,国家哲学社会科学基金在法学学科一般项目中立项设立了"西部可持续开发战略的法治保障研究"课题(00BFX003,文正邦主持);二是2005年7月,由北京大学税法研究中心、国务院西部开发办人才与法规司等单位联合举办的"中国首届区域经济开发法律问题高层论坛"在北京召开,"区域立法的定位、性质和构成"是论坛的4个主要议题之一,《光明日报》(2005年8月2日)以"区域发展需要法律支持"为题对会议进行了报道,会议成果收录在北京大学法学院教授刘隆亨主编的《中国区域开发的法制理论与实践》(北京大学出版社2006年版)中。

当然,通过文献检索发现,国内法学界较早关注区域法治,进行自主理论研究并明确使用"区域法治"概念的学者,应该是西南政法大学的文正邦教授、河北大学法律系的孟庆瑜教授。[①] 公丕祥教授是当下中国区域法治研究领域的重要推动者和学术召集人,在区域法治发展理论研究方面著作颇丰,据笔者对其学术思想的观察和学术著作研读,"区域法治""区域法治发展"基本是在等同意义上使用的。[②] 系统梳理近年来法学界

[①] 参见孟庆瑜、赵玮玮:《论西部开发中的区域法治建设》,载《甘肃政法学院学报》2001年第1期。文正邦:《论西部可持续开发战略的法治保障》,载《现代法学》2000年第4期;《应开展区域法治研究——以西部开发法治研究为视角》,载《法学》2005年第12期;《区域法治——深化依法治国方略中崭新的法治形态》,载《甘肃社会科学》2008年第6期。葛洪义:《法治国家与地方法制》,载《法学》2009年第12期。周尚君:《国家建设视角下的地方法治试验》,载《法商研究》2013年第1期。夏锦文:《区域法治发展的法理学思考——一个初步的研究构架》,载《南京师大学报(社会科学版)》2014年第1期。周叶中、刘诗琪:《地方制度视域下区域协调发展法制框架研究》,载《法学评论》2019年第1期。

[②] 参见公丕祥:《勿忘区域法治研究》,载《人民日报》2016年6月6日;《以区域法治发展推动当代中国法治改革》,载《新华日报》2018年10月30日。

的学术讨论与交流,代表性观点主要有如下四种:

武汉大学法学院周叶中教授认为,区域法治发展的概念忽略了法治与主权的关系,在逻辑上不能自洽,区域的范围也难以准确划定,而且概念内涵也无法与地方法治进行有效区分。目前,区域法治的研究带有强烈的问题导向,但无论是发展意义上的区域法治,还是协调意义上的区域法治,抑或是地方法治意义上的区域法治,都没有能够在法学视角下把握区域问题的本质。区域问题集中在区域合作、区域竞争和跨域公共事务治理等三个领域,它表明以地方政府为主体的区域关系事实上已经处于紊乱状态。因此,需要从中央立法、地方联合立法、区域行政和区域纠纷解决四个方面加快区域法制建设。[1]

南京师范大学法学院公丕祥教授认为,"区域"概念由来已久,这是一个内涵丰富、外延广泛、涉及诸多学科的多层面综合性概念。法学视野中的"区域"概念,就主权国家范围内的区域现象而言,蕴含着两个层面的含义,意即一定行政区划中的地域空间单元和跨行政区划的地域空间单元的有机集合体。由此,"区域法治"不仅指主权国家范围内基于特定行政辖区的依法治理活动,而且指基于跨行政辖区的协同治理活动,因而内在地包含着"区域法制"的概念要素。在当代中国,区域法治是与国家法治相对而言的,是国家法治发展的有机组成部分,体现了国家主权统一性的核心要义,构成了单一制国家结构体制条件下的区域社会治理权力或治权的实践载体,根本不存在"以国家主权二元论为基础"的区域法治发展。因此,"区域"与"法治"在逻辑、历史与现实意义上是完全能够自洽的。此外,区域法治与地方法治这两个概念虽然具有相通的意蕴,但是"区域法治"概念致力于引入空间变量因素,展示区域法治发展进程中的丰富多样的空间结构关系,借以揭示区域法治发展现象的内在逻辑与运行机理。所以,我们有足够的理由去发展"区域法治"概念,丰富中国法治话语体

---

[1] 参见张彪、周叶中:《区域法治还是区域法制?——兼与公丕祥教授讨论》,载《南京师大学报(社会科学版)》2015年第4期。

系,以期回应变革时代的法治中国进程的理论呼唤。①

浙江大学光华法学院葛洪义教授认为,地方法制在概念上不同于法治或者地方法治,它指的是在法治统一原则下,地方根据本地实际情况和治理的需要,在应对宪法法律实施所产生的各种问题的过程中,形成的规则与制度的总和。当前,我国地方国家机关在整个权力体制下拥有完整的独立权力,地方在实践中衍生出的各种次级规则和制度因此也对整个国家的法治发展有着重要意义,合理把握次级规则与制度和国家法律的关系正是理解地方法制的关键。地方法制并不是一个与法治相割裂的本体概念,它提供了一种独特的方法论视角,将地方作为分析单元,观察地方在法治建设中的特殊地位和作用,确信地方能够为中国的法治发展贡献积极力量。②

南京师范大学法学院倪斐博士认为,"法治江苏""法治浙江""法治广东"等地方法治实践的兴起,引发了学者们对地方法治概念的理论争议。质疑者认为,主权是现代法治概念的基础,地方不是独立的法治单元体,故而地方法治概念不能成立。肯定者从地方法治发展的主客观动力因素出发,分别提出先行法治论、地域文化论、地方竞争论和国家试错论四种代表性学说,但均未阐明受质疑的地方法治的权力基础,故而难以有效证成地方法治概念。主权与治权相分离是地方法治概念的法理基础,宪法、法律中有关地方治权形态与治权事项的规定是地方法治概念的制度依据,中央主导下的地方治权自主是地方法治概念的社会实效性根据。治权自主理论的提出,有助于明确地方法治概念的主体层级、评判地方法治实践以及合理界定地方法治与国家法治的关系。③

笔者赞同使用"区域法治"的称谓,其内涵丰富,涉及区域立法、执法、司法、守法等法治建设的诸多环节、各个方面。区域法治重视地方法治协同,立足地方但不限于或局限于行政辖区范围,着眼于全域性、一体化,如

---

① 参见公丕祥:《还是区域法治概念好些——也与张彪博士、周叶中教授讨论》,载《南京师大学报(社会科学版)》2016年第1期。
② 参见葛洪义:《"地方法制"的概念及其方法论意义》,载《法学评论》2018年第3期。
③ 参见倪斐:《地方法治概念证成——基于治权自主的法理阐释》,载《法学家》2017年第4期。

"跨省通办""就地即办",即突破了传统属地管辖传统、地域管制思维;地方法治注重地域管辖、行政区域划边界。"区域法治"包含"区域法治发展""地方法治"以及"地方法制"。从词义内涵和学者研究的话语体系观察,"区域法治"关注历史演进、现有状况、未来发展,通过历史逻辑的揭示探寻法治发展的规律;"区域法治发展"则更侧重关注当下现实问题与发展前景的前瞻;"地方法治"一般指法律意义上的法定行政区域的法治建设,如法治北京、法治湖南,不涉及跨行政区域。① 因此,区域法治的基本含义是指,在一定区域(某行政区域或跨行政区域,法定区域或自然区域,如省、市、县、乡,江河流域、自然保护区等)内,为满足地方和区域社会治理需求,依照宪法原则和精神,根据自然环境、经济基础、文化特点、历史传统、民族习惯等因素,因地制宜创制法律规则,有效实施区域法律治理或跨区域公共事务治理,开展法治探索,形成具有区域特色的法治运行模式。② 区域法治承上启下,立足地方、区域深化国家法治实践,坚持法制统一推进国家法治发展,区域法治作为国家法治的有机组成部分,是国家法治创新发展的源头活水、活力源泉。

一般来说,区域包括全球意义上的区域和国家层面的区域,前者是指国际区域;后者是指主权国家范围内以特定的行政管辖层级为基础的地区单元,或者是以一定地缘关系为纽带而形成的若干行政管辖层级的地区单元的集合体,即地方性的区域,因而构成了我们讨论关注的重点范

---

① 参见公丕祥:《法治中国进程中的区域法治发展》,载《法学》2015 年第 1 期。需要强调的是,国内大部分学者将"区域法治"和"地方法治"是等同使用的。如中国政法大学法治政府研究院在《法治政府蓝皮书:中国法治政府评估报告 2017》中指出,近五年来,地方政府法治建设水平不断提升,但是区域法治发展不平衡的状况需要引起高度关注;自 2014 年至今的评估中,排名始终在后二十名的城市有 6 个,在全国法治政府建设不断进步的大背景下,部分地区法治政府建设相对落后的状况要高度重视,避免法治示范地区和落后地区之间的差距不断加大;落后地区应当积极转变发展理念,寻找加快法治发展的突破口,通过法治环境的提升进一步优化经济社会发展环境,实现"弯道超车"。

② 特别需要指出的是,县域法治是中国国家法治的基础,关于县域法治研究,请参见欧阳曙:《安县:法治的异化——县域法治的个案研究》,载《社会科学论坛》2016 年第 1 期;金韬:《社会治理中的区域法治——以"余庆经验"为例》,载《宁夏社会科学》2016 年第 4 期;杨玉圣:《法治、自治、礼治与善治——立足于县域法治与县域善治的讨论》,载《政法论坛》2017 年第 4 期;公丕祥:《新时代的中国县域法治发展》,载《求是学刊》2019 年第 1 期;黄鹏航:《关于县域法治与县域治理研究的检讨——对既有学术研究文献之梳理与分析》,载《政法论坛》2019 年第 1 期。

围。若从法治中国视阈下审视区域法治研究,区域法治在内涵上包括国际性区域法治、大中华范围内的区域法治、中国大陆地区的区域法治。其中,中国大陆地区的区域法治又可以划分为准区域法治、关联性区域法治和综合性区域法治,或可归类为特别类型的区域法治、普通型区域法治。笔者认为,虽然在当下的国际事务中区域一词已被广泛使用,是新时代国际关系的高频词汇,但国际法意义上的区域或区域合作、国际性区域法治是国际法研究的范畴,不是我们重点讨论研究的对象。[①] 坚持一致性与多样性统一、政治性与学理性统一、理论性与实践性统一,加强区域法治研究,从深层次上把握区域法治概念的沿革、内涵和意义,从区域法治的历史视野和比较视野中,总结区域法治理论机理和实践探索,理解和考察新时代区域法治的经验、问题与挑战,依照学术规律展现法学的实践品格,有效推动区域法治的知识创新,回答区域法治研究中的新挑战新问题,更大程度上凝聚区域法治概念和理念的共识,彰显自身理论特色,形成新的学术创见,有助于全面建构中国特色社会主义法治概念和法治话语,提炼"中国之治"的经验与逻辑,回应、阐释和引领当代中国区域法治实践。

总之,区域经济优势互补、路网互联互通、产业分工合作、历史文化交融、法治协同互进,如都市圈(城市群)、城镇带、经济合作区的形成与发展,离不开法治的保障与引领,并助力区域法治的孕育生长,推动区域经济社会一体化全方位深度融合发展。因此,在全球化、信息化、市场化的时代条件下,区域法治推进区域治理体系和治理能力现代化,创新基层治理,保障区域治理,激发社会活力,促进资源配置,跨区域联动应急,快速应对突发事件新挑战[②],为区域一体化和高质量发展提供制度保障和路径支撑。核心要义包括:区域法治是国家法治的有机组成部分;区域法治是区域发展的重要推动力量;区域法治是建构区域社会秩序的创造性活动;

[①] 参见文正邦:《法治中国视阈下的区域法治研究论要》,载《东方法学》2014 年第 5 期;王鹏越等:《"一带一路"法治保障和法律服务问题研究》,载《法治日报》2018 年 9 月 12 日。

[②] 如依照《国家突发公共卫生事件应急预案》,根据突发公共卫生事件性质、危害程度、涉及范围,突发公共卫生事件划分为特别重大(Ⅰ级)、重大(Ⅱ级)、较大(Ⅲ级)和一般(Ⅳ级)四级,因区位特点、人口流动性等因素的区域性差异,由各地根据自身情况按照分级响应的原则,及时作出、调整相应级别应急反应,确保迅速、有效控制突发公共卫生事件,维护社会稳定。

区域法治是推进突发事件"依法防控、依法治理"的基础保障。国家法治为区域法治确立原则、目标和方向,区域法治为国家法治进行具体贯彻和落实;国家法治对区域法治进行规范和引导,区域法治为国家法治进行试点和探索;国家法治对区域法治进行培育和扶植,区域法治为国家法治进行积累和量变。区域法治与国家法治价值相通、目标一致、互为依存、相融共进、共存共赢。区域法治已经成为新时代推动国家法治发展的新路径、新引擎,并为国家所高度重视。

2019年8月,《中共中央 国务院关于支持深圳建设中国特色社会主义先行示范区的意见》发布,从"特区"到"示范区",深圳迎来改革新起点、发展新机遇、法治新高地。新的发展目标是:到2025年,建成现代化国际化创新型城市;到2035年,成为国家建设社会主义现代化强国的城市范例;到21世纪中叶,成为竞争力、创新力、影响力卓著的全球标杆城市。与此相对应,确保在更高起点、更高层次、更高目标上推进改革开放,法治城市示范的战略定位清晰:"全面提升法治建设水平,用法治规范政府和市场边界,营造稳定公平透明、可预期的国际一流法治化营商环境。"具体目标和路径是:率先营造彰显公平正义的民主法治环境,"全面提升民主法治建设水平。在党的领导下扩大人民有序政治参与,坚持和完善人民代表大会制度,加强社会主义协商民主制度建设。用足用好经济特区立法权,在遵循宪法和法律、行政法规基本原则前提下,允许深圳立足改革创新实践需要,根据授权对法律、行政法规、地方性法规作变通规定。加强法治政府建设,完善重大行政决策程序制度,提升政府依法行政能力。加大全面普法力度,营造尊法学法守法用法的社会风尚";优化政府管理和服务;促进社会治理现代化。法治支撑措施有:强化法治政策保障,"意见提出的各项改革政策措施,凡涉及调整现行法律的,由有关方面按法定程序向全国人大或其常委会提出相关议案,经授权或者决定后实施;涉及调整现行行政法规的,由有关方面按法定程序经国务院授权或者决定后实施。在中央改革顶层设计和战略部署下,支持深圳实施综合授权改革试点,以清单式批量申请授权方式,在要素市场化配置、营商环境优化、城市空间统筹利用等重点领域深化改革、先行先试"。

四、区域法治与省域治理

十三届全国人大四次会议表决通过的《中华人民共和国国民经济和社会发展第十四个五年规划和2035年远景目标纲要》提出,"十四五"时期经济社会发展主要目标是:经济发展取得新成效;改革开放迈出新步伐;社会文明程度得到新提高;生态文明建设实现新进步;民生福祉达到新水平;国家治理效能得到新提升。同时明确了"十四五"时期"社会主义民主法治更加健全"和到2035年"基本建成法治国家、法治政府、法治社会"的目标任务。国家是多样性区域的聚合,国家治理是地方性经验的积累,区域法治是人类一项古老而常新的政治法律活动。省域是观察中国的窗口,不了解省域,就无法真实读懂多彩的中国;省域治理是中国治理的缩影,不明白省域治理的差异性、复杂性、丰富性,就不可能深刻理解活力的中国、魅力的中国。省域治理是中国地方治理的关键。

(一)省域:中国治理的基础单元

历史和实践表明,国家治理离不开科学合理的分层分级。作为一个有着广阔疆域和悠久历史的统一多民族大国,省域是中国行政区划的顶层,是国家治理在地方的基本单元。在省、市、县、乡四级法定地方政府层级中,市、县、乡镇都归属于一定的省域,市县治理和乡镇基层治理都是以省域为边界展开,是国家治理在省域的延伸,是国家治理在基层的具体展现。

国家治理是宏大的系统工程,从区域或空间层面而言,省域治理是国家治理体系的"次体系","上联天线,下接地气"。目前,我国34个省域建制的类型是:省(23个,包括台湾地区)、自治区(5个)、直辖市(4个)、特别行政区(2个)。其中,省是最基本的类型,自治区和特别行政区是特殊、特别类型,直辖市是特大城市类型。多元的省域建制,反映了中国国家治理的统一性与多样性、开放性与包容性,以及地方治理的自主性与复杂性、原则性与灵活性,体现了国家治理体系历史传承与创新发展的有机衔接，彰显了单一制下复合型国家结构形式的中国智慧、中国创造、中国特色。

国之兴衰系于制，民之安乐皆由治。省域治理是国家治理体系和治理能力在省域层面的落实和体现，是立足省域省情贯彻中国特色社会主义制度和国家治理体系、推进现代化建设的区域治理实践，涉及经济建设、政治建设、社会建设、文化建设、生态文明建设"五位一体"总体布局的治理领域，以及市、县、乡镇等多个层级、各个层面。党的十八届三中全会明确提出"推进国家治理体系和治理能力现代化"的时代命题，十九届四中全会从党和国家事业发展的全局和长远出发，专题研究坚持和完善中国特色社会主义制度、推进国家治理体系和治理能力现代化问题，并清晰擘画了国家治理现代化的总体目标、路线图和时间表。省域治理现代化是国家治理现代化的重要组成部分，完善省域治理体系，提升治理能力，推进省域治理向现代化迈进，构建城市治理共同体，提升城乡基层治理水平，持续巩固拓展脱贫攻坚成果同乡村振兴有效衔接[①]，数字治理升级与社会治理数字化转型，加强风险治理预警防控，运用制度威力应对风险挑战的冲击，实现中央地方关系治理现代化，等等，是国家治理现代化的基本要义。

譬如，2021年3月1日，以促进数字经济发展为主题的地方性法规——《浙江省数字经济促进条例》正式施行，从法规角度明确浙江数字经济发展目标与路径，为企业和政府数字化转型提供了保障。《浙江省数字经济促进条例》的诸多前瞻性制度设计，搭建起数字经济发展的"四梁

---

① 2020年9月，自然资源部经商住房和城乡建设部、民政部、国家保密局、最高人民法院、农业农村部、国家税务总局，对"十三届全国人大三次会议第3226号建议"作出答复，就该建议中提到的"关于农村宅基地使用权登记问题"，明确答复：农民的宅基地使用权可以依法由城镇户籍的子女继承并办理不动产登记。答复指出，根据《继承法》规定，被继承人的房屋作为其遗产由继承人继承，按照房地一体原则，继承人继承取得房屋所有权和宅基地使用权，农村宅基地不能被单独继承。《不动产登记操作规范（试行）》明确规定，非本农村集体经济组织成员（含城镇居民），因继承房屋占用宅基地的，可按相关规定办理确权登记，在不动产登记簿及证书附记栏注记"该权利人为本农民集体经济组织原成员住宅的合法继承人"。（资料来源：http://gi.mnr.gov.cn/202010/t20201009_2563517.html）这一政策解读和法律解释，精准理解了法律原则和法治精神，城镇户籍子女可继承农村宅基地使用权并办理不动产登记是乡村振兴制度供给的重大突破，满足了中国文化传统"落叶归根、反哺乡里"的朴素情感。

八柱",为实现浙江数字经济高质量发展筑牢基石。《浙江省数字经济促进条例》的颁布是浙江数字化改革在立法上的一项重要探索,也为国家出台数字经济相关法律提供了参考,许多内容在国内创下多个"第一":首次明确数字经济的法定概念[①],首次对数字产业化、产业数字化、治理数字化在法规层面作出界定……在浙江,数字经济发展有了法治保驾护航。

(二) 省域治理:地方治理的关键

地方是区域的基础,区域是地方的延伸,国家是区域的聚合,地方政府是一个国家政治制度的重要组成部分,不了解前者,就不能理解后者。每一个国家只有一个中央政府,却有多个地方政府。地方政府与民众的日常生活更为息息相关,与多样性的地理和社会生态环境的联系更为密切。在中国国家治理体系中,省级政府是地方政府的最高层级,即"国家之下、地方之上",省域治理归属地方治理,却是国家治理的关键层级,或辖域面积广阔,或人口数量庞大,或资源禀赋独特,或所处区位特殊,或民族构成多元,所以,对主政官员的选拔极为慎重。2020年11月2日,中央全面深化改革委员会第十六次会议指出:"基层是改革创新的源头活水,要注重激发基层的改革创新活力,支持开展差别化创新。地方抓落实要深刻领会党中央战略意图,既找准定位,又突出特色,有条件的地区要奋力走在前列。"[②]

省域承上启下,省域治理是中央重大决策落地落实的"最先一公里"。省域治理是国家治理在地方的延伸,是地方治理的最高层级,指引和统领市、县治理和乡镇基层治理方向;省域治理的治理能力、治理水平、治理样态,反映国家制度在地方的治理效能。例如,回顾2020年抗击新冠肺炎疫情的艰苦斗争,武汉和湖北是疫情防控阻击战的主战场、重中之重和决胜之地,武汉胜则湖北胜,湖北胜则全国胜。2020年3月10日,习近平在

[①] 数字经济是以数据资源为关键生产要素,以现代信息网络为主要载体,以信息通信技术融合应用、全要素数字化转型为重要推动力,促进效率提升和经济结构优化的新经济形态。
[②] 《全面贯彻党的十九届五中全会精神 推动改革和发展深度融合高效联动》,载《人民日报》2020年11月3日。

湖北省考察新冠肺炎疫情防控工作时明确指出:"这次新冠肺炎疫情防控,是对治理体系和治理能力的一次大考,既有经验,也有教训。""我们要放眼长远,总结经验教训,加快补齐治理体系的短板和弱项,为保障人民生命安全和身体健康筑牢制度防线。"[①]这既是对国家公共卫生治理体系和治理能力的总体思考,更是对湖北省域治理能力特别是应对突发重大公共卫生事件能力的基本判断和评估。

省域承上启下,省域治理是多样性、创新性、探索性改革前沿阵地。通过省域的改革试点,积累改革经验,防范改革风险,降低改革成本,探索可复制可推广的治理体制机制和样本,服务国家治理。以国家监察体制改革为例,这是事关全局的重大政治体制改革,2016年11月,中共中央办公厅印发《关于在北京市、山西省、浙江省开展国家监察体制改革试点方案》,部署在三省市设立各级监察委员会,从体制机制、制度建设上先行先试、探索实践,就是为了在全国实施积累经验。此外,如"最多跑一次"改革,从浙江的探索到全国复制、推广,为政务服务中那些涉及企业、民众经常要办的事项,做到网上办、掌上办、一次办、马上办提供了示范;建立自由贸易试验区是新时代中央进一步推进改革、扩大开放的战略举措,2013年9月上海自贸区挂牌,到2019年8月经4次扩容,自贸区建设从上海试点向中西部扩展;[②]长三角区域(江苏省、浙江省、安徽省、上海市四省市)政务服务"一网通办"试点,到"跨省通办"全国联动;"健康码"新技术在2020年新冠肺炎疫情防控中,从浙江省域的率先创新使用到全国的广泛运用、一码通行,省域治理先行先试的多样性探索、创新性改革为国

---

① 习近平:《在湖北省考察新冠肺炎疫情防控工作时的讲话》(2020年3月10日),载《求是》2020年第7期。

② 建立自由贸易试验区作为国家战略,是党中央、国务院作出的重大决策,是深入贯彻党的十八大精神,在新形势下推进改革开放的重大举措,是实现更高水平对外开放的制度创新,对加快政府职能转变、积极探索管理模式创新、促进贸易和投资便利化,为全面深化改革和扩大开放探索新途径、积累新经验,具有重要意义。2013年9月,国务院批准《中国(上海)自由贸易试验区总体方案》,同时,首个自贸区上海自贸区挂牌;2015年4月,广东、天津、福建第二批自贸区获批;2017年3月,辽宁、浙江、河南、湖北、重庆、四川、陕西第三批自贸区获批;2018年9月,海南自贸区获批;2019年8月,江苏、河北、黑龙江、广西、山东、云南作为新设自贸试验区获批。至此,经过4次扩容,我国已有18个自贸试验区获批建设、形成"雁阵"。

家治理积累了实践经验和制度验证。

省域承上启下,省域治理是重大突发公共事件应对处置的关键防线。再以新冠肺炎疫情前期阻击为例,面对突如其来百年一遇的严重疫情、重大突发公共卫生事件,2020年1月22日,习近平亲自指挥、统揽全局、果断决策,以非常之举应对非常之事,及时作出决定,要求立即对湖北省、武汉市人员流动和对外通道实行严格封闭的交通管控,为全国疫情防控赢得了宝贵时间。2020年9月8日,习近平在全国抗击新冠肺炎疫情表彰大会上强调指出:"武汉人民、湖北人民识大体、顾大局,不畏艰险、顽强不屈,自觉服从疫情防控大局需要,主动投身疫情防控斗争,为阻断疫情蔓延、为全国抗疫争取了战略主动,作出了巨大牺牲和重大贡献!"[①]在武汉"封城"、湖北实行严格全面管控的同时,各省区市在疫情发展的不同阶段,因时因势制定战略策略,采取灵活、差别化的防控措施,分层次、分区域排查,精准实施防控,取得抗击新冠肺炎疫情斗争重大战略成果,并为全国实行常态化条件下的疫情防控策略特别是打赢"外防输入、内防扩散"阻击战积累了宝贵经验,也为世界各国抗击新冠肺炎疫情提供了中国智慧、中国方案。

(三)省域法治:法治中国的省域创新

区域法治包括以行政区划为基础的法律治理和跨行政区域的法律治理,省域法治是以行政区划为基础的区域法治中最基本、最稳定的类型[②],是法治中国在省域的创造性实践。法治是国家治理体系和治理能力的重要依托,制度是治理的依据,治理是制度的实践过程;制度是规则体系的集成,法律是制度的最高形态。在全面依法治国背景下,在法治中国视域下,省域治理应该也必须是依法治理,从这个意义上也可以说,省域治理就是省域法治。

---

① 习近平:《在全国抗击新冠肺炎疫情表彰大会上的讲话》,载《人民日报》2020年9月9日。
② 参见戴小明:《区域法治研究:价值、历史与现实》,载《中共中央党校(国家行政学院)学报》2020年第1期、《新华文摘》2020年第11期。

"立治有体，施治有序，酌而应之，临时之宜也。"①国家治理既是理论问题也是实践课题，既宏大又具体，制度规则只有无缝对接民众生活，治理效能才能充分显现。在日常治理实践中，人们常常会提出这样的疑问：同样的国度、同样的制度、同样的法律、同样的条件，不同区域为什么治理绩效有着天壤之别？究其根源是治理能力问题。当今世界正经历百年未有之大变局，新一轮科技革命和产业变革深入发展，外部环境出现更多不稳定、不确定性，国内改革发展稳定任务艰巨繁重。我国已转向高质量发展阶段，开启全面建设社会主义现代化新征程，在国内外环境发生深刻变化的大背景下，胸怀中华民族伟大复兴的战略全局，对接国家"十四五"经济社会发展宏伟蓝图，锚定2035年基本实现社会主义现代化远景目标，破除制约高质量发展、高品质生活的深层次体制机制障碍，高水平推进省域治理现代化，构建更完备、更稳定、更管用的制度体系，实现国家治理总体部署与省域治理实践创新的更好结合，必须以习近平新时代中国特色社会主义思想为指导，深入学习、深刻领会党的十九届四中、五中全会精神，找准定位、发挥优势，聚焦把制度优势、制度力量转化为治理效能和发展动能，突出省域治理关键环节和具体制度，推动治理手段、治理模式、治理理念创新，加快构建经济治理、社会治理、市域治理统筹推进和有机衔接的治理体系，强化治理能力保障。具体来说，就是要坚持和遵循以下基本原则：

1. 坚持党的领导。 深入贯彻新时代党的建设总要求，以高质量党建引领和推进省域治理现代化。以党的领导为根本，始终保持省域治理的正确方向，毫不动摇坚持党对一切工作的领导，坚持和完善党领导省域经济社会发展的体制机制，充分发挥党总揽全局、协调各方的领导核心作用，凝聚、调动一切积极因素；提高政治站位，增强政治能力，以党的政治建设为统领推动省域治理，把坚持和加强党的全面领导贯穿落实于省域治理全领域、全过程、各方面、各环节；全面落实支撑中国特色社会主义制度的根本制度、基本制度、重要制度，坚定制度自信，确保党中央重大决策部署在省域令行禁止、一贯到底、落地见效；以永远在路上的执着和定力，

---

① （宋）杨时：《河南程氏粹言·论政篇》。

全面从严治党，坚决惩治腐败，持续优化风清气正的政治生态；坚持马克思主义在意识形态领域的指导地位，坚定文化自信，致力守正创新，繁荣发展文化事业和文化产业，提高文化软实力；着力根治懒政怠政，激励广大干部大胆担当作为，支持改革、鼓励创新、宽容失败，旗帜鲜明为改革者负责、为干事者担当，努力营造干事创业的良好环境，通过省域的多样性改革探索实践，为制度完善、省域治理提供最基本、最稳定、最可靠的政治保障，为国家治理提供新的发展动能、新的制度范例，推动中国特色社会主义制度更加成熟更加定型。

2. 坚持法治引领。 以习近平法治思想为指导，坚定不移走中国特色社会主义法治道路，提高领导干部运用法治思维和法治方式深化改革、推动发展、化解矛盾、维护稳定、应对风险的能力，在法治下推进改革、在改革中完善法治，着力全面依法治国基本方略在省域的具体落地落实，为经济高质量发展提供坚实法治保证。厉行法治，大力推动依法治省，高水平推进科学立法、严格执法、公正司法、全民守法，强化数字化对法治现代化的支撑，形成与数字时代相适应的现代法治体系，强化法治刚性规范和德治柔性约束，建立完善以大数据为基础的信用体系，保障社会公平正义。尊重市场规律，优化资源配置，转变政府职能，提升治理效能，提高行政效率，弘扬和保护企业家精神，释放企业创新创造活力，维护社会主义市场经济秩序，推动有效市场和有为政府更好结合。聚力服务型政府目标，深化"放管服"改革①，加快推进审批服务便民化，创新监管方式，放管并重、加强事前事中监管和事后惩治，加大知识产权保护力度，持续优化法治化营商环境，深入实施《优化营商环境条例》，全力打造市场化、法治化、国际化的一流营商环境，建设法治化营商环境最优省域②。完善数字经济治理

---

① 简政放权、放管结合、优化服务。
② 营商环境只有更好，没有最好；法治是最好的营商环境。有地方主政官员曾坦诚当地营商环境存在的突出问题，并概括了主要表现和根源：推诿扯皮突出，暴露出缺乏责任担当；办事效率低下，暴露出缺乏服务意识；黑恶势力嚣张，暴露出缺乏公平秩序；服务态度恶劣，暴露出缺乏群众立场；工作纪律涣散，暴露出缺乏规矩约束；发展意识不强，暴露出缺乏长远观念。（参见王忠林：《优化营商环境 必须刀刃向内 敢于自我革命》，载《齐鲁晚报》2018年6月21日）这些现象的本质是有法不依、法治不彰。

体系，打通平台壁垒，禁止相互隔离，促进互联互通，保护大数据、人工智能、基因技术等新兴产业规范有序创新健康发展，培育多元创新主体，呵护平台经济等数字经济新业态，做强做优做大。打破行业垄断和地方保护，以更大魄力在更高起点上推进改革开放，提升对外开放水平，为各类市场主体营造稳定、公平、透明、可预期的发展环境。也就是，构建更加开放、更加公平、更加便利的营商环境，激发各类市场主体创新活力和发展动力，要筑牢制度基础、拓展市场空间、培厚创新土壤，不断探索法治中国的省域实践、省域经验，走出一条具有时代特征、省域风格、地方特色的省域法治发展之路。

3. 坚持立足省情。 省域差别、省情差异、民俗不同是省域治理的现实基础，省域的独特性要求找准自身战略定位和比较优势，在国家治理一致性下，因地制宜探索建立省域治理规则和制度体系。因此，要从省域的历史传统、文化禀赋、民族民情、环境生态、所在区位（如沿海、沿边、沿江或内陆）以及经济社会基础等客观条件，尤其是区域发展不平衡、城乡情况各异的地方性特点，即从省情省域发展所处的阶段性特征出发，区别不同情况，抓住主要矛盾，明确重点任务，聚力省域发展治理、省域创新治理、超大城市治理、城乡融合发展治理、贫困治理与乡村振兴、基层社会治理、公共安全治理、生态环境治理、政务服务治理、载体平台治理等重点领域和关键环节，加快探索符合省域实际、系统完备、运行有效的制度体系，推进省域治理体系和治理能力现代化，奋力开创地方治理的省域样板、省域标杆，大力提升省域中心城市发展能级，全面集聚省域发展新优势，建设宜居、宜业、宜游的省域生活圈。特别强调的是，创新是省域治理现代化的必由之路，要坚持创新在省域治理现代化中的核心地位，高扬自主创新旗帜，增加科研投入，大力培育科研中心和创新高地，引导创新、支持创新、服务创新、保障创新，用心开垦体制机制创新"试验田"，跑出创新驱动"加速度"，启动产业升级"快捷键"，以制度创新促进科技创新，尤其要更加注重原始创新，努力实现前瞻性基础研究、引领性原创成果的重大突破，以更大力度更实举措建设高质量发展的省域先行示范区①，全面建设社会主义现代化国家的重要窗口、标杆城市、改革开放新高地，加快谱写中华民族伟大复兴中国梦的省域篇章。

4. 坚持资源下沉。 2021年3月7日，习近平在参加全国人大青海代表团审议时指出："全面推进依法治国，推进国家治理体系和治理能力现代化，工作的基础在基层。要不断夯实基层基础，加强基层党的领导，引导群众积极参与，带动群众知法、尊法、守法。"②治国安邦重在基层，基础不牢地动山摇，基层强则省域强，基层稳则省域稳，郡县治则天下安。基层是省域治理、社会治理的基础和支撑，是国家治理的根基和制度执行的"最后一公里"。基层社会治理状况直接涉及经济社会发展和民生福祉，事关社会稳定和国家安全，是省域治理的重大任务，必须牢固树立重基层抓基础的鲜明导向，抓基层打基础，着力城乡公共服务普惠、均衡、优质，建立常态化财政资金直达机制，下沉优质治理资源，推进重心下移、力量下沉、资源下投，为基层治理加油助力，致力长效常态结合。党的力量在于组织，组织能使力量倍增，社区连着千家万户，是党和政府联系群众、服务群众的聚集点，以及桥梁和纽带。当前，重点要加强农村社区服务体系建设，补齐农村社区服务设施短板，实施乡村建设行动，扎实推进以人为

---

① 例如，共同富裕是社会主义的本质要求，是中国式现代化的重要特征，是人民群众的共同期盼，实现共同富裕不仅是经济问题，而且是关系党的执政基础的重大政治问题，实现共同富裕必须更加注重高质量发展。党的十八大以来，以习近平同志为核心的党中央团结带领全党全国各族人民，始终朝着实现共同富裕的目标不懈努力，全面建成小康社会取得伟大历史性成就，为新发展阶段推动共同富裕奠定了坚实基础。但目前我国发展不平衡不充分问题仍然突出，城乡区域发展和收入分配差距较大，各地区推动共同富裕的基础和条件不尽相同，促进全体人民共同富裕是一项长期艰巨的任务，需要选取部分条件相对具备的地区先行先试、作出示范，浙江具备开展共同富裕示范区建设的基础和优势。2021年6月10日，《中共中央 国务院关于支持浙江高质量发展建设共同富裕示范区的意见》(2021年5月20日)发布，赋予浙江省重要示范改革任务。这是具有重大战略意义的改革探索，曾经是发展效率最高地区之一的浙江，通过实践丰富共同富裕思想内涵，及时形成经验，向全社会复制推广，特别是在发展方式和分配方式上被赋予了探索新方向的重任，为其他地区的共同富裕之路找准方向、增添信心、做出示范，为全国推动共同富裕积累经验、提供省域范例。该意见紧扣推动共同富裕和促进人的全面发展等，围绕构建有利于共同富裕的体制机制和政策体系，提出6方面、20条重大举措，明确了"高质量发展高品质生活先行区、城乡区域协调发展引领区、收入分配制度改革试验区、文明和谐美丽家园展示区"的战略定位。资料来源:《人民日报》2021年6月11日。

② 转引自张晓松、朱基钗:《习近平：依法治国基础在基层》，http://www.xinhuanet.com/2021-03-07/c-1127181492.htm，2021年8月1日访问。

核心的新型城镇化,加强基层组织和基础工作建设,夯实、巩固党的执政根基:(1)打基础,建强党组织,创新基层组织建设,完善党建统领的基层治理领导体制,筑牢基层战斗堡垒,凡有群众的地方,凡有党员的地方,就有党的组织,就有党的工作,确保基层组织全覆盖,党建工作无盲区、无死角,做实党全部工作和战斗力的基础;(2)优服务,为基层减负,探索新型城乡社区治理模式,构筑职责清晰、统分结合、简约高效、多元协同的基层治理机制,提升基层公共服务水平和品质;(3)建制度,抓制度保障,强化自治、法治、德治"三治融合"的基层治理方式,建设更具活力的基层社会治理共同体,形成以党建为统领、自治为基础、法治为保障、德治为先导的城乡基层社会治理格局,推动法治乡村建设提质增效;(4)增活力,发挥创造性,尊重基层首创精神,凝聚群众智慧,激活基层组织动员能力,激发基层活力和创造力,夯实基层治理基石,筑牢"平安中国"的社会根基。

5. 坚持精准治理。精细服务、精准监管,见微知著、防微杜渐,技术助力、便民惠民,接诉即办[①]、特事急办、急事特办、马上就办、网上通办、跨域联办;第一时间解决问题、化解矛盾、消除隐患,破除民生痛点堵点难点,确保应急处置不过人、不过时、不过夜。"治理之道,莫要于安民;安民之道,在于察其疾苦。"[②]治理现代化既内涵治理制度、治理体系、治理能力的现代化,也包括治理技术、治理手段、治理理念的现代化。省域治理要深刻认识错综复杂国内外环境带来的新矛盾新挑战,适应以新通信、智能化、数字化、网络化等新一代信息技术为鲜明特征的治理现代化发展新趋势,加强数字社会、数字政府建设,强化科技支撑,加快谋划数字技术驱动社会治理创新,促进区块链、大数据、云计算、人工智能等前沿数字技术深度融合,将数字技术全链条、全周期融入社会治理、省域治理大格局。加强顶层设计与问计于民相结合,构建精细化服务感知、精准化风险识别、网格化协同行动的一体化智能化智慧治理平台,推进数字化改革迭代升级,打破数据壁垒,实现数据共享;着力推动科学决策和高效执行,以公共

---

① 为了巩固深化党建引领基层治理改革,提升为民服务水平,《北京市接诉即办工作条例》已由北京市十五届人大常委会第三十三次会议于2021年9月24日通过、施行。

② (明)张居正:《答福建巡抚耿楚侗》。

数据平台的大数据融通、数据和信息的智能分析及研判评价,助推社会治理精准化、公共服务高效化,有力有序化解发展不平衡不充分的矛盾问题,增强为民服务的精准性和实效性,以治理精度提升社会温度①,为建设更高水平的平安中国夯实筑牢省域基石。譬如,为何多年来高速公路法定节假日小汽车免费通行诟病不断?笔者曾多次亲自驾车观察和体验人们堵的郁闷、无奈,但近10年来,面对民意的质疑,相关部门却表现出了相当的强势,民众在人民网"领导留言板"反映,他们视而不见,年年节节任其拥堵,真是不可思议,值得认真总结检讨反省。俗话说:"通则不痛,痛则不通。"交通的底线是畅通、安全,高速的核心是快速、平安,可为什么每到黄金周"车在堵途"的大戏总在各地高速如期上演?那么,在公路交通干线不断扩充,特别是国道、省道、乡道质量全面改善的条件下,不同的省域可否尝试,探索创新实施分区分路、分类分车、分时分流的精准精细化政策措施指引,让措施贴民心、近民意、接地气,从而把好事办好,让好政策惠及百姓温暖人心,让民众假日出行更方便、舒心、踏实,更好服务、保障、扩大节假日消费?尤其是特殊时间节点更应该提供温情、细致服务,而不能"一放了之"。客观地说,相关部门只要稍稍用情用心,是不难做到的。以北京市公园开放时间的延长为例,为进一步满足市民游客对高品质游览休闲空间的需求,北京市11家市属公园自2021年4月29日

---

① 2020年11月5日,国家组织冠脉支架集中带量采购在天津市开标,产生拟中选结果,拟中选产品10个,支架价格从均价1.3万元左右下降至700元左右,与2019年相比,相同企业的相同产品平均降价93%,国内产品平均降价92%,进口产品平均降价95%,按意向采购量计算,预计节约109亿元。国家组织高值医用耗材联合采购办公室介绍,2019年7月,国务院办公厅印发《治理高值医用耗材改革方案》,不久高值医用耗材集中带量采购先后在安徽省、江苏省破冰,联采办在启动冠脉支架集中带量采购前,充分借鉴了此前各地在高值医用耗材带量采购方面的探索经验。医药进入平价时代的医疗深水区改革,中间商赚差价的链条被精准斩断,其意义不言而喻:对患者来说,支架价格大幅降低将有极大减轻患者的医药费用负担,专家预计,医保报销后个人自付的费用非常少。同时,由于我国心脏支架均价较高,很多需要使用支架的患者放弃支架,价格下降后将惠及大量用不起心脏支架的患者,确保用较少的医保资源买到性价比更优的药品,让人民群众以比较低廉的价格用上质量更高的药品,提高健康水平。参见李红梅:《心脏支架 超万元降至七百块》,载《人民日报》2020年11月12日。我们高兴地看到,2021年1月,国务院办公厅印发了《关于推动药品集中带量采购工作常态化制度化开展的意见》。

起延长开放时间,为省域精准治理提供了很好的启示。①

6. 坚持民生优先。民生是人民幸福之基、社会和谐之本、治国为政之要。"凡治国之道,必先富民。民富则易治也,民贫则难治也。"②"政之所行,在顺民心。政之所废,在逆民心。"③民之所望就是政之所向,民生难题、民生急需往往是民生痛点,内涵民生所盼,内生发展机会。进入新发展阶段,省域治理必须忠实践行以人民为中心的发展思想,以人民利益至上,以万家疾苦为重,深刻认识我国社会主要矛盾变化带来的新特征新要求,着眼于"更好的教育、更稳定的工作、更满意的收入、更可靠的社会保障、更高水平的医疗卫生服务、更舒适的居住条件、更优美的环境、更丰富的精神文化生活",以高水平治理推进高质量发展,不断满足人民群众对美好生活的新期待。尤其在后疫情时代,民生工作要确保以人民为中心的发展思想落地生根,坚持稳中求进工作总基调,坚定不移贯彻新发展理念,把稳发展之舵,助推构建和主动融入以国内大循环为主体、国内国际双循环相互促进的新发展格局,努力成为国内大循环的重要环节、中心节点和国内国际双循环的战略链接;坚持走绿色低碳发展新路,切实转变生产方式、发展方式,推动质量变革、效率变革、动力变革,实现经济结构、生产生活方式全面转型,形成绿色生产生活方式;树立底线思维,有效识别短板,增强公共风险意识,统筹发展和安全,提高公共风险的监测、识别和预警能力以及应急处突能力,全面防范风险挑战,建立疫情防控和经济社会发展工作中长期协调机制;坚持以供给侧结构性改革为主线,坚持深化改革开放,牢牢把握扩大内需这个战略基点,保护和激发市场主体活力,确保宏观政策落地生效,提高产业链、供应链稳定性和竞争力;差异化培育、发展现代产业体系,做大做强战略性新兴产业,加快推进多业态集聚

---

① 随着生活水平的日益提高,市民对市属公园的游览休闲需求进一步增加,北京市公园管理中心本着"为民惠民便民"的原则,统筹考虑公园区域位置、公园类型、功能特点、游客时空分布及游览健身需求等因素,适度延长市属公园开放时间,提前开放,延后闭园,方便市民在旺季游园游玩体验,为市民游客提供更多的"绿色福利"。参见叶晓彦:《11家市属公园延长开放时间》,载《北京日报》2021年4月26日。

② 《管子·治国》。

③ 《管子·牧民》。

的便民生活圈建设,满足人民群众日益增长的美好生活需要,瞄准贫困群体突出问题和薄弱环节,健全防止返贫监测和帮扶长效机制,接续推进脱贫地区发展;改善人民生活品质,始终把人民安危冷暖放在心上,及时解决百姓对就业、教育、医疗、社保、住房、养老、食品安全、生态环境、社会治安等"急难愁盼"民生议题,着力让人民群众的获得感成色更足、幸福感更可持续、安全感更有保障。

· 案例讨论 ·

技术创新与金融安全

大约是2020年下半年,在经济金融学界关于金融创新、金融治理的反思讨论中,提出了对譬如P2P问题的深刻反省。但我们要深思的是:难道仅仅是骗子胡作非为,而没有金融管理者为规避责任而相互推诿,以至最终延误了监管时机并在客观上纵容了骗子的问题?当时,面对P2P爆炸式增长,有多少金融重量级人物高喊监管会压抑金融创新?出事了,上万亿的损失出现后,中国的"金融圈子"里是否有过认真的检讨?要么放任自流、要么一刀砍死,而每次折腾都会巨额消耗老百姓手中的那点金融资源,这不是中国金融市场上反反复复上演的剧目吗?那为什么"圈子"不检讨这样的问题?[①] 因此,政府有效监管既要及时精准,还要前瞻性防范,包括一段时间以来社会广泛关注的长租房、社区团购、教育培训等。经验表明,在P2P、共享单车、长租房、社区团购和教育培训等行业,尤其要关注广大用户的资金安全,必须严格纳入监管。积极探索促进金融更好服务实体经济的法治化路径,将金融科技装进法治的"笼子",早识别、早预警、早发现、早处置,防止违规违法风险长期积聚。

2020年11月2日,央行等四部门对蚂蚁集团实际控制人马云及董事长井贤栋、总裁胡晓明进行监管约谈;3日,上海证券交易所发布暂缓蚂蚁集团在A股科创板上市决定,彰显了监管层维护市场公平公正的坚定决心。其实,蚂蚁金服(蚂蚁金融服务集团的简称)只不过是从阿里巴巴衍生出来的一家互联网金融公司,依托的是阿里巴巴庞大的互联网交易数据,将这些数据转化为互联网金融数据,然后将这些数据用于金融领域的信贷、保险、理财服务等,以获取巨额利润。蚂蚁金服和监管部门斗法

---

① 参见钮新文:《马云的"金融评判"值得深思》,http://www.ceweekly.cn/2020/1027/317996.shtml,2020年12月10日访问。

多年,为了拿到牌照,马云曾不惜违背商业规则分拆支付宝,开罪股东;为了逃避金融监管,能够上市融资,持续实现快速赚取巨额财富,马云将蚂蚁金服改名为蚂蚁科技集团股份有限公司(简称蚂蚁集团),强调其科技属性。但现实中,蚂蚁集团已是中国最大的微贷平台,采用高杠杆联合放贷方式,获取金融暴利,近98%的资金来自合作银行和发行ABS(资产证券化产品),只有2%的资金是从自己口袋里掏出,蚂蚁集团却收取了30%的利息收入作为技术服务费,贷款一旦收不回来,大部分损失由银行承担。所以逻辑非常清楚,支付宝当初诞生,目的就是担保淘宝网的交易,最后在夹缝中野蛮生长,竟成了一个集合支付、理财、信贷、征信、投资于一体的庞大金融帝国,更被形容为一股脱离央行监管的巨大资金流。

第六章

区域法治前瞻

　　区域法治作为人类古老而常新的政治法律活动,既是历史事实,也是客观存在,文化传统的区域多样性、大国疆域的区域复杂性、经济发展的区域差异性、适应变革的区域灵活性、基层治理的区域创造性、法治实践的区域分层性以及突发事件应对的区域灵敏性是区域法治的现实基础;互联网、数字化助力区域法治创新发展并开辟无限空间。

　　区域法治既要立足区域,又不能(也不能)局限于本地知识和地方事务,必须打破本土局限,具有战略思维、国家眼光和全局意识,从而更好服务和融入新发展格局,防止以邻为壑、画地为牢或为己筑坝。实践表明,立足中国国情、在国家法治引领下的区域法治,孕育着大量国家治理的中国智慧,从区域法治的生动实践、具体实效中,对这些智慧和经验进行系统化理论梳理、概括和总结,提出新的法理命题,展现法治中国的多彩图景,将有助于建构不同于西方以形式理性为核心的法治话语体系,增强中国特色社会主义法治道路自信和理论自信,与西方理论对话,讲好法治中国故事,修正西方学界、民间对中国法治建设的认知误区。

　　在新时代中国,区域法治是国家法治创新发展的活力之源,已经成为法治国家建设领域的全新论题,也是法治中国建设的题中应有之义,具有推进法学理论创新与助力法治实践之双重意义,并且丰富了人类法治文明的多样性,为世界发展中国家法治建设提供中国经验和精神指引,为全球治理体系变革、构建人类命运共同体提供中国智慧和中国方案,为人类法治进步提供理论指导做出中国法学的原创性贡献,也就是中国的区域法治实践创新包括概念、理论甚至规范价值等,必将对全球的知识和思想图景带来不同程度的改变。

> 让我们对法进行论证时从那条最高的法律开始,它适用了所有时代,产生于任何成文法之前,或者更确切地说,产生于任何国家形成之前。①
>
> ——〔古罗马〕西塞罗

流动的数据,便捷的服务,流畅的体验,近年来,互联网、大数据、云计算、人工智能、区块链等技术加速创新,日益融入经济社会发展各领域全过程。突破传统思维,跨越地域局限,将数字技术广泛应用于政府管理服务,推动政府治理流程再造和模式优化,不断提高决策科学性和服务效率,是国家治理体系和治理能力现代化的必然要求。

当今人类已经进入数字时代,网络使世界变得更"小",大数据使世界变得更精确,人工智能使世界变得更智慧。数字革命所带来的不仅仅是生产力的变化,更是生产生活方式的根本性调整,如数字货币、数字交易平台等,建立在工业化基础上的制度和理论正在慢慢失效,数字治理已经超越时空的限制,如数字税(数字服务税)的开征②、网络规制互联网平台的监管等,行政边界开始模糊,为人的自由全面发展、实现高品质生活展现了广阔前景,法治建设也迎来新挑战、新机遇、新希望。特别是2000年以来,新冠肺炎疫情大幅限制了人们在物理世界(空间)的日常活动,进一步推高对虚拟世界的需求,如许多演唱会、毕业典礼和发布会等都选择在网络游戏中举办,加速了现实社会向数码世界的迁徙,一个足不出户即可

---

① 〔古罗马〕西塞罗:《论共和国 论法律》,王焕生译,中国政法大学出版社1997年版,第190页。
② 也称数码税。一般认为,现行企业税的税务规则已经不适合当今全球经济的实际情况,因为现在企业无须在某个国家开设实体公司,也可以通过数据服务在该国赚取利润;现行的税务规则是在互联网诞生前的年代设计,至今为止仍没有考虑到通过网上服务并主要凭消费者数据而产生的盈利;现行的税务规则也未能识别在数据世界创造利润的新方式,特别是用户如何为科网企业创造价值。欧盟委员会(European Commission)建议解决这个问题的方法是根据数据用户所在地向企业征收数字税,即针对数据活动征税,主要从事网络业务的公司,须在包括用户数据(如放置广告)、连接用户的服务(例如网上交易市场、"分享经济"的平台),以及其他数据服务等业务利润缴税,并已启动对美国互联网科技企业开征数字税。

漫游天下的虚拟世界，很可能是后疫情时代的众望所归。那么，政策和法律如何适应科技发展进步，前瞻性应对新兴领域规制、监管？聚焦重点领域，健全国家治理急需的法律制度，建立满足人民日益增长的美好生活需要必备的法律制度，是未来法治发展的新方向、新挑战。所以说，网络空间不是"法外之地"，有效保护公民信息安全，有效预防和惩治新型网络违法犯罪，推动数字经济健康发展，推动网络空间命运共同体构建，实现互联网治理法治化，是新时代区域法治的应有之义和有机构成。

2018年9月，北京互联网法院成立，集中管辖北京市辖区内应当由基层人民法院受理的第一审特定类型互联网案件。法院按照"网上案件网上审理"的基本思路，通过全流程一体化在线服务平台，实现案件起诉、调解、立案、送达、庭审、宣判、执行、上诉等诉讼环节的在线进行，做到高效便民，提高审判质效，从而推动我国科技强国战略的实施和网络空间治理的法治化进程。世界信息化飞速发展，不进则退，慢进亦退。信息化正在深刻改变世界，谁掌握了互联网，谁就把握住了时代主动权；谁轻视互联网，谁就会被时代抛弃。法治建设必须与信息化同步，大力推进数字化信息化转型，不仅要增强数字意识、数字思维，还要强化治理、构建规范、涵养文化。"图难于其易，为大于其细。天下难事，必作于易，天下大事，必作于细。"①区域法治是马克思主义科学方法论在法治领域的创造性应用，既是观念的变革、思维的突破，更是路径的创新。传统法学研究注重和习惯于宏大主题、宏大视野、宏大叙事，而区域法治立足地方、区域，于局部处下功夫，在大格局中谋发展②，从国家法治发展全局着眼，从区域（局部）

---

① 《道德经·第六十三章》。
② 以立法为例，如果可以随意制定规则，那么规则本身就失去了合法性，法治也无从谈起，规范性文件备案审查制度是中国特色的宪法监督制度。中国有30多个省市区、300多个市州、近3000个县市区、3万多个乡镇，五级人大、政府以及政府各部门、公检法机构等都有制定规范性文件的权力，如此多的文件，虽然不直接设定权利义务，但是也会对老百姓的权利义务造成各种影响。对这些文件的备案审查工作如果不到位，发挥不了作用，宪法和法律的实施就会打折、变形、走样。而对于各地立法工作者而言，备案审查工作还存在不少瓶颈，亟待突破：层级越低的文件，需要遵守的上位法越多，不仅要符合法律，还要符合行政法规、地方性法规、上级机关的文件，审查起来难度越大，而且层级越低的文件，对老百姓的利益影响越直接，老百姓意见也越大。因此，越是到基层人大，对审查能力的要求反而应该越高，就当前而言，省级要提升、市级要探索、县级要破题。

具体法治着手,坚持系统思维与地方实际有机结合、顶层设计与基层探索有效衔接、宏观理论与微观实践高度融合,从实践探索到理论研究都具有方法论创新的全面意义,有利于新时代中国法学话语体系、学术体系、学科体系的构建,推进新时代中国特色社会主义法治理论创新发展。

一、区域法治历史与现实

恩格斯指出:"历史从哪里开始,思想进程也应当从哪里开始,而思想进程的进一步发展不过是历史过程在抽象的、理论上前后一贯的形式上的反映;这种反映是经过修正的,然而是按照现实的历史过程本身的规律修正的,这时,每一个要素可以在它完全成熟而具有典型性的发展点上加以考察。"①法、法律与人类公共生活、公共活动、公共事务相生相伴,是人类在共同生活、族群繁衍过程中,诞生出爱心、正义、担当、义务等宝贵品质的具化,是照亮我们走向社会稳定繁荣、文明进步提升之路的明灯。从法文化层面而论,古老的禁忌催生了今天的道德和法律,其中蕴含的道德精神和自然法则万古不易,具有普适性和永续性②。在远古时代,原始禁忌是一种最早、最特殊的规范形式,它扮演着法律的角色,事实上发挥着法律的作用,是阶级社会法律的萌芽,习俗、禁忌、道德和法律无意识地混合在一起并规范人类传统的政治共同体,为其提供秩序和社会基本结构。正如德国著名学者冯特所说:"禁忌是人类最古老的无形法律,它的存在通常被认为是远比神的观念和任何宗教信仰的产生还要早。"③法国学者倍松则说得更直白:"说得好听一些,图腾主义便是原始人民的宪法。"④

---

① 恩格斯:《卡尔·马思〈政治经济学批判·第一分册〉》,载《马克思恩格斯选集》(第二卷),人民出版社 2012 年版,第 14 页。
② 例如,民俗信仰反映的是一种精神自由和人格尊严,应该受到尊重,不得肆意侵辱,并体现在《民法典》第 990 条的立法意蕴中:"人格权是民事主体享有的生命权、身体权、健康权、姓名权、名称权、肖像权、名誉权、荣誉权、隐私权等权利。除前款规定的人格权外,自然人享有基于人身自由、人格尊严产生的其他人格权益。"
③ 转引自〔奥地利〕西格蒙德·弗洛伊德:《图腾与禁忌》,杨庸一译,中国民间文艺出版社 1986 年版(内部发行),第 32 页。
④ 〔法〕倍松:《图腾主义》,胡愈之译,开明书店 1932 年版,第 2 页。

马克思主义经典作家们认为,国家并不是从来就有的,也不会永远存在,随着阶级的消失,国家也不可避免地要消失。"曾经有过不需要国家,而且根本不知国家和国家权力为何物的社会。在经济发展到一定阶段而必然使社会分裂为阶级时,国家就由于这种分裂而成为必要了。"①因此,"国家产生也是法产生的一种方式,甚至是法产生的最高阶段"②。现代社会通过特定的权威机构来制定和表达法律的方式在法律史上只是一个很短暂的阶段,在此之前,绝大多数法律体系的基本要素是习俗。譬如,盎格鲁-撒克逊人的早期社会带有强烈的部族性质,一些特殊的部族按照某种区域的联合组成王国③。"在如今的世界,习惯法已经不再仅仅是一项引发理论兴趣的事物。非洲、亚洲以及其他地方的新兴国家都正在努力实现从部落习惯法向民族国家的制定法系统的痛苦而且通常很危险的转型。"④

区域法治是人类历史的存在。以英国普通法的发展为例,"如果我们对英国法律史的考察所获得的印象是,英格兰的普通法适用于大不列颠列岛全部,那是一种应予纠正的错觉。在大不列颠,法律的统一是根本不存在的。特别是苏格兰,其法律体系相当不同于普通法,对此,我们应当予以简单描述。包括泽西和格恩济岛在内的海峡群岛,像不列颠王国其他独立的自治领地一样,都有自己的法律制度。在诺曼人征服英格兰时,这些岛屿是诺曼底公爵领地的组成部分,这一事实使海峡群岛的居民常常戏称英格兰是他们最早的殖民地;这也可以解释这些群岛现今为什么仍适用载于《诺曼底习惯法大全》和后来汇编中的诺曼习惯法"⑤。中国古代中央王朝在民族地区实行的羁縻制度、土司制度是国家法治在特定地区的成功实践,对当代区域法治仍可提供有益启迪。而在中国西部云南

---

① 恩格斯:《家庭、私有制和国家的起源》,载《马克思恩格斯选集》(第四卷),人民出版社2012年版,第190页。
② 〔德〕萨维尼:《当代罗马法体系Ⅰ》,朱虎译,中国法制出版社2010年版,第23页。
③ 参见陈晓律:《从习俗到法治——试析英国法治传统形成的历史渊源》,载《世界历史》2005年第5期。
④ 〔美〕富勒:《法律的道德性》,郑戈译,商务印书馆2009年版,第270页。
⑤ 〔德〕K.茨威格特、H.克茨:《比较法总论》,潘汉典等译,法律出版社2003年版,第299页。

省丽江泸沽湖畔的摩梭人村寨、美国的印第安人部落、新西兰的原住民社区,至今仍然保留着其族群独特的内部管理规则。区域法治是历史的存在,人类部落时代即是区域法治的开端,部落依据各自划定的区域而治,对外部落与部落既有边界又有合作,共同保障部落安全,对内保持部落以及各自成员的治理规则,保障部落运行秩序。① 随着人类文明的演进,区域法治因应民族国家区域社会变迁,在不同的历史时期和在不同的国度经历了不同的发展型态、表现形式。为推动区域法治的基础研究,揭示区域法治发展的历史逻辑机理,依据中华法治文明的历史脉络,以下从宏观视野提出中国区域法治发展的历史变迁,供学界讨论。当然,学者的视角不同,对区域法治发展历史阶段的划分会有差异。

(一) 中国区域法治的历史演进

鉴古知今,学史明智。人类依区域而居,生活的规则依照区域而定;区域间文明互鉴,国家间相互学习,基层社会治理由自律、自治、共治不断升华和进化,人类法治文明史也就是区域法治发展史。伴随法治文明的发展,人类生存区域空间(疆域)的边界从模糊到逐渐清晰由法律确认、法治保障。如果说在和平年代里,国家作为国民个人利益最外部的那道屏障,在以人们日常感觉不到的方式持续发挥着作用,那么最明显、最直接与民众日常生活息息相关的事例,就是通过栅栏隔离以及人工智能技术普遍应用于监控保护而形成的现代居民小区及其自治,生动诠释了"我的房子,风能进,雨能进,国王不能进"的法理常识,这是区域法治的历史逻辑。文化传统的区域多样性,大国疆域的区域复杂性,经济发展的区域差距性,开放程度的区域差异性,信息传递的区域迟滞性,适应变革的区域灵活性,基层治理的区域创造性,法治实践的区域分层性,风险防范的区

---

① 今天,人类原始部落遗存已经不多,2021年2月14日,中国最后的原始部落——翁丁古寨被大火烧毁。翁丁,佤语意为"云雾缭绕的地方",位于云南省临沧市沧源佤族自治县勐角乡澜沧江畔,有着400多年的部落历史,隐秘在勐角傣族彝族拉祜族乡山谷。佤族是云南省的"直过民族",即从原始社会直接过渡到社会主义社会,1949年前,翁丁古寨处于原始社会末期,以部落为单位依山而居,过着刀耕火种、衣不蔽体、犁地靠牛、吃水靠背、点灯靠油、结绳记事的原始生活。2018年4月之前,这里的佤族群众还居住在原始的茅草屋里,是中国保存最完整的原生态佤族村落。

域灵敏性,等等,都是当今时代区域法治的现实基础①。例如,香港特别行政区和内地从政治制度到治理体系和社会风貌都存在巨大差异,在香港主权回归前长达150多年的英国殖民历史里,香港和内地经历的是完全不同的历史命运,时间的积淀,导致香港与内地之间形成了迥异的政治制度形式、政府管治架构、法治文化环境、政治意识形态、国民教育体系、国家民族认同、社会开放格局、社会思维习惯和社群行为方式等。区域法治保障区域经济社会发展,守护辖区居民安居乐业,在现实生活中,区域社会稳定有序、社区和谐平安,已经成为当今时代民众迁徙、移民时居住地和工作地选择的首要指标,因为若没有法治的护佑,社会将无序失控,缺失安全的基本保障,即使拥有无量的财富,也只不过是浮云而已。如在美国,有物业管理的封闭式社区安全度和房价相对较高,而开放式社区的居民安全压力较大。

权力内涵只有通过具体的制度和政策才能体现出来,现代区域法治适应地缘性的经济社会发展规律。中国古代的地方自治和近代中国的区域社会治理,为当代中国的区域法治发展提供了丰富的历史经验,有待深入总结,加以传承与借鉴。现代区域法治是国家法治发展的有机组成部分,是国家法治发展在主权国家的特定空间范围内的展开和具体实现,坚持统一性与多样性统一,尊重区域差异、地方特点,区域法治既要立足区域,又不能(也不能)局限于本地知识和地方事务,必须打破本土局限,具有战略思维、国家眼光和全局意识,从而更好服务和融入新发展格局,防止以邻为壑、画地为牢、为己筑坝。以生态环境治理为例,生态,关乎政治,关系经济、民生。在漫长的中华民族发展史上,事关生态的抉择,深刻影响着文明兴衰,蕴含着治国理政的价值逻辑。正如习近平所指出:"生态的事,关键是站在什么角度看问题。""生态环境没有替代品,用之不觉,

---

① 司法部《2020年国家统一法律职业资格考试公告》在报名条件"学历资格"中规定,各省、自治区、直辖市所辖自治县(旗)、各自治区所辖县(旗)、各自治州所辖县;国务院审批确定的集中连片特殊困难地区所辖县(县级市、区)和国家扶贫开发工作重点县(县级市、区,重庆市的10个重点县、区除外);新疆维吾尔自治区所辖的县级市、区(乌鲁木齐市所辖的区除外);黑龙江省大小兴安岭地区等艰苦边远地区,可以将报名学历条件放宽为高等学校本科毕业。资料来源:http://www.moj.gov.cn/pub/sfbgw/zwxxgk/fdzdgknr/fdzdgknrtzwj/202008/t20200811_207949.html,2020年9月12日访问。

失之难存。在生态环境保护建设上,一定要树立大局观、长远观、整体观,坚持保护优先,坚持节约资源和保护环境的基本国策,像保护眼睛一样保护生态环境,像对待生命一样对待生态环境,推动形成绿色发展方式和生活方式。"①

法治是人类文明进步的重要标志,是治国理政的基本方式,是中国共产党和中国人民的不懈追求。区域法治的意义,不仅在于构建区域自身的法治秩序,还在于其先行性、实验性的作用,带动、引领相关区域法治的创新发展,推动国家法治实践。所以说,区域法治发展是人类文明演进自然生发的历史过程,是社会基层创造和国家权力推动双向互动的必然产物,既具有内在的统一性特征,又具有鲜明的多样性品格,进而呈现出多样性统一的运动样式、发展类型、演进逻辑。中国是文明古国、文化大国,拥有数千年的乡土社会和宗族血缘文化。回眸中华法治文明的演进历程,区域法治的历史发展,大体可以概要式划分为如下几个阶段:部落时代的区域法治;封建社会时期的区域法治;中华民国时期的区域法治;中国共产党领导的革命根据地法治探索,即中国共产党区域性政权创建时期的法治实践②。

在百年奋斗历程中,中国共产党高度重视法治建设,带领中国人民不懈探索符合中国国情和实际的法治道路。在1949年10月新中国建立前的新民主主义革命时期,以毛泽东同志为主要代表的中国共产党人就开始了对人民民主政权建设进行艰辛探索和实践,如在瑞金、延安革命根据地以及西柏坡,制定了《中华苏维埃共和国宪法大纲》《陕甘宁边区保障人权财权条例》《中国土地法大纲》等法律文件,运用法律巩固人民政权、保障人权、维护人民群众合法权益。总体而言,中国共产党领导的革命根据

---

① 杜尚泽:《"关键是站在什么角度看问题"(微观察·几道生态选择题,总书记这样回答)》,载《人民日报》2021年6月4日。
② 参见侯欣一:《试论革命根据地法律制度研究》,载《法学家》2008年第3期;张希坡:《革命根据地法律文献选辑》(第一、二、三辑),中国人民大学出版社2017、2018年版;陈始发:《革命根据地法律文献整理现状与文献特点分析》,载《中共党史研究》2018年第4期;孙光妍、隋丽丽:《道路的选择:哈尔滨解放区法治建设经验及其历史意义——以革命历史档案为中心的考察》,载《求是学刊》2019年第6期。

地法治建设,经历了土地革命时期的工农民主政权法治、抗日战争时期的统一战线政权法治和解放战争时期解放区民主政权法治三个历史阶段。①

井冈山革命根据地作为第一块农村革命根据地,开启了马克思主义基本原理同中国具体实际相结合的伟大进程,实现了中国革命的中心工作从城市到农村的战略转移,成为中国革命走上建立农村根据地、以农村包围城市、最后夺取全国胜利道路的光辉起点。1927年10月,毛泽东率领湘赣边界秋收起义的工农革命军,开始创建以宁冈为中心的井冈山农村革命根据地的艰苦斗争。1928年2月,中共(永)新遂(川)边陲特别区委员会和新遂边陲特别区工农兵政府在永新、遂川两县交界的井冈山地区成立,井冈山革命根据地诞生了第一个特区政府,其管辖范围包括永新、遂川两县部分地区和井冈山附近几十个自然村。随着根据地的巩固,1928年5月至7月,边界各县掀起了分田高潮,1928年12月,《井冈山土地法》正式颁布施行,这部法律解决了土地没收与分配、山林分配与竹木经销、土地税的征收与使用等问题,是中国共产党制定的第一部比较成熟的土地法,进行了土地改革的第一次尝试。井冈山根据地推行的土地改革,使农民获得了梦寐以求的土地,得到了贫苦群众的拥护。

立足中国国情,中国共产党历来高度重视民族问题,在创建新中国的过程中,提出并实行民族区域自治,赢得了各族人民的衷心拥护,开启民族和谐新纪元。民族区域自治制度是中国共产党运用马克思主义的基本原理,在长期革命实践中探索出的具有中国特色、解决民族问题的根本方法和路径,已成为我国一项基本政治制度。而这一伟大制度的第一次实践,则肇始于陕甘宁革命根据地——1936年6月成立的陕甘宁省豫海县回民自治政府,这也是中国共产党领导的工农红军所建立的第一个回民自治地方政权。美国著名记者埃德加·斯诺(Edgar Snow)在《红星照耀中国》(Red Star Over China)一书第九章第4部分"穆斯林与马克思主义

---

① 参见《从革命根据地法制建设到全面依法治国》,载《法治日报》2021年6月29日。

者"中①,曾详细记述这一民族自治政府的创建——"建立独立的回民政权!""建设回民自己的抗日红军!"这是他在宁夏看到的一件最重要的事情。

1936年5月18日,中国工农红军红一军团和红十五军团开始西出陕北、挺进甘宁,也正是在那个时候,毛泽东提出了在民族平等的原则下实行民族区域自治的思想。1936年6月27日,红十五军团攻克豫旺县,即如今同心县的下马关,在那里建立了陕甘宁省豫旺县苏维埃政府。随着各乡村红色政权相继建立,选举成立豫(旺)海(原)县民族自治政府的条件基本成熟。就这样,中国共产党领导的第一个民族自治政府诞生。出身贫苦的回族农民马和福在和红军的接触中,亲眼所见红军纪律严明,对老百姓秋毫无犯,尊重他们的民族信仰,便主动接受了红军的抗日主张和民族政策,并在1936年7月加入中国共产党。在豫海县回民自治政府成立后,他带领大家选举出37名政府执行委员会委员,发表《告北圈子四周围同胞书》,号召组织回民解放会、宣传红军抗日救国主张,武装保卫自己,为民族独立和解放而奋斗,同时还讨论通过了《新土地法》《新婚姻法》《减租减息条例》等政府法规。

解放战争时期解放区民主政权的法治建设,更是新中国创立时法治建设的直接渊源。如华北人民政府,自1948年9月至1949年10月共存续13个月,探索、积累政权建设的经验,为在全国范围内建立人民政权做准备,是中共中央交给华北人民政府的首要任务。早在1948年年初,刘少奇就在一次中共中央工委会议上提出要求:党要在华北积累"太平区域的管理国家的经验",为在将来管理全国做好充分准备。② 在华北临时人民代表大会召开时,董必武明确指出:"华北临时人民代表大会将成为全

---

① 参见〔美〕德加·斯诺:《红星照耀中国》(即《西行漫记》),李方准、梁民译,河北人民出版社1992年版,第256—260页。1936年6月至10月,斯诺来到陕北,在苏区他访问陕甘宁边区,写了大量通讯报道,成为第一个采访红区的西方记者,1937年10月由伦敦戈兰茨公司首次出版,向世界介绍了中国共产党领导的抗日革命根据地的真实情况,一经出版便在世界范围内引起轰动,销量超过10万册,随后多次再版;1938年初,上海租界的抗日救亡人士以"复社"名义将该书翻译成中文,因当时所处环境而改名《西行漫记》出版。

② 参见中共中央文献研究室编:《刘少奇年谱(1898—1969)》(下卷),中央文献出版社1996年版,第134页。

国人民代表大会的前奏和雏形。"①华北人民政府成立后,一直为中央人民政府的成立做着全面而充分的准备,华北地区村、县、市普遍召开了人民代表会议和同级政府的选举工作,并大力加强人民民主法制的建设工作,以人民民主法制巩固、建设人民政权,维护社会秩序。

在华北人民政府初创时,董必武即被推选为《华北人民政府组织大纲》审查委员会的召集人。1948年7月17日,董必武在给华北人民政府司法部长谢觉哉等的信中指出:"日前晤少奇同志,他说'乡县政权组织纲要和选举条例及危害解放区治罪条例三草案都很好。希望赶快把民刑两法草拟出来备用'。我认为他这个提议很好。望诸位同志考虑,以法学为人民服务。"②1948年10月23日,《关于统一各司法机构名称及审级的通令》发布,按照该通令要求,在华北地区,从华北人民法院到各县人民法院,先后建立了约300多个司法机关。同时,在保证公安干部稳定的基础上恢复建立、健全公安基层组织,为人民政权建设积累了宝贵经验。1949年6月15日,新的政治协商会议筹备会常务委员会决定下设六个小组,董必武被推定为拟订中华人民共和国政府方案的第四小组组长;7月8日,新政协筹备会第四小组举行第二次全体会议,推定董必武等5人组成政府组织法大纲起草委员会(又称政府组织法草案起草委员会),以董必武为召集人,负责政府组织法大纲的起草;次日,政府组织法大纲起草委员会第一次全体会议推定董必武为大纲起草人;7月下旬,董必武提出了政府组织法草案的初稿,经多方征求意见并修改,最终成为提交新政协筹备会全体会议讨论的蓝本。③

1949年10月27日,中央人民政府主席毛泽东发布命令:"中央人民政府业已成立,华北人民政府工作随即结束。原华北人民政府所辖五省二市改为中央人民政府直辖。中央人民政府的许多机构应以华北人民政府所属机构为基础迅速建立起来。希即令所属各单位与华北人民政府各有关机构分别接洽,办理交接手续,并于数日内将交接手续办理完为妥。"

---

① 《董必武传》撰写组:《董必武传(1886—1975)》(下),中央文献出版社2006年版,第665页。
② 同上书,第611页。
③ 同上书,第599、646—649页。

10月28日,董必武遵照中央人民政府命令,以华北人民政府名义发出通知,要求政府机构自次月1日起停止办公,将其所属部门移交政务院。①根据当时担任北平市长兼军事管制委员会主任的聂荣臻后来回忆:"刚进城时候的政府实际上就是一九四八年在石家庄成立的华北人民政府,仍由董必武同志任主席。进北平以后,他那个机构就代管全国行政事务方面的事情了,直到一九四九年十月一日才成立了中央人民政府。中央人民政府的底子就是华北人民政府,在它那个基础上组织了各个部。"②政务院、最高人民法院、最高人民检察署以及政务院各部门领导人任命后,能够在短短的十天后开始正式办公,正是由于中央人民政府各部门组织机构的成立大都有华北人民政府各部门作基础。

(二)新中国70年区域法治发展

回溯中国共产党波澜壮阔的百年发展历程,中国共产党人追求公平正义、探索法治道路的脚步从未停止,为中国革命、建设、改革与强国奠定了坚实的法治基础:新民主主义革命时期,党领导制定了一系列法律、法令;新中国成立后,党领导人民建立起社会主义法制框架体系;进入改革开放历史新时期,党始终把法治放在党和国家工作大局中考虑、谋划和推进,从党的十一届三中全会提出"健全社会主义法制",到党的十五大确立依法治国基本方略,社会主义法治建设不断前进;党的十八大以来,法治成为党治国理政的基本方式,全面依法治国扎实推进,一系列重大举措推动社会主义法治建设发生历史性变革、取得历史性成就,党领导人民逐步走出了一条中国特色社会主义法治之路,区域法治与党的法治探索同步,异彩纷呈,成就斐然,丰富了人类法治文明的多样性,为世界法治发展贡献中国智慧、提供中国方案。

中国特色社会主义法治道路,是在我国革命、建设、改革的历史实践中孕育形成的,是中国共产党百年探索的历史结晶。习近平指出:"新中

---

① 参见《董必武年谱》编纂组:《董必武年谱》,中央文献出版社1991年版,第349—350页。
② 《聂荣臻回忆录》(下),解放军出版社1984年版,第714页。

国成立初期,我们党在废除旧法统的同时,积极运用新民主主义革命时期根据地法制建设的成功经验,抓紧建设社会主义法治,初步奠定了社会主义法治的基础。"①新中国区域法治发源于中国共产党区域性政权创建的法治探索,如井冈山革命根据地、陕甘宁边区政府、华北人民政府等;具体成型于新中国创立初期,以行政区划为基础;创新发展于改革开放中国特色社会主义建设时期,跨行政区域的区域法治开始萌芽成长;兴盛于中国特色社会主义法治新时代,各种形态、多样性的区域法治创新活动不断涌现和蓬勃发展,有的从"区域探索"跃升为"顶层设计",有的从"区域创新"扩散为"全域改革",为新时代深化全面依法治国实践提供了生动范例、贡献了宝贵经验。

1949年,中华人民共和国成立,彻底推翻了帝国主义、封建主义和官僚资本主义在中国的统治地位,也终结了半殖民地半封建反革命反人民的法制,开启了中国社会主义法治新纪元,具有临时宪法性质的国家根本大法《共同纲领》颁布,其第17条明确规定:"废除国民党反动政府一切压迫人民的法律、法令和司法制度,制定保护人民的法律、法令,建立人民司法制度。"从此正式以法律的形式宣告国民党旧法统的灭亡,旧法统的废除宣示蒋介石领导的国民党政权在中国大陆的彻底终结,为新中国的民主政治和法治建设排除了障碍。1954年,一届全国人大一次会议通过的《宪法》(俗称"五四宪法"),是中国历史上第一部社会主义类型的宪法,以国家根本法的形式奠定了新中国立国、治国最根本的法律基础,也为"中国人民从此站起来了"提供了强有力的法律依据。新中国成立初期(1949—1956年)的法律创制活动,开创性地建构了社会主义的国家制度体系,重建起新型的社会主义法律秩序。当然,新中国的法治发展道路并非一帆风顺,也历经严重曲折,这是艰辛的探索,区域法治发展也同样如此。

改革开放以来,中国共产党深刻总结法治建设正反两方面的经验教

---

① 中共中央文献研究室编:《习近平关于全面依法治国论述摘编》,中央文献出版社2015年版,第8页。

训，最终走出了一条中国特色社会主义法治道路，把依法治国确定为党领导人民治理国家的基本方略，把依法执政确定为党治国理政的基本方式，推动依法治国取得重大进展。1978年，党的十一届三中全会拉开改革开放大幕，全会把加强社会主义法制确立为一项重要方针，不仅开启了改革开放和社会主义现代化建设的新时期，而且开启了对已经建立的法律制度进行完善、对尚未建立的法律制度进行补充的新阶段。比如，对社会主义的根本政治制度和基本政治制度分别作了进一步完善；对全国人大组织法进行了修订，还制定了地方各级人民代表大会和地方各级人民政府组织法等法律；中国共产党领导的多党合作和政治协商制度以及政协的性质、作用被载入宪法，政协章程也得到进一步修改完善；民族区域自治法、城市居民委员会组织法、村民委员会组织法等有关法律制度相继制定出来。同期法学研究进入快速发展时期。

进入新时代以来，坚持和加强党的全面领导一以贯之，党的执政能力进一步提升，党的集中统一领导有力彰显；坚持依法治国与制度治党、依规治党统筹推进、一体建设，把全面依法治国放在"四个全面"战略布局中来把握、谋划、推进，党的依法执政水平不断提高；坚持和完善中国特色社会主义制度、推进国家治理体系和治理能力现代化，坚持依规治党、形成比较完善的党内法规体系，深化和拓展了中国特色社会主义法治道路。实践充分证明，改革开放为依法治国开辟了新征程，改革开放40多年特别是党的十八大以来，中国法治大胆探索、主动应变、积极求变，通过总结法治的外部经验和内在规律，守正创新，从法制到法治、从法律体系到法治体系、从有法可依到科学立法、从法律之治到良法善治、从依法治国到全面依法治国，中国特色社会主义法治始终坚持党的领导、植根中国大地、推进理论创新，在改革中不断激发活力，在开放中进一步彰显特色，走出了一条既借鉴西方又不同于西方的法治文明进步的中国之路——中国特色社会主义法治道路。与国家法治发展历史进程同步，区域法治具体阶段划分是：新中国区域法治探索；改革开放与区域法治发展；法治新时代区域法治的兴盛。

（三）当前学术研究的重点领域

有学者认为，区域法治发展的研究历程自 2013 年可以分为两个阶段。在 2013 年以前，学者们研究区域法治主要有三条路径：一是从区域开发的视角以及民族区域自治视角论证区域法治的必要性，其论点主要围绕国家区域大开发进程中的法治问题。二是从地方法治发展的角度，所讨论的问题包括地方立法权问题、地方治理问题、地方民主试验问题等。另外，发达地区在其经济社会先发的基础上，推进地方先行法治化的可能性及价值意义被东部地区的一些学者提出并加以论证。三是从区域间政府相互合作的角度，从法律合作视角来分析政府间合作文件的法律效力，探索区域合作开展的合理形式及制度意义。[①] 党的十八大以来，我国深入实施区域协调发展战略，以五大重大国家战略为引领，连南接北，承东启西；以四大区域板块为支撑，优势互补，交错互融，构建起高质量发展的区域协调发展新格局。五大重大国家战略包括京津冀协同发展、粤港澳大湾区建设、长三角一体化发展，打造引领高质量发展的重要动力源，长江经济带发展、黄河流域生态保护和高质量发展，探索协同推进生态优先和绿色发展的新路子；四大区域板块是强化举措推进西部大开发形成新格局，深化改革加快东北等老工业基地振兴，发挥优势推动中部地区崛起，创新引领率先实现东部地区优化发展。与中国区域协调发展新格局同步，法学、法律界对区域法治发展问题的研究开始深化，区域法治发展开始成为一个独立的法律概念，学者们也开始更加重视区域法治发展的概念内涵、社会基础、路径选择和文化论上的研究。区域法治发展在此以后被认为是国家法治的有机组成部分，区域法治的意义被学者们从建设法治国家的角度加以论证，区域法治发展的理论体系被中国特色社

[①] 参见骆天纬：《区域法治发展的理论逻辑——以地方政府竞争为中心的分析》，法律出版社 2017 年版，第 15—16 页。

会主义的法治话语体系所接纳,区域法治研究协同机制探索建立①。

创新区域法治模式,总结基层实践探索。的确,近年来,区域法治研究已经成为法学界的理论热点,反映中国哲学社会科学最高层次的国家社会科学基金项目每年都有相关课题资助立项;中国法学会高度肯认、全力推动区域法治的学术创新②;法学界关于区域法治的学术讨论交流活跃;高层次人才培育体系正在建立,中共中央党校(国家行政学院)政治和法律教研部、南京师范大学法学院等在法学理论专业招收培养"区域法治"方向博士研究生,广东外语外贸大学法学院在相关专业招收培养"区域国别"方向博士研究生。其中,以文正邦、公丕祥、葛洪义、叶必丰、石佑启教授等为代表的法理学和行政法学者,为推动区域法治创新研究作出了开拓性贡献。还要特别指出的是,以公丕祥教授为旗帜,南京师范大学法学院积极推进区域法治学术研究,学科团队不断壮大,学术平台持续搭建,如学术研究平台——江苏高校区域法治发展协同创新中心,整合江苏高校法学力量,协同成效明显;成果发布平台——《区域法治发展丛书》,由法律出版社自 2016 年起连续不间断出版;学术信息平台——"区域法治研究网",特色鲜明;学术交流平台——"区域法治论坛",每年有学术主题。公丕祥教授还明确提出建立"区域法治发展学"的构想,南京师范大学法学院学术影响力日益增强,发展成为名副其实、学界公认的区域法治研究学术重镇。

但是,我们也应清醒地看到,总体而言,区域法治的基础理论研究还很薄弱,高质量研究成果不多,研究成果的广度和深度难言令人满意;学术团队的联合集体攻关研究不足,学术队伍建设有待加强;话语体系、学术体系、学科体系尚未完全建立,学术创新能力亟待提升。综观区域法治研究发展的整体轨迹和学术文献,目前,学界、学术、学者关注的重点主要

---

① 2019 年 6 月,上海市法学会、江苏省法学会、浙江省法学会、安徽省法学会在上海召开沪苏浙皖法学会工作联席会议,正式签署《沪苏浙皖法学会关于建立长三角区域法治研究协同机制的意见》。参见孔令泉、胡鹏:《沪苏浙皖法学会建立长三角区域法治研究协同机制》,https://www.sls.org.cn/levelThreePage.html? id=10781,2019 年 9 月 10 日访问。

② 如 2013 年 10 月 26 日,张文显教授代表中国法学会出席"变革时代的区域法治发展"学术研讨会,并作题为"变革时代区域法治发展的基本共识"的学术总结。参见公丕祥:《变革时代的区域法治发展》,法律出版社 2014 年版,第 3 页。

集中在应用对策领域,具体研究热点包括以下几个方面:特别类型的区域法治研究(如民族区域法治,香港、澳门特别行政区法治研究);区域法治比较研究①;区域立法合作研究;区域法治生态研究;区域执法合作研究(如税务执法、环境执法等);区域司法协助研究;区域法治评估研究;区域法治创新研究(制度创新、机制创新、社会治理创新等);区域法治协调机制研究;区域一体化法治保障研究;②区域一体化政府合作法律问题研究;基层司法研究(如"枫桥经验"研究);法治乡村研究(包括村民自治研究)③;区域法治文化研究④;等等。

从上述可以看出,地方(以行政区划为基础的区域,如省、市、县、乡)是区域法治的基本构成,也是区域法治研究的基础;因应新经济秩序和社会治理的新要求,地方和地方之间因不同目标与功能特点而形成的新兴区域(包括自贸区、示范区、一体化协作区等)的法治问题往往是区域法治研究关注的重点,如2020年度教育部哲学社会科学研究重大课题攻关项目招标指南中,就设置了"粤港澳大湾区法律建设研究""新时代区域协调发展战略研究""新时代城乡社区治理体系研究"等课题。

中国幅员辽阔、人口众多,各地区自然资源禀赋差别之大世界少有,统筹区域发展从来都是国家治理的一个重大问题。党的十八大以来,以习近平同志为核心的党中央着眼于中华民族伟大复兴,用大战略运筹区域协调发展大棋局,谱写了立足新发展阶段、践行新发展理念、构建新发展格局、推动高质量发展的新篇章,京津冀协同发展、长江经济带发展、粤港澳大湾区建设、长三角一体化发展、黄河流域生态保护和高质量发展、

---

① 如2019年"粤港澳大湾区和长三角区域法治比较研究研讨会"的主要议题设置有:粤港澳大湾区法律制度比较与适用;港、澳法律制度与法律适用的最新趋势;香港司法制度及司法机构的完善;长三角区域法治比较研究;金融司法与区域经济发展;国际商事争议多元化解决——国际商事法庭、仲裁、调解等。

② 参见贾小雷、周悦丽、牟效波:《京津冀区域法治建设的问题及思考》,载《北京日报》2016年10月31日;虞浔:《区域一体化发展亟待夯实法治基础》,载《人民日报》2018年8月8日。

③ 加强法治乡村建设是实施乡村振兴战略、推进全面依法治国的基础性工作。2020年3月,中央全面依法治国委员会印发《关于加强法治乡村建设的意见》,明确规定到2035年基本建成法治乡村。

④ 参见公丕祥:《区域法治发展与文化传统》,载《法律科学》2014年第5期;夏锦文主编:《区域法治发展的文化机理》,法律出版社2015年版;夏锦文、李炳烁:《把社会主义核心价值观融入区域法治建设》,载《新华日报》2017年4月27日。

西部大开发、东北全面振兴、中部地区崛起、东部率先发展等区域发展重大战略高质量推进,主体功能区战略和制度逐步完善,形成了国土空间布局更加优化,东西南北中纵横联动,主体功能明显、优势互补的区域协调发展新格局。

习近平指出:"我国经济发展的空间结构正在发生深刻变化,中心城市和城市群正在成为承载发展要素的主要空间形式。我们必须适应新形势,谋划区域协调发展新思路。"[①]十三届全国人大四次会议表决通过的《中华人民共和国国民经济和社会发展第十四个五年规划和2035年远景目标纲要》提出,深入实施区域重大战略、区域协调发展战略、主体功能区战略,健全区域协调发展体制机制,构建高质量发展的区域经济布局和国土空间支撑体系。具体包括以下几个方面:

1. 优化国土空间开发保护格局。立足资源环境承载能力,发挥各地区比较优势,促进各类要素合理流动和高效集聚,推动形成主体功能明显、优势互补、高质量发展的国土空间开发保护新格局。完善和落实主体功能区制度,开拓高质量发展的重要动力源,提升重要功能性区域的保障能力。

2. 深入实施区域重大战略。聚焦实现战略目标和提升引领带动能力,推动区域重大战略取得新的突破性进展,促进区域间融合互动、融通补充;加快推动京津冀协同发展,全面推动长江经济带发展,积极稳妥推进粤港澳大湾区建设,提升长三角一体化发展水平,扎实推进黄河流域生态保护和高质量发展。

3. 深入实施区域协调发展战略。深入推进西部大开发、东北全面振兴、中部地区崛起、东部率先发展,支持特殊类型地区加快发展,在发展中促进相对平衡;推进西部大开发形成新格局,推动东北振兴取得新突破,开创中部地区崛起新局面,鼓励东部地区加快推进现代化,支持特殊类型地区发展,健全区域协调发展体制机制。

4. 积极拓展海洋经济发展空间。坚持陆海统筹、人海和谐、合作共

---

① 习近平:《推动形成优势互补高质量发展的区域经济布局》,载《求是》2019年第24期。

赢,协同推进海洋生态保护、海洋经济发展和海洋权益维护,加快建设海洋强国;建设现代海洋产业体系,打造可持续海洋生态环境,深度参与全球海洋治理。积极发展蓝色伙伴关系,深度参与国际海洋治理机制和相关规则制定与实施,推动建设公正合理的国际海洋秩序,推动构建海洋命运共同体;深化与沿海国家在海洋环境监测和保护、科学研究和海上搜救等领域务实合作,加强深海战略性资源和生物多样性调查评价;参与北极务实合作,建设"冰上丝绸之路";提高参与南极保护和利用能力;加强形势研判、风险防范和法理斗争,加强海事司法建设,坚决维护国家海洋权益;有序推进海洋基本法立法。

"加快建立健全以国家发展规划为统领,以空间规划为基础,以专项规划、区域规划为支撑,由国家、省、市、县级规划共同组成,定位准确、边界清晰、功能互补、统一衔接的国家规划体系。"[①]2020年10月,党的十九届五中全会立足五年、谋划十五年、着眼百年(即"两个一百年"奋斗目标、百年大党初心使命、世界百年未有之大变局),擘画了中国高质量发展宏伟蓝图。从党的十九届五中全会到全国两会,习近平总揽全局、引领航向,以宽广战略眼光和战略思考谋划未来,党的主张转化为国家意志,成为亿万人民共同行动的纲领。立足新发展阶段,贯彻新发展理念,构建新发展格局,开启全面建设社会主义现代化国家新征程,"十四五"规划和2035年远景目标纲要,为新时代区域法治实践开辟了广阔空间,为区域法治研究提供了多样化场景以及丰富多彩的创新素材和生动案例。

2021年1月,中共中央印发的《法治中国建设规划(2020—2025年)》明确要求,建设完备的法律规范体系,以良法促进发展、保障善治:"坚持立法和改革相衔接相促进,做到重大改革于法有据,充分发挥立法的引领和推动作用。对改革急需、立法条件成熟的,抓紧出台;对立法条件还不成熟、需要先行先试的,依法及时作出授权决定或者改革决定。授权决定或者改革决定涉及的改革举措,实践证明可行的,及时按照程序制定修改

---

① 资料来源:《中华人民共和国国民经济和社会发展第十四个五年规划和2035年远景目标纲要》,载《光明日报》2021年3月13日。

相关法律法规。""加强京津冀协同发展、长江经济带发展、粤港澳大湾区建设、长三角一体化发展、黄河流域生态保护和高质量发展、推进海南全面深化改革开放等国家重大发展战略的法治保障。""加强地方立法工作。有立法权的地方应当紧密结合本地发展需要和实际，突出地方特色和针对性、实效性，创造性做好地方立法工作。健全地方立法工作机制，提高立法质量，确保不与上位法相抵触，切实避免越权立法、重复立法、盲目立法。建立健全区域协同立法工作机制，加强全国人大常委会对跨区域地方立法的统一指导。"

二、区域法治的理论价值

国家法治的成功实践，不仅取决于政府与社会的协力推动，而且有赖于法学研究的兴旺繁荣。构建当代中国法学学科体系、学术体系、话语体系，推动中国特色社会主义法治理论创新发展，必须扎根中国历史文化土壤、汲取中华法律文化精华、把握时代发展脉搏、立足中国法治实践，在增强问题意识、拓展思路方法、丰富学术成果等方面紧跟时代和实践发展步伐。深化全面依法治国实践、加强法治中国建设、推进区域法治发展是探索法治发展中国道路的必然要求，是实现区域社会治理现代化的有效途径。随着区域科学的兴起与中国法治建设的加速前行，区域法治研究已经成为法治国家建设领域的全新论题，也是法治中国建设的基本内容。

超越国家整体主义法治观的分析模式、学术框架、理论构建，按照法治发展的阶段性和渐进性，把法治实践形式类型化为国家法治和区域法治，以宽广的研究视角和综合的研究方法，更好揭示法治运行的内在规律，为法学学术繁荣提供了广阔空间。建设中国特色社会主义法治体系，建设社会主义法治国家，离不开区域法治的具体探索实践。区域法治现象是法治中国建设的阶段性和渐进性的生动表现，具有现实的社会基础和深刻的法理基础。全面推进依法治国，必然要求鼓励、培育并大力支持区域法治创新，通过"先行先试"探索和创新中国特色社会主义法治发展模式。① 因此,加强区域法治理论研究必然具有推进法学理论发展与推动法治实践之双重意义,并且为世界发展中国家法治建设提供中国经验和精神指引,为全球治理体系变革、构建人类命运共同体提供中国智慧和中国方案,为人类法治进步提供理论指导做出中国法学的原创性贡献,也就是中国的区域法治实践包括概念、理论甚至规范价值等,必将对全球的知识和思想图景带来不同程度的改变。

实践是理论的来源,科学的理论高于实践,指导新的实践。法学作为实践性很强的学科,法学研究与法治建设的关系同样符合这一认识论规律。法学理论研究的繁荣既是法学发展的基本途径,也是促进法治建设的重要动力。区域法治是国家法治在区域的具体落实与实践,是国家法律在区域的创造性实施。作为国家法治发展有机构成的区域法治,在中国特色社会主义法治新时代愈发显示出重要而独特的价值意义。加强这一领域的学术研究和实践探讨,深入把握法治中国进程中不同类型区域法治发展研究的特殊逻辑,深刻揭示多样性区域法治特殊的本质性特点,总结区域法治的经验成就特别是区域的创造性实践,不仅有助于中国法学研究学术视野的拓展,推动中国法学创新发展,而且有助于深化全面依法治国的实践探索。同时,为人类法治文明发展作出中国贡献。特别是立足中国国情、在国家法治引领下的区域法治,孕育着大量国家治理的中国智慧,从区域法治的生动实践、具体实效中,对这些智慧和经验进行系统化理论梳理、概括和总结,提出新的法理命题,创造具有新时代中国标识度的概念范畴,展现法治中国的多彩图景,为建设法治中国作出更多原创性学术贡献。也有助于建构不同于西方以形式理性为核心的法治话语体系,增强中国特色社会主义法治道路自信和理论自信,促进与西方理论对话,讲好法治中国故事,修正西方学界、民间对中国法治建设的认知误区。

(一)拓展法学研究领域,丰富新时代中国法学的研究内容

新时代的法学研究和学术话语必须关注中国法律的运行情况、回应

---

① 参见付子堂、张善根:《地方法治建设及其评估机制探析》,载《中国社会科学》2014年第11期。

中国的改革发展现状、回答社会发展中出现的新问题、不断拓展法学研究的新边界。法学界主动适应全面推进依法治国新的战略定位,观照区域法治创新实践,推动区域法治发展的理论研究,是建构法治发展的中国话语体系的基本要义,区域法治的创新实践突破了中国法学的传统理论、学术研究的思维定势,为中国法学创新发展提供了丰厚沃土。国家法治发展与区域法治发展本就是一个内在关联、相辅相成、不可分割的法治共同体系,反映了当代中国法治运行的基本状况。面对新时代区域法治发展这一重大法治议程,法学界必须从理论、历史与现实的结合上,深入研究建设法治中国对于推进区域法治发展的全新要求,努力探寻区域法治发展的多样性统一的运动样式、运行规律,用中国话语阐释中国法治。当前的重点,是要加强对区域法治的概念内涵、基本性质、客观基础、总体目标、主体内容、价值依归、路径选择、动力机制、功能类型、文化机理、发展模式、评价指数和方法论等问题的深入研究,以及对于法治中国进程中的区域法治的典型样本分析和不同区域法治发展的实践探索的比较考察,着力推动形成一个全新的理论分析工具系统,借以概括与揭示区域法治发展的一般原理和基本规律,用中国法治理论阐释中国实践,用中国法治实践升华中国法治理论,提炼标识性学术概念,形成一整套系统表达中国法治实践的概念、范畴,为讲好中国法治故事奠定话语基础,进而拓展和丰富中国特色社会主义法学理论体系、话语体系和学科体系,创建出基于中国经验之上的新时代中国法学。[①]

  2014 年 12 月 2 日,习近平在主持召开中央全面深化改革领导小组第七次会议时深刻指出:"改革开放在认识和实践上的每一次突破和发展,无不来自人民群众的实践和智慧。要鼓励地方、基层、群众解放思想、积极探索,鼓励不同区域进行差别化试点,善于从群众关注的焦点、百姓生活的难点中寻找改革切入点,推动顶层设计和基层探索良性互动、有机结合。"[②]法治是治国方略,是公民美好的生活方式;法治既是宏大的,更是具

[①] 参见公丕祥主编:《区域法治发展研究》(第 1 卷),法律出版社 2016 年版,第 19 页。
[②] 《鼓励基层群众解放思想积极探索 推动改革顶层设计和基层探索互动》,载《人民日报》2014 年 12 月 3 日。

体的。宏大价值的实现，主要依赖于具体政制、法律和程序，只有通过具体法治，才能使法治达到实至名归的境界。中国法学研究长期以来倾向于总体性的思维方式，导致习惯于用自上而下的视角观察研究法律问题，体现了一种本质主义的立场。作为方法论的区域法治或地方法制，则强调在处理统一与分散、权力与权利、中央与地方、中心与边缘、法治与法制、自上而下与自下而上等关系中，给予分散、权利、地方、边缘、法制、自下而上等更为积极的关注，从中挖掘法治发展的细节因素。新研究方法的运用，可以观察到中国的法治发展，始终植根于中国大地和改革开放的历史进程，逐步形成了公权与私权、中央与地方、国家与社会之间分工、合作及博弈关系基础上的规则意识、权利意识与责任意识。这是中国法治发展最显著的成就与最坚实的基础。毫无疑问，中央的积极推动是中国法治发展的关键性力量，但是，决定性的成果几乎都来自社会成员、社会组织以及相互竞争的地方国家机关的创造性实践。基于此，中国法治发展的未来，或许同样取决于如何保持和发挥地方层面法治实践的积极性。[1]

（二）打破学科疆域壁垒，推动不同学科交叉研究融合发展

新兴交叉学科是传统学科的衍生，是法学学科新的增长点，最有可能产生重大的学科突破和革命性变革，也最能及时回应和解决现实生活中重大复杂的社会性问题和全球性问题，推动法治实践的不断深化。区域法治是与国家法治相对而言的，是国家法治的逻辑延伸，而国家法治发展与国家发展或国家现代化处于同一个历史进程之中，乃是国家发展或国家现代化的重要内容，构成了国家发展及其现代化的制度基础。区域法治是国家法治在一定空间区域范围内的具体的历史性展开，是在遵循国家法治发展的总体方向的前提下，适应区域发展的现实需求，建构区域法治秩序、推动区域经济社会发展的法治进程，因而是治国理政的区域性依

---

[1] 参见葛洪义：《作为方法论的"地方法制"》，载《中国法学》2016年第4期。

法治理模式。① 区域法治是中国法制现代化进程中的重大议程,加强对其的理论研究需要多学科的协同攻关,既需要法学学科之间的重视协同、形成合力,也需要法学学科之外学科的交叉融合,借鉴吸收如区域科学等其他学科的知识与研究方法。如此,才能打破学科划分疆域,拓展法学研究视野,超越既有学科藩篱,促进跨学科交流对话,推动多学科协同的综合研究,有效回应在法治轨道上推进国家治理体系和治理能力现代化的时代主题,回应社会变迁、科技发展对法治实践挑战,为新时代中国法学研究注入新的生命活力。同时,立足新发展阶段,完整、准确、全面贯彻新发展理念,服务构建新发展格局,推动高质量发展,与国家发展同频共振,围绕深化改革、乡村振兴、区域发展、教育回归、生态治理、对外开放、社会建设、风险防控等重点领域法律问题的地方、区域性探索经验加强研究,深化浙江共同富裕示范区建设、中部高质量发展、东北全面振兴、横琴粤澳深度合作区建设等国家重大发展战略相关法律问题研究,不断提升服务科学决策的能力水平。

从知识发生学的视角来看,学科交叉融合是哲学社会科学繁荣发展的必由之路,环境法学、税法学、监察法学、法人类学、卫生法学、网络法学或数字法学等新兴法学的兴旺发展就是学科交叉融合的鲜活范例。区域法治是全面依法治国方略的崭新法治形态,开展区域法治研究既是区域科学发展的题中之义,也是新时代中国法学繁荣发展的必然要求,同时还有"区域经济""区域政治""区域行政"等新兴交叉学科研究的前导和佐证。加速推进法学新兴交叉学科的培育和发展是完善中国特色社会主义法学学科体系的重要内容,具有重要的学科建设意义、理论创新意义和法治实践意义。中国法治建设主流观念,长期以来的突出表现是唯理主义建构观,其重视设计国家法律制度而忽视总结提炼地方法律实践,特别是创造性探索。当前,区域法治举措频繁,"区域法治观"逐渐明晰。从"国家法治"到"区域法治"的观念转型,有益于在经验总结与反思基础上推进新时代中国特色社会主义法治发展,增强法学研究的系统性、针对性、创造性。法学界对区域法治或地

---

① 参见公丕祥:《法治中国进程中的区域法治发展》,载《法学》2015 年第 1 期。

方法治的研究已初具规模:在概念上,"区域法治"仍有争议;在区域法治必要性上,学术界从社会学、经济学、政治学等多角度对其进行了论证;在区域法治的路径上,学术界对浙江、湖南、广东等省域的地方法治经验进行了概括总结。①

(三)构建法学中国话语,创新中国特色社会主义法治理论

马克思主义认为,实践是理论的基础,是理论的出发点和归宿点,同时理论必须接受实践的检验;理论来自实践,指导实践、服务实践,并随着实践的发展而不断丰富和发展。法学知识的生产受到不同国家文化背景、现实情况等的深刻影响,唯有从中国法治实践的问题出发,回到中国的实际语境中去概括话题、提出命题,才能打造具有自主性的中国法学,增强中国法学在知识和理论生产上的竞争力。2017年5月3日,习近平在中国政法大学考察时强调指出,"没有正确的法治理论引领,就不可能有正确的法治实践";要求广大法学理论工作者要"加强法治及其相关领域基础性问题的研究,对复杂现实进行深入分析、作出科学总结,提炼规律性认识,为完善中国特色社会主义法治体系、建设社会主义法治国家提供理论支撑"。② 构建和完善中国特色社会主义法学学科体系、学术体系、话语体系是推动法治中国建设深入发展的重要基础性工作,是实现全面依法治国的必然要求,必须从过去以法律体系为研究对象的部门法学体系转型提升为以法治体系为研究对象的法治学科体系,系统总结运用中国特色社会主义法治建设特别是新时代区域法治的鲜活经验,准确解读中国现实,回答中国问题,提出新观点,构建新理论,不断深化研究,推出具有中国特色的原创性成果。有学者指出,如果要认真检讨和反思改革开放以来中国法治研究与法治话语的弊病,那么最值得指出的当属地方法治问题的边缘化:一是地方法治问题在法治研究中处于边缘化的位置;

---

① 参见吴华琛:《从"法治国家"到"法治地方"——地方法治研究述评》,载《中共福建省委党校学报》2013年第4期。
② 参见王晔、李学仁:《立德树人德法兼修抓好法治人才培养 励志勤学刻苦磨炼促进青年成长进步》,载《人民日报》2017年5月4日。

二是地方法治在国家法治建设中的地位被边缘化。① 如果从 1987 年起算,中国的区域法治实践与研究已经进行了 30 多年。其间,区域法治研究经过了依法治×的雏形阶段、地方法制与先行法治化阶段、区域法治阶段,相继对区域法治的含义、与国家法治的关系、区域法治的意义等问题作出了讨论。但总体来看,区域法治研究算不上成熟与繁荣,并且由于研究视角一直是以描述的角度来观察区域法治,其重心在于"法治"而非"区域"或"地方",缺少对区域内部的分析角度,所以依旧存在区域内涵界定不清、区域法治推进力量模糊、缺乏问题导向等诸多问题。②

坚持贯彻中国特色社会主义法治理论,深入贯彻习近平法治思想,系统总结运用新时代中国特色社会主义法治建设的鲜活经验,不断推进理论和实践创新发展。加强区域法治理论研究,要从深层次上把握"区域法治"这一概念的沿革和发展、内涵和意义、义理和精神,依照学术规律展现法学的实践品格,有效推动区域法治的知识创新,回应区域法治研究中的新挑战新问题,更大程度上凝聚区域法治概念和理念的共识,彰显自身理论特色,形成新的学术创见,回应、阐释和引领当代中国区域法治实践。区域法治研究只有紧密联系多样性的区域法治实践,坚持理论创新和实践探索相统一,加强对区域法治历史、现状与趋势的研究,才能为区域法治健康发展提供学理支撑和理论指引。区域法治发展丰富法治中国建设内涵,只有在区域法治实践中才能逐渐总结和提炼出法治中国制度形态;区域法治建设则是法治中国建设的实践基础和现实载体,是法治中国的着眼点和落脚点。与此同时,法治中国建设又为区域法治建设提供合法性基础和方向性指引,并将区域法治经验和成果整合在法治中国建设的框架中。为此,需要从法治中国视阈下推进区域法治建设,建立和健全区域开发和发展的法律体系;加强省(市、区)域间的立法、执法和司法协调与合作;多方面营造区域开发和发展的良好法治环境。③ 不容置疑,区域

---

① 参见黄文艺:《认真对待地方法治》,载《法学研究》2012 年第 6 期。
② 参见谢遥:《对地方法治研究三十年的整理与反思》,载《河北法学》2018 年第 7 期。
③ 参见文正邦:《法治中国视阈下的区域法治研究论要》,载《东方法学》2014 年第 5 期。

法治的概念在理论与实践两个层面都是科学的,已经名正言顺地进入中国特色社会主义法治话语体系,也当然属于中国法学的概念体系。区域法治理论是中国法学与法律界在 21 世纪初叶的原创性理论,对区域法治发展发挥着积极的指导作用和理论规范作用,丰富和发展了中国特色社会主义法学理论体系和法治理论体系。[①]

在人类历史上,从农业社会到工业社会,从刀耕火种到声光化电,每一次科技革命都会带来制度体系和治理方式的变革。国家法治视域下的区域法治,既具有法学基础理论创新的开创性意义,也具有方法论创新的哲学价值。传统政治治理、国家治理、社会治理、法治理论,都是以明确的地域和清晰的行政区划边界为基础,而区域法治立足于行政区域,同时又超越行政区域,不仅是理念的突破、思维的创新,更是实践的创造。特别是以互联网、大数据、云计算等新兴信息技术为依托,以"互联网+政务服务"为目标,跨行政区域乃至全国一体化的"一网通办"的大力推进,以简政放权、创新监管、提升服务为核心,以政府权力清单为基础,以信息化技术为支撑,创新实践"互联网+"思维,政务服务已从政府供给导向向群众需求导向转变,从"线下跑"到"网上办"、从"辖区定点办"到"跨区域通办"、由"分头办"到"协同办",全面开启了从"群众跑腿"到互联网"数据跑腿"的服务管理新模式。顺应时代的政府服务再造具有深远的多重意义:加快服务型政府建设,提高政务服务效能,为民众和市场主体提供更高效便捷公共服务;打破行政壁垒,助力区域间要素的自由流动、城乡居民自由迁徙;加强区域合作,推动区域协同治理效能、区域经济高质量发展;畅通国内大循环,有利于不同区域立足新发展阶段、贯彻新发展理念,更好融入以国内大循环为主体、国内国际双循环相互促进的新发展格局。其中,政府服务创新的每一个领域、每一个环节,以及具体事项清单、数据安全等,都需要法的指引、法律调节、法治保障,即用法治力量破解区域协同治理难题,为各级政府立足地方、着眼区域、服务全国,因地制宜开展区域法治改革探索提供了时代机遇和广阔舞台。

[①] 参见张文显:《变革时代区域法治发展的基本共识》,载公丕祥主编:《变革时代的区域法治发展》,法律出版社 2014 年版,第 3 页。

例如,重庆市、四川省、贵州省、云南省、西藏自治区(以下简称西南五省区市)山水相连、地理相接、人文相通,2021年4月,西南五省区市共同签订《政务服务"跨省通办"合作协议》,建立省级协作机制,协同推进线上"一网通办"、线下异地代收代办,加强数据共享和业务协同;8月,西南五省区市联袂打造的"跨省通办"服务专区正式上线,第一批通办事项清单包含国家要求通办的128项,以及区域特色服务20项,涉及民政、税务、交通等17个部门,涵盖户籍迁移、医保社保、住房公积金办理、道路运输等高频服务领域事项。那么,如何在推进中加强事项标准化建设,畅通线下邮政寄送渠道,建立统一好差评服务机制?如何在区域协同中加强"跨省通办"业务指导培训,切实提升政务服务效能,逐步实现"线上线下一体化,五省协调高效化"的新型跨省通办政务服务模式,为企业和群众提供更加便利的异地办事服务,让企业和群众的获得感成色更足?如何推进线上线下一体化监管,完善与创新创造相适应的包容审慎监管方式,根据不同领域特点和风险程度确定监管内容、方式和频次,提高监管精准化水平?顺应数字文明新浪潮,利用数字技术加快政府职能转变,推动政府治理转型,增强数字政府效能,这是政府治理模式、治理结构、服务模式的深刻变革,不仅是对传统行政、治理理论提出的新挑战,涉及政府治理规范化程序化法治化,更是区域法治研究的新领域、新天地。及时总结新经验、发现新问题、回应新期待,区域法治必将在理论创新与实践创新的良性互动中蓬勃发展。

三、区域法治的实践意义

区域法治夯实国家法治基础,丰富国家法治内涵,拓宽国家法治路径。德国法学家鲁道夫·冯·耶林认为:"目的是全部法律的创造者,每条法律规则的产生都源于一种目的,即一种实际的动机。"①法学研究不能局限在学术圈,法学研究者要紧紧把握时代脉搏,关怀法治实践,坚持理

---

① 转引自〔美〕E.博登海默:《法理学:法律哲学与法律方法》,邓正来译,中国政法大学出版社2004年版,第115—116页。

论与实践相结合,投身全面依法治国火热实践。新时代是法治中国大踏步前进的时代,推进区域法治发展,是深化全面依法治国实践的重要战略与策略选择。区域法治作为全新的法治发展类型,是在国家顶层设计的指引下,地方政府以积极的姿态介入其中并加以推动的时代产物。正是地方政府的这种推动力、创新力,使得国家法治发展格局呈现出一幅崭新的图景——在法治中国的整体部署下,区域法治蓬勃兴起。因此,无论是权力推动型的区域法治如京津冀协同发展、国家公园体制试点①的法治实践,还是市场驱动型的区域法治如长三角一体化发展的法治探索,区域法治发展的目标一致:一是为法治发展的中国道路探索经验;二是为区域间合作治理提供法治框架;三是以发展区域法治来推动国家法治全面均衡发展;四是为区域经济社会发展提供法治保障。②

(一)贯彻国家区域发展战略

国家现代化是现代国家治理的永恒课题,其中区域发展特别是区域均衡发展问题将永远相伴随行;实施区域发展战略,让国家发展更平衡、更充分,成为现代国家治理的基本目标。实践表明,国家区域发展战略的制定与实施,蕴含着制度创新的勃勃生机与活力,但区域不同,定位不同,发展的战略目标不同,只有源于实践的顶层设计,才是充满生机活力的蓝图,如长江三角洲区域一体化发展(简称"长三角一体化发展")和粤港澳

---

① 如作为长江、黄河、澜沧江的发源地,三江源地区是我国淡水资源的重要补给地、高原生物多样性最集中的地区,在全国生态文明建设中具有特殊重要地位,关系到国家生态安全和中华民族长远发展。自三江源国家公园体制试点启动以来,青海省立足国家生态安全战略,把体制机制创新作为试点的"根"与"魂",举全省之力确立建园理念,形成公园体系,解决监管难题。2016年6月,三江源国家公园管理局正式挂牌,长江源、黄河源、澜沧江源三个园区管委会一并成立,突破传统束缚,打破体制藩篱,构建起大部门管理体制,优化重组各类保护地,开启了全新的生态治理之路,公园试点区域总面积12.31万平方公里,涉及治多、曲麻莱、玛多、杂多四县和可可西里自然保护区,共12个乡镇、53个行政村,经过三年的试点探索,彻底改变了原来"九龙治水""条块分割""政出多门"的局面,形成了"山水林田湖草"一体化的管理体制。目前,三江源地区的生态系统退化趋势已得到有效遏制,生态环境状况明显好转,农牧民生产生活水平稳步提高,国家生态安全屏障进一步筑牢。参见万玛加:《三江源:绿水青山间 新景擘画来》,载《光明日报》2019年12月21日。
② 参见骆天纬:《区域法治发展的理论逻辑——以地方政府竞争为中心的分析》,法律出版社2017年版,第9—10页。

大湾区发展规划,都是经由区域实践探索总结上升为国家战略。① 党的十九大报告指出:"实施区域协调发展战略。加大力度支持革命老区、民族地区、边疆地区、贫困地区加快发展,强化举措推进西部大开发形成新格局,深化改革加快东北等老工业基地振兴,发挥优势推动中部地区崛起,创新引领率先实现东部地区优化发展,建立更加有效的区域协调发展新机制。"② 2018年11月,《中共中央 国务院关于建立更加有效的区域协调发展新机制的意见》明确提出了到2020年、2035年、21世纪中叶的总体目标,其中到21世纪中叶,要"建立与全面建成社会主义现代化强国相适应的区域协调发展新机制,区域协调发展新机制在完善区域治理体系、提升区域治理能力、实现全体人民共同富裕等方面更加有效,为把我国建成社会主义现代化强国提供有力保障"。毫无疑问,法治是推动建立区域协调发展新机制的重要内容和基础保障。审视近年来产生于部分省(区、市)的地方法治创新实践,提炼其"理想类型",并进一步分析地方参与国家建设的深度、广度和限度,在当前全面深化改革的关键时期显得尤为重要。通过对"程序型法治"的湖南案例、"自治型法治"的广东案例以及"市场型法治"的浙江案例的考察不难发现,地方法治试验可以在提升国家能力、建设社会组织、塑造公民意识、弥补中央治理欠缺等方面发挥重要作用。然而,法治建设的原动力问题依然需要在地方法治试验中不断地加以探索。③

---

① 长三角区域一直是中国经济社会发展的重要引擎,长三角的概念和空间范围从1982年起便不断变化扩展,到2018年演变成以上海为龙头、34个城市组成的城市群;2018年6月,(上海、江苏、浙江、安徽)《长三角地区一体化发展三年行动计划(2018—2020年)》印发;2018年11月5日,习近平在首届中国国际进口博览会上宣布,支持长三角区域一体化发展并上升为国家战略;2019年3月5日,李克强在政府工作报告中指出,将长三角区域一体化发展上升为国家战略,编制实施发展规划纲要。粤港澳大湾区从学界讨论到地方政策考量,再到国家战略的提出,历时20余年。1994年,时任香港科技大学校长吴家玮提出对标旧金山建设深港湾区;21世纪初,广州率先提出依托南沙港对标东京湾区;2009年10月,粤港澳三地政府联合提出共建珠江口湾区,成为粤港澳大湾区的雏形;2014年,深圳市政府工作报告中首现"打造湾区经济";2019年2月,《粤港澳大湾区发展规划纲要》提出,粤港澳大湾区不仅要建成充满活力的世界级城市群、国际科技创新中心、"一带一路"建设的重要支撑、内地与港澳深度合作示范区,还要打造成宜居、宜业、宜游的优质生活圈,成为高质量发展的典范。

② 习近平:《决胜全面建成小康社会 夺取新时代中国特色社会主义伟大胜利——在中国共产党第十九次全国代表大会上的报告》(2017年10月18日),载《人民日报》2017年10月28日。

③ 参见周尚君:《国家建设视角下的地方法治试验》,载《法商研究》2013年第1期。

粤港澳大湾区是具有全球治理视野的多元制度整合意义的示范区。正如2019年2月中共中央、国务院印发的《粤港澳大湾区发展规划纲要》所指出,建设粤港澳大湾区,既是新时代推动形成全面开放新格局的新尝试,也是推动"一国两制"事业发展的新实践。为全面贯彻党的十九大精神,全面准确贯彻"一国两制"方针,充分发挥粤港澳综合优势,深化内地与港澳合作,进一步提升粤港澳大湾区在国家经济发展和对外开放中的支撑引领作用,支持香港、澳门融入国家发展大局,增进香港、澳门同胞福祉,保持香港、澳门长期繁荣稳定,让港澳同胞同祖国人民共担民族复兴的历史责任、共享祖国繁荣富强的伟大荣光。为此,该规划纲要明确要求:"'一国两制',依法办事。把坚持'一国'原则和尊重'两制'差异有机结合起来,坚守'一国'之本,善用'两制'之利。把维护中央的全面管治权和保障特别行政区的高度自治权有机结合起来,尊崇法治,严格依照宪法和基本法办事。把国家所需和港澳所长有机结合起来,充分发挥市场化机制的作用,促进粤港澳优势互补,实现共同发展。""加强法律事务合作。合理运用经济特区立法权,加快构建适应开放型经济发展的法律体系,加强深港司法合作交流。加快法律服务业发展,鼓励支持法律服务机构为'一带一路'建设和内地企业走出去提供服务,深化粤港澳合伙联营律师事务所试点,研究港澳律师在珠三角九市执业资质和业务范围问题,构建多元化争议解决机制,联动香港打造国际法律服务中心和国际商事争议解决中心。实行严格的知识产权保护,强化知识产权行政保护,更好发挥知识产权法庭作用。"

(二) 推进区域生态环境治理

党的十九大擘画了"建设美丽中国"蓝图,生态文明建设加速推进,生态环境治理力度空前,跨行政区域的大江大河水质保护、生态保护、流域保护与治理,以及区域大气污染防治等,自然成为区域法治的重点。例如,长江经济带共抓大保护、不搞大开发,京津冀雾霾协同治理,黄河流域生态保护。① 又如,在区域行政执法合作方面,北京市、河北省已经在探索环保税的协调属地征收(京高、冀低),区域立法合作保护江河流域的实践正在各地方兴未艾。再如,得天独厚的生态环境是海南省大特区建设的生命线,牢牢守住生态底线,加强资源环境生态红线管控,是海南开放开发必需坚守的基本原则。为此,2019年5月,中共中央办公厅、国务院办公厅印发《国家生态文明试验区(海南)实施方案》,明确要求:"强化法治保障。海南省人大及其常委会可以充分利用经济特区立法权,制定海南特色地方性法规,为推进试验区建设提供有力法治保障。试验区重大改革措施涉及突破现行法律法规规章和规范性文件规定的,要按程序报批,取得授权后施行。"

笔者曾在鄂渝湘黔交界的武陵山片区腹地恩施市工作10年,长期观察并亲自参与的个案——《酉水河保护条例》,是湖北省恩施土家族苗族自治州和湖南省湘西土家族苗族自治州为保护酉水河及其流域生态而开展的区域立法合作的成功探索。酉水河全长427公里,流经鄂渝湘黔4省(市)的2个自治州、11个县(自治县),《酉水河保护条例》作为恩施、湘西两州的跨区域立法合作,合作双方以新发展理念为指导,以加快推动民族地区绿色发展变革为主线,以着力流域生态保护为目标,探索区域立法合作范式,探寻流域生态保护路径,是绿色发展理念在法治领域的生动实践,是区域立法合作的成功范例。《恩施土家族苗族州酉水河保护条例》由州七届人大常委会第三十二次会议通过,并经湖北省十二届人大常委会第二十五次会议批准,于2017年3月1日起正式施行;《湘西土家族苗族州酉水河保护条例》由州十四届人大一次会议通过,并经湖南省十二届人大常委会第二十九次会议批准,于2017年5月1日起正式施行;《酉水河保护条例》特别明确了8条"禁令",严格保护酉水河及其流域环境生

---

① 2019年9月18日,习近平在郑州主持召开黄河流域生态保护和高质量发展座谈会强调指出:"黄河流域生态保护和高质量发展,同京津冀协同发展、长江经济带发展、粤港澳大湾区建设、长三角一体化发展一样,是重大国家战略。加强黄河治理保护,推动黄河流域高质量发展,积极支持流域省区打赢脱贫攻坚战,解决好流域人民群众特别是少数民族群众关心的防洪安全、饮水安全、生态安全等问题,对维护社会稳定、促进民族团结具有重要意义。"参见《共同抓好大保护协同推进大治理让黄河成为造福人民的幸福河》,载《人民日报》2019年9月20日。

态,必将有力促进酉水河流域生态保护,开创了民族地区跨行政区域依法共同治理中等河流的先例,为区域法治特别是流域生态保护创造了新经验,探索了新模式。①

(三) 探索国家重大改革经验

2021年7月9日,中央全面深化改革委员会第二十次会议指出,党的十八大以来,我们先后部署设立21个自由贸易试验区,形成了覆盖东西南北中的试点格局,推出了一大批高水平制度创新成果,建成了一批世界领先的产业集群,为高质量发展作出了重要贡献。要深入推进高水平制度型开放,赋予自由贸易试验区更大改革自主权,加强改革创新系统集成,统筹开放和安全,及时总结经验并复制推广,努力建成具有国际影响力和竞争力的自由贸易园区,发挥好改革开放排头兵的示范引领作用。②试点是推动改革的重要办法、有效途径,试点能够积累经验、测试效果、突破障碍和缓冲压力。用最通俗形象的表述,"摸着石头过河"已经成为中国改革的方法论。坚持顶层设计和基层探索相统一,稳步推进改革,对重大改革坚持试点先行,取得经验后再推广,可以不断积累改革经验,防范改革风险,降低改革成本,探索可复制可推广的法治体制机制和样本。

譬如,国家监察体制改革是事关全局的重大政治体制改革,构建集中统一、权威高效的国家监察体制,深化国家监察体制改革是健全党和国家监督体系、推进国家治理体系和治理能力现代化的战略举措。2016年11月,中共中央办公厅印发《关于在北京市、山西省、浙江省开展国家监察体制改革试点方案》,部署在三省市设立各级监察委员会,从体制机制、制度建设上先行先试、探索实践,就是为了在全国实施积累经验。实践证明,三省市通过改革试点,完善了党和国家自我监督体系,推动了党内监督和

---

① 参见戴小明、冉艳辉:《区域立法合作的有益探索与思考——基于〈酉水河保护条例〉的实证研究》,载《中共中央党校学报》2017年第2期、人大复印报刊资料《宪法学、行政法学》2017年第9期、《中国社会科学文摘》2017年第10期。

② 参见《习近平主持召开中央全面深化改革委员会第二十次会议》,载《人民日报》2021年7月10日。

国家监察的有机统一;健全了反腐败领导体制,加强了党对反腐败斗争的统一领导;建立起集中统一、权威高效的监察体系,实现了对所有行使公权力的公职人员监察全覆盖;推动了人员融合和工作流程磨合,构筑起规范内部运行和纪法衔接的制度体系。同时,三省市改革试点还积累了如下重要经验:一是加强政治建设,牢固树立"四个意识",理顺坚持执政党全面领导的体制机制,改革领导小组充分发挥指导、协调和服务作用,各级党委、纪委切实担当起政治责任,负好主责和专责;二是加强思想建设,把思想政治工作做在前面,切实提高涉及改革部门和人员的政治站位和政治觉悟;三是加强制度建设,凡属重大改革于法有据,确保在法治轨道上推进改革,同时完善制度体系,对改革成果及时予以确认吸收,将改革增量确立为新的制度存量;四是加强统筹协调,确保纪检机关、监察机关和司法执法机关的相互协同配合、步调一致,保障改革顺利推进。①

改革是权力配置的优化,是利益关系的调整,是法治变革与完善。党的十八大开启了全面深化改革、全面依法治国的新征程,改革试点与法治先行相互促进,以法治思维引领改革、推动改革,全面深化改革于法有据,赋予顶层设计与基层探索新的时代内涵。习近平明确指出:"试点是改革的重要任务,更是改革的重要方法。试点能否迈开步子、趟出路子,直接关系改革成效。要牢固树立改革全局观,顶层设计要立足全局,基层探索要观照全局,大胆探索,积极作为,发挥好试点对全局性改革的示范、突破、带动作用。"②2013年以来,中央全面深化改革领导小组积极稳妥在国家治理各领域部署开展了一系列重大改革试点,为顶层设计探索了一批可复制可推广的经验,如司法体制改革、户籍制度改革、国家监察体制改革、全面创新改革试验区、自由贸易试验区试点等。实践表明,通过顶层设计与基层探索相结合,全面深化改革各项决策部署进展顺利,形成了一大批改革理论成果、制度成果、实践成果。中央全面深化改革委员会第十次会议强调:"落实党的十八届三中全会以来中央确定的各项改革任务,

---

① 参见张磊:《贯彻落实党的十九大精神的具体行动——在全国各地推开国家监察体制改革试点透视》,参见《中国纪检监察报》2017年10月30日。
② 《习近平主持召开中央全面深化改革领导小组第十三次会议》,载《人民日报》2015年6月6日。

前期重点是夯基垒台、立柱架梁,中期重点在全面推进、积厚成势,现在要把着力点放到加强系统集成、协同高效上来,巩固和深化这些年来我们在解决体制性障碍、机制性梗阻、政策性创新方面取得的改革成果,推动各方面制度更加成熟更加定型。"①2019 年 8 月,国务院印发《中国(山东)、(江苏)、(广西)、(河北)、(云南)、(黑龙江)自由贸易试验区总体方案》,提出要坚持新发展理念,坚持高质量发展,主动服务和融入国家重大战略,更好服务对外开放总体战略布局,把自贸试验区建设成为新时代改革开放的新高地,明确了 6 个自由贸易区各有侧重的差别化改革试点任务和具体举措②,并强调了自贸试验区建设过程中,要强化底线思维和风险意识,完善风险防控和处置机制,实现区域稳定安全高效运行,切实维护国家安全和社会安全;充分发挥地方和部门积极性,抓好各项改革试点任务落实,高标准高质量建设自贸试验区;各地方要加强地方立法,完善工作机制,打造高素质管理队伍;各有关部门要及时下放相关管理权限,给予充分的改革自主权;要加强试点任务的总结评估,加强政策的系统集成性,形成更多可复制可推广的改革经验,充分发挥示范带动作用。

(四)深化全面依法治国实践

区域治理具有自发性、自主性、共生性、协调性等法律共性,区域法治与区域治理、区域发展协同互进,全面深化新时代依法治国实践。特别是依据新修订的《立法法》,应充分发挥地方自主立法权的功能,积极通过区

---

① 《加强改革系统集成协同高效 推动各方面制度更加成熟更加定型》,载《人民日报》2019 年 9 月 10 日。

② 山东自贸试验区包括培育贸易新业态新模式、加快发展海洋特色产业和探索中日韩三国地方经济合作等;江苏自贸试验区包括提高境外投资合作水平、强化金融对实体经济的支撑和支持制造业创新发展等;广西自贸试验区包括畅通国际大通道、打造对东盟合作先行先试示范区和西部陆海联通门户港等;河北自贸试验区包括支持开展国际大宗商品贸易、支持生物医药与生命健康产业开放发展等;云南自贸试验区包括创新沿边跨境经济合作模式和加大科技领域国际合作力度等;黑龙江自贸试验区包括加快实体经济转型升级和建设面向俄罗斯及东北亚的交通物流枢纽等。从 2013 年自贸试验区工作启动以来,中国自贸试验区的建设布局逐步完善,形成了覆盖东西南北中的改革开放创新格局,在投资贸易自由化便利化、金融服务实体经济、政府职能转变等领域进行了大胆探索,取得了显著成效。参见《国务院印发:关于六个新设自由贸易试验区总体方案的通知》,载《人民日报》2019 年 8 月 27 日。

域法治促进区域经济社会发展、环境保护,助力国家治理现代化的发展大局。例如,珠三角、长三角、京津冀一体化等迅速发展,超大城市群的设计与治理对中国,乃至世界的地方自治和城市治理都提供了宝贵经验;2015年6月5日,中央全面深化改革领导小组第十三次会议同意海南省就统筹经济社会发展规划、城乡规划、土地利用规划等开展省域"多规合一"改革试点,省域科学规划,打破部门壁垒和区划分割,全省一张蓝图、一个生态红线标准,从此改变的不只是空间规划,还有资源管理和配置方式,以及行政职能调整和行政效能提升。[①] 而在具体的司法领域,中共十八届四中全会通过的《中共中央关于全面推进依法治国若干重大问题的决定》明确指出:"探索设立跨行政区划的人民法院和人民检察院,办理跨地区案件。"设立跨行政区划的人民法院和人民检察院,是新时代司法综合配套改革的重要内容,目的在于排除对审判工作和检察工作的干扰;保障法院和检察院依法独立公正行使审判权和检察权;构建普通案件在行政区划法院审理、特殊案件在跨行政区划法院审理的诉讼格局。譬如,作为全国第一批司法改革试点法院,海南省法院服务和保障生态立省发展战略,试行环境资源案件跨流域、区域提级集中管辖以及民事、刑事、行政案件"三合一"归口审理,在2017年即已完成环境资源案件审判改革主体框架,解决了环境资源案件司法证据采信难题,为全国提供了改革样本。[②]

近年来,中国批准建立了18个自由贸易试验区,制度创新的红利持续释放,市场主体数量大幅增加,对区域经济的辐射带动作用不断增强。在更深层意义上,自贸试验区有效推进改革向纵深发展,引领了开放新模式和新阶段的实践探索,有力推动了高质量发展。然而,在贸易保护主义抬头的形势下,"单兵突进""微创新"的模式,已很难满足高水平开放、高质量发展的新时代要求,需要开辟发挥改革系统集成作用的试验田。海南拥有独立的地理单元和完整的闭合空间,30多年的经济特区探索也积累了经验教训。高质量高标准在海南启动世界水准自由

---

① 参见陈伟光、丁汀:《一张蓝图,迈开步子蹚出路子》,载《人民日报》2017年9月1日。
② 参见刘杰:《海南试行环境资源案件跨区域集中管辖 今后将逐步铺开》,http://www.hkwb.net/news/content/2016-09/27/content_3053267.htm,2016年10月20日访问。

贸易港建设，就是要以制度集成创新，以更高水平开放促进更深层次改革，搭建起开放式经济社会体系，试验最高水平的自由贸易，即用全面深化改革助力自由贸易港试验最高水平的开放政策，同时最高水平的开放政策历练全面深化改革的敏感性适应能力，使改革与开放相互助推，搭建自由贸易港的试错、容错机制以及协同共识机制。作为我国全面深化改革、全面扩大开放的一项国家重大战略，建设海南自由贸易港必须坚持在法治轨道上推进，包括在法治框架内推进改革的顶层设计、在法治层面形成对改革创新的容错纠错机制、增强有效防范化解改革风险的法治保障等，坚持改革决策和立法决策相统一、相衔接，做到重大改革于法有据，以法治思维和法治方式为大胆试、大胆闯、自主改保驾护航，确保改革和法治同步推进。

《海南自由贸易港建设总体方案》的核心要义是深化改革、扩大开放、升级制度创新。方案指出，海南是我国最大的经济特区，具有实施全面深化改革和试验最高水平开放政策的独特优势，支持海南逐步探索、稳步推进中国特色自由贸易港建设，分步骤、分阶段建立自由贸易港政策和制度体系。制度设计可概括为"6+1+4"——"6"即贸易自由便利、投资自由便利、跨境资金流动自由便利、人员进出自由便利、运输来往自由便利、数据安全有序流动；"1"即构建现代产业体系，大力发展旅游业、现代服务业和高新技术产业，增强经济创新力和竞争力；"4"即加强税收、社会治理、法治、风险防控等四个方面的制度建设。根据国家发展和改革委员会的具体解读，《海南自由贸易港建设总体方案》的推进实施可以分为打基础和全面推进两个阶段："第一个阶段，从现在起到2025年以前，主要是打基础、做准备。这一阶段的目标任务是，突出贸易投资自由化便利化，在有效监管的基础上，有序推进开放进程，推动各类要素便捷高效流动，形成早期收获，适时启动全岛封关运作。围绕这一目标任务，我们将抓紧开展工作，争取用3年左右的时间能够取得突破性的进展，为全面封关奠定一个良好的基础。第二个阶段，2035年以前，主要是全面推进自由贸易港政策落地见效。这一阶段的目标任务是，进一步优化完善开放政策和相关制度安排，实现贸易自由便利、投资自由便利、跨境资金流动自由便利、人员进出自由便利、运输来往自由便利和数据安全有序流动,基本形成完备的法律法规体系、现代产业体系和现代化社会治理体系,打造我国开放型经济新高地。"①

四、区域法治的未来展望

"不谋万世者,不足谋一时;不谋全局者,不足谋一域。"②新中国缔造者毛泽东从中国的历史状况和社会状况出发,深刻研究中国革命的特点和中国革命的规律,以对中国国情的全面把握和中国基层社会的深切了解,在大革命失败后审时度势,以政治家的非凡政治勇气鲜明提出"枪杆子里面出政权",创建井冈山革命根据地,从理论上阐述了中国必须走以农村包围城市、最后夺取全国胜利的革命道路。③ 农民是无产阶级的最可靠的同盟军,基于对中国社会的深刻分析,1936 年,在延安会见美国著名记者埃德加·斯诺时,毛泽东更是以无产阶级革命家、战略家和理论家的远见卓识,精辟指出:"谁赢得了农民,谁就会赢得中国","谁能解决土地问题,谁就会赢得农民"。④

回顾 1840 年鸦片战争以来中国人民在屈辱苦难中奋起抗争,为实现民族复兴进行的种种探索,探寻中国共产党的百年奋进史,追寻百年来党的光辉足迹,党的力量在于组织,组织能使力量倍增,在中国共产党的领导下,新中国的成立标志着中国从一个传统国家迈入了现代国家。"社会主义制度的建立,是我国历史上最深刻最伟大的社会变革,是我国今后一

---

① 《海南自贸港明确两个阶段时间表 2025 年前适时启动全岛封关运作》,https://www.hainan.gov.cn/hainan/ldhd/202006/3341d61a62db4cc79e540857d4ecfe88.shtml,2020 年 8 月 5 日访问。

② (清)陈澹然:《寤言二·迁都建藩议》。

③ "在党的许多杰出领袖中,毛泽东同志居于首要地位。早在一九二七年革命失败以前,毛泽东同志就已经明确指出无产阶级领导农民斗争的极端重要性以及在这个问题上的右倾危险。革命失败后,他是成功地把党的工作重点由城市转入农村,在农村保存、恢复和发展革命力量的主要代表。"参见《关于建国以来党的若干历史问题的决议》(一九八一年六月二十七日中国共产党第十一届中央委员会第六次全体会议一致通过),中共党史出版社 2013 年版,第 62 页。

④ 参见〔美〕洛易斯·惠勒·斯诺编:《斯诺眼中的中国》,王恩光等译,中国学术出版社 1982 版,第 47 页。

切进步和发展的基础。"近代以来,旧中国之所以积贫积弱、落后挨打,一个重要原因就是国家和社会"一盘散沙",没有有效组织起来。1949 年,中华人民共和国成立,中国最基层社会得到有效组织、整合,特别是在最基层,把最广大的农民组织起来,从社会结构上解决了长期妨碍中国成为现代国家的"一盘散沙"问题,国家面貌从此大不一样。"建立和巩固了工人阶级领导的、以工农联盟为基础的人民民主专政即无产阶级专政的国家政权。它是中国历史上从来没有过的人民当家作主的新型政权,是建设社会主义的富强民主文明的现代化国家的根本保证。""实现和巩固了全国范围(除台湾等岛屿以外)的国家统一,根本改变了旧中国四分五裂的局面。"①

2020 年,一场突如其来、百年不遇、持久不散的新冠肺炎疫情重大公共卫生危机,对世界各国的政治制度和治理模式是一场同台竞争的考试,为全球不同政治体制带来一次强大压力测试。新冠肺炎疫情防控对人力、物力、财力、信息的需要大大超出了常规科层制所能提供的治理能力。尽管欧美国家国力强盛,但是面对疫情长时间没有找出有效对策。唯独中国,在面对疫情严峻考验之初,就能在极短时间内推出完善、有效的应对方案,成功控制疫情扩散和化解危机。那么,中国为什么能?其中的根本原因和差别,就在于中国共产党的领导力、中国特色社会主义制度的独特优势,通过长期的组织网络积累和政治信任建构,塑造了一个危机治理的命运共同体,以政治动员广泛发动社会力量并整合各类资源,及时高效组织动员基层社会,做到最大限度地动员广大人民群众直接参与,权威信息直达基层、直达百姓、直达每一个社会成员,老百姓能在第一时间知道应该做什么、怎么做,因此赢得了全民抗疫的人民战争。执政党严密的组织体系覆盖最偏远的边疆村镇,在应对风险挑战中展现了强大的组织力、执行力和行动力。

严密的组织体系是马克思主义政党的优势所在、力量所在。历经百

---

① 《关于建国以来党的若干历史问题的决议》(一九八一年六月二十七日中国共产党第十一届中央委员会第六次全体会议一致通过),中共党史出版社 2013 年版,第 63 页。

年风雨,以党的政治建设为统领,持续推进党的建设新的伟大工程,严密党的组织体系,厚植党在基层的组织优势,中国共产党从小到大、由弱到强,始终保持着旺盛的生机与活力,从建党时只有50多名党员,发展成为拥有9500多万名党员、领导着14亿多人口大国、具有重大全球影响力的世界第一大执政党。根据中共中央组织部发布的最新统计数据,截至2021年6月5日,党员总数为9514.8万名,基层组织486.4万个,其中,基层党委27.3万个,总支部31.4万个,支部427.7万个;全国党的各级地方委员会3199个,其中,省(区、市)委31个,市(州)委397个,县(市、区、旗)委2771个;全国8942个城市街道、29693个乡镇、113268个社区(居委会)、491748个行政村已建立党组织,覆盖率均超过99.9%;全国共有机关基层党组织74.2万个,事业单位基层党组织93.3万个,企业基层党组织151.3万个,社会组织基层党组织16.2万个,基本实现应建尽建。① 习近平指出:"江山就是人民、人民就是江山,打江山、守江山,守的是人民的心。中国共产党根基在人民、血脉在人民、力量在人民。"②

毛泽东指出:"什么叫问题?问题就是事物的矛盾。哪里有没有解决的矛盾,哪里就有问题。"③人是社会进步的主体,但有人的地方就有需要,就会有期待,就会有矛盾;公共组织、公共机构是国之公器,就是要为民众提供公共服务、公共产品,治理就是化解社会矛盾、满足社会需求,构建社会和谐,创造美好生活。"国家乃人民之事业,但人民不是人们某种随意聚合的集合体,而是许多人基于法的一致和利益的共同而结合起来的集合体。"④因此,国家的一切法律和治理,都应该以提高人民生活水平与素质为最基本的目标。法律是社会的产物,更是时代的产物,不可能脱离一定时间和空间而存在。在19世纪的历史法学派看来,法律不是被创造出

---

① 参见中共中央组织部:《中国共产党党内统计公报》,载《人民日报》2021年7月1日。
② 习近平:《在庆祝中国共产党成立100周年大会上的讲话》(2021年7月1日),载《人民日报》2021年7月2日。
③ 毛泽东:《反对党八股》(1942年2月8日),载《毛泽东选集》(第三卷),人民出版社1991年版,第839页。
④ 〔古罗马〕西塞罗:《论共和国 论法律》,王焕生译,中国政法大学出版社1997年版,第39页。同时,参见该书第5、100、126、159页。

来的,而是被发现的,其根植于一个民族在过往历史中所形成的生活经验和实践智慧。① 法律的生命在于经验、在于生活、在于实施。法治不是写在纸上的空中楼阁,而是现实生活中的利益博弈,其定分止争、惩恶扬善、光明正大的美德,源于生活,源于实践,源于百姓生命体验的真知灼见,源于民众生活智慧与时代精神的高度融合。

在全球化的大时代和信息化的"微时代"、e时代,城市化加速推进,区域一体化快速发展,民众权利意识全面觉醒,更加积极主动表达利益诉求,大数据广泛应用,特别是互联网的日益普及,社交媒体、自媒体飞速发展,人人都是记者,大家都是编辑,人人都是深喉,大家都能爆料,可以随时制造话题、热点、舆论……民粹主义在全球范围蔓延,传统政治形态正在急速转型,基层治理多样性、复杂性、艰巨性同时并存,社会治理难度前所未有,国家治理面临严峻挑战,所有政治都已经成为基层政治、草根政治、流动政治、网络政治,互联网使得"静静悄悄的革命"变得可能和频繁,互联互通的世界使得任何冲击都有可能迅速蔓延、影响深远。②

根据中国互联网络信息中心(CNNIC)发布的第48次《中国互联网络发展状况统计报告》提供的数据,截至2021年6月,我国网民规模达10.11亿,较2020年12月增长2175万,互联网普及率达71.6%,十亿用户接入互联网,形成了全球最为庞大、生机勃勃的数字社会。其中,农村网民规模为2.97亿,农村地区互联网普及率为59.2%,较2020年12月提升3.3个百分点,城乡互联网普及率进一步缩小至19.1个百分点,贫困地区通信"最后一公里"已被打通,城乡数字鸿沟逐步缩小。这为基层

---

① 如在美国,持枪是一种文化,是宪法赋予公民的权利,这种持枪文化源于美国的殖民历史和扩张历史。早期的美国,西方的入侵者来到这片土地,他们人少,为了对抗土著印第安人、野兽以及其他殖民者,他们都配有枪支;再后来,为了控制黑人、为了在西部、南部开疆拓土扩大殖民地,他们都会配有枪支;加之西方人有渔猎和狩猎传统,所以持枪一开始就是他们的配置选择。这些因素综合在一起,就延续下来了美国的持枪文化,对枪的使用也越来越规范化、法制化,什么样的人、什么样情况下用枪是合法的,都有非常详细的规定。
② 如何有效规制互联网,应对来自网络空间的安全威胁,是当前全球各国共同面临的一项重要任务。一个典型案例是,2019年12月11日,由于印度议会通过富有争议和影响深远的"公民身份法案(修正案)",法案通过后不久阿萨姆邦和梅加拉亚邦东北部的街市就爆发了抗议,并连续出现大规模抗议及暴力活动,为控制局势印度政府派出军队并关闭当地的互联网。数字权益组织 Access Now 公布的一份报告指出,2018年记录在案的196起网络关闭事件中仅印度就有134起。

社会治理带来挑战,也提供了新的机遇,也就是在基层社会治理过程中,大力加强信息化建设、充分运用大数据,实现基层社会治理现代化,既非常必要也完全可能。如2020年,面对突如其来的新冠肺炎疫情,互联网显示出强大力量,对打赢疫情防控阻击战起到关键作用。疫情期间,全国一体化政务服务平台推出"防疫健康码",累计申领人数近9亿人,使用次数超过400亿人次,支撑全国绝大部分地区实现"一码通行",大数据在疫情防控和复工复产中作用凸显。[①] 与此同时,必须谨防资本掌控网络,防范资本对微信、微博等新兴新闻基础设施的控制,防范资本、利益集团、敌对势力对媒体和舆论的操控。

国家治理是地方性知识、经验的积累。以习近平新时代中国特色社会主义思想为例,科学理论的形成与创新,往往源于一定的思想基础,萌发于具体实践,经历实践检验,不断增强时代性,走向丰富发展,进而成熟为一整套理论体系。习近平新时代中国特色社会主义思想孕育于习近平的七年知青岁月(陕西梁家河大队)[②],生成于习近平在县域(河北正定县)、市域(福建厦门、宁德、福州)、省域(福建、浙江、上海)的治理探索以及在中央工作的总结升华,发展于新时代波澜壮阔的治国理政实践;从"摆脱贫困"到"脱贫攻坚",从"美丽浙江"到"美丽中国",从"法治浙江"到"法治中国",从"平安浙江"到"平安中国",从"海洋强省"到"海洋强国",从"全面小康"到"现代化强国"……从福建到浙江,从浙江到中央,一系列战略布局、重大改革发展举措及其创新实践理念前后对应、一脉相承。[③] 所以说,习近平新时代中国特色社会主义思想是立足中国国情、扎根中国大地、引领中国强盛的科学理论,是当代中国马克思主义、21世纪马克思主义,是中华文化和中国精神的时代精华,实现了马克思主义中国化新的

---

① 资料来源:《第47次〈中国互联网络发展状况统计报告〉(全文)》,http://www.cac.gov.cn/2021-02/03/c_1613923423079314.htm,2021年3月6日访问。

② 习近平:"陕西是根,延安是魂。我69年插队到延安,75年离开,在延安的很多事情历历在目,现在的思维行动也都和那个时候有关联,就像是诗人贺敬之说的那样'几回回梦里回延安'。"资料来源:《习近平忆插队:我把自己当做一个延安人》,http://www.xinhuanet.com/politics/2015-02/14/c_1114370816.htm,2016年10月18日访问。

③ 参见杨琳等:《在谋一域中谋全局——〈瞭望〉报道中的习近平闽浙治理实践》,载《瞭望》2021年第16期。

飞跃,贯通理论和实践、贯通历史和现实、贯通国际和国内,在指引新时代中国发展、影响当今世界中不断放射出灿烂的真理光芒,是开创新时代、引领新时代的精神旗帜,是国家政治生活和社会生活的根本指针。若从法治思想的创立逻辑观察,在长期的领导实务和治理实践中,习近平积累了依法治县、依法治市、依法治省、依法治国的丰富经验,创造性提出一系列法治新思想新理念新战略,形成习近平法治思想。

国家治理的基础在区域、根基在基层、难点在社区、活力在底层,基层社会治理是党联系群众的"最后一公里",也是人民群众感知党的执政能力的"最近一公里";社会治理是国家治理的重要方面,最坚实的力量和支撑在基层,最突出的矛盾和问题也在基层。作为国家治理的基础性环节,基层社会治理是国家治理体系和治理能力现代化的构成要素和重要基石,党的执政根基在基层,国家治理的神经末梢在基层,人民对美好生活的感知在基层,法治必须落地于基层、落实于社区、植根于人民,基层是防范化解重大风险的前哨阵地。正是在这个意义上,国家法治与区域法治是相互联系、相辅相成、共同协进的。我国《宪法》要求维护社会主义法律、制度的统一和尊严,"一切法律、行政法规和地方性法规都不得同宪法相抵触"(第 5 条)[①],同时强调"充分发挥地方的主动性、积极性"(第 3 条),最大限度包容和鼓励区域法治探索,为区域法治发展开辟了广阔空间和舞台。

国家是多样性区域的聚合。"一套使人类行为服从于规则之治的系

---

① 对行政法规、地方性法规、司法解释开展备案审查,是宪法法律赋予全国人大及其常委会的一项重要监督职权。2021 年 1 月 20 日,全国人大常委会法制工作委员会负责人向全国人大常委会作 2020 年备案审查工作情况的报告时指出,一年来,全国人大常委会法工委在备案审查工作中坚持正确政治方向,认真开展合宪性、合法性和适当性审查,对存在违背宪法规定、宪法原则或者宪法精神,与党中央的重大决策部署不相符或者与国家的重大改革方向不一致,违背上位法规定,或者明显不适当等问题的,区分不同情况分别予以纠正、作出处理。其中包括有地方性法规规定,各级各类民族学校应当使用本民族语言文字或者本民族通用的语言文字进行教学;还有的地方性法规规定,经本地教育行政部门同意,有条件的民族学校部分课程可以用汉语言文字授课。对此,全国人大常委会法工委审查认为,上述规定与宪法第十九条第五款关于国家推广全国通用的普通话的规定和国家通用语言文字法、教育法等有关法律的规定不一致,已要求制定机关作出修改。参见沈春曜:《全国人大常委会法工委关于 2020 年备案审查工作情况的报告》,http://www.npcxj.com/index.php/Mobile/News/info/cate_id/49/id/5208.html,2021 年 3 月 6 日访问。

统所必须具备的首要素质是显而易见的：必须有规则存在。我们可以将此表述为一般性要求。"①大国治理，机杼万端；要在中央，事在四方；基础不牢，地动山摇。2019 年 10 月，党的十九届四中全会通过的《中共中央关于坚持和完善中国特色社会主义制度、推进国家治理体系和治理能力现代化若干重大问题的决定》指出："构建基层社会治理新格局。完善群众参与基层社会治理的制度化渠道。健全党组织领导的自治、法治、德治相结合的城乡基层治理体系，健全社区管理和服务机制，推行网格化管理和服务，发挥群团组织、社会组织作用，发挥行业协会商会自律功能，实现政府治理和社会调节、居民自治良性互动，夯实基层社会治理基础。加快推进市域社会治理现代化。推动社会治理和服务重心向基层下移，把更多资源下沉到基层，更好提供精准化、精细化服务。注重发挥家庭家教家风在基层社会治理中的重要作用。加强边疆治理，推进兴边富民。"②

法律植根于生活，服务于生活，从头到尾都带着烟火的气息。所以，观察认识法治，视角固然要向上"连天线"，重视国家层面的顶层设计和制度建设，但更要向下"接地气"，浸入"人间烟火"即深入社会生活的实体性内容之中，才能将形而上的理论研究和具体的制度研究完美结合，观察发现民间与基层利益在博弈中形成的各种问题、纠纷解决机制与举措，进而通过广泛凝聚智识，将制度优势转化为区域治理体系和治理能力现代化的强大动能，将统揽全局的顶层设计落实为全国一盘棋的改革行动。因为地方性因素的客观存在，实践中，法律规则在文本和适用时几乎永远存在偏差。地方、基层民间的法规与制度是整个社会依法办事、依法治理的前提，国家法律只有通过每个公民维护自身合法权利的行为、通过各种规则和制度在基层和地方的落实才能够实现，若脱离了经验常识，必然会掉进由抽象概念构筑的逻辑陷阱。

理论和智慧在民间、在生活里、在人民群众中。"一个学者如果忘记了生活本身提出的问题，而沉溺于某个学科的现有的定理、概念、命题，那

---

① 〔美〕富勒：《法律的道德性》，郑戈译，商务印书馆 2009 年版，第 55 页。
② 《中国共产党第十九届中央委员会第四次全体会议文件汇编》，人民出版社 2019 年版，第 51 页。

么就不仅丧失了社会责任感,而且丧失了真正的自我,也丧失了学术。"①国家治理和社会治理都不是单一的,而是一项系统工程、多元治理,因此,必须高度重视区域法治建设及其经验,特别是及时总结推广区域法治、基层治理"微创新、微改革"探索的鲜活经验,尊重地方、基层和群众的首创精神;"要坚持眼睛向下、脚步向下,鼓励引导支持基层探索更多原创性、差异化改革,及时总结和推广基层探索创新的好经验好做法"②;改革创新最大的活力蕴藏在基层和群众中间,善于从人民的实践创造中汲取智慧和力量是任何一项改革成功的重要保障,没有人民的支持和基层参与,任何法治变革都不可能取得成功。中国40多年改革的光辉历程,就是一部亿万民众用实践和智慧创造历史的英雄史诗。

乡镇是国家行政区划的基础,是区域法治的基本范畴。"乡镇是自然界中只要有人集聚就能自行组织起来的唯一联合体。因此,所有的国家,不管其惯例和法律如何,都有乡镇组织的存在。"③基层治理是国家治理的基石,统筹推进乡镇(街道)和城乡社区治理,是实现国家治理体系和治理能力现代化的基础工程。中国地域广阔、民族众多,东西经济发展差异明显,南北地域文化特色鲜明,国家法律在地方、在基层落地落实的差距客观存在。如以《婚姻法》的实施为例,一夫多妻在内地已不可思议,但在西藏偏远地区,"改革婚姻制度,消除一夫多妻"就还有许多工作要做。历史传统上,古代群婚习俗遗存,"一夫多妻""一妻多夫"在西藏曾经比较流行,《西藏自治区施行〈中华人民共和国婚姻法〉的变通条例》虽然明令禁止一夫多妻、一妻多夫等多偶婚姻形式,但该条例实施前已经存在的,只要当事人不主动提出解除,准予维持。④ 同时,西藏偏远乡村自然环境恶劣,当事人不希望分家析产,因此多偶婚姻仍然存在,近年来引发了不少纠纷:(1) 婚姻登记,因法律只承认"一位"合法妻子,其他"妻子"处于无

---

① 苏力:《制度是如何形成的》(增订版),北京大学出版社2007年版,第250页。
② 《习近平主持召开中央全面深化改革委员会第九次会议》,载《人民日报》2019年7月25日。
③ 〔法〕托克维尔:《论美国的民主》(上卷),董果良译,商务印书馆2009年版,第73页。
④ 《西藏自治区施行〈中华人民共和国婚姻法〉的变通条例》第2条规定:"废除一夫多妻、一妻多夫等封建婚姻,对执行本条例之前形成的上述婚姻关系,凡不主动提出解除婚姻关系者,准予维持。"

法律地位的尴尬境地;(2)劳动力纠纷,多位"丈夫"并存,一般"大丈夫"留守家里,其他"丈夫"外出打工,若在外地结识其他女性,希望建立新的家庭,则会向"大丈夫"提出解除原有婚姻关系,"大丈夫"往往不同意解除,理由是会削弱家里的劳动力,从而产生矛盾;(3)财产纠纷,外出打工"丈夫"要向家里"缴纳"打工收入,而当打工"丈夫"提出分家析产时形成财产分割纠纷。应该说,类似的案例不会普遍,可能只在特别区域存在,但从一个侧面反映了国家法律落地落实的区域滞后性、区域差异性,特别是在边疆、偏远山区乡村;也决定了大国法治的艰巨性、区域法治的复杂性、基层治理的艰难性、乡村治理的重要性。所以,推动区域法治的创新发展,确保国家法律在基层、在边疆地区的有效实施,是国家治理体系和治理能力现代化的基本要义、时代主题。

基层治理是最具创造性、创新性和生机活力的活动形态,既有空间表征上的层级、场域,也有时间序列的传统、变迁和发展,基层治理体系是涉及发展与治理、活力与秩序双向互动的系统性工程。严密的组织体系是中国共产党的强大优势,百年大党的辉煌成就,充分彰显了中国共产党独特的组织优势和强大的组织力量,蕴含着中国共产党从无到有、从小到大、从弱到强的制胜秘诀和法宝。"党的工作最坚实的力量支撑在基层,经济社会发展和民生最突出的矛盾和问题也在基层,必须把抓基层打基础作为长远之计和固本之策,丝毫不能放松。"[①]《中共中央 国务院关于加强基层治理体系和治理能力现代化建设的意见》指出:"基层治理是国家治理的基石,统筹推进乡镇(街道)和城乡社区治理,是实现国家治理体系和治理能力现代化的基础工程。"明确提出推进编制资源向乡镇(街道)倾斜,彰显了国家治理立足基层、重视基层、服务基层、植根基层的鲜明导向,是新时代基层治理的重大创举,为夯实国家治理根基提供了落地可行的工作路径和制度保障。《中共中央 国务院关于加强基层治理体系和治理能力现代化建设的意见》要求,完善党全面领导基层治理制度,加强基

[①] 习近平:《看清形势适应趋势发挥优势 善于运用辩证思维谋划发展》(2015年6月16日至18日在贵州调研时的讲话),载《人民日报》2015年6月19日。

层政权治理能力建设,健全基层群众自治制度,推进基层法治和德治建设,加强基层智慧治理能力建设;深化基层机构改革,统筹党政机构设置、职能配置和编制资源,设置综合性内设机构,除党中央明确要求实行派驻体制的机构外,县直部门设在乡镇(街道)的机构原则上实行属地管理,继续实行派驻体制的,要纳入乡镇(街道)统一指挥协调。

《中共中央关于全面推进依法治国若干重大问题的决定》指出:"推进基层治理法治化。全面推进依法治国,基础在基层,工作重点在基层。发挥基层党组织在全面推进依法治国中的战斗堡垒作用,增强基层干部法治观念、法治为民的意识,提高依法办事能力。加强基层法治机构建设,强化基层法治队伍,建立重心下移、力量下沉的法治工作机制,改善基层基础设施和装备条件,推进法治干部下基层活动。"特别是在广大农村地区,要巩固拓展扫黑除恶斗争成果,推动扫黑除恶常态化,推进农村社会治安防控,持续防范、重点整治"村霸""乡霸"等黑恶势力对基层政权的干扰、侵蚀,家族宗族势力把持基层,将乡村变成家族的"独立王国",乡村沦为法治洼地。《中共中央 国务院关于加强基层治理体系和治理能力现代化建设的意见》提出,力争用5年左右时间,建立起党组织统一领导、政府依法履责、各类组织积极协同、群众广泛参与以及自治、法治、德治相结合的基层治理体系,健全常态化管理和应急管理动态衔接的基层治理机制,构建网格化管理、精细化服务、信息化支撑、开放共享的基层管理服务平台;党建引领基层治理机制全面完善,基层政权坚强有力,基层群众自治充满活力,基层公共服务精准高效,党的执政基础更加坚实,基层治理体系和治理能力现代化水平明显提高。在此基础上,力争再用10年时间,基本实现基层治理体系和治理能力现代化,中国特色基层治理制度优势充分展现。

第七章

民族区域法治

民族区域法治属于区域法治的特殊类型,在发展起点、条件、目标、功能及具体内容上存在独特性,也兼具其他类型区域法治的特点。民族区域法治70多年的成功探索,为新时代深化全面依法治国实践贡献了宝贵经验,坚持和完善民族区域自治制度,合理科学配置自治机关自治权,推动基层社会治理创新,保障区域社会和谐稳定,实现经济社会协调发展,是民族区域法治发展的根本任务。

"本民族内部事务"的"本民族"是指民族自治地方的聚居少数民族,"本民族内部事务"就是聚居少数民族的内部事务,自治立法权的客体就是聚居少数民族独有的政治、经济和文化事务事项。《立法法》修订赋予设区的市一定范围立法权,自治州人大常委会因此获得地方性法规制定权,但自治州人大常委会的地方性法规制定权对自治州人大的自治立法权构成新的侵蚀。区域立法合作是区域法治的重要内容,《酉水河保护条例》以新发展理念为指导,以绿色引领共治,以共治保障共享,是民族区域立法合作的第一次有益尝试,为区域立法合作提供了宝贵经验。

法治中国是制度之治,也是治国道路和治国理论,民族区域自治制度是法治中国建设的重要内容。现代治理是文化认同、文化共识之上的规则之治、良法善治。新时代,坚持和完善民族区域自治制度,推进民族自治地方治理体系和治理能力现代化,要"依法治理民族事务,确保各族公民在法律面前人人平等;要全面贯彻落实民族区域自治法,健全民族工作法律法规体系,依法保障各民族合法权益;要坚持一视同仁、一断于法,依法妥善处理涉民族因素的案事件,保证各族公民平等享有权利、平等履行义务,确保民族事务治理在法治轨道上运行;对各种渗透颠覆破坏活动、暴力恐怖活动、民族分裂活动、宗教极端活动,要严密防范、坚决打击。"[①]

---

① 习近平:《在全国民族团结进步表彰大会上的讲话》,载《人民日报》2019年9月28日。

一、新中国民族区域法治与经验

民族区域法治是国家法治在民族区域的生动展现、具体实践,构成中国区域法治的独特形态。新中国民族区域法治70多年的发展历程,是我国区域法治成功实践的鲜活样本,是国家法治在特殊区域的创造性探索,展示了中国区域法治的多样性、丰富性和开放性,为新时代深化全面依法治国实践提供了生动范例、贡献了宝贵经验,开辟了区域法治发展的广阔前景①。

(一)民族区域法治的基本内涵②

1. 区域与区域法治的概念

区域的概念可以从多学科的角度进行理解和阐释,法学界主要从主权或者行政区划的角度理解区域。从国家的视角而言,区域意味着在一个主权国家范围内以特定的行政管辖层级为基础的地区单元,或者是以一定的地缘关系为纽带而形成的若干个行政管辖层级所组成的地区单元集合体,理论上行政管辖边界清晰,实践中也并不尽然,所以时常有涉及林草、矿产资源等边界的纠纷发生。

区域法治则是与国家法治相对应的概念,是国家法治在一定区域内

---

① 例如,2019年8月,《中共中央 国务院关于支持深圳建设中国特色社会主义先行示范区的意见》提出,率先营造彰显公平正义的民主法治环境,"用足用好经济特区立法权,在遵循宪法和法律、行政法规基本原则前提下,允许深圳立足改革创新实践需要,根据授权对法律、行政法规、地方性法规作变通规定"。这一"变通规定"的意见就是来源于民族区域法治成功探索实践和经验积累的智慧。

② 民族区域有广义和狭义之分,广义的民族区域包括民族自治地方和非民族自治地方的民族乡,以及民族村、民族社区,狭义的民族区域仅指民族自治地方,即少数民族聚居区并享有自治权的地方。《宪法》《民族区域自治法》分别采用"少数民族地区"(《宪法》第4条第2款)、"各少数民族聚居的地方"(《宪法》第4条第3款、《民族区域自治法》第2条)、"民族自治地方"(《宪法》第六章、《民族区域自治法》各章)等概念。本章从区域法治的角度展开论述,为与其他行政区域、经济一体化区域的表述保持一致,故采用"民族区域"的概念,在内涵和外延上与"民族自治地方"相一致。

的展开、延伸,是根据区域自然环境、经济基础、历史传统、民族构成等因素,因地制宜实施法治治理而形成的具有地方、区域特色的法治运行模式和法治样态。区域法治是一个开放性或曰包容性概念,既包括单一行政区划内的地方法治,又包括跨行政区划的一体化、合作型法治。① 在一个主权国家范围内,不同区域法治的运动发展不可能是处于互不相关、绝对排斥的状态,因而必定会构成国家法治发展这个"总体"。同时,各个区域有着不同的自然地理环境、经济发展程度、历史文化传统,区域法治的发展也必然呈现出多样化"个性"。因此,主权国家范围内的区域法治发展是一个多样性与统一性有机结合的过程。② 有学者将区域法治归纳成五种类型:第一,国家试点形成的区域法治。也就是,国家为进行某个领域的法治建设,试点单位在经过若干制度探索后,则可能形成一种区域法治模式。第二,主权国家之间自主协定形成的区域法治。例如,中国—东盟自由贸易区等。第三,民族自治形成的区域法治③。第四,经济特区形成的区域法治。第五,国家战略形成的区域法治,例如以"西部大开发法治"为内核的区域法治。④ 区域法治包含于国家法治,与国家法治具有内在的统一性、一致性。但是,"在法治发展的起点、条件、过程、动力机制、实现方式等等诸多方面,区域法治发展与国家法治发展之间无疑存在着明显的差异性"⑤。正是这种差异性,构成了国家法治的丰富内涵,也为区域法治的理论研究提供了广阔空间,拓展和丰富了新时代中国法学的研究内容。

---

① 参见本书第五章第三部分"区域法治的概念辨析"。
② 参见公丕祥:《区域法治发展的概念意义——一种法哲学方法论上的初步分析》,载公丕祥主编:《变革时代的区域法治发展》,法律出版社 2014 年版,第 116 页。
③ 中国依据宪法确立的享有自治权的区域,除民族自治地方外,还有香港特别行政区、澳门特别行政区。
④ 参见姜涛:《区域法治:一个初步的理论探讨》,载公丕祥主编:《变革时代的区域法治发展》,法律出版社 2014 年版,第 171—172 页。但笔者认为概况不尽全面,还有遗漏,参见本书第五章第二部分"区域法治研究缘起"。
⑤ 公丕祥:《区域法治发展的概念意义——一种法哲学方法论上的初步分析》,载公丕祥主编:《变革时代的区域法治发展》,法律出版社 2014 年版,第 111 页。

2. 区域法治视角下的民族区域法治

民族区域法治属于区域法治,是区域法治的特殊类型,实践中往往还兼容了其他类型区域法治的特点。以武陵山片区为例,空间范围包括湖北、湖南、重庆、贵州四省市交界地区的71个县(市、区),其中,恩施土家族苗族自治州、长阳土家族自治县、五峰土家族自治县、湘西土家族苗族自治州、城步苗族自治县、酉阳土家族自治县、秀山土家族苗族自治县、彭水苗族土家族自治县、石柱土家族自治县、道真仡佬族苗族自治县、务川仡佬族苗族自治县是民族自治地方,是国家西部大开发战略的有机组成区域,还是国家重大战略的试点区域,武陵山片区区域发展与扶贫攻坚试点工作将为全国其他集中连片特困地区提供示范。

与其他类型的区域相比,民族区域在发展起点、条件、目标、功能以及具体内容上也存在独特性。民族区域自治制度是我国的基本政治制度之一,从设立民族区域的初衷上看,一方面是基于国家统一、民族和谐、边疆安全等考虑,另一方面是为了帮助少数民族地区在经济、社会、文化等方面的发展。宪法赋予民族区域广泛的自治权,其中,自治立法权是核心,民族区域可以结合当地民族的实际情况,执行或者变通执行国家的法律。民族区域法治建设的内容主要包括:民族区域与国家之间关系的法治化,民族区域自治权的规范行使,落实上级国家机关对民族区域的职责要求,保障民族区域公民的合法权益,以及民族区域之间、民族区域与其他区域之间的法治合作等。

(二) 新中国民族区域法治的发展

1. 民族区域及其核心法律规范的建构

新中国成立初期是民族区域法律体系的建构时期,这个时期的法律规范主要解决民族区域与国家之间的关系问题,任务是创立民族区域的政权组织架构、加强国家在民族区域的政权建设、保护少数民族权利、巩固新生的人民民主政权,核心规范包括1949年的《共同纲领》、1952年的《中华人民共和国民族区域自治实施纲要》(以下简称《民族区域自治实施纲要》)、1954年的《宪法》(即"五四宪法")。

中国是统一的多民族国家,中国共产党建立民族区域自治制度而不是联邦制,这个重大政治决断及其法律化最早体现于《共同纲领》,它明确回答了民族区域与国家之间的关系问题。《共同纲领》第六章的民族政策中规定,各民族一律平等,实行团结互助,各少数民族聚居的地区,实行民族的区域自治,按照民族聚居的人口多少和区域大小,分别建立各种民族自治机关。对此,周恩来在中国人民政治协商会议第一届全体会议召开前向政协代表作的报告中指出:"不管人数多少,各民族间是平等的。""这里主要的问题在于民族政策是以自治为目标,还是超过自治范围。我们主张民族自治,但一定要防止帝国主义利用民族问题来挑拨离间中国的统一。""今天帝国主义者又想分裂我们的西藏、台湾甚至新疆,在这种情况下,我们希望各民族不要听帝国主义者的挑拨。为了这一点,我们国家的名称,叫中华人民共和国,而不叫联邦。"[①]

《民族区域自治实施纲要》是新中国第一部关于民族区域自治的专门法律,集中规定了民族自治区的类型、自治区域界线划定、自治机关以及自治权利。民族自治区包括三种类型:一是以一个少数民族聚居区为基础而建立的区域;二是以一个大的少数民族聚居区为基础,并包括个别人口很少的其他少数民族聚居区所建立的自治区;三是以两个或多个少数民族聚居区为基础联合建立的自治区。从性质上看,民族区域自治是民族自治与区域自治的结合。李维汉指出:"有些与汉族聚居区相联结或相交错的少数民族聚居区,因为经济、政治和历史的原因,在实行区域自治时,包含了一部分汉族居民区和城镇,个别民族自治区所包含的汉族居民甚至占自治区人口的多数。这是允许的,因为这既有利于民族团结,更有利于自治区的建设。"对于民族自治区的区域界线问题,李维汉认为:"应允许先做临时处理,以免急躁或拖延。对行政地位,原则上可依自治区的地域大小和人口多少决定。"自治机关的建立和组织依据民主集中制和人民代表大会制的基本原则,"其具体形式,则要依照实行区域自治的民族

[①] 周恩来:《关于人民政协的几个问题》(一九四九年九月七日),载《周恩来统一战线文选》,人民出版社 1984 年版,第 139—140 页。

大多数人民及与人民有联系的领袖人物的意愿,使能适应各少数民族当前发展阶段的面貌,成为实行区域自治的民族人民容易了解和乐于亲近的形式"。[①] 自治区在经济、财政、文化、教育及地方人民武装等方面享有自治权利。

"五四宪法"将民族区域自治制度载入,为民族区域法治建设奠定了宪法基础。"五四宪法"的制定过程是一个对民族问题进行深入探讨和达成广泛共识的民主协商过程,宪法对民族区域自治制度做出了更明确具体的规定。譬如,关于自治权的权限范围,"五四宪法"第70条规定,各民族自治地方的自治机关按照宪法和法律规定的权限行使自治权。但是,在刘少奇主持的宪法起草委员会第四次全体会议上,一些同志对此条款提出疑问:是否这一条意味着自治权受到很多限制了?法律没有规定的事情就不能做了?对此,邓小平鲜明地指出:"宪法上充分保障了少数民族的权利,不能设想在宪法之外还可以做别的事情。要求脱离中国,加入别的国家,那不行;要求特殊,独立起来,也不行。具体的,政治、经济、文化的权利,是充分保障的。如果现在规定得还不够完备,将来还可以补充,但也要由法律来补充。"[②]

上述规范初步构建了我国民族区域的法律体系,在实现多民族国家政治整合的同时,也为民族区域法治建设奠定了宪制基础。特别是使新中国初期的民族关系发生了根本性变化,从政治上的不平等、歧视、各自为政转变为平等、团结、互助的新型民族关系,极大地增强了中华民族的凝聚力。随着民族区域自治制度在全国的推行,在新的民族自治地方组建起来的同时,原有自治地方也作出了调整。截至1958年年底,先后建立了新疆、广西、宁夏3个自治区,29个自治州,54个自治县(旗),加上1947年建立的内蒙古自治区,全国共建立起87个民族自治地方。[③] 在1966年之前,民族立法工作出现短暂的繁荣,全国人大常委会批准了48个民族自治地方的组织条例,还通过了《民族自治地方财政管理暂行办

[①] 参见李维汉:《统一战线问题与民族问题》,人民出版社1981年版,第465、466页。
[②] 转引自韩大元:《1954年宪法制定过程》,法律出版社2014年版,第283页。
[③] 参见黄光学主编:《当代中国的民族工作》(上),当代中国出版社1993年版,第91页。

法》等法律规范。

2. 民族区域法治的重建与发展

"文革"期间,由于受极"左"的思想严重干扰,民族立法工作全面停滞。1975年《宪法》甚至取消了民族自治地方制定自治条例和单行条例的规定。1978年《宪法》虽然恢复了"五四宪法"关于民族区域自治的规定,但是民族法制建设仍然停滞不前。党的十一届三中全会以后,民族工作与国家其他工作同步全面拨乱反正,民族区域法治迎来新的春天。

1981年6月,党的十一届六中全会通过的《中国共产党中央委员会关于建国以来党的若干历史问题的决议》明确要求:"必须坚持实行民族区域自治,加强民族区域自治的法制建设,保障各少数民族地区根据本地实际情况贯彻执行党和国家政策的自治权。"1982年《宪法》、1984年《民族区域自治法》的颁布施行是民族区域法治建设恢复与重建的重大标志。1982年《宪法》继承和发展了"五四宪法"关于民族问题的基本原则和精神;根据《宪法》制定的《民族区域自治法》,细化和完善了民族区域自治制度。此后,除了涉及民族区域自治制度的法律规范,民族自治地方的自治条例、单行条例以及变通规定、补充规定也蓬勃发展起来。

随着改革开放政策的推行,"共同富裕""两个大局"思想的提出以及西部大开发战略的实施,民族区域法治的内涵不断丰富发展。1988年11月2日,邓小平为祝贺广西壮族自治区成立三十周年题词:"加速现代化建设,促进各民族共同繁荣。"这体现了中国解决民族问题的战略思想,是社会主义本质要求——共同富裕理念在民族工作中的具体展现。在邓小平"共同富裕""两个大局"思想基础上[①],1999年,中央提出实施西部大开发战略。西部是我国少数民族分布最集中的区域,少数民族人口占全国总人口的80%以上;全国5个民族自治区都在西部,30个自治州有27个

---

① 邓小平指出:"沿海地区要加快对外开放,使这个拥有两亿人口的广大地带较快地先发展起来,从而带动内地更好地发展,这是一个事关大局的问题。内地要顾全这个大局。反过来,发展到一定的时候,又要求沿海拿出更多力量来帮助内地发展,这也是个大局。那时沿海也要服从这个大局。"参见邓小平:《中央要有权威》(一九八八年九月十二日),载《邓小平文选》(第三卷),人民出版社1993年版,第277—278页。

在西部,国家西部大开发战略的实施为推动民族区域的全面振兴迈出了坚实步伐。

在西部大开发的新形势下,为推进民族区域经济社会发展,原有法律规范在加大对民族区域的投入和强化上级国家机关职责方面做出了修改。2001年2月28日,九届全国人大常委会第二十次会议发布了《全国人民代表大会常务委员会关于修改〈中华人民共和国民族区域自治法〉的决定》,修改后的《民族区域自治法》正式确立了民族区域自治制度作为国家基本政治制度的法律地位。同时,新规定加大了对民族地区的财政、金融、基本建设、环境保护、教育等方面的投入,扩大了民族自治地方的对外贸易自主权。2005年5月31日,《国务院实施〈中华人民共和国民族区域自治法〉若干规定》施行,这是在1991年《国务院关于进一步贯彻实施〈民族区域自治法〉若干问题的通知》的基础上,根据2001年修改通过的《民族区域自治法》以及民族自治地方的实际,对《民族区域自治法》的进一步细化。尤其是对上级国家机关不履行或不当履行职责的法律责任规定,是我国民族区域法治建设的一个重大突破[①]。特别是《国务院实施〈中华人民共和国民族区域自治法〉若干规定》第6条,还以行政法规的形式确认了西部大开发战略在民族区域的全面实施,对未列入西部大开发范围的自治县,明确要求由其所在省人民政府在职权范围内比照西部大开发有关政策予以扶持。

民族区域法治恢复与重建之后,其功能也逐渐发生变化。随着改革开放政策的推行,经济建设成为国家大局和工作的中心,由于民族区域自然环境差异巨大、经济基础薄弱、生态基础脆弱,特别是边疆民族地区,条件复杂恶劣、原有社会发展水平低下,在经济建设过程中,最突出、最主要的表现就是民族区域发展严重滞后,以及东西部差距不断扩大,解决上述

---

① 例如,《国务院实施〈中华人民共和国民族区域自治法〉若干规定》第31条规定:"对违反国家财政制度、财务制度,挪用、克扣、截留国家财政用于民族自治地方经费的,责令限期归还被挪用、克扣、截留的经费,并依法对直接负责的主管人员和其他直接责任人员给予行政处分;构成犯罪的,依法追究刑事责任。"第32条规定:"各级人民政府行政部门违反本规定,不依法履行职责,由其上级行政机关或者监察机关责令改正。各级行政机关工作人员在执行本规定过程中,滥用职权、玩忽职守、徇私舞弊,构成犯罪的,依法追究刑事责任;尚不构成犯罪的,依法给予行政处分。"

问题、推动国家区域之间均衡发展,是这一时期民族区域法治建设的主要功能。

3. 民族区域法治在新时代的机遇与挑战

随着社会主义市场经济的深入发展,城市化进程的加速推进,信息化网络化的广泛运用,国家行政管理体制改革逐步深化。与此同时,区域间经济社会发展的不平衡性,促使区域之间开展广泛的联合与协作成为可能,区域合作机制产生。无论是纵向的行政管理体制改革,还是横向的地方政府之间协作,都给民族区域法治发展带来新的挑战。

一方面,传统行政管理体制下形成的行政区域与新兴的经济一体化区域之间存在矛盾,自由大市场难以形成,行政区块的垄断与分割极大地妨碍了资源的合理配置和商品的自由流通,在行政管理体制改革的大背景下,民族区域自然也面临管理体制改革这个共同问题。例如,发端于20世纪90年代的"强县扩权"改革,运用于民族区域时导致了自治权的虚化[1];行政区划调整也是行政体制改革中常用手段,对被撤并民族区域的自治权产生影响[2];在经济发展、城市化、信息化进程较快的部分民族区域,自治州的未来引发讨论,学界提出设立"自治市"的构想[3]。在实践中,2012年,国务院下发《国务院关于进一步促进贵州经济社会又好又快发

---

[1] 参见解佑贤等:《"强县扩权"、财政"省直管县"之下的自治州地位问题研究》,载《黑龙江民族丛刊》2012年第3期。

[2] 长期以来,行政区划调整都是我国行政体制改革中普遍采用的方式。例如,成立于1985年的辽宁省凤城满族自治县,1994年撤县改为凤城市;成立于1989年的辽宁省北镇满族自治县,1995年撤县改为北宁市;1987年成立的海南省东方黎族自治县,于1997年撤县设立东方市;1984年成立的黔江土家族苗族自治县,于2000年撤县改为黔江区;广西防城各族自治县于1958年成立,1993年经国务院批准分为防城区、港口区和东兴市;1988年国务院批准湖南省设立大庸市(后改为张家界市),将原属湘西州的大庸县和桑植县划归张家界市管理,成为张家界市的永定区、桑植县;2002年,国务院批准云南省撤销丽江地区和丽江纳西族自治县,设立地级丽江市,将原属于丽江纳西族自治县的大研镇、龙山乡等6个乡镇划归丽江市古城区管辖,丽江市辖原丽江地区的永胜县、华坪县、宁蒗彝族自治县和新设的古城区、玉龙纳西族自治县。参见金炳镐、田烨:《新世纪中国民族区域自治制度创新的一个亮点——"民族自治市"》,载《西北民族大学学报(哲学社会科学版)》2007年第5期;周勇、马丽雅主编:《民族、自治与发展:中国民族区域自治制度研究》,法律出版社2008年版,第266页。

[3] 参见金炳镐、田烨:《新世纪中国民族区域自治制度创新的一个亮点——"民族自治市"》,载《西北民族大学学报(哲学社会科学版)》2007年第5期;张殿军:《自治州及其辖区行政体制改革的困境与创新》,载《民族研究》2013年第3期。

展的若干意见》(国发〔2012〕2号),为此,黔东南苗族侗族自治州开展了自治州及辖区行政体制改革试点工作。

另一方面,随着区域之间合作协同发展的推进,尤其是以习近平为代表的党中央关于"一带一路"以及构建"人类命运共同体"战略思想的提出和实施,新的对外开放和区域协作格局形成,对民族地区的区域协作与开放能力提出新的更高要求。我国区域协作的规范依据主要是行政协议和区域规划,较早的如2005年5月福建、江西、湖南、广东、广西、海南、四川、贵州、云南九省签订的《泛珠三角区域地方税务合作协议》,新近的有2019年2月中共中央、国务院印发的《粤港澳大湾区发展规划纲要》等。随着区域合作的发展,区域法治随之系统推进。例如,在司法领域,党的十八届四中全会通过的《中共中央关于全面推进依法治国若干重大问题的决定》明确指出:"探索设立跨行政区划的人民法院和人民检察院,办理跨地区案件。"在立法领域,2015年3月,十二届全国人大三次会议修订《立法法》,将地方性法规的制定权赋予所有设区的市和自治州,为地方充分发挥自主性提供了更加明确具体的法律依据[①]。地方立法权的扩容也为民族区域的立法和立法合作提供了契机。笔者曾亲自参与的立法项目——《酉水河保护条例》,就是湖北省恩施土家族苗族自治州和湖南省湘西土家族苗族自治州为保护酉水河及其流域生态而开展的区域立法合作,是民族区域立法合作的首次成功探索[②]。

区域协作已在民族区域形成丰富实践:一是跨省级行政区划的协作,例如2011年国务院批准的《武陵山片区区域发展与扶贫攻坚规划(2011—2020)》,涉及湖南、湖北、重庆、贵州、四川等省市的民族区域;二是市级层面的区域性合作,例如乌昌一体化区;三是县级层面的区域性合作,例如武陵山龙山来凤经济协作示范区。2015年3月28日,国家发改委、外交部、商务部联合发布《推动共建丝绸之路经济带和21世纪海上丝绸之路的愿景与行动》,正式启动中国与相关国家双边多边机制的区域合

---

① 根据《立法法》第72条第5款的规定,自治州的人民代表大会及常委会可以就城乡建设与管理、环境保护、历史文化保护等方面的事项制定地方性法规。
② 参见本章第二部分"民族区域立法合作的实践探索"。

作即"一带一路",共同打造政治互信、经济融合、文化包容的利益共同体、命运共同体和责任共同体。"一带一路"是促进共同发展、实现共同繁荣的合作共赢之路,开创了区域新型合作机制,不仅是打造区域经济合作的平台,也包括政治、法律、文化等方面的全方位合作,涉及地域广阔的民族区域特别是西部边疆民族省区。为了更全面直观地了解当前有关区域发展战略对民族自治地方的影响,笔者对"十二五"期间(2011—2015 年)30 个自治州所处的经济一体化区域(包括经济示范区、协作区、试验区以及生态保护区等)进行了如下梳理(见表1)①。

表 1　全国 30 个自治州所属经济一体化区域一览表

自治州	所属行政区域	所属主要经济区域
延边朝鲜族自治州	吉林省	延龙图一体化
恩施土家族苗族自治州	湖北省	武陵山片区;武陵山龙山来凤经济协作示范区
湘西土家族苗族自治州	湖南省	武陵山片区;武陵山龙山来凤经济协作示范区
凉山彝族自治州	四川省	乌蒙山片区
甘孜藏族自治州	四川省	全国 14 个集中连片特困区——甘孜藏区
阿坝藏族羌族自治州	四川省	川西北生态经济示范区
伊犁哈萨克自治州	新疆维吾尔自治区	丝绸之路经济带
巴音郭楞蒙古自治州	新疆维吾尔自治区	库(尔勒)尉(犁)一体化;丝绸之路经济带
克孜勒苏柯尔克孜自治州	新疆维吾尔自治区	丝绸之路经济带
昌吉回族自治州	新疆维吾尔自治区	乌昌一体化区域
博尔塔拉蒙古自治州	新疆维吾尔自治区	丝绸之路经济带
甘南藏族自治州	甘肃省	丝绸之路经济带
临夏回族自治州	甘肃省	丝绸之路经济带
玉树藏族自治州	青海省	丝绸之路经济带

---

① 以各自治州近五年的政府工作报告以及《第二届全国民族自治州全面建成小康社会经验交流现场会交流材料汇编》(恩施发展研究院,2016 年 9 月)为依据统计。

(续表)

自治州	所属行政区域	所属主要经济区域
果洛藏族自治州	青海省	青甘川滇四省藏区
海北藏族自治州	青海省	丝绸之路经济带
海南藏族自治州	青海省	三江源保护区
海西蒙古族藏族自治州	青海省	青海省柴达木循环经济试验区
黄南藏族自治州	青海省	三江源保护区
怒江傈僳族自治州	云南省	片马边境经济合作区
大理白族自治州	云南省	滇西边境片区
文山壮族苗族自治州	云南省	滇桂黔石漠化集中连片扶贫开发区
西双版纳傣族自治州	云南省	勐腊(磨憨)重点开发开放试验区
红河哈尼族彝族自治州	云南省	个旧、开远、蒙自一体化;昆玉红旅游文化产业经济带
迪庆藏族自治州	云南省	滇川藏经济走廊
楚雄彝族自治州	云南省	乌蒙和滇西片区连片扶贫开发区
德宏傣族景颇族自治州	云南省	瑞丽沿边重点开发实验区
黔东南苗族侗族自治州	贵州省	黔中经济区;凯(里)麻(江)同城化;黔东一体化;黎(平)锦(屏)同城化
黔南布依族苗族自治州	贵州省	瓮安与福泉、惠水与长顺、贵定与龙里一体化
黔西南布依族苗族自治州	贵州省	泛珠三角区域、中国—东盟自贸区、珠江—西江经济带、左右江革命老区

总的来说,随着民族区域法治的发展,新时期民族区域与上级国家机关之间的行政管理体制、民族区域与其他行政区域的关系,正在适应新经济社会秩序和社会治理要求逐渐变革、调整。但是,当前行政管理体制改革和区域协作机制构建主要还是依靠行政手段推进,政策性特点突出,一些责任还难以落实,对相关主体而言确定性不强、约束力不够,与法治化、国家治理体系和治理能力现代化的要求还有差距,这也是民族区域法治建设在新时代需要着力解决的问题。

（三）民族区域法治的经验与展望

1. 坚持和完善民族区域自治制度

民族区域自治是新中国创立初期立宪者们做出的政治决断，是我国单一制国家结构形式的有机组成部分，体现了国家与民族区域的权力配置关系。党的十九大报告在新时代中国特色社会主义思想和基本方略中明确指出，必须坚持和完善民族区域自治制度。民族区域法治的目标和内容将随着时代变迁而不断丰富和发展，但是，作为宪制基础的基本制度安排，民族区域自治制度不会动摇，这是用中国话语阐释中国法治、加强民族区域法治研究应有的制度自信和学术态度。为此，要始终坚持以习近平新时代中国特色社会主义思想为指导，深入学习贯彻习近平关于加强和改进民族工作的重要思想，以深化全面依法治国实践为主线，以国家治理体系和治理能力现代化为保障，以铸牢中华民族共同体意识为目标，坚定不移走中国特色解决民族问题的正确道路，牢牢把握"五位一体"总体布局和"四个全面"战略布局的基本要求，着力民族区域法治与地方治理创新研究。

坚定不移走中国式现代化新道路，践行以人民为中心的发展思想，着力解决发展不平衡不充分问题，推动人的全面发展、全体人民共同富裕取得更为明显的实质性进展，不断完善贫困治理体系，大力提升贫困治理能力，推动各民族共同走向社会主义现代化，"要完善差别化区域支持政策，支持民族地区全面深化改革开放，提升自我发展能力"[①]。如前所述，随着经济社会发展和城市化进程加速推动的社会转型，学者们对民族区域自治权所受到的冲击十分担忧，因此提出创新宪法和法律规定的民族自治地方的主张，例如将自治州改为自治市。也有学者认为，自治权只是民族区域享受国家优惠和照顾的权利，设立民族自治地方只是一种暂时性的措施，"当民族自治地方已经达到法定撤销自治县（自治州）的行政建制、

---

① 习近平：《以铸牢中华民族共同体为主线　推动新时代党的民族工作高质量发展》，载《人民日报》2021年8月29日。

改设市的行政建制时,恰恰表明了民族自治地方在国家优惠和照顾制度(民族区域自治制度)之下,已经达到甚至超越于一般地方的发展水平,'国家'也已经实现对民族自治地方'造血'能力的培育(而非简单的'输血'),因而符合法定条件而进行撤自治县(州)改设市的思路正是民族自治地方城市化发展的正确方向"①。

的确,随着城镇化的发展,行政区划调整特别是撤县设区成为改革的趋势。近年来,伴随中国经济一路高歌猛进,北京市、天津市、上海市、南京市等城市通过撤县设区实现了全区市。但是,需要强调指出的是,由于自治县或边疆地区偏远边缘县,县域面积相差很大,并且具有民族团结、边疆治理、生态或文化保护的特殊意义,具体调不调整、采取哪种方式调整,更要从政治上看问题,具体问题具体分析,不能简单以人口和经济规模论之。例如,阿克塞哈萨克族自治县(简称阿克塞县)隶属于甘肃省酒泉市,地处甘肃、青海、新疆三省(区)交汇处,常住人口虽然只有10970人,但全县总面积达3.34万平方公里,约占甘肃省总面积的8.56%。

坚持民族区域法治发展目标和正确方向,必须系统把握《民族区域自治法》的深邃意涵和民族区域自治精神,对自治权的属性有清晰、全面、透彻的认知。从理论上说,在我国单一制国家结构形式之下,自治权具有双重属性:第一,自治权具有权力的属性,来源于国家的授予,属于国家权力的一部分,所以,《宪法》和相关法律规定,民族自治地方自治机关行使地方国家机关的职权,与此同时又依法行使自治权,根据本地方实际情况贯彻执行国家的法律、政策。第二,自治权具有权利的属性,代表着自治群体的利益②。自治权利包括针对整个区域的暂行特别措施或优惠政策,例如接受上级国家机关财政、物资、技术等方面援助的权利,同时也包括基于民族因素采取的差别对待措施,目的在于保持文化多样性和贯彻民族平等,例如尊重少数民族使用和发展自己的语言文字、决定保持或改革本民族的风俗习惯等方面的权利。如果将自治权只是等同于接受国家优惠

---

① 沈寿文:《撤自治县(州)改设"市"异议之商榷——兼驳增设"自治市"主张》,载《黑龙江民族丛刊》2013年第4期。

② 参见本书第四章第四部分"自治权及其理论基础"。

政策或者照顾的权利,显然是有失偏颇的。的确,随着民族区域经济社会的发展,与其他区域之间的发展差距会逐步均衡,一些暂行特别措施也会被取消,但文化多样性是人类社会一个漫长而持久的价值追求,与民族文化认同相关的权利也应当得到尊重。因此,民族区域自治制度并不仅仅具有经济上的"造血"功能,还蕴含着更高的价值目标、价值追求。

2. 合理配置民族区域与上级国家机关之间的权力

无论是在单一制国家还是联邦制国家,整体与局部、中央与地方、全国性中央政府与区域性地方政府之间的权力配置都存在着"度"的权衡与掌控,这个"度"既取决于立宪者或立法者对当时国家权力配置所做的基本判断,也会随着政治实践的探索而发生改变,这是国家治理体系和治理能力现代化的应有之义。过度分权必然导致结构性失衡,无法进行负责任的国家建设、紧急动员或集体行动。特别是一旦中央与地方权力配置的"度"失衡或破坏,就会危及国家的统一或是各组成部分的利益。民族区域自治制度之核心在于自治权,自治权的有无及其范围的大小是中央与民族自治地方权力配置的"度"最直接的体现。习近平强调:"要正确把握中华民族共同体意识和各民族意识的关系,引导各民族始终把中华民族利益放在首位,本民族意识要服从和服务于中华民族共同体意识,同时要在实现好中华民族共同体整体利益进程中实现好各民族具体利益,大汉族主义和地方民族主义都不利于中华民族共同体建设。"[1]坚持和完善民族区域自治制度,确保党中央政令畅通,确保国家法律法规实施,支持各民族发展经济、改善民生,实现共同发展、共同富裕。

《中共中央关于全面深化改革若干重大问题的决定》指出:"全面深化改革的总目标是完善和发展中国特色社会主义制度,推进国家治理体系和治理能力现代化。"从政府治理创新的角度,改革的核心就是要实现权力配置的优化,也就是通过深化行政体制改革、党和国家机构改革,使体制机制更加健全,机构设置更加合理,职能设定更加科学,权力配置更加

---

[1] 习近平:《以铸牢中华民族共同体意识为主线 推动新时代党的民族工作高质量发展》,载《人民日报》2021年8月29日。

优化,权力运行更加顺畅,权力监督更加有效,党的领导更加有力。国家权力配置包括纵向权力配置和横向权力配置。从纵向而言,长期以来,我国没有相应的中央与地方关系组织法,《民族区域自治法》也未具体明确,5大自治区的自治条例至今还没有制定出台,30个自治州的自治条例也无权规定其与上级国家机关之间的关系。因此,中央与地方、中央与民族自治地方、上级国家机关与民族自治地方之间权力配置"度"的调整,主要依靠行政因素主导和决定,法治化、稳定性有待提升。[①] 因应经济社会的发展和改革的深化,2015年《立法法》修订,地方立法权扩容,从理论上说,民族自治地方尤其是自治州,将有更多机会在立法创制过程中实现与上级国家机关的利益协商。但是,从多年以来自治条例、单行条例以及地方性法规的制定情况来看,在缺乏明确的央地关系法和规范的立法争议解决机制情况下,试图通过行使地方立法权,以实现民族区域与上级国家机关之间合理的权力配置几乎是不可能的。这也是今后民族区域法治建设中需要系统研究和亟待解决的实践难题,民族区域自治制度的生命力在于民族自治地方治理体系完善优化和治理能力的不断提升,也就是全面提高民族自治地方自治的现代化水平。

3. 着力解决民族区域与其他区域法治发展中面临的共同问题

2018年11月,《中共中央 国务院关于建立更加有效的区域协调发展新机制的意见》发布,要求到21世纪中叶,"建立与全面建成社会主义现代化强国相适应的区域协调发展新机制,区域协调发展新机制在完善区域治理体系、提升区域治理能力、实现全体人民共同富裕等方面更加有效,为把我国建成社会主义现代化强国提供有力保障"。从法治国家的角度,无论民族区域还是其他区域之间的协调发展,法治都是最有效的保

[①] 《中共中央关于坚持和完善中国特色社会主义制度、推进国家治理体系和治理能力现代化若干重大问题的决定》指出:"健全充分发挥中央和地方两个积极性体制机制。理顺中央和地方权责关系,加强中央宏观事务管理,维护国家法制统一、政令统一、市场统一。适当加强中央在知识产权保护、养老保险、跨区域生态环境保护等方面事权,减少并规范中央和地方共同事权。赋予地方更多自主权,支持地方创造性开展工作。按照权责一致原则,规范垂直管理体制和地方分级管理体制。优化政府间事权和财权划分,建立权责清晰、财力协调、区域均衡的中央和地方财政关系,形成稳定的各级政府事权、支出责任和财力相适应的制度。构建从中央到地方权责清晰、运行顺畅、充满活力的工作体系。"

障。随着国家对生态环境保护力度的空前加大和地方政府合作的深入，区域法治在相关领域已经开展了大胆探索。国家层面的立法，如2014年修订的《中华人民共和国环境保护法》第20条规定："国家建立跨行政区域的重点区域、流域环境污染和生态破坏联合防治协调机制，实行统一规划、统一标准、统一监测、统一的防治措施。前款规定以外的跨行政区域的环境污染和生态破坏的防治，由上级人民政府协调解决，或者由有关地方人民政府协商解决。"地方层面的立法，如《湖南省行政程序规定》第15条规定了地方政府之间合作的基本原则："各级人民政府之间为促进经济社会发展，有效实施行政管理，可以按照合法、平等、互利的原则开展跨行政区域的合作。"上述规定为区域合作行为提供了一些法律依据，但距离法治目标和实践的要求还远远不够。譬如，作为一个公权力主体，区域合作组织应当由宪法、组织法规定或专门法律授权，但从现行法律规范中还找不到设立区域合作组织的依据。另外，区域合作的模式、领域、程序、保障机制等，都需要法律进行有效回应。[1]

2019年2月，在主持召开中央全面依法治国委员会第二次会议上，习近平深刻指出："改革开放40年的经验告诉我们，做好改革发展稳定各项工作离不开法治，改革开放越深入越要强调法治。要完善法治建设规划，提高立法工作质量和效率，保障和服务改革发展，营造和谐稳定社会环境，加强涉外法治建设，为推进改革发展稳定工作营造良好法治环境。"[2]新时代打造全面开放新格局，在国际层面上的区域合作，必然会越来越多地涉及一系列合作协议的签订、合作组织的设立以及贸易争端的解决。民族区域与其他区域一样，在对外经济合作过程中，都要积极了解和参与推动双边、多边贸易协定的签订，充分运用国际贸易规则，着力相关主体之间利益的均衡和保护，助推"一带一路"建设和人类命运共同体的构建，实现区域经济的协调发展和社会和谐稳定。

总之，大国治理，机杼万端。中共中央印发的《深化党和国家机构改

---

[1] 参见杨志坤：《区域治理的基本法律规制：区域合作法》，载《东方法学》2019年第4期。
[2] 《完善法治建设规划提高立法工作质量效率 为推进发展稳定工作营造良好法治环境》，载《人民日报》2019年2月26日。

革方案》明确提出,赋予省级及以下机构更多自主权,突出不同层级职责特点,允许地方根据本地区经济社会发展实际,在规定限额内因地制宜设置机构和配置职能,这是新时代国家治理体系现代化的重大创新举措。我国现有5个自治区、30个自治州、120个自治县(旗),土地面积达681万平方公里,占国土面积的71%,民族区域地域辽阔、文化独特、民族多样,"人民日益增长的美好生活需要和不平衡不充分的发展之间的矛盾"尤为突出,基层治理任务艰巨而繁重。以区域法治推动民族自治地方社会治理创新,保障民族区域社会和谐稳定、经济社会协调发展,对于加强国家建设、实现中华民族伟大复兴的中国梦具有重大理论和实践意义。民族区域法治研究必须立足新时代深化全面依法治国实践新要求开展系统性创新探索,围绕政府治理创新、区域法治创新、社会治理创新、基层组织创新、绿色发展创新、治贫减贫创新、边疆治理创新等重点,科学总结新中国民族区域法治发展的创新经验,深刻揭示民族区域社会治理创新实践中的难点问题,为新时代区域法治特别是民族区域法治发展提供学理支撑和创新路径。

二、民族区域立法合作的实践探索[①]

区域治理合作、区域经济一体化是当今世界的重要话题,越来越多跨越国界的经济合作区域正在形成。在中国,经济的一体化发展也已突破原有的行政区域界线,地方政府之间合作与竞争并存。传统行政区域治理方式的影响以及对本地经济指标的过分关注,往往导致地方政府之间竞争失序,地方政府滥用权力、切割区域市场,自由大市场难以形成,跨行政区域公共事务治理陷入困境,如江河流域保护等区域生态环境治理艰难。立法从根本上说就是有权主体对利益进行平衡和确认,因此,区域立法合作是协调地方政府之间利益冲突治理的重要方式、有效手段。

[①] 参见戴小明、冉艳辉:《区域立法合作的有益探索与思考——基于〈酉水河保护条例〉的实证研究》,载《中共中央党校学报》2017年第2期;人大复印报刊资料《宪法学、行政法学》2017年第9期全文转载。

（一）区域立法合作模式概说

在不同的政治体制、法治背景下，区域立法合作模式不尽相同。近年来，世界范围内受到学术界关注的主要有三种区域立法合作模式：

一是以欧盟为代表的跨国区域立法合作，其复杂的立法合作过程受到学界关注。① 在欧盟，"没有一个机构能够使欧盟形成一个全面而有效的政策制定机制或实施明确而连贯的政策"。欧盟不仅通过共同签订条约的方式进行，更多是通过成立超国家的机构并赋予各机构以立法权来协调各成员国的立法。欧盟成员将相当多的立法权让渡给了欧盟理事会、欧盟委员会、欧盟议会等机构。欧洲法院作为欧盟的最高法院，某些情形下负有直接使用欧盟法律的职责，同时解释欧盟法律条款和确保欧盟各项条约得以贯彻执行，以保证欧盟法律的连贯性和一致性。②

二是以美国为代表的联邦制国家的区域立法合作，其州际协定的制定和争议解决方式受到学界关注。③ 美国《宪法》第1条第10款第3项规定："未经国会同意，各州不得征收船舶吨位税，不得在和平时期保持军队和军舰，不得和另外一州或国缔结任何协定或契约，除非实际遭受入侵，或者遇到刻不容缓的危急情形时，不得从事战争。"美国联邦上诉法院曾在1962年作出一个判决：各州不能签订政治性的州际协定，除非得到国会批准，但不涉及政治的州际协定无须国会同意。④ 联邦最高法院在1978年的判决中指出，只要一个州际协定没有用侵占联邦权力的方式来扩大州权，其生效无须国会同意。⑤ 此后，兼具州法和合同协议性质的州

---

① 参见刘秀文等：《欧洲联盟政策及政策制定过程研究》，法律出版社2003年版；陈瑞莲等：《区域公共管理理论与实践研究》，中国社会科学出版社2008年版。

② 参见刘秀文等：《欧洲联盟政策及政策制定过程研究》，法律出版社2003年版，第27、92—93页。

③ 参见何渊：《州际协定——美国的政府间协调机制》，载《国家行政学院学报》2006年第2期；《试论美国宪法中的"协定条款"及对我国的启示》，载《中国地质大学学报（社会科学版）》2007年第1期等。

④ See Cases of Tobin v. United States, 306 F. 2d 270, Judgment of 7 June 1962, United States Court of Appeals District of Columbia Circuit.

⑤ See Cases of Steel Corp. v. Multistate Tax Commission, 434 U.S. 452, Judgment of 21 February 1978, Supreme Court of the United States.

际协定成为最重要的区域合作机制,同时,有的问题也可以通过日常的、简单的合作机制就能轻易得到解决,如公路的修建。①

三是以法国为代表的单一制国家,其地方政府之间的合作经验受到关注。1982年,密特朗总统推动新的地方政府制度改革,以1982年3月国民议会通过的《关于市镇、省和大区的权力和自由法案》为转折点,大区成为地方自治团体,两个或几个大区在其职权范围内,可以订立协定的方式开展立法合作。②同时,中央政府是区域合作的有力推动者。通过中央立法、设立相应的中央机构消除行政区域的局限对资源优化配置的影响,先后成立"国土整治和区域行动评议会""国土整治全国委员会"等常设机构,负责解决地区之间的发展差距问题。③

在中国,学界对区域立法合作的关注点主要集中在政府之间协作制定规章的过程。④ 根据《立法法》的规定,地方立法有三种形式:一是制定地方政府规章,二是制定地方性法规,三是民族自治地方制定自治条例和单行条例。由此可见,我国区域立法合作也包括三种形式:一是地方政府之间合作制定行政规章,这是实践中常见的一种立法合作,以辽宁、黑龙江和吉林三省于2006年1月签署的《东北三省政府立法协作框架协议》为代表;⑤二是地方人民代表大会及其常务委员会之间合作制定地方性法规,如2015年至2016年,地处武陵山片区腹地的湖北省恩施土家族苗族自治州与湖南省湘西土家族苗族自治州合作制定《酉水河保护条例》,开创了民族自治地方人大常委会之间立法合作的先例;三是民族自治地方人大之间合作制定自治条例和单行条例。2015年《立法法》修订之后,设区的市和自治州在城乡建设与管理、环境保护、历史文化保护等三个方面被授予地方性法规制定权,但是据笔者了解,目前民族自治地方人大之间

---

① 参见〔美〕罗伯特·W.本内特:《美国的区域治理:结构、问题与解决机制》,汤善鹏译,载公丕祥主编:《区域治理与法治发展》,法律出版社2017年版,第487—488页。
② 参见王名扬:《法国行政法》,中国政法大学出版社1988年版,第113页。
③ 参见汪伟全:《地方政府合作》,中央编译出版社2013年版,第80—83页。
④ 参见王春业:《区域合作背景下地方联合立法研究》,中国经济出版社2014年版;王子正:《东北地区立法协调机制研究》,载《东北财经大学学报》2008年第1期。
⑤ 参见钱昊平:《东北三省横向协作立法 能否一法通三省受关注》,http://news.sina.com.cn/c/l/2006-08-04/033796534825.shtml,2016年8月3日访问。

还没有开展自治立法合作的实例,如果恩施、湘西两州在《立法法》修订之前合作制定《酉水河保护条例》,就是单行条例的合作立法。地方人大常委会之间的立法合作,比地方政府之间的立法合作更为复杂,更能反映出区域立法合作中存在的问题。因此,接下来将以《酉水河保护条例》的制定过程为例,对我国区域立法合作的现状和未来展开讨论。

(二)《酉水河保护条例》制定过程

酉水,又称更始河,是长江支流沅江的最大支流,流经武陵山片区腹地湖北省的宣恩、来凤,湖南省的龙山、永顺、古丈、保靖、花垣、沅陵,重庆市的酉阳、秀山,贵州省的松桃等县域,是土家族苗族聚居地区,流域面积达18530平方公里。《酉水河保护条例》是湖北省恩施土家族苗族自治州(以下简称恩施州)与湖南省湘西土家族苗族自治州(以下简称湘西州)以新发展理念为指导,以绿色引领共治,共同保护酉水河及其流域生态而开展的跨行政区域立法合作项目,也是民族区域立法合作的有益尝试与成功探索。

1. 酉水河保护立法合作主体。《酉水河保护条例》的立法合作主体是恩施州人大常委会和湘西州人大常委会。在酉水河流域,享有立法权的地方包括四个省市(湘鄂渝黔)、两个自治州(恩施州与湘西州)和三个自治县(重庆的酉阳土家族苗族自治县、秀山土家族苗族自治县,贵州的松桃苗族自治县),各地长期以来对酉水河及其流域生态采取的保护方式不同,本届人大的立法计划也不相同,最后能够达成立法合作共识的是地域毗邻的恩施州与湘西州。

2. 酉水河保护立法合作方式。酉水河保护立法的正式合作方式是联席会议,会后也通过恩施、湘西两州相关部门之间的沟通、对话、协商开展工作。酉水河保护立法工作第一次联席会议于2015年9月在湖北省来凤县召开。会议对恩施州、湘西州将《酉水河保护条例》列入本届人大常委会2015年度立法计划,并由恩施州、湘西州分别报请湖北省、湖南省列入2016年度立法计划达成共识;会议讨论完善了酉水河保护合作立法工作方案以及《酉水河保护条例(草案)》初稿。根据联席会议的决议,2016

年 3 月,恩施州报请七届人大常委会第二十八次会议对《酉水河保护条例》进行审议。

2016 年 5 月,酉水河保护立法合作第二次联席会议在湖南省永顺县召开,与会者深入讨论了《酉水河保护条例》草案文本,并将第一次联席会议审议的统一文本,修改为《恩施土家族苗族自治州酉水河保护条例》和《湘西土家族苗族自治州酉水河保护条例》两个文本。会后,恩施州、湘西州分别开始筹备报送州人大常委会审议和两省人大常委会批准的事宜。2016 年 9 月 29 日,恩施州七届人大常委会第三十二次会议审议通过《酉水河保护条例》,2016 年 12 月 1 日,湖北省十二届人大常委会第二十五次会议批准;[①]2017 年 1 月 9 日,湘西州十四届人大一次会议审议通过《湘西土家族苗族自治州酉水河保护条例》,2017 年 3 月 31 日召开的湖南省十二届人大常委会第二十九次会议批准。条例获得批准通过后,由恩施州、湘西州各自发布施行。

3. 酉水河保护立法合作成果。从酉水河保护立法合作的过程看,联席会议的成果首先以会议纪要的方式呈现,双方将会议纪要的内容贯彻落实到立法条款之中,双方分别出台的《酉水河保护条例》是立法合作的最终成果。

提交第一次联席会议的草案内容涉及整个酉水河流域的保护,共计九章。在第一次联席会议上,除对草案提出修改意见之外,双方以会议纪要的形式对以下问题达成共识:(1)关于联合成立立法工作协调领导小组;(2)关于人大常委会主导与委托第三方立法;(3)关于制定《酉水河保护条例》的时间表和路线图;(4)关于考察调研工作;(5)关于聘请专家咨询评估;(6)关于立法工作经费问题。

在提交第二次立法联席会议讨论的草案文本中,恩施州的版本修改为六章,湘西州的版本修改为七章。为使立法更具可操作性,双方都将第一次联席会议讨论稿中的"文化传承与保护"等内容删掉,立法目标从对

---

① 参见程芳等:《恩施州首部地方性法规诞生 加强酉水河环境保护》,载《恩施日报》2016 年 12 月 2 日。

整个酉水河流域的保护调整明确为酉水河的保护；同时，突出区域立法合作重点，双方都将跨行政区域协调保护机制单列一章。第二次联席会议的会议纪要中记载了双方如下共识："对不同行政区域的条例文本进一步处理好共性与个性、统一性与差异化的关系，本着存大同、求小异的原则，突出跨行政区域协作机制的建设。"

(三) 区域立法合作探索经验与启示

《酉水河保护条例》的制定过程是一个典型的民族区域立法合作实践案例，合作各方基于毗邻的地域、相连的山水、相通的文化、共同的理念、共同的目标，通过联席会议的形式进行协商沟通，借助专业的力量形成共识文本，然后各自依法定程序审议、报批、发布、实施。探索、磋商过程体现了区域立法合作可能和将要面对的种种问题和挑战，为区域立法合作贡献了更为丰富的经验。

1. 区域立法合作的意义。区域立法合作的意义随着自由大市场的形成和跨行政区域公共事务治理的现实需要日益凸显。以流域治理为例，我国长期以来对流域保护问题高度重视，专门的立法保护从水污染控制起步，始于20世纪70年代末、80年代初，但是实施效果却令人大失所望。1984年到1994年是《中华人民共和国水污染防治法》实施的第一个十年，中国各大流域的污染却呈急剧扩大趋势。1994年淮河重大污染事件发生后①，国家投入600亿元治污，但直到2004年，淮河还是被宣布为"基本失去自净能力"。② 流域是完整的自然生态区域，但由于行政区划的局限，分割不同地方政府管辖，立法上受到行政区域分治模式的制约，不尊重流域的自然统一性、功能统一性，加之各地监管体制"多龙治水"，地方利益、部门利益恶性竞争，形成流域治理的"公用地悲剧"。

近十多年来，一些省市开始建立流域保护的政府合作机制。例如，

---

① 1994年，淮河因上游突降暴雨而开闸泄洪，导致水质恶化，沿河各自来水厂被迫停止供水达54天之久，百万淮河民众饮水告急。参见丁莞歆：《中国水污染事件纪实》，载《环境保护》2007年第14期。

② 参见吕忠梅等：《长江流域水资源保护立法研究》，武汉大学出版社2006年版，第45页。

2009年长三角城市经济协调会第九次会议形成了长三角跨界水体生态补偿机制总体框架。① 但是,政府之间以协议、宣言等方式订立的行政协议并不是法律规范,在解决流域治理问题上,规范性、长效性都存在不足。区域间的立法合作尤其是合作制定地方性法规或者单行条例,可以建立长期、有效的流域保护机制,但在我国区域合作实践中没有受到重视。于2015年开始的由恩施州与湘西州人大常委会开展的酉水河治理与保护立法合作,对于流域保护以及长期以制定行政规章为主的区域立法合作实践来说,的确是一项创举,是区域法治实践特别是区域生态环境治理的有益探索。

2. 区域立法合作的性质。对于经济一体化区域内各地方的立法合作现象,学界有不同的说法。有人称为"立法协作"或者"协作立法",例如《东北三省政府立法协作框架协议》采用"立法协作"的说法;有人称为"联合立法",例如王春业教授在其著作《区域合作背景下地方联合立法研究》中采用的是"联合立法"的说法;还有人称为"同步立法"。概念是人们认识的总结和提炼,不同概念代表着人们对于区域立法合作性质的不同认识。笔者认为,这三个概念侧重点不同,联合立法强调的是立法主体之间的联合,比较松散的立法主体联合是区域立法联席会议,比较紧密的联合则是成立区域立法委员会等专门立法机构;协作立法强调的是立法过程中的沟通,例如立法项目的沟通、立法草案的共同商定以及其他立法信息的交换、转达与共享等;同步立法强调的是立法时间表的一致,例如立法规划的同步、立法起草进程的同步、立法审议与出台时间的同步等。

以《酉水河保护条例》的制定过程为例,根据酉水河保护立法工作第一次联席会议纪要,湖南省湘西州人大常委会与湖北省恩施州人大常委会商定:首先将《酉水河保护条例》分别纳入2015年本届人大常委会立法计划,再向各自省人大常委会负责立法的工作机构及时汇报,将制定《酉水河保护条例》分别纳入2016年度省人大常委会立法计划。然后,双方共同委托专家组进行草案的起草工作,草案分别由双方的人大常委会审

---

① 参见胡晓红等:《我国跨区域水环境保护法律制度研究》,法律出版社2012年版,第145页。

议后，分别报请湖北省人大常委会和湖南省人大常委会批准。从上述立法合作过程可以看出，两个自治州人大常委会也是在立法时间表统一的前提下，充分沟通、形成文本、分别提交审议、分别出台地方性法规，这个过程属于协作立法、同步立法以及松散的联合立法。

3. 区域立法合作的合法性。区域立法合作的合法性包括区域合作组织的合法性和区域合作行为的合法性。关于区域合作组织，从理论上说，既可以来自于宪法、组织法的一般性授权，也可以来自某些法律规范的专门性授权。但是，从我国现行法律规范中找不到任何依据。关于区域合作行为，2014年修订的《中华人民共和国环境保护法》第20条规定："国家建立跨行政区域的重点区域、流域环境污染和生态破坏联合防治协调机制，实行统一规划、统一标准、统一监测、统一的防治措施。前款规定以外的跨行政区域的环境污染和生态破坏的防治，由上级人民政府协调解决，或者由有关地方人民政府协商解决。"上述规定为地方政府在跨行政区域流域治理问题上展开合作提供了法律依据，只是在合作机制方面没有进一步规定。《湖南省行政程序规定》第15条规定了地方政府之间合作的基本原则："各级人民政府之间为促进经济社会发展，有效实施行政管理，可以按照合法、平等、互利的原则开展跨行政区域的合作。"上述规定为区域合作行为提供了法律依据。

《酉水河保护条例》的立法合作方式与我国当前的区域行政立法合作方式相似，采用的都是联席会议制度，联席会议只是一种会议形式，通过协商的方式统一立法时间表和文本主要内容，并不是正式的联合立法机构，不会涉及组织法意义上的依据问题。如果联席会议决议在实践中得不到遵守或者执行，联席会议也没有处罚权或者强制执行权。因此，联席会议这样的立法合作组织并没有突破现行法律框架，不会也不应该遭到合法性质疑。

4. 区域立法合作的内容。立法是一个复杂的利益博弈过程，需要耗费大量的社会成本，合作立法的成本更高，必须根据实际情况选择合作立法方式。我国地方立法主体多元化，《立法法》对地方性法规的限制与地方政府规章相比要严格得多，地方性法规制定程序更为复杂，耗费的立成本也较大。因此,究竟开展怎样的区域立法合作,需要因地制宜、因事而异,根据共性治理事项进行慎重选择。

(1)在地方性法规与规章之间的选择。从立法权的行使原则看,"地方性法规遵循'不抵触'原则,即不能与宪法、法律、行政法规相抵触;而地方政府规章遵循'根据'原则,即应当根据法律、行政法规、地方性法规制定地方政府规章"①。地方性法规可以进行创制性立法,地方政府规章则只能规定解释性或者执行性内容。2015年修订后的《立法法》第82条第5款规定:"应当制定地方性法规但条件尚不成熟的,因行政管理迫切需要,可以先制定地方政府规章。规章实施满两年需要继续实施规章所规定的行政措施的,应当提请本级人民代表大会或者其常务委员会制定地方性法规。"这一条款扩大了地方政府规章的权力,某些事务尚未制定地方性法规,但属于行政管理迫切需要的,可先制定地方政府规章,规章的实施期限为两年。在地方立法合作中,对于关系到整个区域长远发展的事项,可以采用各地方人民代表大会及常委会协作制定地方性法规的方式,对于某些比较迫切需要解决、制定地方性法规条件不成熟、成本太高的事项,可以选择地方政府之间合作制定规章的方式。《酉水河保护条例》没有选择地方政府规章的方式展开合作,原因在于:酉水河的保护是一项具有长期性、持续性和重要性的重大工程,由于上位法的抽象性和酉水河保护的实际需要,必然要求立法主体在上位法的基础上进行创制立法,规章虽然也可以"先行先试",但是在没有地方性法规的情况下先行制定的规章,存续期只有两年。恩施、湘西两个自治州选择合作制定地方性法规,更为符合酉水河保护工作的需要。

(2)在地方性法规与单行条例之间的选择。民族自治地方开展立法合作与其他区域相比更为复杂。2015年《立法法》修订之后,恩施州和湘西州人大及其常委会的立法权变得比较复杂:一是人大继续享有自治立法权,二是人大及其常委会被授予城乡建设与管理、环境保护、历史文化保护等方面的地方性法规制定权。酉水河保护的内容涉及环境保护方面

---

① 叶必丰等:《行政协议:区域政府间合作机制研究》,法律出版社2010年版,第165—166页。

的事项,既可以制定单行条例,又可以制定地方性法规;《酉水河保护条例》既可由自治州人大以单行条例的方式通过,也可由自治州人大以地方性法规的方式通过,还可由自治州人大常委会以地方性法规的方式通过。由于自治州人大和人大常委会的工作机制不同,自治州人大每年只召开一次,自治立法权的行使周期较长,自治州人大常委会的会期则要灵活得多,制定地方性法规的周期相对较短。权衡了相应立法成本之后,恩施州、湘西州两地在第一次联席会议上决定由自治州人大常委会合作制定地方性法规。①

(四)区域立法合作实践引发的思考

从《酉水河保护条例》的制定过程可以看出,区域立法联席会议虽是一种比较松散、灵活的合作方式,但缺乏相应的实施保障机制。随着区域立法合作的深入开展,立法联席会议存在的问题将会更加突出:一方面,立法合作组织的权威性影响合作决议的效力。联席会议不是正式的联合立法机构,虽可以回避组织法意义上的合法性问题,但会影响合作组织的权威和合作的成效。即使合作各方事先对联席会议的权限范围达成共识,共识也只能在符合法律规定的前提下、在合作各方自愿协商的基础上作出,而且共识并不能成为联席会议行为的合法性依据,因此联席会议不可能由此获得对决议的强制执行权。另一方面,合作决议执行机制的缺失也影响其效力。联席会议决议并没有相应的保障实施机制,如果合作一方反悔或者对联席会议决议作出重大改变,另一方也无能为力。对上述问题,笔者认为,区域立法合作决议由公权力机关作出,既是建立在合作各方自愿协商基础上的契约,又是受法治原则调整的规范。从不同的属性出发,可以对区域立法合作机制的完善路径进行具体的探索。

1. 规范意义上的区域立法合作。 凯尔森认为,规范的效力"就是指规范(norm)的特殊存在。说一个规范有效力就是说我们假定它的存在,或

---

① 需要说明的是,《湘西土家族苗族自治州酉水河保护条例》因立法规划变动,最后改以单行条例的方式出台。

者就是说,我们假定它对那些其行为由它所调整的人具有'约束力'。法律规则,如果有效力的话,便是规范"。他明确指出了奥斯丁把"命令"和"约束性的命令"两个概念等同起来的错误:"一个命令之所有约束力,并不是因为命令人在权力上有实际优势,而是因为他'被授权'或'被赋权'发出有约束力的命令。而他之'被授权'或'被赋权',只是由于一个预定是有约束力的规范性命令,授予他这种能力(capacity),即发出有约束力命令的权限(competence)。因此,即使命令人对接受命令人事实上并没有什么实际权力,但他指向另一人行为的那种意思表示,便是一个有约束力的命令。"①因此,相应的规则是否具有效力,其权力来源是一个决定性因素,这也是学者们主张未来区域立法机构一体化的原因所在。目前,学界存在两种比较有代表性的区域立法机构一体化主张:

一是在地方层面实现区域立法机构一体化。例如,珠三角地区,在同一个行政区划内实现区域法制协调并不存在太大问题,但是跨行政区域的法制协调则面临较大困难。因此,有学者建议在中央立法和各省市立法之间再加探索区域行政立法。也就是,"在法制统一的前提下,经国家权力机关或国务院授权,由相关省市政府在协商自愿的基础上组成区域行政立法委员会,作为区域行政立法机构,制定能在相关省内统一适用的行政立法"②。

二是在中央层面实现立法机构一体化。"我国由于机构改革大大滞后于区域经济发展,目前中央政府尚未建立起专门性的区域协调机构,这完全有悖于区域合作的基本原则和发达国家的普遍做法。在西欧国家,议会中都有永久性的或临时性的专门委员会,其职能是既介入一般区域管理与规划制定,又参与最严重的区域问题。因此,中央政府设立一个负责区域管理的综合性权威机构:区域协调管理委员会。"③同时,学者主张

---

① 〔奥〕凯尔森:《法与国家的一般理论》,沈宗灵译,中国大百科全书出版社1996年版,第32—33页。
② 方世荣、王春业:《经济一体化与地方行政立法变革——区域行政立法模式前瞻》,载《行政法学研究》2008年第3期。
③ 陈瑞莲等:《区域公共管理理论与实践研究》,中国社会科学出版社2008年版,第314页。

制定国家区域开发方面的法律。认为区域合作往往涉及财政、税收、海关、金融和外贸在省级行政区域之间合作的基本原则和基本方式，这些都是国家立法的范围，因此有必要在中央层面实行协调。①

立法机构一体化是美国、欧盟等国家和地区开展区域立法合作的主要方式。在美国，州际协定规定成立相应的机构来负责实施，其实施机构的法律地位、组织和运行由法律规定。② 欧盟一体化过程中各成员国之间的联合立法，不仅通过共同签订条约的方式进行，更多是通过成立超国家的机构并赋予各机构以立法权来协调各成员国的立法。随着我国区域法治化进程的推进，区域立法合作必将更为频繁，合作程度将更为深入，通过立法机构一体化的方式促进区域合作是未来可以选择的路径之一。只是在当前法治体制下，至少有以下问题需要解决：

第一，立法机构一体化的依据问题。区域地方政府或者人大常委会之间联合发布的决议，并不能成为区域立法协作的组织法依据。在美国，州际协定可以规定成立相应的机构来负责实施，因为州际协定本身也是法律。在我国，只有通过修改《宪法》《中华人民共和国地方各级人民代表大会和地方各级人民政府组织法》《立法法》等法律规范，才能为立法机构一体化提供组织法依据。

第二，区域一体化立法机构所制定规则的效力位阶问题。有学者认为，"首先，应将区域行政立法形式作为我国法律渊源之一，从而使它成为我国立法的合法法律形式，有利于它的良性发展。至于区域行政立法的位阶，由于法律位阶是依据法律规范的效力来源而确定法律规范之间相互关系的，因此，在效力上，区域行政立法应在省级的地方性法规之下，而在地方规章之上。这样规定的目的，主要从制定机关的性质及立法权限考虑的，不能因为区域行政立法适用范围广而使之凌驾于地方人大和地

---

① 参见韦以明、周毅：《区域合作经济的国家立法回应——以泛珠三角区域合作为主例》，载《学术论坛》2006年第10期；宣文俊：《关于长江三角洲地区经济发展中的法律问题的思考》，载《社会科学》2005年第1期。

② 参见叶必丰等：《行政协议：区域政府间合作机制研究》，法律出版社2010年版，第19页。

方性法规之上"①。对于行政立法而言,上述观点有合理性。但是,当前区域立法合作主体包括地方政府、地方人大及其常委会,立法机构一体化之后制定的规则与地方政府规章、地方性法规相比,效力层次又当如何?这还需要《立法法》等进一步予以明确。

第三,区域合作立法的审查监督问题。针对行政立法合作,有学者认为,"这种行政立法虽然在范围上仍属于地方政府的立法,但由于其适用范围已超过现有的行政区划,因此,如果再由地方国家权力机关直接进行监督审查就容易产生诸多问题。应确立主要由国务院负责监督审查为主、地方人大及其常委会协助监督的审查监督体制"②。对于地方人大及其常委会之间合作立法,其审查监督机制应当如何构建?按照上述思路,地方人大及其常委会的合作立法,是否应由全国人大常委会负责审查?这些问题也需要《立法法》等予以明确。

2. 契约意义上的区域立法合作。区域立法合作是订立公法意义上的契约行为③,认识到这一点,对于完善区域立法合作机制具有重要意义。正如凯尔森所指出,契约的成立与效力不是同一回事:第一,契约的成立取决于当事人的意志。"为了要成立一个'有约束力的契约',两个人就一定要表示他们的协议,即他们关于某种相互行为的一致意图或意志。契约是双方缔约当事人的意志的产物。"④第二,契约的效力并不以当事人的意志为转移。"即使在后来当事人一方改变他的意思而不再想要他在缔约时表示想要的东西时,这个契约还是被假定生效的。因此,契约就使这一方承担了违反其真实意志的义务,所以,约束力不在于双方当事人'意志';这种'意志'也不可能在契约已缔结后,继续'有效力'。"⑤对于契约的这两点认识直接影响到区域立法合作机制完善的路径选择。

---

① 刘秀文等:《欧洲联盟政策及政策过程研究》,法律出版社2003年版,第104页。
② 王春业:《区域行政立法模式——长三角一体化协调的路径选择》,载史德保主编:《长三角法学论坛:长三角区域法制协调中的地方立法》,上海人民出版社2008年版,第103页。
③ 对区域合作协议的契约性及其拘束力的探讨,参见叶必丰:《区域合作协议的法律效力》,载《法学家》2014年第6期。
④ 〔奥〕凯尔森:《法与国家的一般理论》,沈宗灵译,中国大百科全书出版社1996年版,第34页。
⑤ 同上。

（1）区域立法合作过程中示范文本的作用。区域立法合作中，"可能会出现某一地方表决通过法案而另一地方权力机关表决没通过的问题，达不到立法协调的目的，或各地方都对法案的条款进行了重大修改以至于违背了共同制定地方性法规的初衷"。因此，有学者建议，在区域立法中采用示范文本。[1]

从《酉水河保护条例》的合作过程看，并没有一个示范文本可以参考，提交第一次立法联席会议讨论的草案与提交第二次立法联席会议的草案在内容上差异较大，而且草案从最初的统一文本变成两个不同文本，合作双方利益分歧很大，立法合作是一个复杂的利益博弈过程。[2] 最终合作各方以"求大同、存小异"为原则，通过充分协商，在跨行政区域协调保护机制这个核心问题上达成共识。尽管由于两地实际情况的差异，文本某些条款规定不一致，但是核心问题达成共识，立法合作的目标就已经实现。

对于学者建议的示范文本，笔者认为，在区域合作立法中其优越性并不明显。示范文本主要用于两种情形：一是由于法律的起草周期比较长，便可以考虑先采取示范法的方式，让各地针对自身的实际情况先行立法。例如，1999年年初，司法部法律援助中心起草了《中华人民共和国法律援助示范法（草案）》，旨在推动地方立法。二是在各地差异性较大的情况下可适用。例如，我国香港、澳门、台湾与大陆四个法域彼此之间的差异较大，甚至还存在着某些现阶段不易调和的矛盾，可以共同拟定一个示范法。[3] 我国现阶段的区域立法合作，既不是国家层面主导的立法合作，也不是地方层面可以自主决定的立法合作。一方面要在国家法制统一的前提下进行，不能违反上位法规定，可以说，上位法

---

[1] 相关研究参见王春业：《区域合作背景下地方联合立法研究》，中国经济出版社2014年版，第145页。

[2] 2015年，受恩施土家族苗族自治州人大常委会委托，笔者全过程参与了《酉水河保护条例》草案文本的拟定。需要指出的是，《酉水河保护条例》的内容以湖北省和湖南省人大常委会批准的文本为准，文中对立法合作过程中公开征求意见的几个版本进行对照，目的是考察合作各方利益冲突的焦点所在。

[3] 参见翁国民、曹慧敏：《论示范法在中国的应用》，载《浙江大学学报（人文社会科学版）》2006年第4期。

即起到了示范法的作用;另一方面要在合作各方自愿协商的基础上进行,"强扭的瓜不甜",即使采用示范文本,由于合作各方的利益并不完全一致,在立法过程中必定要对示范性文本进行修改,同样也可能出现对条款进行重大修改以至于违背合作立法初衷的情况。因此,是否采用示范文本不是合作立法能否成功的关键,关键在于合作各方是否能够充分表达和沟通,形成合意。

(2)对区域立法合作决议的履行。契约的效力并不以当事人的意志为转移,契约应当履行:一方面是缔约各方主动履行,另一方面是不履行契约的一方要承担责任。从理论上讲,区域立法合作越是经过双方充分的协商,双方越容易遵守。但是,实践中利益关系复杂多变,合作各方极有可能出现违约的情况。从区域合作立法的契约性出发,可以从以下几个方面促进其履行:首先,充分考虑区域立法合作决议的契约属性,在订立区域立法合作决议的过程中事先约定争议的解决方式,可以更好地促进合作各方协商解决争议。其次,事先没有约定争议的解决方式,可以参照立法的批准程序,向共同的上级权力机关申请裁决。我国没有建立起公权力主体之间权限争议的司法解决机制或者第三方争议解决机制,实践中,争议产生后都是向更上一级的权力主体寻求解决。因此,区域立法合作过程中产生的争议可以向共同的上级权力机关申请裁决。最后,从构建规范、长效的区域立法合作争议解决机制的角度考虑,还需要构建起我国公权力主体之间争议的仲裁、调解机制,或者改革完善行政诉讼制度,将行政机关之间的争议纳入司法审查的范围。

三、民族自治地方自治立法权保障

(一)中国两级立法的新拓展

根据法律规定,中国实行的是两级立法,一个是全国人大及其常委会;一个是省、直辖市、自治区一级,依法享有地方立法权。2015年《立法法》修订后,全国280多个"设区的市"也享有了地方立法权,但不是完整的立法权,只是部分立法权,"设区的市"只能对城乡建设与管理、环境保护、历史文化保护三个领域的事项进行立法。另外,"设区的市"制定了地方性法规后还不能生效,还要经省级人大常委会批准后才生效。除此之外,中国还有特殊立法:民族自治地方立法,经济特区立法(全国人大特别授权经济特区立法,如广东的深圳、汕头、珠海,福建的厦门,以及海南省,都享有经济特区立法权)。

2021年4月发布的《中共中央 国务院关于支持浦东新区高水平改革开放打造社会主义现代化建设引领区的意见》要求:"强化法治保障。建立完善与支持浦东大胆试、大胆闯、自主改相适应的法治保障体系。比照经济特区法规,授权上海市人民代表大会及其常务委员会立足浦东改革创新实践需要,遵循宪法规定以及法律和行政法规基本原则,制定法规,可以对法律、行政法规、部门规章等作变通规定,在浦东实施。对暂无法律法规或明确规定的领域,支持浦东先行制定相关管理措施,按程序报备实施,探索形成的好经验好做法适时以法规规章等形式固化下来。本意见提出的各项改革措施,凡涉及调整适用现行法律和行政法规的,按法定程序办理。"

2021年6月,十三届全国人大常委会第二十九次会议表决通过了《全国人民代表大会常务委员会关于授权上海市人民代表大会及其常务委员会制定浦东新区法规的决定》[①]。授权后上海同时拥有了两类不同性质的立法:一是依职权的省级人大立法,适用于全上海;二是特区立法,根据全国人大常委会授权,行使制定"浦东新区法规"的立法权,专门为浦东制定法规,这是全国人大常委会首次授权非经济特区的上海变通适用国家法律、行政法规,是新时代中国立法制度的又一次重大变革创新。建立完善

---

① 根据《全国人民代表大会常务委员会关于授权上海市人民代表大会及其常务委员会制定浦东新区法规的决定》,2021年6月10日,十三届全国人大常委会第二十九次会议决定:"一、授权上海市人民代表大会及其常务委员会根据浦东改革创新实践需要,遵循宪法规定以及法律和行政法规基本原则,制定浦东新区法规,在浦东新区实施。二、根据本决定制定的浦东新区法规,应当依照《中华人民共和国立法法》的有关规定分别报全国人民代表大会常务委员会和国务院备案。浦东新区法规报送备案时,应当说明对法律、行政法规、部门规章作出变通规定的情况。三、本决定自公布之日起施行。"资料来源:《人民日报》2021年6月11日。

与支持浦东大胆试、大胆闯、自主改相适应的法治保障体系,推动浦东新区高水平改革开放,打造社会主义现代化建设引领区,比照经济特区法规,授权上海市人大及其常委会根据浦东改革创新实践需要,遵循宪法规定以及法律和行政基本规则,制定法规,可以对法律、行政法规、部门规章等作变通规定,进一步拓展了"重大改革于法有据"的法治路径。浦东新区不是经济特区,但是上海市人民代表大会及其常务委员会在浦东新区行使相当于经济特区的立法权,且适用于浦东新区的立法有特定的名称——"浦东新区法规",这在上海、在中国都是前所未有的创举,"浦东新区法规"成为制定法上新的特定概念,上海市地方立法进入行使比照经济特区立法权的崭新时期。

2015年3月15日,十二届全国人大三次会议通过《全国人民代表大会关于修改〈中华人民共和国立法法〉的决定》,修改后的《立法法》第72条第2款规定:"设区的市的人民代表大会及其常务委员会根据本市的具体情况和实际需要,在不同宪法、法律、行政法规和本省、自治区的地方性法规相抵触的前提下,可以对城乡建设与管理、环境保护、历史文化保护等方面的事项制定地方性法规……"该条第5款同时规定:"自治州的人民代表大会及其常务委员会可以依照本条第二款规定行使设区的市制定地方性法规的职权……"因此,在民族自治地方的建置中,自治州与自治区一样,都享有自治立法权和地方立法权。当然,相对于自治区来说,自治州享有的地方立法权只是部分立法权——它只能对城乡建设与管理、环境保护、历史文化保护等方面的事项行使地方立法权。

《立法法》授权自治州制定地方性法规的规定可从积极意义和消极意义两个层面进行解读。对自治州立法机关来说,授权为未来的立法工作预设了更大的形式和程序选择空间,立法效率由此提升,此为积极意义;从消极意义层面而言,授权导致已然的规范冲突和可能的实践式微。在规范层面,由于《立法法》第72条授权的主要对象是设区的市,在附带赋予自治州人大及其常委会行使设区的市制定地方性法规的职权时没有充分评估自治州已有的立法权限和立法实践,因此在一定程度上使原本"剪不断、理还乱"的民族自治地方自治立法权和地方立法权之间的纠葛更加扑朔迷离。例如,在民族自治地方,"历史文化"具有厚重的民族色彩,它应该属于自治立法的事项范围,但根据新的授权,有关少数民族历史文化保护的事项就可采用地方性法规的形式立法。此外,依据《宪法》《民族区域自治法》的相关规定,自治州的人大既是自治机关又是权力机关,它既拥有制定自治条例和单行条例的权力,也拥有制定地方性法规的权力,而且按照新修改的《立法法》的相关规定,自治州人大制定单行条例和地方性法规的程序是相同的。如果自治州人大制定和通过一部法案(除自治条例外),那么如何判断该法案是单行条例还是地方性法规呢?在实践层面,授权可能弱化自治州自治立法的运用频次,导致民族自治地方自治权行使不充分的问题愈显突出。因为如果从最宽泛的意义来理解"城乡建设与管理、环境保护、历史文化保护"等语词,自治州的绝大部分事务都可归入上述三类事项并纳入到地方性法规的立法范围之中。① 此外,与单行条例相比,制定地方性法规的成本较小,自治州更有一种以地方立法替代自治立法的冲动,从而使自治立法活动式微。

　　解决上述冲突和担忧的关键是要从学理上科学地厘定民族自治地方自治立法权和地方立法权的事项范围。② 这是随现行《宪法》和《民族区域自治法》颁布之后便一直存续着的一个难解,但又有着重要实践意义的命题,只不过新修订的《立法法》再一次刺激法学界,旧话重提引发新的争鸣。③ 厘定民族自治地方自治立法权和地方立法权的边界,亦即各自指向

---

　　① 根据笔者对30个自治州已颁布、现行有效的269部单行条例的统计,如果将"城乡建设与管理"中的"城乡管理"一词的理解扩大到城乡经济发展、城乡规划建设管理和社会保障等领域,那么涉及城乡建设与管理、环境保护、历史文化保护等方面事项的单行条例占单行条例总数的83%。如果上述事项都纳入地方性法规的事项范围,自治州可以制定单行条例的事项范围会大大限缩。

　　② 虽然自治县没有地方立法权,但是厘清自治区、自治州自治立法权和地方立法权的边界对自治县规范行使自治立法权也具有重要的实践指导意义。因此,本章将讨论的主题扩充为民族自治地方自治立法权和地方立法权的划分与配置问题。

　　③ 在2015年《立法法》未修改之前,由于自治区同省、直辖市一样享有地方立法权,五大自治区都是以地方立法替代自治立法,迄今为止没有颁布一部自治条例和单行条例。而自治州、自治县则对"民族事务"和"地方事务"不作任何区分,颁布出台了不少规范地方事务内容的单行条例。

的事项范围,首要的任务是确定自治立法的事项范围①。因为在民族自治地方,地方立法和自治立法的事项范围在逻辑上属于一种包含与被包含的关系,如果确定了自治立法的事项范围,剩余的就属于地方立法的事项范围了。

赋予聚居少数民族自治权的基本功能之一就是为了保障其自我管理本民族内部事务权利的实现,否则,民族区域自治权就没有存在的必要。将这一立法意旨结合《民族区域自治法》第19条的规定来理解:"民族自治地方的人民代表大会依据当地民族的政治、经济和文化的特点制定自治条例和单行条例。"我们认为,自治立法权的客体是民族自治地方的"本民族内部事务"。但是,到底什么是"本民族内部事务"?"本民族内部事务"中的"本民族"又做何解?由于中国各民族分布总体上呈现出一种"大杂居、小聚居"的格局,在多个民族聚居的地方实行区域自治,其自治立法权的客体是该地方实行区域自治民族的"本民族内部事务"?还是该地方所有少数民族"本民族内部事务"?抑或是该地方所有民族的"本民族内部事务"?这些问题构成我们讨论的主旨。

德国法学家拉伦茨认为,"解释均始于字义"。当人们对法律文本某一用词的含义可能存在着不同的理解时,就会发生"何种解释最能配合立法者的规定意向或其规范想法"的问题。② 在后述文字的阐释中,我

---

① 从已有讨论民族自治地方自治立法权和地方立法权的文献来看,学者们均认为两者是有区别的。有学者从制定机关、制定程序和立法的事实依据等方面来区分两者(参见沈寿文:《民族区域自治立法权与一般地方立法权的关系——以"优惠照顾理论"范式为视角》,载《广西民族研究》2016年第3期);也有学者从主体、程序、范围和位阶等形式要素方面对两者进行区分(参见李雷:《自治州自治立法权与地方立法权的竞合及消解》,载《广西民族研究》2016年第3期);还有学者认为两者在立法主体、立法形式、立法权限与范围、法律效力、制定程序等方面存在差别(参见张殿军:《民族自治地方一般性地方立法与自治立法比较研究》,载《前沿》2011年第5期)。上述文献的共同特点就是没有从立法权的客体,即事务标准层面来探讨两者的区别,学理上确定不同职权行使的事项范围并依此在法律文本中对事权做列举式的技术规定,被认为是科学配置政府间纵向职权关系和横向职权关系的客观标准,以确定性事务的标准来厘定不同职权的行使边界可以使职权主体获得独立、自主的空间,从而避免政府间纵向职权关系和横向职权关系的纠葛。本章可看作是一种沿着这一方向所做的尝试性努力,以期达到抛砖引玉之功效。

② 参见〔德〕卡尔·拉伦茨:《法学方法论》,陈爱娥译,商务印书馆2003年版,第201、207页。

们将以原旨主义的解释方法①,对"民族自治权""民族区域自治权"以及立法文本中的"当地民族""本民族内部事务"等相关范畴的性质、内容和实践禀赋做一番梳理和分析。在此基础上,明确民族自治地方自治立法所指涉的事项范围,纾解目前实践中自治区、自治州行使自治立法权和地方立法权时不分彼此的紊乱状态。

(二) 立法权界分:民族自治地方与一般地方②

在现行《宪法》和《民族区域自治法》文本中,"自治权"在规范上表现出两种样态:一种是各聚居民族管理本民族内部事务的自治权(利),即少数民族的自治权或者说民族自治权,其法源为《民族区域自治法》序言第二段;③另一种是民族自治地方自治机关管理本民族内部事务和本地方事务的自治权(力),即民族区域自治权,其法源同样为《民族区域自治法》序言第二段以及《宪法》第115条和《民族区域自治法》第4条。从两者的关系看,前者是后者的本源和基础,正如宪法原理中"权利是权力的本源和基础,权力以保障权利为存在目的"一样;后者是前者的制度化形式或实践形式。为了准确地反映上述两种不同自治权的属性以及行文的方便,文中将前一种"自治权"称为"政治原则意义上的自治权",将后一种"自治权"称为"规范实践意义上的自治权"。④

1. 民族区域自治权的归属主体是民族自治地方所有聚居少数民族

政治原则意义上的自治权,源于中国共产党奉行的马克思主义的民

---

① 具体来说,原旨主义方法有三种解释的基本路径:一是根据法律文本来探求立法者的意图,此为"文本主义"(textualism);二是根据立法目的来探求立法者的意图,此为"目的主义"(intentionalism);三是根据各法律部门间的结构和关系以及立法上下文来推断立法者的意图,此为"结构主义"(structuralism)。See Paul Brest, The Misconceived Quest for the Original Understanding, B. U. L. REV, No. 60 (1980).

② 初稿执笔潘弘祥博士。

③ 《民族区域自治法》序言第二段规定:"民族区域自治是在国家统一领导下,各少数民族聚居的地方实行区域自治,设立自治机关,行使自治权。实行民族区域自治,体现了国家充分尊重和保障各少数民族管理本民族内部事务权利的精神,体现了国家坚持实行各民族平等、团结和共同繁荣的原则。"

④ 直至今天,研究民族区域自治制度的学者仍没有从学理上认真区分"民族自治权"和"民族区域自治权"两个概念的不同内涵,以至于在相当多的文献中将两个概念互换使用。

族平等原则。如 1914 年 3 月,俄国社会民主党工人党团决定向第四届国家杜马提交的《关于废除对犹太人权利的一切限制及与任何民族出身或族籍有关的一切限制的法律草案》明确提出:"1. 居住在俄国境内的各民族公民在法律面前一律平等。2. 对俄国的任何一个公民,不分性别和宗教信仰,都不得因为他的任何民族出身或族籍而在政治权利和任何其他权利上加以限制。"[1]斯大林也指出:"每个民族都是自主的,一切民族都是平等的。"[2]中国共产党人在革命和建立新中国的现代国家建设实践中,始终将马克思主义民族平等思想作为处理国内民族关系的基本原则。早在抗日战争时期,就鲜明提出了"各民族一律平等、少数民族有管理本民族事务的权利"的主张,"允许蒙、回、藏、苗、瑶、夷、番各民族与汉族有平等权利,在共同对日原则之下,有自己管理自己事务之权,同时与汉族联合建立统一的国家"。[3] 在 1946 年 6 月《解放日报》的社论《实行正确的民族政策》中重申:必须允许国内各少数民族与汉族"有平等权利,在公开抗日的原则下,承认他们有管理本民族各种事务之权,建立蒙回民族自治区"。新中国成立时,起临时宪法作用的《共同纲领》第 50 条规定:"中华人民共和国境内各民族一律平等,实行团结互助,反对帝国主义和各民族内部的人民公敌,使中华人民共和国成为各民族友爱合作的大家庭。反对大民族主义和狭隘民族主义,禁止民族间的歧视、压迫和分裂各民族团结的行为。"1954 年 9 月,刘少奇同志在一届全国人大一次会议上做的《关于中华人民共和国宪法草案的报告》也指出:"必须让国内各民族都能积极地参与整个国家的政治生活,同时又必须让各民族按照民族区域自治的原则自己当家作主,有管理自己内部事务的权利。"1984 年《民族区域自治法》序言第二段规定:"实行民族区域自治,体现了国家充分尊重和保障各少数民族管理本民族内部事务权利的精神,体现了国家坚持实行各民族

---

[1] 列宁:《关于民族平等的法律草案》,载《列宁全集》(第二十五卷),人民出版社 2017 年版,第 20 页。
[2] 斯大林:《马克思主义和民族问题》,载《斯大林选集》(上卷),人民出版社 1979 年版,第 74 页。
[3] 参见中共中央统战部:《民族问题文献汇编》,中共中央党校出版社 1991 年版,第 595—597 页。

平等、团结和共同繁荣的原则。"

从上述经典论述和法律文件可见,中国共产党第一代领导集体已经充分认识到,无论是中国革命,还是在多民族中国的现代国家建设中,创立新中国、实现各民族共同团结奋斗、共同繁荣发展必须实行民族平等,并将之确定为宪法的基本原则。落实少数民族实现政治平等的基本举措,就是除在国家层面给予特别政治代表权之外①,各少数民族都拥有自我管理本民族内部事务的权利。换言之,赋予少数民族自我管理本民族内部事务的权利,是基于国内各民族一律平等的政治原则,为保障少数民族当家作主、自我管理权利的实现而实施的一项基本举措,是少数民族在国家共治层面政治参与有效性不足的一种补充。从这个意义上说,各少数民族的自治权,即自我管理本民族内部事务的权利,是一种政治原则意义上的自治权。

民族自治权必须通过制度化的宪法保障机制来保证其落实到具体实践之中,否则,民族平等原则无法在现实中得到有效实现。于是,中国共产党和中国政府采取了民族区域自治这一形式来保障国内各聚居少数民族的平等地位和自我管理本民族内部事务权利的实现。事实上,在多民族国家实行民族区域自治来保障少数民族平等权利和自我管理本民族内部事务的权利是马克思主义处理民族问题时遵循的又一普遍原则。列宁指出:"民主集中制不仅不排斥地方自治以及有独特的经济和生活条件、民族成分等等的区域自治,相反,它必须既要求地方自治,也要求区域自治。""必须实行广泛的区域自治和完全民主的地方自治,并且根据当地居民自己对经济条件和生活条件、居民民族成分等等的估计,确定地方自治地区和区域自治地区的区划。""至于自治,马克思主义者所维护的并不是自治'权',而是自治本身,把它当作民族成分复杂和地理等条件各异的民

---

① 如《宪法》第59条关于在全国人大中"各少数民族都应当有适当名额的代表"的规定,以及在政治实践中人口100万以上的少数民族有1名代表担任全国人大常委会常委和五大自治区实行区域自治的少数民族有1名代表担任全国人大常委会的副委员长或全国政协的副主席的政治惯例,都体现了少数民族在国家层面政治参与的政治代表权。

主国家的一般普遍原则。"①

新中国成立后,中央人民政府于1952年制定《民族区域自治实施纲要》,确立在各少数民族聚居的地方实施区域自治,通过设立各类型的自治区来保障聚居少数民族自我管理本民族内部事务的权利。乌兰夫同志在《关于〈中华人民共和国民族区域自治实施纲要〉的报告》中指出:"一切聚居的少数民族,都有权利实行民族的区域自治,建立自治区和自治机关,按照本民族大多数人民及与人民有联系的领袖人物的志愿,管理本民族的内部事务。这就是少数民族当家作主的权利。"②1984年颁布的《民族区域自治法》将"民族区域自治"确立为国家的基本政治制度,肯认"实行民族区域自治,对发挥各族人民当家作主的积极性,发展平等、团结、互助的社会主义民族关系,巩固国家的统一,促进民族自治地方和全国社会主义建设事业的发展,都起了巨大的作用。今后,继续坚持和完善民族区域自治制度,使这一制度在国家的社会主义现代化建设进程中发挥更大的作用"③。可见,民族区域自治是保障我国聚居少数民族自我管理本民族内部事务的权利的基本制度形式。由此,政治原则意义上的自治权就制度化为一种规范实践意义上的自治权,即民族自治权(利)转化为了一种民族区域自治权(力),少数民族当家作主、自我管理民族内部事务的权利获得了具体的实践载体和实现形式。

政治原则意义上的自治权转化为规范实践意义上的自治权必须满足一个必要条件——存在聚居的少数民族。换言之,只要存在聚居的少数民族,聚居少数民族就可依据宪法赋予的民族自治权在其居住的区域通过区域自治的形式来实现其管理本民族内部事务的权利。应该说,1952年中央人民政府颁布的《民族区域自治实施纲要》就体现了这样的理念和设想。《民族区域自治实施纲要》第4条规定:"各少数民族聚居的地区,

---

① 列宁:《关于民族问题的批评意见》,载《列宁全集》(第二十四卷),人民出版社2017年版,第149页;《关于民族问题的决议》,载《列宁全集》(第二十四卷),人民出版社2017年版,第61页;《论民族自决权》,载《列宁全集》(第二十五卷),人民出版社2017年版,第274页注。

② 全国人大常委会秘书处秘书组、国家民委政法司编:《中国民族区域自治法律法规通典》,中央民族大学出版社2002年版,第94—95页。

③ 《民族区域自治法》序言第三段。

依据当地民族关系、经济发展条件,并参酌历史情况,得分别建立下列各种自治区:(一)以一个少数民族聚居区为基础而建立的自治区。(二)以一个大的少数民族聚居区为基础,并包括个别人口很少的其他少数民族聚居区所建立的自治区。包括在此种自治区内的各个人口很少的其他少数民族聚居区,均应实行区域自治。(三)以两个或多个少数民族聚居区为基础联合建立的自治区。此种自治区内各少数民族聚居区是否需要单独建立民族自治区,应视具体情况及有关民族的志愿而决定。"第 7 条还特别规定:"各民族自治区的行政地位,即相当于乡(村)、区、县、专区或专区以上的行政地位,依其人口多少及区域大小等条件区分之。"由是观之,在新中国建立之初,党和政府力图使每一个聚居少数民族,甚至包括人口较少、居住区域较小的聚居少数民族都能通过多结构、多层级的区域自治形式来实现管理本民族内部事务的权利。但是,随着1954年《宪法》的颁布,行政区划的统一及其相应层级国家机关架构的完成,尤其是民族自治地方自治权内容的进一步细化,作为民族自治区之一的乡(村)、区如再享有民族区域自治权也不合时宜。因此,1954年《宪法》将民族自治地方建置为三级——自治区、自治州和自治县,不再将乡(村)、区作为民族自治地方来对待,但仍然通过设立民族乡作为民族区域自治的补充,来保障居住区域较小、人口较少且分散的聚居少数民族部分地行使管理本民族内部事务的权利。此后的1982年《宪法》延续了上述有关民族自治地方建置的规定。

  从理论上讲,只要有聚居少数民族的存在,聚居民族就可以依据宪法赋予的民族自治权在其居住的区域实行自治。聚居少数民族的存在及其享有的民族自治权,构成了民族区域自治权的本源。因此,民族区域自治权的归属主体应该是民族自治地方的聚居少数民族。但是,不少学者认为,民族区域自治权的归属主体是民族自治地方实行区域自治的聚居少数民族。[①] 这一结论看似正确,实则犯有逻辑上没有穷尽支判断的错误。

---

  ① 参见乌兰夫:《民族区域自治的光辉历程》,载《人民日报》1981 年 7 月 14 日;额尔敦初古拉:《应充分发挥自治主体民族的主人翁作用》,载《中国民族报》2012 年 7 月 27 日;乌力更:《民族自治与民族共治——权利与少数民族》,载《理论研究》2003 年第 4 期。

中国的民族自治地方有单一型自治地方、包容型自治地方和联合型自治地方三种类型，单一型自治地方和联合型自治地方的聚居少数民族就是实行区域自治的少数民族，这一点不会存有争议。但是，在包容型的自治地方，除了有一个人口最多、居住区域最大的聚居少数民族外，还生活着不少人口、居住区域规模次小的聚居少数民族。如果简单地将民族区域自治权的享有主体归属于人口最多、居住区域最大的聚居少数民族，那么就意味着该地方的"民族内部事务"只是实行区域自治的民族这一个聚居少数民族的内部事务，从而排除了其他聚居少数民族的内部事务成为该地方"民族内部事务"的可能性，这对于民族区域自治的实践来说是极为有害的，更遑论民族自治地方各民族平等、团结和共同繁荣了。例如，新疆维吾尔自治区有伊犁哈萨克自治州、博尔塔拉蒙古自治州、巴音郭楞蒙古自治州、克孜勒苏柯尔克孜自治州、昌吉回族自治州5个自治州和察布查尔锡伯自治县、布克赛尔蒙古自治县、木垒哈萨克自治县、巴里坤哈萨克自治县、焉耆回族自治县、塔什库尔干塔吉克自治县6个自治县，那我们是否可以说，新疆维吾尔自治区的"本民族内部事务"只是维吾尔族一个民族的内部事务，其他居住在新疆的哈萨克族、蒙古族、柯尔克孜族、回族等聚居少数民族的内部事务不是新疆维吾尔自治区的"民族内部事务"？这当然是错误的。正是基于上述因素考虑，笔者认为，民族区域自治权的归属主体是民族自治地方所有的聚居少数民族，而不能简单地归属于实行区域自治的聚居少数民族。作为民族自治地方层面的共治[①]，其内涵不仅体现在民族自治地方各民族对本地方事务的共同管理方面，而且体现在聚居少数民族对民族区域自治权的共同享有方面。

那么，如果民族区域自治权的归属主体是民族自治地方所有的聚居少数民族，那么民族区域自治权的行使主体是谁呢？在民族区域自治的制度设计中，民族区域自治权的归属主体和行使主体是分离的——民族区域自治权的归属主体是民族自治地方的聚居少数民族，民族区域自治

---

① 民族共治是多民族国家民族政治实践的基本事实，它不仅体现为国家层面各民族对国家事务共同管理，也体现为民族自治地方层面多民族对本地方事务的共同管理。参见朱伦：《论民族共治的理论基础和基本原理》，载《民族研究》2002年第2期。

权的行使主体是民族自治地方的自治机关。①

　　如前所述,没有聚居少数民族的民族自治权,也就没有该民族的区域自治权。因此,从应然层面而言,民族区域自治是聚居少数民族的区域自治。如果聚居少数民族所居住的区域没有任何其他民族与其杂居,那么该民族的本民族内部事务就是该区域的地方事务,聚居少数民族既是民族区域自治权的归属主体,也是民族区域自治权的行使主体。但是,世界上绝大多数实行民族区域自治的社会单元都是多民族杂居,中国也不例外。即使是在民族成分相对单一的西藏自治区,除占人口总数的92%的藏族外,还有汉族、蒙古族、回族、纳西族、怒族、独龙族、门巴族和珞巴族等40多个民族。这时候,基于聚居少数民族身份而获得的区域自治权也被赋予给了生活在该地方的其他民族(包括汉族),民族区域自治就演绎为一种以聚居少数民族为主体、为主导,其他民族参与其中的区域自治。法律制度上的这种设计,契合了宪法上规定的"各民族一律平等"的政治原则,保障了民族自治地方的散居少数民族和汉族公民管理地方事务的基本权利。它既满足聚居少数民族管理本民族事务的需要,也满足散居少数民族和汉族管理本地方事务的诉求。"如将宪法规定的'少数民族聚居的地方实行区域自治'转换为'居于主体地位的少数民族实行的区域自治',事实上就将居住在该地区的其他民族排除在了区域自治的主体之外,既不符合民族平等的要求,又剥夺了不具有自治民族身份的公民的政

---

① 早先也有学者注意到民族区域自治权归属主体和行使主体有所不同,只是没有有意识地将两者分离开来进行具体讨论。如冯刚认为:"民族区域自治虽是实行区域自治的少数民族的自治,但自治权不应由实行区域自治的少数民族单独行使,而应由实行区域自治地方的各族人民共同行使"(参见冯刚:《试论民族区域自治权的归属和行使》,载《广西民族研究》1997年第3期);乌力更认为:"自治权这种集体权利,只有转变为自治机关的权力之后,才能得以实现。但这并不意味着自治权就是自治机关本身的权利,自治机关只有行使自治权的权力,而没有享受自治权的权力"(参见乌力更:《民族自治与民族共治——权利与少数民族》,载《理论研究》2003年第4期);李军认为:"民族自治地方的自治机关只能是民族区域自治真正主体根本利益的代表机关和自治权行使的执行者,而不可能成为真正的民族区域自治权的主体"(参见李军:《民族区域自治权的法理思辨——以自治权的法源为切入点》,载《黑龙江民族丛刊》2012年第3期)。将民族区域自治权的归属主体和行使主体分离,有利于消弭或化解学术界关于民族区域自治权的主体是实行区域自治的民族还是自治机关的理论分歧,具有重要的学理和实践意义。

治权利,与公民平等的宪法要求不符。"①

事实上,从《宪法》第 4 条第 3 款、第 112 条至 122 条以及《民族区域自治法》第 4 条、第 15 条至第 18 条所规定的内容来看,民族区域自治权是由民族自治地方人民代表大会和人民政府所组成的自治机关来行使的,自治机关组成人员中不仅包括实行区域自治的聚居少数民族的代表,而且包括其他散居少数民族和汉族的代表,只是在自治机关的人员组成中,实行区域自治的民族的代表占据着主导地位。② 这种采取由实行区域自治的民族占主导地位、区域内其他民族参与管理的共治形式和民主协商机制是一个蕴含着充分政治智慧和政治技巧的制度安排,它兼顾了包括实行区域自治的民族在内的所有聚居少数民族管理本民族内部事务和地方内所有民族共同管理本地方事务权利的均衡实现。显然,这种制度安排十分有利于构建平等、团结、互助、和谐的社会主义民族关系。民族区域自治制度开拓者之一的李维汉同志在讨论广西壮族自治区建立时指出:"从广西各民族的比例关系来说,自治区的自治机关同时带有联合政府的性质。自治区自治机关,要根据广西民族关系的具体情况,使汉族、壮族和其他少数民族的干部都占有相当的必要的地位";如果"在处理上述各项人事安排的问题上能够适当地照顾到这一点,是符合于民族平等原则的,是符合于人民民主原则的,因此是必要的、合理的、有利于民族团结的"。③ 从上述论述可知,民族自治地方的自治机关并不只是实行区域自治的民族管理本民族内部事务的机关,它也是该地方其他聚居少数民族管理本民族内部事务和各民族共同管理本地方事务的机关。因此,习近平特别强调:"民族区域自治不是某个民族独享的自治,民族自治地方更不是某个民族独有的地方。这一点必须搞清楚,否则就会走到错误的

---

① 田钒平:《民族区域自治的实质内涵辨析》,载《贵州社会科学》2014 年第 9 期。
② 《民族区域自治法》第 16 条第 1 款规定:"民族自治地方的人民代表大会中,除实行区域自治的民族的代表外,其他居住在本行政区域内的民族也应当有适当名额的代表。"第 17 条第 1 款规定:"自治区主席、自治州州长、自治县县长由实行区域自治的民族的公民担任。自治区、自治州、自治县的人民政府的其他组成人员,应当合理配备实行区域自治的民族和其他少数民族的人员。"
③ 参见李维汉:《统一战线与民族问题》,人民出版社 1981 年版,第 500—501 页。

方向上去。"①

2. "本民族内部事务"是指民族自治地方聚居少数民族的内部事务

承接上文,既然民族区域自治权的归属主体是民族自治地方所有聚居少数民族,那么法律文本中"本民族内部事务"就应该解释为"民族自治地方所有聚居少数民族的内部事务"。

学者曾围绕"本民族内部事务"这一概念所内含的文本意义和实践意义展开讨论。如赵健君先生认为,"从我国各民族大杂居、小聚居犬牙交错的分布特点来看,每一个自治地方内,总是几个民族共居其间,实行自治的民族在其中只占一定的比例,所以在我国不存在单一民族地区","生活在同一行政区域的各民族,他们本民族的政治、经济、文化等方面往往纳入它所在行政区域的社会生活之中,形成各民族之间密切联系、相互依存的共同社会生活"。所以,"'本民族内部事务'是指民族自治地方内,关系各民族共同利益和共同繁荣发展的一切事务,而不是指实行自治的主体民族的有关事务。'各民族管理本民族内部事务的权利'也就是指在民族自治地方内,各民族作为国家的主人,平等地共同处理民族自治地方内部一切事务的权利"。②对此,赵学发先生提出了商榷意见:"本民族内部事务"中的"本"字,"在任何一个实行民族区域自治的地方,都是有固定的具体对象的,是对应着实行民族区域自治的民族而言的","'本民族内部事务'同'实行自治的自治地方内部的一切事务'系两个不同范围的不同概念,'本民族内部事务'含于自治地方内部的一切事务之中,两者不能等同","民族自治地方管理自治地方内部的一切事务和管理本民族内部事务是统一于自治机关行使的地方国家机关的职权和自治权之中的"。③而吴宗金先生则反对赵学发的观点:把"本民族内部事务"等同于"实行自治的自治地方内部的一切事务"固然不妥,但是把"本民族"理解为在任何一个实行民族区域自治的地方,都是指实行民族区域自治的民族而言的解

---

① 习近平:《在中央民族工作会议上的讲话》(2014年9月28日),载《习近平谈治国理政》(第二卷),外文出版社2017年版,第300—301页。
② 参见赵健君:《如何理解"本民族内部事务"?》,载《中国民族》1986年第10期。
③ 参见赵学发:《也谈如何理解"本民族内部事务"》,载《中国民族》1987年第2期。

释,也是十分欠妥的。"居住在一个自治地方内的不只是一个民族,而是若干个民族,凡居住在这个区域内的各民族人民都是这个地方的主人。民族自治地方内的各族人民都享有管理本自治地方的一切事务的权利。""'各少数民族管理本民族内部事务'是借助于并通过自治机关来行使和实现其自治权利的",因此,"'本民族内部事务'的含义,是在民族自治地方范围内的、由各民族人民代表组成的自治机关,通过行使自治权来体现本地方各少数民族管理本民族内部事务权利的一种表现形式"。① 吴宗金先生虽然没有直接回答"本民族内部事务"是"哪个"或"哪几个"民族的内部事务,也没有对民族区域自治权的归属主体与行使主体作学理上的区分,但是提出了一个有着重要实践意义的命题,即民族自治地方由自治机关来行使管理各少数民族内部事务的权利和管理本地方事务的权力,从而支持了笔者提出的"民族区域自治权的行使主体是民族自治地方的自治机关"的观点。

从上述三位学者的讨论可知,学界关于"本民族内部事务"的观点主要有二:一是将"本民族内部事务"理解为"本地方所有民族的内部事务";二是将"本民族内部事务"等同于"实行区域自治的民族的内部事务"。下面就此两种观点展开进一步讨论分析。

第一,"本民族内部事务"并不是"本地方所有民族的内部事务"。民族区域自治是民族因素与区域因素的有机结合,是民族自治和区域自治的有机结合,是民族自治地方所有聚居少数民族自主管理本民族内部事务与各民族共同管理本地方事务的有机结合。民族区域自治权的客体既包括"本民族内部事务"也包括"本地方事务"。由于"本民族内部事务"内含于"本地方事务"之中,因此有学者直接将民族区域自治权的客体界定为"本地方所有民族的内部事务"就不足为奇了,但是这一理解并不符合宪法原则和现行法律规定。首先,将民族区域自治权的客体界定为"本地方所有民族的内部事务"不符合宪法原则。毋庸置疑,没有民族自治权,也就没有民族区域自治权。在界定"本民族内部

---

① 参见吴宗金:《"本民族内部事务"之我见——兼与赵学发商榷》,载《中国民族》1987年第2期。

事务"一词的内涵时,如果将民族区域自治权的归属主体理解为民族自治地方包括汉族在内的所有民族,那么就意味着汉族这一主体民族也享有民族自治权,意味着"本民族内部事务"等同于民族自治地方所有民族(包括汉族)的事务,即地方事务了,法律文本也就没有区分"本民族内部事务与本地方事务"和"民族自治地方自治立法权和地方立法权"的必要了。其次,将"本民族内部事务"理解为"本地方所有民族的内部事务"也不符合法律文本规定。《民族区域自治法》在规定民族自治地方自治机关的自治权即民族区域自治权时,第19条、第22条使用了"当地民族"一词[①],其他条款如第24条、第25条、第26条、第27条、第28条、第29条、第30条、第33条、第35条、第36条、第39条、第40条、第44条则使用的是"本地方"一词[②]。再如,在《刑法》、原《民法通则》、原《婚姻法》、原《继承法》以及《妇女权益保护法》《民事诉讼法》《老年人权益保障法》等法律中,关于民族自治地方自治机关行使变通或补充规定制定权的授权规范使用的也是"当地民族"。[③] 由此可见,《民族区域自治法》和相关法律对民族区域自治权所指向的对象——"本民族内部事务"和"本地方事务",是有所区分的。所以,无论是理论研究,还是政治实践,不能用"地方事务"去吸收、竞合"民族事务"。综上所述,如果将民族自治地方所有民族的一切事务都看作实行区域自治民族的"本民族内

---

① 如《民族区域自治法》第19条规定:"民族自治地方的人民代表大会有权依照当地民族的政治、经济和文化的特点,制定自治条例和单行条例……"第22条第1款规定:"民族自治地方的自治机关根据社会主义建设的需要,采取各种措施从当地民族中大量培养各级干部、各种科学技术、经营管理等专业人才和技术工人,充分发挥他们的作用,并且注意在少数民族妇女中培养各级干部和各种专业技术人才。"

② 如《民族区域自治法》第25条规定:"民族自治地方的自治机关在国家计划的指导下,根据本地方的特点和需要,制定经济建设的方针、政策和计划,自主地安排和管理地方性的经济建设事业。"第40条第1款规定:"民族自治地方的自治机关,自主地决定本地方的医疗卫生事业的发展规划,发展现代医药和民族传统医药。"

③ 如《刑法》第80条规定:"民族自治地方不能全部适用本法规定的,可以由自治区或者省的国家权力机关根据当地民族的政治、经济、文化的特点和本法规定的基本原则,制定变通或者补充的规定,报请全国人民代表大会常务委员会批准施行。"原《婚姻法》第50条规定:"民族自治地方的人民代表大会有权结合当地民族婚姻家庭的具体情况,制定变通规定。"原《继承法》第35条规定:"民族自治地方的人民代表大会可以根据本法的原则,结合当地民族财产继承的具体情况,制定变通的或者补充的规定。"

部事务",那么民族自治地方的地方事务和各聚居少数民族的内部事务就合二为一了。显然,这一观点是无法获得实在法规范的支持的。但在民族自治地方的立法实践中,它却大有市场,因为2015年《立法法》修改之前的立法实践中,自治州、自治县都是将所有地方事务纳入到了自治立法事项范围。这就是学界屡屡诟病民族自治地方自治立法无法体现民族性的症结之所在。

第二,"本民族内部事务"也不是"实行区域自治的民族的内部事务"。如果将民族区域自治权的归属主体和行使主体界定为实行区域自治的民族,将"本民族内部事务"理解为实行区域自治民族的内部事务,那么民族区域自治权指向的事项范围未免太窄。这既不符合各民族一律平等,保障各聚居少数民族自主管理本民族内部事务的宪法原则,也不符合《宪法》《民族区域自治法》将民族区域自治权的行使主体确定为民族自治地方自治机关的文本规范。[①] 首先,将"本民族内部事务"理解为实行区域自治民族的内部事务不符合宪法原则。在包容型的民族自治地方,除实行区域自治的民族外,还存在其他在次级地方实行区域自治的聚居少数民族。试想,当民族自治地方自治机关行使自治权,只考虑实行区域自治民族的本民族事务而对其他聚居少数民族的事务弃之如屣时,甚至出现为实现实行区域自治民族的利益而排斥、侵害其他聚居少数民族利益时,各民族平等、团结和共同繁荣的宪法精神将成为空谈。显然,在民族自治地方,将"本民族内部事务"理解为实行区域自治民族的内部事务是不符合宪法原则和立法精神的。其次,将"本民族内部事务"理解为实行区域自治民族的内部事务不符合文本规范和立法原意。《民族区域自治法》第三章"自治机关的自治权"的绝大部分条款(除23条和第31条外)直接写明了民族自治地方自治机关行使"制定自治条例和单行条例、培养各级干部、组织公安部队、自主地安排和管理地方性的经济建设事业、确定本地

---

① 田钒平教授也持相同观点:如将宪法规定的"少数民族聚居的地方实行区域自治"转换为"居于主体地位的少数民族实行的区域自治",事实上就将居住在该地区的其他民族排除在了区域自治的主体之外,不符合民族平等的要求。参见田钒平:《民族区域自治的实质内涵辨析》,载《贵州社会科学》2014年第9期。

方内草场和森林的所有权和使用权、管理和保护本地方的自然资源"等职权。事实上,全国人大在制定《民族区域自治法》的过程中,对民族区域自治权是由实行区域自治的民族来行使还是由各民族组成的自治机关来行使存在争议。据时任第六届全国人大常委会秘书长的王汉斌回忆:"全国人大六届二次会议召开前,1984年5月8日晚上十点钟,彭真通知召集会议,研究民族区域自治法的问题。""这个会议争论得很厉害,主要是要不要规定自治民族行使自治权利(应为'自治权力',引者注)、自治机关主要成分是自治民族这两条,意见分歧不能达成一致。""5月12日9点,在勤政殿,中央政治局召开第19次扩大会议,我列席了会议。会上,我代表法工委党组做了关于民族区域自治法(草案)几个问题的汇报后,胡乔木同志首先发言。""他在会上就念民族自治地方有哪些权利,一条一条地念,说这些都是很大的权利啊,这些权利如果只由自治民族行使,而自治区内的其他民族不能享受这些权利,可是个非常大的问题。最后,乔木同志说,民族区域自治法里面不能规定由自治民族行使自治权利。会议同意,不能写自治民族行使自治权利,而是自治机关行使自治权利。"[①]从现有法律文本和立法者的立法原意来看,在民族自治地方,民族区域自治权的行使主体是自治机关,而不是实行区域自治的民族。在管理民族事务方面,自治机关不仅要保障实行区域自治的聚居少数民族管理本民族内部事务的权利,也要保障区域内其他聚居少数民族自我管理本民族内部事务的权利,同时也要保障其他散居少数民族和汉族公民享有的宪法上的基本权利。因此,民族区域自治权语境下的"本民族内部事务"不应该只是实行区域自治民族的内部事务,也包括区域内其他聚居少数民族的内部事务,否则,在民族自治地方就无以体现各民族一律平等的宪法原则,无以实现各民族共同团结奋斗、共同繁荣发展的立法目的。

此外,从上述关于民族区域自治权归属主体与行使主体的争议和法律规范中"当地民族"一词的语用意义来看,民族区域自治权所内含的"本

[①] 王汉斌:《王汉斌访谈录——亲历新时期社会主义民主法制建设》,中国民主法制出版社2012年版,第174—175页。

民族内部事务"肯定不仅仅是民族自治地方实行区域自治的民族独有的"本民族内部事务","本民族"肯定不仅仅是单指"实行区域自治的民族"。但是,排除这一种解释后,"当地民族"一词仍可从两个层面来理解:一是包括实行区域自治的民族在内的所有少数民族;二是包括实行区域自治的民族在内的所有聚居少数民族。如果是这样,我们为什么将"本民族内部事务"理解为民族自治地方所有聚居少数民族的内部事务而不是所有少数民族的内部事务呢?这主要基于两点理由:第一,没有政治原则意义上的民族自治权,就没有规范实践意义上的民族区域自治权。根据《民族区域自治法》的相关规定,只有聚居少数民族才能享有民族自治权,即管理本民族内部事务的权利,而其他非聚居少数民族因为不享有民族自治权,也就不能成为民族区域自治权的归属主体,当然这不排除非聚居少数民族依据"主权在民"的政治原则参与组成自治机关,从而与其他民族一起行使管理本地方事务的区域自治权。第二,只有聚居的少数民族才能在一定的地域范围内,在长期的生产实践和生活实践中,形成自己异于其他民族的独特的生产生活方式、行为规范和文化模式,表现出显见的民族性。而那些非聚居的少数民族由于个体数量少且没有独立的生活空间,其生产生活方式和行为规范可能被其他聚居民族所浸润、吸收,无法形成自己特有的民族事务。所以,从宪法原则和立法目的来看,民族区域自治权的归属主体应为民族自治地方所有聚居少数民族,民族自治地方自治权所内含的"本民族内部事务"应为民族自治地方内所有聚居少数民族的事务。这是一个既符合宪法原则又暗含实践理性的唯一的正确解释。

3. 自治立法权的客体是民族自治地方所有聚居少数民族的内部事务

从《民族区域自治法》的文本规范来看,民族区域自治权的客体既包括"本民族的内部事务"也包括"所有民族共同的地方事务",民族区域自治权是民族自治地方聚居少数民族自主地管理本民族内部事务与各民族人民共同管理本地方事务的双重权力的结合。但是,民族区域自治权中的自治立法权的客体只能是"本民族的内部事务",即民族自治地方所有聚居少数民族的内部事务。《民族区域自治法》第 19 条和《立法法》第 75 条明确规定,民族自治地方的人大制定自治条例和单行条例的现实依据就是当地民族的政治、经济和文化特点。所以说，民族自治地方自治立法权"这一权力所体现的本质，就是从民族自治地方的实际出发，因地制宜地实践少数民族'自主地管理本民族内部事务'这一实行自治的核心理念"①。学者们之所以一致认可民族自治地方根据上位法的授权制定变通或补充规定属于行使自治立法权，就是因为变通或补充规定的客体只能是民族自治地方聚居少数民族的政治、经济和文化事务。

民族自治地方自治立法权的客体是民族自治地方聚居少数民族的政治、经济和文化事务，但是，这并不意味着民族自治地方聚居少数民族的所有政治、经济和文化事务都属于自治立法的事项范围。在中国各民族"大杂居、小聚居"的现实背景下，民族自治地方没有哪一个民族独居在特定的地域。在长期的生产实践和生活实践中，民族自治地方聚居少数民族与其他民族（包括其他聚居少数民族、散居少数民族和汉族）编织了一张复杂紧实的社会关系网络。一方面，他们有着共同的政治、经济和文化生活，分享着相同的历史命运和集体记忆，是体现"互通、自然、人文、聚合"主题的命运共同体；②另一方面，聚居少数民族也是在与其他民族的关系存在中来塑造自身的文化特质和显现自我与他者的文化差异③。从社会学关系实在论层面来说，民族虽然是"自然的""天生的"，是血缘群体的有机进化，是镶嵌于历史进程中的原生性实体，它能够通过生产方式以及与特定生产方式相联系的风俗习惯、语言、宗教等传递出来的文化特质与其他民族加以区分，但是这些文化特质和文化差异是在流动的自我与他者的关系网络中塑造生成并不断变化的，自我和他者之间是你中有我、我中有你的关系。换言之，民族自我是一种动态的、关系化的时空实体，虽然在确定时空场域中，我们可以甄别和辨识出各个民族的文化特质，但是这并不意味着每个民族的每一种文化特质都是自身所独有的，民族之间

---

① 郝时远：《在实践中不断完善民族区域自治制度》，载《中国民族报》2011年5月13日。
② 参见阮宗泽：《人类命运共同体：中国之"世界梦"》，载《国际问题研究》2016年第1期。
③ 这里的文化差异是指广义的文化差异，是指除生物学意义的差异之外的生产生活方式差异、制度与行为规范的差异以及语言、宗教、风俗习惯、思维方式、价值理念的差异。

的交往、交流和交融使得民族之间的文化特质既具有异质性也不乏同质性。① 因此,民族自治地方聚居少数民族的政治、经济和文化事务和其他民族的政治、经济和文化事务在很多方面存在交叉性和共通性。只有那些属于聚居少数民族独有的政治、经济和文化事务才能成为自治立法的事项范围,而那些聚居少数民族与其他散居少数民族和汉族的共同事务则超出聚居少数民族"内部事务"之外,外溢为民族自治地方共同的地方事务,成为地方立法权涵括的事项范围。笔者将对聚居少数民族独有的政治、经济和文化事务内容进行类型化分析,以期清晰地展示民族自治地方自治立法权的具体事项范围。

首先,民族自治地方聚居少数民族的政治生活事务,其法益为聚居少数民族的政治参与权。这类权利与少数民族群体身份直接相关,表征少数民族群体在互动的公共领域中的地位和功用。其中,少数民族公民一般是作为聚居少数民族群体的代表而参与政治生活的,因此其政治参与带有群体权利的属性。具体而言,聚居少数民族的政治生活事务包括:(1)涉及民族自治地方自治机关少数民族的构成比例的事务。如《延边朝鲜族自治州自治条例》第12条第4款规定:"自治州人民代表大会常务委员会组成人员中,朝鲜族成员可以超过半数,其他民族也应该有适当名额。"第16条第2款规定:"自治州州长由朝鲜族公民担任。在副州长、秘书长、局长、委员会主任等政府组成人员中,朝鲜族成员可超过半数。"(2)民族自治地方国家机关少数民族人员的配备事务。如《延边朝鲜族自治州自治条例》第25条第4款规定:"自治州中级人民法院、人民检察院中应当有朝鲜族公民担任院长、检察长或者副院长、副检察长。"(3)少数民族人大代表的选举、罢免或其他政治参与权利保障事务。如《甘肃省甘南藏族自治州自治条例》第21条第2款规定:"自治州中级人民法院审理藏族当事人案件时,合议庭成员必须有藏族公民。"(4)少数民族干部的培养、选拔与任用以及少数民族参与本地方公共事务决策的协商机制

---

① 参见王军:《民族与民族主义研究:从实体论迈向关系实在论初探》,载《民族研究》2008年第5期。

等事务。上述事务与民族自治地方聚居少数民族群体利益密切相关,民族特性明显,因此宜作为自治立法的事项。

其次,民族自治地方聚居少数民族特有的经济生活事务,其法益为少数民族群体享有的从事传统生产方式的权利以及文化遗产、传统知识开发惠益权和生态环境权。具体而言,聚居少数民族的独特的经济生活事务主要有:(1)维系少数民族生计的生产方式。在多民族聚居的地方,各少数民族在长期的交往、交流和交融的过程中,生产方式已表现出高度的同质性,已经不具有显著的民族性。因此,该部分事务不能纳入自治立法的事项范围。但是,如果部分聚居少数民族依然保持着本民族所独有的生产方式,那么该类型的生产方式就具有民族性的特点,应属于自治立法的事项范围。如鄂温克族是一个以驯鹿为主业的民族,驯鹿一直是鄂温克族人维护生计和发展经济的特色,也是本民族最重要的收入来源。驯鹿作为鄂温克族主要的生产方式和民族经济发展的重要组成部分,当然具有民族性,应归属于自治立法的事项范围。(2)聚居少数民族的文化遗产与传统知识的开发利用事务。随着民族文化产业和旅游产业的兴起,不少聚居少数民族的文化遗产与传统知识成为文化和旅游消费产品。少数民族群体作为文化遗产和传统知识的财产权主体,应该享有从其文化遗产和传统知识的商业开发中获得收益的权利。(3)民族地区自然资源的开发利用与生态环境保护事务。在多民族聚居的地方,自然资源和生态环境是各民族共同的生活场域以及生产、生活的资料来源,自然资源的开发利用和生态环境的保护构成该区域内所有民族的共同事务,具有地方性而不具有民族性。因此,有关民族自治地方自然资源的开发利用和生态环境保护应纳入地方立法的事项范围。不过,由于不同民族有关于利用自然资源和保护生态环境的知识并形成了一些特定的惯行,当国家法授权民族自治地方可以根据当地民族的特点和实际情况进行变通或补充立法时,这类事务可以归于自治立法的事项范围。

最后,民族自治地方聚居少数民族特有的文化生活事务,其法益为聚居少数民族个体或群体的受教育权、语言文字权,以及宗教信仰自由、风俗习惯的权利和文化遗产与传统知识的知识产权等。具体而言,民族自治地方聚居少数民族的文化生活事务主要包括:(1)少数民族教育事务。如《延边朝鲜族自治州朝鲜族教育条例》第 2 条规定:"自治州自治机关保障朝鲜族教育的优先发展。"同时,该条例还就朝鲜族教育的办学形式、课程设置、物质保障等方面进行了具体规定。(2)少数民族语言文字的使用。如《玉树藏族自治州藏语文工作条例》第 9 条规定:"自治州制定、发布的单行法规和地方国家机关下发的文件和布告、公告等主要公文,使用藏汉两种文字;下发农村牧区的宣传材料以藏文为主。"第 15 条规定:"自治州内的藏族公民可以用藏文书写各类文书。"(3)少数民族宗教事务的管理,包括宗教人员的管理、寺院的管理等。(4)少数民族风俗习惯的保持与发展、清真食品的管理和民族节假日的确定。如《甘肃省临夏回族自治州清真食品管理规定》第 2 条规定:"本办法所称清真食品,是指按信仰伊斯兰教少数民族(以下称少数民族)的饮食习俗生产、加工、经营的各类食品。"《张家川回族自治县自治条例》第 58 条第 2 款规定:"自治县境内信仰伊斯兰教的少数民族职工、学生在尔德节放假三天,古尔邦节放假二天。"(5)少数民族文化遗产和传统知识的保护与传承。少数民族文化遗产和传统知识主要包括:传统习俗保存完整、民族风情浓郁或建筑格式具有显著民族特色的村寨,具有民族特色的民间文学、楹联、典籍、契约、碑碣、艺术品,民族服饰、乐器、美术工艺品、传统建筑及其制作技术工艺或民歌、音乐、演唱技法,民族传统体育、舞蹈和游戏等视觉表演形式,以及少数民族关于遗传资源、种子、医药、动植物群特性的知识等。对于这些文化遗产和传统知识,少数民族有权保持、管理、保护和发展自己对它们的知识产权。对此,如《黔东南苗族侗族自治州民族文化村寨保护条例》《阿坝藏族羌族自治州非物质文化遗产保护条例》《凉山彝族自治州非物质文化遗产保护条例》《湘西土家族苗族自治州土家医药苗医药保护条例》《玉树藏族自治州藏医药管理条例》等单行条例都有规定。此外,各类以传承少数民族文化为宗旨的公益性社团的成立也属于少数民族的文化事务,应纳入自治立法的事项范围。

  民族自治地方的历史文化,包括语言文字、风俗习惯、物质文化遗产和非物质文化遗产等,大多具有民族性的特点,应纳入民族自治地方自治立法的事项范围,但是《立法法》第 72 条第 2 款规定,自治州的人民代表大会及其常务委员会可以对城乡建设与管理、环境保护、历史文化保护等方面的事项制定地方性法规。如此一来就出现了一个问题:少数民族的历史文化事务既是自治立法事项范围又是地方立法的事项范围,两者之间存在着抵牾和冲突,应如何解决这一矛盾?

第一种思路是根据法律规范冲突解决规则确立的"新法优于旧法"的竞合原则来化解两者之间的矛盾。规定民族自治地方自治立法权的《民族区域自治法》和规定自治州地方立法权的《立法法》都属于全国人大制定的基本法律,具有相同的效力等级。根据同等级法律规范冲突解决规则中的"新法优于旧法"的原则,无论是民族自治地方具有地方特点的"历史文化"事务还是具有厚重民族特色的"历史文化"事务,均可由自治州人大及其常委会制定地方性法规,但该做法实际上并没有在规范上区分地方的历史文化事务和少数民族的历史文化事务。

第二种思路是由自治州人大常委会通过民主协商程序来确定立法形式类型。自治州可制定《××自治州人大及其常委会立法条例》,明确规定如遇到某类事务既可制定地方性法规又可制定单行条例的情形时,由人大常委会全体会议决定立法的形式。如果立法的内容仅关涉少数民族的历史文化事项,此时采取单行条例的形式立法为宜;如果立法的内容既关涉民族自治地方所有民族共同的历史文化事务,也就是地方性的历史文化事务,又关涉聚居少数民族的历史文化事务,此时采用地方性法规的形式立法亦可。

第三种思路就是在实践中,上级国家机关、自治区、自治州人大及其常委会需要正确领会民族区域自治制度的核心价值,从而合理地界分自治立法权和地方立法权并使两者相得益彰。一是需要自治州人大及其常委会充分认识到界分自治立法权与地方立法权对于践行民族区域自治制度的意义,不能因为自治立法程序烦琐和立法周期较长而以地方立法权来替代自治立法权;二是上级国家机关在履行批准或备案审查职责时,应对自治州人大及其常委会的立法草案进行充分的论证,以便确定哪些属于自治立法的事项、哪些属于地方立法的事项。当然,全国人大常委会还可以启动法律解释机制,对自治立法和地方立法各自关涉的事务进行解释和说明,便于自治州人大及其常委会在立法时准确地界定自治立法权和地方立法权的权限范围。

(三) 民族自治地方自治立法权的保障①

根据《宪法》第 116 条和《民族区域自治法》第 19 条的规定,民族自治地方的人民代表大会有权依照当地民族的政治、经济和文化的特点,制定自治条例和单行条例。民族自治地方自治立法权为落实民族区域自治制度、发展民族自治区域政治、经济、文化提供了有力保障,但是在行使过程中也面临民族自治地方行使自治立法权的周期较长、超越自治范围行使立法权、立法遭遇上级国家机关的不当干预等诸多问题。上述问题的症结在于民族自治地方与上级国家机关之间的权限划分不明确。

2015 年 3 月 15 日,十二届全国人大第三次会议表决通过关于修改《立法法》的决定,在规范授权立法、授予设区的市地方立法权、明确税收法定原则、加强规范性文件备案审查制度等方面的修改对立法权的规范有着积极意义,对民族自治地方的立法权也产生了一定影响,但还是未能从根本上解决民族自治地方与上级国家机关之间的权限划分问题。在此,我们基于民族自治地方自治立法权的行使状况,以《立法法》的修订为背景,对《立法法》《民族区域自治法》等相关法律进一步合理划定民族自治地方与上级国家机关之间的立法权限提出构想。

1. 民族自治地方自治立法权行使的难点

民族区域自治制度作为我国的一项基本政治制度,是实现民族平等、民族团结和各民族共同繁荣的重要途径。根据《宪法》《民族区域自治法》和《立法法》的相关规定②,民族自治地方的立法权包括作为地方国家机关

---

① 初稿执笔冉艳辉博士。
② 根据《宪法》第 115 条和《民族区域自治法》第 4 条,自治区、自治州、自治县的自治机关行使地方国家机关的职权,同时行使自治权。根据《宪法》第 116 条、《民族区域自治法》第 19 条、《立法法》第 75 条(修订前为第 66 条),民族自治地方的人民代表大会有权依照当地民族的政治、经济和文化的特点,制定自治条例和单行条例。

的立法权和民族自治机关的自治立法权,前者包括自治区、自治区政府所在地的市人大及其常委会制定地方性法规、政府制定规章的权力,《立法法》修订之后又授予自治州人大及其常委会制定地方性法规的权力;后者包括自治区、自治州、自治县人大制定自治条例和单行条例的权力。行使自治立法权是民族自治地方实现自治权的主要方式。目前,全国 30 个自治州中,除新疆的 5 个自治州外,已经有 25 个自治州制定了自治条例,并从 2001 年《民族区域自治法》修订后陆续进行修订。① 在 120 个自治县中,只有新疆 6 个自治县没有制定自治条例,但五大自治区的自治条例至今没有出台。各民族自治地方单行条例数量较多,以恩施土家族苗族自治州为例,目前已出台 16 个单行条例。民族自治地方的变通立法权也在一些领域得到运用,例如《甘肃省甘南藏族自治州施行〈中华人民共和国婚姻法〉结婚年龄变通规定》(1989 年 9 月 27 日甘肃省七届人大常委会第十次会议批准)、《阿坝藏族羌族自治州施行〈四川省义务教育条例〉的补充规定》(1998 年 4 月 6 日四川省九届人大常委会第二次会议批准)。自治条例和单行条例在民族自治地方的政治、经济、文化事务中发挥了积极作用,在实际行使过程中也面临诸多困难。

各民族自治地方除五大自治区外,自治州、自治县等都分布于各省市,上级国家机关与民族自治地方在自治立法过程中的利益博弈十分普遍。以《恩施土家族苗族自治州自治条例》的修订过程为例,恩施土家族苗族自治州人大常委会于 2003 年正式启动自治条例修订工作,但是直到 2008 年 11 月,自治条例的修订案才获湖北省人大常委会批准。在《恩施土家族苗族自治州自治条例》的修订过程中,自治州与湖北省政府、省直部门之间的利益争夺十分激烈,争议主要集中在基础设施项目配套资金、矿产资源补偿费、新增建设用地土地有偿使用费、林业规费、水资源费、高考优惠政策等方面。在恩施州最初提交湖北省政府批准的修订草案中,

---

① 参见黄元姗:《民族区域自治制度的发展与完善:自治州自治条例研究》,中国社会科学出版社 2014 年版,第 51 页。

对上述六方面事项规定如下：①

（1）上级国家机关在自治州境内安排的基础设施建设项目，享受国家免除配套资金的照顾。（2）矿产资源补偿费由州、县市人民政府按国家规定征收，除上缴中央外，全部留自治州用于矿产资源的开发、利用和保护。（3）新增建设用地的土地有偿使用费，由县、市国土资源行政主管部门征收，除上缴中央外，全部留自治州用于耕地开发。（4）自治州的林业规费，由州、县、市林业行政主管部门收取，用于育林、护林、发展自治州林业和维护森林生态环境。（5）水资源费由自治州和县、市人民政府水行政主管部门征收，享受水资源费上缴省级的比例低于非自治地方的照顾，专项用于水资源的开发和保护。自治州内兴建的总装机五千瓦以上水电站的水资源费，由州、县、市水行政主管部门征收，全部留归自治州用于防洪和水利设施建设。（6）设在自治州内的高等院校面向自治州招生时，招生比例按规模同比增长并适当倾斜。对报考专科、本科和研究生的少数民族考生，在录取时应当根据情况采取加分或者降分的办法，适当放宽录取标准和条件。

然而，草案中包含上述要求的条款，在《湖北省人民政府关于〈恩施土家族苗族自治州自治条例（修订草案）〉的批复》（鄂政函[2006]48号）中被全部否决，巨大的分歧致使自治条例修订工作一度陷入僵局。将近六个月后，恩施州对修改后的自治条例草案再次提请湖北省政府批复。在矿产资源补偿费、新增建设用地土地有偿使用费、林业规费、水资源费等问题上，恩施州作出妥协，承认上述事项依旧由省级统管，湖北省按项目安排相关规费使用时，对自治州予以照顾。上述妥协得到湖北省人民政府认可，在《湖北省人民政府关于〈恩施土家族苗族自治州自治条例（修订草案）〉的批复》（鄂政函[2006]138号）中，湖北省政府对相关事项批复如下：

（1）上级国家机关在自治州境内安排的基础设施建设项目，实行对

---

① 参见《恩施州人民政府关于请求审批〈恩施土家族苗族自治州自治条例（修正案草案）〉的请示》（恩施州政文[2005]67号）。

民族自治地方基础设施配套资金照顾政策,并按照《国务院实施〈中华人民共和国民族区域自治法〉若干规定》的有关规定落实。(2) 自治州享受省安排使用国家依法征收的矿产资源补偿费省留成部分时加大对民族地区的投入,并优先考虑原产地的民族地区的照顾。(3) 自治州收取的新增建设用地有偿使用费省级留存部分和省在自治州将农用地转用时收取的耕地开垦费,享受省按项目安排民族自治地方用于专项土地开发整理和土地开发复垦以及中低产田改造的照顾。(4) 自治州享受省从本州征收的育林基金、维简费、森林植被恢复费通过建设项目优先安排给自治州发展林业的照顾。(5) 自治州享受省安排使用国家依法征收的水资源费省留存部分时加大对民族地区的投入,并优先考虑原产地的民族地区的照顾。(6) 自治州少数民族考生在高考招录时加 10 分投档;自治州少数民族考生报考恩施州、宜昌市范围内高校的,加 20 分投档。

最后提交湖北省人大常委会批准、由恩施州人大公布的自治条例修订案,上述六个事项,除高考优惠政策条款被湖北省人大改为"高考录取时,对自治州少数民族考生实行优惠政策,按照国家和省有关规定执行"之外[1],基本保持了湖北省政府第二次批复的内容。

《恩施土家族苗族自治州自治条例》的修订历经五年,这是作为民族自治地方的恩施州与作为上级国家机关的湖北省之间一个漫长的利益博弈过程。民族自治地方与上级国家机关之间的利益博弈不仅发生在自治州这一级,五大自治区的自治条例至今尚未出台,都与此存在直接关系。当然,立法本身就是一个利益博弈的过程,参与主体的利益一旦被法律规范所确认、保障,就成为法律上的权力、权利。[2] 但是,民族自治地方与上级国家机关之间的权限划分并不明确,导致实践中双方的利益争夺缺乏法定评判依据。

---

[1] 参见《湖北省人民代表大会常务委员会关于〈恩施土家族苗族自治州自治条例〉的批复》(鄂常文[2008]12 号)第 58 条第 6 款。

[2] 一旦社会利益得到法律的确认,就以法定权力或者权利的形式表现出来,简称"法权",自治权就是一种法权。关于法权的论述参见童之伟:《再论法理学的更新》,载《法学研究》1999 年第 2 期。

2. 民族自治地方与上级国家机关立法权限划分之缺陷

从制度层面看,《宪法》确立了民族区域自治制度,在第 116 条明确规定了民族自治地方的自治立法权,即民族自治地方的人民代表大会有权依照当地民族的政治、经济和文化的特点,制定自治条例和单行条例;《民族区域自治法》则几乎照搬了《宪法》关于自治立法权的条款,对具体行使和保障措施没有规定。《民族区域自治法》第三章规定了自治机关的自治权,对自治权范围内的事项进行了列举,第六章规定了上级国家机关的职责,但在民族自治地方与上级国家机关之间的关系问题上,则语焉不详。在上级国家机关职责方面,《民族区域自治法》第 54 条至第 71 条,自始至终都在强调上级国家机关对民族自治地方的帮助、扶持的义务,至于上级国家机关对民族自治地方行使自治权的监督措施、自治权遭到上级国家机关不当干预之后的救济途径等问题,则没有作出任何规定。

《立法法》除重申《宪法》《民族区域自治法》相关自治立法权条款之外,在原第 66 条(修订后为第 75 条,内容未变)对自治立法权限的规定可以概括如下:第一,有权依照当地民族的政治、经济和文化的特点,制定自治条例和单行条例;第二,可以依照当地民族的特点,对法律和行政法规的规定作出变通规定;第三,变通规定不得违背法律或者行政法规的基本原则;第四,不得对《宪法》和《民族区域自治法》的规定以及其他有关法律、行政法规专门就民族自治地方所作的规定作出变通规定。

《立法法》有关民族自治地方立法权限的规定,除以上所述第二点将《立法法》对《宪法》第 115 条和《民族区域自治法》第 4 条"根据本地方实际情况贯彻执行国家的法律、政策"具体化,将"政策"规定为"行政法规",使之更为规范、明确之外,其他几点均值得商榷:第一点是对《宪法》《民族区域自治法》相关内容的重复,"当地民族的政治、经济和文化的特点"这样的描述致使自治立法权可大可小,自治机关与上级国家机关之间的权限划分不明,实践中自治立法权的行使困难重重;第三点的"法律或者行政法规的基本原则"十分抽象,根本无法成为民族自治地方行使自治立法权的依据;第四点要求不得对"其他有关法律、行政法规专门就民族自治地方所作的规定作出变通规定"也值得商榷,依据《宪法》第 115 条,自治机关依照宪法和法律行使自治权,因此有学者指出,该规定涉嫌违反《宪法》精神和自治权设计的基本原理。①

综上所述,目前民族自治地方自治立法权的相关法律规定无法为民族自治地方与上级国家机关之间的利益博弈提供明确指引。从《恩施土家族苗族自治州自治条例》的修订过程可以看出,恩施州在自治条例修订稿中提出"放权"要求的事项,究竟哪些属于自治立法权的范围,哪些属于上级国家机关的权限范围,才是解决争议的关键。但是,实践中民族自治地方与上级国家机关之间利益博弈的结果,常常取决于上级国家机关的主导性地位,这种利益判定方式缺乏明确法定依据,极可能导致两种后果:一是自治立法机关超越自治权,上级国家机关的权力被僭越;二是自治立法机关放弃自治权,民族自治地方的自治权得不到保障。

3.《立法法》修订后民族自治地方自治立法权的处境

《立法法》修订后赋予设区的市一定范围的立法权,由于自治州的自治机关行使下设区、县的市的地方国家机关的职权,同时行使自治权,因此自治州的立法主体也从人大扩大到人大常委会。《立法法》修订涉及民族自治地方立法权的有以下两点:一是授权自治州人大及其常委会在城乡建设与管理、环境保护、历史文化保护等事项上制定地方性法规。根据修订后的《立法法》第72条第2款和第4款,自治州人大及其常委会根据本市的具体情况和实际需要,在不同宪法、法律、行政法规和本省、自治区的地方性法规相抵触的前提下,可以对城乡建设与管理、环境保护、历史文化保护等事项制定地方性法规;二是授权自治区、自治州制定地方性法规时可以"先行先试"(限于城乡建设与管理、环境保护、历史文化保护等方面的事项)。根据《立法法》第73条第2款、第3款规定,除第8条法律保留的规定外,对城乡建设与管理、环境保护、历史文化保护等方面的事项,国家尚未制定法律或者行政法规的,自治区、自治州根据本地方的具体情况和实际需要,可以先制定地方性法规。在国家制定的法律或者行

---

① 参见王允武、田钒平:《民族自治地方变通立法权若干问题研究》,载吴大华主编:《民族法学评论》(第5卷),华夏文化艺术出版社2007年版,第232页。

政法规生效后,地方性法规同法律或者行政法规相抵触的规定无效,制定机关应当及时予以修改或者废止。上述修订对民族自治地方自治立法权产生了一定影响。

(1) 民族自治地方与上级国家机关之间权限划分仍然不明。修订后的《立法法》对全国两百多个设区的市"下放"立法权,扩大了地方立法权的主体。与设区的市同级的自治州人大及其常委会也被授予城乡建设与管理、环境保护、历史文化保护等方面制定地方性法规的权力。虽然这三方面事项的立法权原本包含在自治州自治机关即自治州人大的自治立法权之中,但由于《宪法》和《民族区域自治法》的相关规定比较抽象,民族自治地方自治机关在行使自治立法权时常常面临与上级国家机关之间的利益博弈,因此对相关事项行使自治立法权十分困难。《立法法》修订后将原本就属于自治州人大自治立法权限范围内的城乡建设与管理、环境保护、历史文化保护等事项明确列入自治州人大制定地方性法规的范围,自治州人大行使城乡建设与管理、环境保护、历史文化保护方面自治立法权的过程,相较以前的确会更为顺畅。但是,上述影响十分间接,而且只限于城乡建设与管理、环境保护、历史文化保护三方面事项,正如学者所言:"自治权十分广泛,以立法的形式使自治权得以行使的民族自治地方立法,比一般地方立法的范围也更显广泛。"[①]因此,上述授权并没有解决民族自治地方与上级国家机关之间权限划分问题。

(2) 自治州人大的自治立法权被人大常委会的地方性法规制定权削弱。修订后的《立法法》授予自治州人大及其常委会在城乡建设与管理、环境保护、历史文化保护等方面制定地方性法规的权力,该规定扩大了民族自治地方享有立法权的主体范围——从自治州人大扩展到自治州人大常委会。值得注意的是自治州人大常委会立法权的性质,《立法法》第72条授予自治州人大常委会制定地方性法规的权力并不是自治立法权。根据《宪法》第112条和第116条,民族自治地方的自治机关是自治区、自治州、自治县的人民代表大会和人民政府,民族自治地方的人民代表大会有

[①] 周旺生:《立法学》(第二版),法律出版社2009年版,第293页。

权依照当地民族的政治、经济和文化的特点，制定自治条例和单行条例，常委会没有自治立法权。因此，从表面上看，自治州人大常委会的地方性法规制定权与人大的自治立法权并没有直接联系。

但在实践中，由于自治州人大和人大常委会的工作机制不同，自治州人大每年只召开一次会议，自治立法权行使的周期比较长，自治州人大常委会的会期比较灵活，制定地方性法规的周期较短。被授予地方性法规制定权后，自治州人大常委会就可以在城乡建设与管理、环境保护、历史文化保护等方面绕开自治州人大进行立法，用地方性法规取代自治立法。自治州人大常委会的这种做法，一方面可以解决目前存在的自治立法周期较长的问题，提高立法效率；另一方面可以避免因自治立法权限不明确而导致的自治地方与上级国家机关之间的利益博弈。但是，自治州人大常委会在相关事项上用地方性法规制定权代替自治立法权，也会直接造成自治立法权在相关领域被架空。

虽然修订后的《立法法》也赋予自治州人大常委会在制定地方性法规时的"先行先试"权，但该项权力是属于一般地方国家机关的立法权，与自治立法中的"变通权"完全不同。根据《立法法》第73条第2款的规定，"先行先试"权是在国家尚未制定法律或者行政法规的前提下，省、自治区、直辖市和设区的市、自治州根据本地方的具体情况和实际需要，先制定地方性法规。在国家制定的法律或者行政法规生效后，地方性法规同法律或者行政法规相抵触的规定无效。而根据《宪法》《民族区域自治法》和《立法法》的相关规定，"变通权"是自治条例和单行条例依照当地民族的特点，对法律和行政法规的规定作出变通规定。对上级国家机关的决议、决定、命令和指示，如有不适合民族自治地方实际情况的，自治机关也可以报经该上级国家机关批准，变通执行或者停止执行。因此，"变通权"比"先行先试"权的权限范围要大得多。如果自治州人大常委会用地方性法规取代自治立法，必然削弱民族自治地方的自治权。

总的说来，《立法法》的修订致力于打破全国立法"一刀切"局面，赋予地方更大立法自主权，顺应了新时代中国政治、经济、文化发展的需要，但对于民族自治地方来说，仍然没有解决民族自治地方行使自治立法权过程中与上级国家机关之间权限划分的问题。《立法法》的修订扩大了民族自治地方立法主体,授予自治州人大常委会一定地方性法规制定权,对于实践中本就存在虚置的自治州人大自治立法权来说又将面临新的困境。如何切实保障民族自治地方自治立法权,落实民族区域自治制度,实现民族平等、民族团结和各民族共同繁荣发展,是《立法法》《民族区域自治法》等相关法律需要进一步面对的问题。

4. 民族自治地方自治立法权属性及其权限

民族自治地方自治立法权限在学界一直存有争议,以自治条例为例,有两种具有代表性的观点:第一种观点认为,自治条例可以规范和约束上级国家机关。有学者从自治条例的效力等级和法律性出发,认为"自治条例可以规范和约束上级国家机关"[①]。有学者认为:"自治法规不像地方性法规那样仅仅适用制定机关本行政区域内的主体行为,它还可以对拟制机关的上级机关,尤其是上级机关的特别行为进行规范,甚至还可以对拟制机关所在的民族自治地方之外的地方的行为规定特别规范。也正是因为如此,自治法规才必须经过上级国家机关批准。"[②]第二种观点认为,自治条例不能规范上级国家机关。"我国是单一制国家结构,地方的权力源于中央通过立法的授予;中央和地方是领导与被领导的关系,同时下级要服从上级,因此自治州自治条例不能规范上级国家机关的行为。"[③]

对于第一种观点,从自治条例的效力等级和批准程序上看,与一般的地方性法规并无多大差异,民族区域自治是一种特别类型的自治,自治条例与地方性法规本就同属权力性质的产物,不存在法律位阶高低之分[④],因此并不能作为判断其立法权限的依据。对于第二种观点,在我国单一制的宪法框架下,宪法也为地方自治留下了空间,除特别行政区的高度自治权之外,民族自治地方也具有较大的自治权,对于国家的法律、政策,上

---

① 吴宗金、敖俊德主编:《中国民族立法理论与实践》,中国民主法制出版社1998年版,第390页。
② 毛公宁、王铁志主编:《民族区域自治新论》,民族出版社2002年版,第317页。
③ 黄元姗:《民族区域自治制度的发展与完善:自治州自治条例研究》,中国社会科学出版社2014年版,第45页。
④ 参见张文山等:《自治权理论与自治条例研究》,法律出版社2005年版,第116页。

级国家机关的决议、决定、命令和指示，可以变通执行。即使是在普通地方行政区域，《宪法》第 3 条第 4 款也规定："中央和地方的国家机构职权的划分，遵循在中央的统一领导下，充分发挥地方的主动性、积极性的原则。"因此，中央与地方并不是简单的"下级服从上级"关系。随着立法权的大规模下放，单一制国家结构形式的内涵越来越丰富，关于中国国家结构形式是"复合单一制"的判断也逐渐得到认同。① 因此，以单一制国家结构形式为标准判断自治立法的权限范围缺乏说服力。

我们认为，对"权"的属性的理解直接决定对其内容的理解。自治立法权作为自治权的一种，具有权利和权力双重属性②："一方面，自治权具有公共属性，代表的是公共利益或国家利益，在这个层面上，自治权是国家权力的一部分，来自于国家的授予，自治群体在宪法和法律规定的权限范围内行使自治权，以实现国家利益和公共利益。""另一方面，自治权具有私权属性，代表自治群体本身的利益，在这个层面上，自治权是自治群体所固有的，国家只是依据宪法和法律不予干预或提供保障而已。"③从自治立法权的属性出发，完全可以对其权限范围作如下理解：自治立法权的权力属性决定其是国家权力的一部分，根据现行《宪法》，地方的权力来自中央的授予，必须受中央与地方分权原则和具体规定的限制，在这个层面上，自治立法权不得约束和规范上级国家机关的权力。同时，自治立法权的权利属性决定上级国家机关不仅不得随意干预，还要提供相应保障，只有在这个层面上，自治立法权可以约束和规范上级国家机关的权力。

以恩施州自治条例修订稿中提出"放权"要求所涉基础设施项目配套资金、矿产资源补偿费、新增建设用地土地有偿使用费、林业规费、水资源费、高考优惠政策等事项为例，考察其中"权"的属性，可以判断自治州和上级国家机关的立法权限范围。

首先，自治立法权作为一种权力，自治州和上级国家机关的立法权限

---

① 参见本书第四章第二部分"中国特色国家结构形式"。
② 权力权利二者之所以能够统一到"自治权"这个概念中，是因为其共同本质都是利益。See Rudolf von Ihering, *Law as a Means to an End*, trans. Isaac Husik, New York: Macmillan, 1913, p. 33.
③ 参见本书第四章第四部分"自治权及其理论基础"。

划分,要遵守宪法和法律对中央与地方、上下级国家机关之间权限划分的相关规定。结合相关法律规定①,《恩施土家族苗族自治州自治条例》修订过程中所涉事项可以作如下分析:第一,国家安排的基础设施建设项目资金来源于中央财政性建设资金、其他专项建设资金和政策性银行贷款等,在投放于地方基础设施建设时,有权要求地方承担配套资金。第二,根据国务院《矿产资源补偿费征收管理规定》第 11 条、第 12 条、第 13 条,矿产资源补偿费的具体使用管理办法,由国务院财政部门、国务院地质矿产主管部门、国务院计划主管部门共同制定。省级人民政府地质矿产主管部门会同同级财政部门批准,可以依法批准减、免缴矿产资源补偿费。第三,按照 2006 年《财政部 国土资源部 中国人民银行关于调整新增建设用地土地有偿使用费政策等问题的通知》,中央分成的新增建设用地土地有偿使用费,由财政部会同国土资源部分配给各省市,各省市分成的部分,加上中央财政专项分配的部分,统一由省级财政部门会同国土资源管理部门分配给下级县市。第四,财政部、国家林业局 2002 年颁布的《森林植被恢复费征收使用管理暂行办法》第 20 条规定,授权各省、自治区、直辖市财政部门、林业主管部门制定具体实施办法。湖北省财政厅、林业局 2003 年据此出台了《关于执行〈森林植被恢复费征收使用管理暂行办法〉有关问题的通知》,对全省森林植被恢复费的征收比例作出规定。第五,国务院于 2006 年颁布的《取水许可和水资源费征收管理条例》第 35 条规定,征收的水资源费应当按照国务院财政部门的规定分别解缴中央和地方国库;第 28 条规定,水资源费征收标准由省、自治区、直辖市人民政府价格主管部门会同同级财政部门、水行政主管部门制定,报本级人民政府批准,并报国务院价格主管部门、财政部门和水行政主管部门备案。第六,依据《中华人民共和国教育法》《中华人民共和国高等教育法》,高校的招生录取工作在教育部统一领导下,由各省级招委会组织实施,有关省(区、市)可以自行增加政策性照顾项目。综上,可以判定基础设施项目配

---

① 实践中,由于大多数法律对于自治权的规定并不清晰,主要通过国务院及其各部委的政策性文件来实现中央与民族自治地方在财政、税收、资源开发等领域的权力界限的具体化。相关论述参见田钒平:《民族自治地方自治立法权限的法律实证研究》,载《云南大学学报(法学版)》2009 年第 1 期。

套资金、矿产资源补偿费、新增建设用地土地有偿使用费、林业规费、水资源费、高考优惠政策等事项，均属于上级（中央或省级）国家机关的权力范围。除非依照法定程序经过上级国家机关批准，自治立法不得规定上级国家机关的权力和义务。

其次，自治立法权作为一种权利，自治州和上级国家机关的立法权限划分，要尊重宪法和法律所保障的民族自治地方的自治权利。《宪法》第122条规定，国家从财政、物资、技术等方面帮助各少数民族加速发展经济建设和文化建设事业，帮助民族自治地方从当地民族中大量培养各级干部、各种专业人才和技术工人。《民族区域自治法》和其他相关法律对上级国家机关的职责也进一步予以细化：第一，《民族区域自治法》第56条规定，国家在民族自治地方安排基础设施建设，需要民族自治地方配套资金的，根据不同情况给予减少或者免除配套资金的照顾；第二，《民族区域自治法》第63条规定，上级国家机关在投资、金融、税收等方面扶持民族自治地方改善林业等生产条件、水利等基础设施；第三，《国务院实施〈中华人民共和国民族区域自治法〉若干规定》第8条规定，国家征收的矿产资源补偿费在安排使用时，加大对民族自治地方的投入，并优先考虑原产地的民族自治地方；第四，《国务院实施〈中华人民共和国民族区域自治法〉若干规定》第21条规定，对民族自治地方的高等学校以及民族院校的学科建设和研究生招生，给予特殊的政策扶持。因此，在安排基础设施项目配套资金、分配新增建设用地土地有偿使用费、林业规费、水资源费、矿产资源费、制定高考优惠政策时，自治地方均有要求上级国家机关照顾的权利。

最后，可以对《恩施土家族苗族自治州自治条例》修订过程中涉及恩施州和湖北省之间的权限争议作如下评述：恩施州第一次提交的修订案单方面提出免除基础设施项目配套资金；矿产资源补偿费、新增建设用地土地有偿使用费、林业规费、水资源费等由州、县市人民政府或相关主管部门收取并留存自治州用于资源保护和开发，自治州内高等院校对少数民族考生实行加分或降分录取等要求，僭越了上级国家机关的法定权力，不具正当性和合法性。湖北省政府在第一次批复中全部予以否决，遵循了宪法和相关法律对中央与地方、上下级国家机关之间的权力划分,并没有侵犯自治地方的自治权。恩施州第二次提交修订案时转变了思路,改为请求享受省按项目安排相关规费在自治州使用时的照顾,这是在行使民族自治地方"接受国家从财政、物资、技术等方面的帮助"的权利,具有正当性和合法性,上级国家机关有义务予以保障。

5. 民族自治地方自治立法权行使的措施保障

由于立法权限不明确、保障措施不健全,民族自治地方自治立法权在现实中往往走向两个极端:一是民族地方自治立法变成向上级国家机关讨要优惠政策的工具,甚至在自治条例中规定上级国家机关权力范围的事项。二是民族自治地方怠于行使自治权,自治立法大量照搬上位法,造成立法资源的浪费,或者用地方性法规代替自治立法,民族区域自治制度不能有效落实。[①]目前,《立法法》《民族区域自治法》的相关规定无法解决实践中民族自治地方与上级国家机关之间立法权限分配存在的问题,相关条款的内容还需进一步明确或完善。

(1) 合理解释现行法律规范以明确自治立法权的范围。 民族自治地方与上级国家机关之间不同于一般地方与上级国家机关之间的关系,自治条例、单行条例与其他法律规范的关系,也不能简单用下位法与上位法的关系来解释。因此,仅仅以争议事项所属的规范类型或效力等级为标准判定利益博弈的结果并不具有合理性。笔者认为,结合自治立法权的权力权利双重属性,由有权机关(如全国人大常委会)对《立法法》《民族区域自治法》以及相关权力配置规范作出解释,是当前明确自治立法权限范围最为可行的路径。

一方面,自治立法权具有权力属性,在对民族自治地方、上级国家机关与中央权力配置规范进行解释时,首先,依据《宪法》第 3 条第 4 款的规定,中央和地方的国家机构职权的划分,遵循在中央的统一领导下,充分发挥地方的主动性、积极性的原则。因此,中央在权力划分上起着决定性

[①] 相关研究参见黄元姗:《民族区域自治制度的发展与完善:自治州自治条例研究》,中国社会科学出版社 2014 年版,第 74 页。

作用,是目前宪制体制下解释权力配置的基本遵循。其次,中央与地方权力的划分主要通过宪法和法律实现,如《宪法》第115条规定,民族自治地方的自治机关"依照宪法、民族区域自治法和其他法律规定的权限行使自治权,根据本地方实际情况贯彻执行国家的法律、政策"。《立法法》第8条第3款规定,民族区域自治制度只能制定法律;第75条要求,变通规定不得违背法律或者行政法规的基本原则。所以,解释自治立法权的范围应以宪法和法律作为根本依据。最后,由于法律规范的抽象性,全国人大或常委会在制定法律时通常都会授权国务院或相关领域主管部门制定实施细则,上述实施细则也就成为解释自治立法权范围的重要参考。

另一方面,自治立法权具有权利属性,权利的保障不仅要防范上级国家机关对自治立法权的不当干预,还要求上级国家机关对自治立法权的行使提供保障措施。从这一属性出发,对《宪法》第122条关于"国家从财政、物资、技术等方面帮助各少数民族加速发展经济建设和文化建设事业。国家帮助民族自治地方从当地民族中大量培养各级干部、各种专业人才和技术工人"的规定,对《民族区域自治法》第六章关于上级国家职责的规定,都可以从国家对民族自治地方自治权利的行使提供保障的角度做出合理解释,从而使得上述规范成为上级国家机关的法定义务,而不仅仅是倡导性内容。当然,任何权利的行使都有边界,民族自治地方也应当"依照宪法、民族区域自治法和其他法律规定的权限行使自治权,根据本地方实际情况贯彻执行国家法律、政策"。

在实践中,并不是所有法律都对自治立法权的边界作出了规定,因此在解释自治立法权范围时会面临三种情形:第一,法律明确规定自治立法权,以法律规定的内容为依据。以《恩施土家族苗族自治州自治条例》修订中存在争议的林业规费为例,《中华人民共和国森林法》(以下简称《森林法》)第48条规定,民族自治地方不能全部适用本法规定的,自治机关可以根据本法的原则,结合民族自治地方的特点,制定变通或者补充规定,依照法定程序报省、自治区或者全国人民代表大会常务委员会批准施行。由此可以看出,林业规费的决定权在于中央和上级国家机关,民族自治地方在不违背《森林法》原则的前提下进行变通,需要经过上级国家机关的批准。实践中,《立法法》《选举法》《刑法》《民法典》《民事诉讼法》等法律规范都有相应规定。第二,法律对自治立法没有明确规定,但是结合《宪法》《民族区域自治法》对自治权的规定,有权机关可以作出解释。以矿产资源开发为例,《民族区域自治法》规定:"民族自治地方的自治机关根据法律规定和国家的统一规划,对可以由本地方开发的自然资源,优先合理开发利用。"《中华人民共和国矿产资源法》(以下简称《矿产资源法》)没有如《森林法》一样规定民族自治地方的变通权,致使民族自治地方与其他地区在矿产资源开发利用上的优先权失去制度基础。此时完全可以由全国人大常委会对《矿产资源法》作出解释,在不违背法律原则的前提下,明确民族自治地方在矿产资源开发领域的自治立法权。第三,宪法和法律对自治立法权作出限制,有权机关必须遵循相应限制性规定对自治权范围作出解释。如《宪法》第115条规定,民族自治地方自治机关"依照宪法、民族区域自治法和其他法律规定的权限行使自治权";《立法法》第75条规定,自治条例和单行条例"不得违背法律或者行政法规的基本原则,不得对宪法和民族区域自治法的规定以及其他有关法律、行政法规专门就民族自治地方所作的规定作出变通规定"。以自治机关为例,《宪法》第112条和《民族区域自治法》第15条均规定,民族自治地方的自治机关是自治区、自治州、自治县的人民代表大会和人民政府,因此,自治立法就不得再授予其他机关自治权。当然,如果对《立法法》第75条本身存在争议,则由全国人大常委会作出是否合宪的解释。

(2)完善监督救济机制以规范自治立法权的行使。无论是基于民族自治地方自治立法权的权力属性还是权利属性,从法权实现的角度而言,都应当有监督、救济机制。对于民族自治地方或上级国家机关怠于行使权力或不当行使权力的,民族自治地方权利遭遇侵害或者缺乏保障的,都应当规定法律后果。对《立法法》《民族区域自治法》以及相关权力配置规范作出解释,从实施方式上看,可以分为有权机关作出的主动解释和产生争议之后应申请作出的被动解释。无论采取何种方式,同样需要相应程序条款保障。

目前,对民族自治地方不当行使权力有一定的监督机制。根据《立法法》第 97 条，全国人民代表大会有权撤销全国人大常委会批准的违背《宪法》和《立法法》第 75 条第 2 款规定的自治条例和单行条例；全国人大常委会有权撤销省、自治区、直辖市的人大常委会批准的违背《宪法》和《立法法》第 66 条第 2 款规定的自治条例和单行条例。但是，对上级国家机关怠于或不当行使权力缺乏监督机制。《民族区域自治法》第 19 条规定："……自治区的自治条例和单行条例，报全国人民代表大会常务委员会批准后生效。自治州、自治县的自治条例和单行条例报省、自治区、直辖市的人民代表大会常务委员会批准后生效，并报全国人民代表大会常务委员会和国务院备案。"对于变通执行，《民族区域自治法》第 20 条规定："上级国家机关的决议、决定、命令和指示，如有不适合民族自治地方实际情况的，自治机关可以报经该上级国家机关批准，变通执行或者停止执行；该上级国家机关应当在收到报告之日起六十日内给予答复。"如果上级国家机关对自治条例或变通执行报告不予批准或者不予答复，民族自治地方又存在异议的，应当可以提交有权机关进行解释、裁决，但目前缺乏这样的救济途径。《恩施土家族苗族自治州自治条例》的修订历时五年，从程序的角度而言，主要原因就在于缺乏规范的争议解决机制。因此，完善全国人大常委会的法律解释机制、赋予民族自治地方程序启动权等，是保障民族自治地方规范行使自治立法权的重要举措。

  结合目前的自治立法过程，有学者认为，"从'报请批准'对法律生效的直接后果而言，自治区制定自治条例的立法权更应是一种中央与地方的'共有立法权'（自治州、自治县的立法权通过省级权力机关的批准而代表中央政府行使监督权，从而形成共有立法形式）"，因此，对于立法过程中的利益冲突，主张由上级人大常委会牵头、上级人民政府参与、自治地方负责起草完善的"三位一体的联动机制"来解决[①]，这一认识对于解决实践中自治立法所面临的困境具有启发意义。作为一种自治地方与上级国家机关的"共有立法权"，最大的问题在于缺乏监督救济机制：由上级人大常委会进行审批的立法程序流于形式，由上级政府予以批准的工作程序

[①] 参见彭建军：《自治区自治条例所涉自治立法权问题研究》，载《民族研究》2015 年第 2 期。

于法无据,民族自治地方的自治立法周期长、受不当干预。"三位一体的联动机制"的设想,一定程度上反映了民族自治地方与上级国家机关行使"共有立法权"的现实状况,正视这个机制的存在,能够促进各方利益博弈的规范进行,减少各方权益遭受不当侵害的可能性。当然,前提是要运用法律将机制明确。由于自治立法权具有权力权利双重属性,作为一种权力,自治立法权受到上级国家机关较大的限制,从程序设置上,直接体现为向上级国家机关"报请批准"无可厚非,但法律上应当明确的是,有审批权的机关应当是上级人大常委会,不是上级人民政府。由于自治立法涉及民族自治地方和上级国家机关的利益博弈,上级人民政府或者其他相关部门应当以利害关系人的身份参加到立法程序,在上级人大常委会主持的听证会或其他征求意见程序中,充分发表自己的意见,最后由上级人大常委会对自治立法予以审批;同时,自治立法作为一种权利,程序不仅是实现权利的步骤和方式,更是对上级国家机关不当干预的一种"防御"。在上级人大常委会主持的听证会或其他征求意见程序中,自治机关可以利害关系人的身份,与同为利害关系人的上级国家机关展开平等协商,从而避免上级国家机关利用权力优势作出不当干预。如果自治立法中的利益协商过程得以规范化,大多数冲突都能在协商过程中妥善解决。

此外,虽然《宪法》规定民族自治地方"依照宪法、民族区域自治法和其他法律规定的权限行使自治权",但是现实中法律条文多由国务院的行政法规或各部委的规章、其他规范性文件进一步具体化,如果民族自治地方认为行政法规或各部委的规章、其他规范性文件违反了《宪法》《民族区域自治法》或者其他法律的基本原则,则还涉及规范的合法性审查问题。如果要解决《立法法》第75条禁止对"其他有关法律、行政法规专门就民族自治地方所作的规定作出变通规定"的内容引发的争议,则有待于我国违宪审查机制的启动。

(3)及时制定配套措施以防止自治立法权虚置。合理解释现行规范与完善监督救济机制,主要针对自治立法权遭到侵害的情形。对于《立法法》修订后可能出现自治州人大常委会削弱人大自治立法权的问题,《立法法》第72条第5款规定:"自治州开始制定地方性法规的具体步骤和时间,由省、自治区的人民代表大会常务委员会综合考虑本省、自治区所辖的设区的市的人口数量、地域面积、经济社会发展情况以及立法需求、立法能力等因素确定,并报全国人民代表大会常务委员会和国务院备案",完全可以"防患于未然。"当前,许多自治州人大常委会制定地方性法规的权力还没有启动,因此自治州人大常委会行使地方性法规的立法权对自治州人大自治立法权造成的实际影响,有待进一步观察。但是,为了发挥《立法法》对立法行为的指引作用,防止自治州人大常委会造成自治州人大在城乡建设与管理、环境保护、历史文化保护等事项范围内自治立法权的虚置,上级人大常委会在确定自治州开始行使地方性法规制定权的具体步骤和时间时,也应当考虑到自治州人大常委会削弱人大自治立法权的可能性,及时制定配套措施规范自治州人大常委会的立法行为。同时,上级人大常委会还应当加强对自治州人大常委会行使地方性法规制定权的检查、监督①,确保《立法法》的初衷得以落实。

  总的说来,目前我国民族自治地方自治立法权的困境在于:一是自治立法权受到民族自治地方上级国家机关(主要是上级人民政府及其组成部门)不当干预;二是《立法法》修订之后可能出现自治州人大常委会削弱自治州人大自治立法权的问题。上述问题从根源上说,都是民族自治地方与上级国家机关之间权限划分不明所致。从制度层面看,依据《宪法》第115条,自治机关依照宪法和法律行使自治权。但是,《宪法》《民族区域自治法》对于自治立法权的权限范围都没有作出明确规定,《立法法》禁止民族自治地方对"其他有关法律、行政法规专门就民族自治地方所作的规定作出变通规定"的条款还面临着合宪性的拷问。因此,只有通过修改法律或者由有权机关进行解释的方式明确《宪法》《民族区域自治法》《立

---

① 《民族区域自治法》第72条规定,上级国家机关应当对各民族的干部和群众加强民族政策的教育,经常检查民族政策和有关法律的遵守和执行。《民族区域自治法》实施30多年来,全国人大常委会先后于2006年、2007年开展了民族区域自治法执法检查和跟踪检查,2012年以来又连续三年开展民族地区经济社会发展专题调研,2015年6月23日又一次启动民族区域自治法的执法检查。参见崔清新:《全国人大常委会启动民族区域自治法执法检查》,http://www.npc.gov.cn/zgrdw/npc/zfjc/zfjcelys/2015-06/23/content_1956311.htm,2018年8月19日访问。其他上级国家机关的人大常委会也应当积极履行这一职责,保障民族自治地方自治权的落实。

法法》以及相关法律规范中关于民族自治地方自治立法权限的规定,才能从制度上解决民族自治地方自治立法权所面临之困境。从实践层面看,多年来民族自治地方自治立法权的行使遭遇困境,《立法法》修订后扩大了民族自治地方的立法主体,授予自治州人大常委会一定范围的地方性法规制定权,极大地促进了自治州行使立法权的积极性,但同时自治州人大常委会的地方性法规制定权可能对自治州人大的自治立法权造成的威胁也必须受到重视,上级人大常委会应及时制定配套措施作为指引。此外,《立法法》修订扩大民族自治地方的立法主体,是否会激发民族自治地方自治机关对作为自治主体和地方国家机关的双重身份进行反思,推动民族自治地方自治机关自治权与地方国家机关权力之间的合理配置,是值得进一步关注的问题。

随着我国区域法治的发展,未来民族自治地方立法权与其他地方立法权的差异缩小是必然趋势。但是,当前民族区域自治制度作为国家的一项基本政治制度,是实现民族平等、民族团结和各民族共同繁荣发展的重要制度保证,全面激活民族区域自治制度的优势和功能,必须为民族自治地方自治立法权的行使提供制度保障。同时,民族区域自治是区域法治的一种特殊类型,民族自治地方与上级国家机关在自治立法过程中依法进行协商、博弈的经验,也可以为其他地方国家机关依法处理与上级国家机关的关系、规范行使立法权提供借鉴。

四、法治中国建设与民族区域自治[①]

法治兴则国家兴,法治强则国家强。但是,法治是一个艰难的、漫长的过程。新中国发展的历史经验告诉我们,中国的进步与中华民族的伟大复兴离不开法治的同步发展,法治兴则中国兴,法治废则中国危。《民

[①] 本部分为 2014 年 5 月 29—30 日,笔者应国家民委邀请参加纪念《民族区域自治法》颁布实施 30 周年活动,在"民族区域自治制度理论暨民族自治地方行政体制改革座谈会"上所作的主题发言。人大复印报刊资料《民族问题研究》2014 年第 6 期全文转载;《中国民族报》2014 年 5 月 30 日"《民族区域自治法》30 周年"特刊部分选登。

族区域自治法》公布施行的 30 多年,正是法治中国建设的辉煌时期,也是民族区域自治制度在坚持中不断巩固发展、在发展中不断继承创新并取得显著成效的阶段。特别是党的十八大以来,有效发挥法治固根本、稳预期、利长远的保障作用,法治中国建设全面推进,法治在国家民族事务治理中的地位日益凸显,法治对民族事务治理的保障作用空前增强。

(一)民族区域自治制度是法治中国建设的重要内容

1954 年,新中国第一部《宪法》诞生(即"五四宪法"),开启了当代中国法制建设的新纪元,为社会主义法制建设奠定了基础与前提。但在法制建设的发展过程中,经历了严重曲折,特别是"文革"期间法律虚无主义盛行,使得民主法制建设一度受挫。党的十一届三中全会以后,中国的法治历程伴随着改革开放的深入而崎岖前行、蓬勃发展,1982 年,现行《宪法》公布施行,从"一手抓经济,一手抓法制",到"用法治凝聚改革共识":我们党深刻总结社会主义法制建设正反两方面经验,明确提出"加强社会主义民主,健全社会主义法制"等主张,切实贯彻邓小平同志的"一手抓建设,一手抓法制"等重要思想,使党和国家步入到法制建设的正常轨道。1997 年,党的十五大明确提出"依法治国"的治国方略和建设社会主义法治国家的战略目标,从"法制"到"法治",国家的法治建设事业走向新的阶段。2004 年,《宪法》修订,实现"人权入宪","国家尊重和保障人权"成为中国《宪法》的重要条款之一。2011 年,中国特色社会主义法律体系形成。2012 年,党的十八大报告 5 次提及依法治国,强调法治是治国理政的基本方式,全面推进依法治国。随后,习近平总书记提出了治国理政的许多新思想、新观点、新论断,其中首创性地鲜明提出"法治中国"命题,并由党的十八届三中全会所确认,进一步丰富与深化了依法治国、建设社会主义法治国家的基本方略和战略目标,体现了党的十八大报告的道路自信、理论自信、制度自信、文化自信。2019 年 10 月,党的十九届四中全会从 13 个方面深入系统地总结了我国国家制度和国家治理体系的显著优势,其中一个重要方面就是"坚持各民族一律平等,铸牢中华民族共同体意识,实现共同团结奋斗、共同繁荣发展的显著优势"。十三届全国人大四次会议表决通过的《中华人民共和国国民经济和社会发展第十四个五年规划和2035年远景目标纲要》第五十八章发展社会主义民主、第五十九章全面推进依法治国中明确提出："全面贯彻党的民族政策，坚持和完善民族区域自治制度，铸牢中华民族共同体意识，促进各民族共同团结奋斗、共同繁荣发展。""坚定不移走中国特色社会主义法治道路，坚持依法治国、依法执政、依法行政共同推进，一体建设法治国家、法治政府、法治社会，实施法治中国建设规划。"

  法律是民族历史文化精神的产物。现代治理是文化认同、文化共识之上的规则之治、制度之治、宪制之治，国家治理能力就是法治能力，国家治理体系本质上就是法治体系。但是，我们必须清醒地认识到，各国具体国情不同，制度安排和治理体系不会也不可能完全相同。因为任何国家，其生活方式、制度形式都不可能完全一样，都要符合各自的历史传统和民族精神，从来就没有大家想象中的那种绝对普遍性的东西摆在那里，普遍性不过是体现在不同国家具体的历史经验中的为人类所共享的东西。有效的制度和治理体系必须植根于一国国情。民族问题是社会总问题的重要组成部分，民族事务是多民族国家的重要事务。在多民族国家的现代国家建设中，有效整合族际政治是国家治理的重要内容。人类政治文明的演进表明，依法治理民族事务，是法治国家解决国内民族问题的最佳路径选择。国家乃是人民的事业，但人民不是人们某种随意聚合的集合体，而是许多人基于法的一致和利益的共同而结合起来的集合体，这种联合的首要原因主要不在于人的软弱性，而在于人的某种天生的聚合性，即对于国民来说，国家不但是契约的创造物，而且是命运的共同体。①

  法治是当代中国民主政治的基石，中华人民共和国是全国各族人民的共有家园，民族区域自治是我们党运用马列主义基本原理与中国民族问题具体实际相结合的重大制度创新，具有鲜明的中国特色。统一是原则，是前提，共治是基础，自治是手段，和而不同是特色，共同发展是目标。

---

① 参见〔古罗马〕西塞罗：《论共和国 论法律》，王焕生译，中国政法大学出版社1997年版，第5、39页。

从宪法和宪制层面而言,"多民族的统一国家"的基本内涵是:中国只有一部《宪法》,只有一个中央政府,地方各级政府受中央政府的统一领导,这就是单一制国家结构的宪政架构。从国家族体构成而言,中华民族是多民族的有机整体、多民族的有机整合,即国内各民族在国家政治、经济和文化生活等各方面,相互间已历史地结成不可分割的紧密联系,同时又各自保持本民族族体及文化的相对独立性,相互信任,相互尊重,相互欣赏。正因如此,"多元一体"的民族生态以及文化多样性、区域复杂性的国情要素,成为中国宪政架构和法治中国建设的基本考量,决定了中国国家结构的特殊性。

法治中国是制度之治,也是治国道路和治国理论,民族区域自治是法治中国建设的应有之义。正如胡锦涛所指出:"民族区域自治制度,是我国的一项基本政治制度,是发展社会主义民主、建设社会主义政治文明的重要内容,是党团结带领各族人民建设中国特色社会主义、实现中华民族伟大复兴的重要保证。在国家统一领导下实行民族区域自治,体现了国家尊重和保障少数民族自主管理本民族内部事务的权利,体现了民族平等、民族团结、各民族共同繁荣发展的原则,体现了民族因素和区域因素、政治因素和经济因素、历史因素和现实因素的统一。实践证明,这一制度符合我国国情和各族人民的根本利益,具有强大生命力。民族区域自治,作为党解决我国民族问题的一条基本经验不容置疑,作为我国的一项基本政治制度不容动摇,作为我国社会主义的一大政治优势不容削弱。"[①]这既是宪法权威的体现,更在于它是一种政治定位:通过政治约定的方式来平衡社会成员之间的利益、主张与偏好,包容具有差异性的利益要求,从而为不同民族合法、平等、和谐地解决利益差异和分歧提供制度平台与行为规范,即法治之上的政治架构。

(二)加强民族法制建设,坚持和完善民族区域自治

现代国家不仅仅是地域概念,更是政治共同体、社会共同体、文化共

---

① 胡锦涛:《新形势下做好民族工作的指导原则和主要任务》(2005年5月27日),载《胡锦涛文选》(第二卷),人民出版社2016年版,第322—323页。

同体、文明共同体和命运共同体,宪法即统合政治共同体一体化的根本大法、文明之法、包容之法。宪法学的基本理论启迪我们,作为多价值功能的现代宪法,其功能之一就在于致力于或试图致力于以国家根本大法的形式整合全体国民和全社会的"意志"和"利益",使之成为集中、统一的国家"意志"与"利益",从而更好地保障国民个体利益。正所谓:"家是最小国,国是千万家,在世界的国,在天地的家,有了强的国,才有富的家。"① 因此,在多民族国家,利用宪法在价值取向上的多向性和内容的广泛包容性来妥善处理国内民族问题和整合族际关系,成为当代宪法的重要内容和主要发展趋势。以新中国成立以来的《宪法》变迁和宪制实践观察,早在新中国成立前夕,中国人民政治协商会议第一届全体会议通过的具有临时宪法作用的《共同纲领》就庄严宣示:"中华人民共和国境内各民族,均有平等的权利和义务。"(第9条)"各少数民族聚居的地区,应实行民族的区域自治,按照民族聚居的人口多少和区域大小,分别建立各种民族自治机关。凡各民族杂居的地方及民族自治区内,各民族在当地政权机关中均应有相当名额的代表。"(第51条)1954年的新中国第一部《宪法》第3条进一步明确规定:"中华人民共和国是统一的多民族的国家。各民族一律平等。禁止对任何民族的歧视和压迫,禁止破坏各民族团结的行为。各民族都有使用和发展自己的语言和文字的自由,都有保持或者改革自己的风俗习惯的自由。各少数民族聚居的地方实行区域自治。各民族自治地方都是中华人民共和国不可分离的部分。"

其后,尽管中国法治之路艰辛,诞生过多部《宪法》文本("七五宪法""七八宪法""八二宪法"),但上述原则和精神始终未变,并为现行《宪法》即"八二宪法"所继承和发展,其序言指出:"中国是世界上历史最悠久的国家之一。中国各族人民共同创造了辉煌灿烂的文化,具有光荣的革命传统。""中华人民共和国是全国各族人民共同缔造的统一的多民族国家。平等、团结、互助的社会主义民族关系已经确立,并将继续加强。在维护民族团结的斗争中,要反对大民族主义,主要是大汉族主义,也要反对地

---

① 引自歌曲《国家》,词作者王平久。

方民族主义。国家尽一切努力,促进全国各民族的共同繁荣。"第 4 条规定:"中华人民共和国各民族一律平等。国家保障各少数民族的合法权利和利益,维护和发展各民族的平等、团结、互助关系。禁止对任何民族的歧视和压迫,禁止破坏民族团结和制造民族分裂的行为。国家根据各少数民族的特点和需要,帮助各少数民族地区加速经济和文化的发展。各少数民族聚居的地方实行区域自治,设立自治机关,行使自治权。各民族自治地方都是中华人民共和国不可分离的部分。各民族都有使用和发展自己的语言文字的自由,都有保持或者改革自己的风俗习惯的自由。"

随着国家政治生活民主化进程的推进,在宪法精神和具体原则的指引下,1984 年 5 月 31 日,六届全国人大二次会议总结新中国 30 多年的法制经验,特别是在各地民族区域自治实践的基础上通过了《民族区域自治法》,进一步完善了民族区域自治制度,从此,民族区域自治有了基本的法律保障,民族区域自治向规范化、法制化轨道迈出坚实步伐。同时,《民族区域自治法》的颁布实施为各种民族法规的制定确定了基本原则和立法精神,并为民族法制体系的最终形成提供了动力。此后,国家在制定其他基本法律和部门法律法规的时候,更加注重民族地区经济社会发展和少数民族权益保障,在法律法规中都以一定篇幅或专门条文对民族事务、少数民族权益作出具体规定。

《民族区域自治法》的颁布施行,也进一步推动了地方民族法制建设。特别是一些多民族的省纷纷制定贯彻实施《民族区域自治法》的措施、办法等地方性法规,民族自治地方也加快了自治法规的立法步伐。之前,由于缺乏基本法的支持及历史等诸多原因,所有民族自治地方都没有制定自治条例,单行条例的内容也很单一。自 1985 年全国第一个自治条例——《延边朝鲜族自治州自治条例》经吉林省人大批准诞生,截至 2011 年 8 月底,民族自治地方共制定现行有效的自治条例和单行条例有 780 多部[1],为加强民族自治地方的民主政治建设、维护社会政治稳定、繁荣民

---

[1] 参见中华人民共和国国务院新闻办公室:《中国特色社会主义法律体系》(白皮书,2011 年 10 月 27 日),载《法制日报》2011 年 10 月 28 日。

族经济、解决民族工作中的实际问题发挥了积极作用。

适应社会主义市场经济体制的建立与发展以及国家西部大开发战略的实施,2001年2月28日,九届全国人大常委会第二十次会议通过新修订的《民族区域自治法》,充分反映了新时期民族自治地方在政治、经济、文化和社会建设方面的迫切要求,并首次在序言中明确宣示:民族区域自治制度"是国家的一项基本政治制度"。2005年,国务院制定并公布《国务院实施〈中华人民共和国民族区域自治法〉若干规定》,重点从加快经济社会发展、培养各类人才、维护民族团结、明确法律责任和建立监督机制等方面做出具体规定。国务院有关部门也相应制定了一系列落实《民族区域自治法》和《国务院实施〈中华人民共和国民族区域自治法〉若干规定》的配套规章或规范性文件。

目前,以《宪法》为基础,以《民族区域自治法》为主干,包括国务院及其职能部门制定的行政法规、部门规章以及民族自治地方制定的自治条例和单行条例,各省、自治区、直辖市和地方各级人大、政府制定的民族事务方面的地方性法规等在内的民族法律法规体系基本形成。2014年9月28日,习近平在中央民族工作会议暨国务院第六次全国民族团结进步表彰大会上指出:"民族区域自治制度是我国的一项基本政治制度,是中国特色解决民族问题的正确道路的重要内容。要坚持统一和自治相结合、民族因素和区域因素相结合,把宪法和民族区域自治法的规定落实好,关键是帮助自治地方发展经济、改善民生。"[①]这一重要论述和重大要求为我们坚持和完善民族区域自治制度提供了科学指导。党的十九届四中全会通过的《中共中央关于坚持和完善中国特色社会主义制度、推进国家治理体系和治理能力现代化若干重大问题的决定》中关于坚持和完善民族区域自治制度的部署切实贯彻了这一重要论述和重大要求,对坚持和完善人民当家作主制度体系具有重大意义,为推进我国民族团结进步事业提供了强有力的制度保障。

[①]《中央民族工作会议暨国务院第六次全国民族团结进步表彰大会在北京举行》,载《人民日报》2014年9月30日。

(三) 全面落实民族区域自治法，推进法治中国建设

综观人类法治变迁历程，宪法法律具有最高地位和最大权威是法治国家的最典型特征，自然，维护宪法法律权威是法治中国建设的核心内容和根本保障。"法乃国家布大信于天下"，宪法法律是党的意志、国家意志、人民意志的集中体现，是通过科学民主程序形成的普遍行为规范，是全国各族人民都必须严格遵守的共同行为准则。若宪法法律没有权威和尊严，治国安邦就失去依据，公民行为就失去规范，公平正义就失去标准，政治就不可能清明，民族就不可能和睦，社会就不可能和谐，人心就不可能安定。建设法治中国，必须坚持依法治国、依法执政、依法行政共同推进，坚持法治国家、法治政府、法治社会一体建设。依法治国、依法行政、依法执政的重点，就是依据《宪法》与法律治国、行政与执政。而《民族区域自治法》的贯彻实施状况、成效，在一定程度上决定、影响着法治中国建设进程。

从法律地位而言，《民族区域自治法》是仅次于《宪法》的基本法，是国家保障少数民族和民族地区各项权利的基本法律，是国家民族工作走向法治化、规范化轨道的重要保障。从调整关系来看，《民族区域自治法》是规范民族区域自治的基本法，它所调整的是民族自治地方与国家（中央）之间、民族自治地方与上级国家机关之间、民族自治地方与非民族自治地方（一般行政区、特别行政区）之间、民族自治地方之间的关系、民族自治地方内的民族关系，而且主要是调整民族自治地方与国家之间的关系，并不仅仅是调整民族自治地方内的民族关系。从规定内容来看，虽然《民族区域自治法》大部分条文适用于民族自治地方，但也有相当多的条文适用于民族自治地方以外的其他地方和上级国家机关。例如，"上级国家机关的职责""民族自治地方的人民法院和人民检察院"条文以及"总则""附则"中保障民族自治地方自治机关行使自治权和保障实施的若干条文，就适用于全国人大及其常委会、国务院、最高人民法院、最高人民检察院以及辖有自治州、自治县的省和直辖市的人大及其常委会、"一府两院"。又如，与民族自治地方开展经济、技术协作和对口支援、进行资源开发有关

的生态保护规定,则适用于民族自治地方及以外的所有地方、组织和个人。

总之,民族区域自治制度充分彰显中国共产党领导各民族繁荣进步的制度优势,彰显了党集中统一领导的政治优势,是法治中国建设的重要内容,具有深厚的民族性、本土性、实践性特点,作为地方治理的特别治理模式是国家治理体系的重要组成部分。党的十八届三中全会通过的《中共中央关于全面深化改革若干重大问题的决定》明确提出:"全面深化改革的总目标是完善和发展中国特色社会主义制度,推进国家治理体系和治理能力现代化。"可以期待,全面深化改革的推进将为民族区域自治制度的完善与发展提供新的契机,与此同时,《民族区域自治法》的有效实施、民族区域治理能力和治理水平的提升也可为国家治理体系和治理能力的现代化提供经验与借鉴。当前,世界百年未有之大变局加速演进,中华民族伟大复兴进入关键时期,我们面临的风险挑战明显增多。面对错综复杂的国内国际环境,进一步完善民族事务治理体系,提高民族事务治理能力,提升民族事务治理法治化水平,防范化解民族领域风险隐患,必须坚持党对全面依法治国的领导,准确把握和全面贯彻习近平关于加强和改进民族工作的重要思想,坚持和完善民族区域自治制度,确保党中央政令畅通,确保国家法律法规实施,特别是在关键环节和重点领域要做好以下方面的工作:

第一,坚持依法治理民族事务,推进民族事务治理体系和治理能力现代化。习近平在中央民族工作会议上指出:"党的民族工作创新发展,就是要坚持正确的,调整过时的,更好保障各民族群众合法权益。要正确把握共同性和差异性的关系,增进共同性、尊重和包容差异性是民族工作的重要原则。"[①]各级人大要适应社会变迁、社会转型和技术革命的新形势、新环境,即全球化、网络化、自媒体、大数据新时代世情、国情的深刻变化,有效集成信息资源,切实承担起监督职能,经常开展《民族区域自治法》贯

[①] 习近平:《以铸牢中华民族共同体意识为主线 推动新时代党的民族工作高质量发展》,载《人民日报》2021年8月29日。

彻执行情况的监督检查、评估,并且有针对性地及时研究和督办、解决民族法律法规实施过程中存在的突出问题,维护《宪法》、法律权威,如国家安全特岗人才(双语警官、双语法官等)储备,民族地区双语教学推进和高素质双语师资培养[①],民族自治地方行政区划变更、调整,省直管县(民族自治地方县、市)体制改革探索,民族自治地方关键领导岗位少数民族干部的培养、选拔、任用,民族政策和法律法规的适时修订,等等[②]。与此同时,坚持理论发展的正确导向,相关理论阐释、创新和建构既要适应时代特点,同时必须立足社会主义初级阶段的基本国情,要特别警惕和防范大汉族主义思潮的抬头,大汉族主义和地方民族主义都不利于中华民族共同体建设。以民族区域自治的道路自信、理论自信、制度自信和文化自信为统领,着力推动民族事务治理体系完善、民族自治地方管理理念和治理模式转变,努力推进民族事务治理体系和治理能力现代化。

第二,坚持和完善民族区域自治制度,激发各族人民共同富裕的内生

[①] 国家通用语言文字是一个国家主权的象征,文化认同是最深层的认同。同时,语言文字是人类文明代代相传的载体,是打开沟通理解之门的钥匙,是促进文明交流互鉴的纽带,已经成为促进人的全面发展和社会进步的重要力量。各民族使用国家通用语言文字既是宪法和法律赋予的责任和义务,更是各族人民热爱祖国、热爱中华民族的具体体现,也是促进民族团结进步的必由之路。笔者认为,民族地区的双语教学实际上是汉语言文字(即国家通用语言文字)、文化与少数民族语言文字、文化的教学互动活动,不仅是少数民族学生对汉语言文字、文化的学习,还包括汉族学生对当地少数民族语言文字、文化的学习。双语教育教学的成效直接决定民族地区青年一代的语言能力、综合素质和人生发展,也在一定程度上决定着民族地区的未来。但要特别指出的是,双语教学工作在有的地区尤其是边疆民族地区长期进展缓慢,必须从国家战略层面予以高度关注和重视,并通过制度创新、采取非常举措加以持续推进。如在近年来经常发生暴力恐怖事件的新疆和田地区皮山县,据《环球时报》记者 2014 年 5 月 24 日的实地调查,当地维吾尔族同胞学汉语的热情不高,初中毕业的学生绝大多数不会用汉字写自己的名字,特别是在农村地区更为明显。这既与缺少语言环境有关,也与当地教师职业水平不高有关。当地规定,只有初中毕业才能领结婚证,一些孩子才坚持上学,否则可能早就不上了。即便如此,不少学生平时不爱上课,三四十人的班有时到课的只有十多人。参见《探访乌市暴恐分子老家:警车不多维稳标语不少》,http://opinion.haiwainet.cn/n/2014/0527/c345415-20676078.html,2014 年 6 月 8 日访问。

[②] 如 20 世纪 80 年代开始推行的专门针对少数民族的"两少一宽"刑事政策,即"对少数民族的犯罪分子要坚持'少捕少杀',在处理上一般从宽"政策,随着国家法制建设的深入推进,建议有关部门应尽快研究予以废止。另如,以法治思维和法治方式引导东中部省市对口援助西部民族省区政策科学化、规范化、制度化,探索通过依法征收边疆(地区)发展税、生态补偿税等,规范化预算拨款专项用于西部民族省区发展,从而引导西部民族省区各级政府和各民族民众在经济社会发展中主体作用的充分发挥,更好地推动边疆和民族地区经济社会的参与式、包容性、融合式发展,减少资金浪费,提升发展质效。

动力。保障少数民族权利,大力推动区域平衡发展,实现对各民族政治、经济、文化等权利的平等保护。支持各民族发展经济、改善民生,实现共同发展、共同富裕。"要根据不同地区、不同民族实际,以公平公正为原则,突出区域化和精准性,更多针对特定地区、特殊问题、特别事项制定实施差别化区域支持政策。要依法保障各族群众合法权益,依法妥善处理涉民族因素的案事件,依法打击各类违法犯罪行为,做到法律面前人人平等。"[①]2014年9月,中央民族工作会议明确指出,"用法律来保障民族团结,增强各族群众法律意识";2014年5月、2020年9月,第二次、第三次中央新疆工作座谈会强调,"坚持依法治疆";2015年8月、2020年8月,中央第六次、第七次西藏工作座谈会提出,"坚持依法治藏"。各级政府和自治机关要适时制定和完善《民族区域自治法》的配套法律法规、具体措施、实施办法和细则,抓紧制定或修订自治条例和单行条例。特别指出的是,自治条例作为规范民族自治地方自治机关依法行使自治权的重要法规,是民族法体系的重要组成部分,制定自治条例是自治机关实现自治权的重要方式和完善民族区域自治制度的重要步骤,也是一项十分复杂的法律和制度建设工程。但目前,广西、西藏、新疆、内蒙古、宁夏5大自治区以及新疆所辖的5个自治州、6个自治县的自治条例仍然没有出台,这不仅不利于《民族区域自治法》的全面贯彻落实、民族区域自治的法治实践,与新时代国家形象和法治中国建设目标也不相适应[②],加快工作推进已刻不容缓。

第三,充分发挥民族区域自治制度维护民族团结进步的制度保障功能。民族自治地方要做到共同性和差异性的辩证统一,民族因素和区域因素的有机结合,既要保证党和国家大政方针在本地区的贯彻执行,又要从本地实际出发,正确、有效行使《宪法》和《民族区域自治法》赋予的各项自治权利,依法坚决铲除民族分离主义滋生的土壤,提升防范暴恐的能力和意识,如互联网安全、信息传播、情报收集、金融监管、公共区域安保、危

---

① 习近平:《以铸牢中华民族共同意识为主线 推动新时代党的民族工作高质量发展》,载《人民日报》2021年8月29日。

② 如在有些年的"两会"期间,外国记者都要向大会新闻发言人提出类似的问题。

险物品管制、暴恐防控知识普及、跨(国)境管理以及境外极端势力防范等,严厉打击"三股势力"①,旗帜鲜明地反对宗教极端思想,从根本上切断"三股势力"对宗教的利用;要加强基层政权建设,改善基层干部工作条件和生活状况,大力整治基层治理的"懒政思维"与腐败,创新社会治理,实现社区村镇群防群治,严防暴力恐怖活动,从严惩处恐怖分子,全力维护辖区社会政治稳定和长治久安。既要检讨物质主义或复古主义工作路径,摒弃简单思维,尊重规律,与时俱进,因地制宜,系统施策,推动区域经济科学发展,巩固拓展脱贫攻坚成果同乡村振兴有效衔接,切实保障民生持续改善,让各族同胞共享发展成果,特别是更多更公平地惠及广大基层民众,如教育普及和质量提升、优质双语教学②、产业布局、就业保障、文化建设、生态保护等,又要继承传统,凝聚共识,包容差异,创新思路,探索、引导建立各民族相互嵌入的社会结构和社区环境,创新基层社会治理,营造积极、开放、包容的社区文化,促进各民族民众交往交流交融,推进民族区域综合治理、有效治理,助力各民族共同团结奋斗、共同繁荣发展。

　　第四,扩大民众有序的政治参与,不断发展全过程人民民主,有效畅通参与渠道,积极引导各民族群众共同参与所在区域公共事务治理、公共政策过程,从而在公共生活中不断形成和扩大共识,增进互信。人民民主的真谛是有事好商量、众人的事情由众人商量,找到全社意愿和要求的最大公约数。《民族区域自治法》规定,自治机关在处理经济社会发展重大问题和涉及本地方各民族群众切身利益问题时,必须与他们的代表充分协商。但并未具体规定参与主体、遵循步骤、协商方式和决议依据等,亟待完善。民族自治地方完善自治机关协商民主决策机制,关键在于建立

---

① 2001年6月15日,上海合作组织签署《打击恐怖主义、分裂主义和极端主义上海公约》,首次对恐怖主义、分裂主义和极端主义作了明确定义。所谓三股势力,是指暴力恐怖势力、民族分裂势力、宗教极端势力;暴力恐怖势力是指通过使用暴力或其他毁灭性手段,制造恐怖,以达到某种政治目的的团体或组织;民族分裂势力是指从事对主权国家构成的世界政治框架的一种分裂或分离活动的团体或组织。民族分裂势力是反社会发展和人类进步的政治力量;宗教极端势力是指在宗教名义掩盖下,传播极端主义思想主张、从事恐怖活动或分裂活动的社会政治势力。

② 2013年7—8月,课题组曾对青海省黄南藏族自治州泽库县的藏汉双语教学状况进行深入考察,目前,合格双语教学师资短缺、双语教材滞后、双语教学经费投入不足等因素严重制约着双语教学的成效,其中,双语教师的教学能力则最为关键。

能够保证不同民族群体公民参与决策的制度平台,保证民众的知情权、参与权、表达权、监督权落实到公共治理各方面各环节全过程,确保党和国家在决策、执行、监督落实各个环节都能听到来自基层的声音。要完善人大的民主民意表达平台和载体,健全吸纳民意、汇集民智的工作机制,推进人大协商、立法协商,把各方面社情民意统一于最广大人民根本利益之中,通过建立公开透明、平等参与、民主协商的政治整合机制,体现程序正义。"我要说,使人人都参加政府的管理工作,则是我们可以使人人都能关心自己祖国命运的最强有力手段,甚至可以说是唯一的手段。在我们这个时代,我觉得公民精神是与政治权利的行使不可分的。"①2021年3月,十三届全国人大四次会议通过了修改后的《中华人民共和国全国人民代表大会组织法》,明确规定"全国人民代表大会及其常务委员会坚持全过程民主,始终同人民保持密切联系,倾听人民的意见和建议,体现人民意志,保障人民权益",并对全国人大代表"充分发挥在全过程民主中的作用"提出要求。因此,要充分发挥各级人大、政协相关专门委员会作用,在回应百姓期盼中,灵活搭建平台,协调多方利益,满足大多数人诉求,通过对话、协商与妥协减少分歧,增进共识,实现民事民议、民事民决、民事民办,聚力问题在协商中解决、矛盾在协商中化解、人心在协商中凝聚,有事好商量,商量成好事。

第五,坚决维护国家主权、安全、发展利益,防范民族领域重大风险隐患,汇聚共圆伟大复兴梦想的磅礴力量。加强和改善意识形态工作,做好新形势下的舆论引导,守住意识形态阵地,积极稳妥处理涉民族因素的意识形态问题,持续肃清民族分裂、宗教极端思想流毒,有效抵御各种极端、分裂思想的渗透颠覆,坚决防范民族领域重大风险隐患。尊重舆论,引导舆情,借力新媒体,坚守教育、文化、宣传等主战场,严格移动互联网应用程序(APP)信息服务审查、监管,牢牢掌握主导权,创新理论宣讲,用鲜活的语言、以符合现代传播规律的方式,向国际国内大力宣传中国特色解决民族问题的正确道路、党的民族理论和民族政策、党关于加强和改进民族

---

① 〔美〕托克维尔:《论美国的民主》(上卷),董果良译,商务印书馆2009年版,第296—297页。

工作的重要思想、民族法律法规,及其与时俱进的创新、发展和完善,宣传多民族统一中国的历史形成、各民族同胞的守望相助以及民族地区的经济社会发展;宣传、普及中华民族共同体意识,推动各民族坚定对伟大祖国、中华民族、中华文化、中国共产党、中国特色社会主义的高度认同;深入实施文明创建、公民道德建设、时代新人培育等工程,引导各族群众在思想观念、精神情趣、生活方式上向现代化迈进。要紧跟时代步伐,增强工作的主动性、预见性、创造性,准确把握民族工作面对的时代课题,特别是针对民族事务和民族工作领域的热点问题,要敢于发声、及时发声、善于发声、正确发声,阐明其事理、法理、情理,这既是信息公开、析疑解惑,也是法制宣传、普法教育,只有善恶必分、惩恶扬善,才能传播民族团结正能量,形成社会凝聚力、向心力,从而以向善和正义的力量引领国家认同、政治认同、民族和睦、社会和谐,共聚中国力量,共铸中国精神,同力构筑中华各民族共有精神家园,筑牢中华民族共同体意识,构建起维护国家统一和民族团结的坚固思想长城。

· 协同立法 ·

云贵川共同立法保护赤水河[①]

2021年5月28日,云南省十三届人大常委会第二十四次会议表决通过《云南省赤水河流域保护条例》《云南省人民代表大会常务委员会关于加强赤水河流域共同保护的决定》。这次立法为云南、贵州、四川三省共同立法,以"条例+共同决定"的开创性地方立法形式,为赤水河流域保护治理提供有力法治保障。条例和共同决定自2021年7月1日起正式施行。

"三省共同立法保护赤水河,既是上下游联动、共治共享的需要,也是跨区域协作、创新地方立法的探索实践。"云南省人大法制委员会负责同志介绍,在全国人大常委会的指导部署下,2020年以来,云南、贵州、四川三省积极推动条例和共同决定的起草制定工作。三省各自通过的保护条例结构内容大体一致,但各有特点,在体现共性立法需求的同时,反映了三省各自保护治理实际和个性化立法需求,主要解决本省行政区域内如何保护的问题。共同决定则重点聚焦三省如何协调配合、联防联控、共同保护治理,经三省共同协商形成共同文本,三省将同时施行条例和共同决定。

云南省通过的条例共9章68条,由总则、规划与管控、资源与生态环境保护、水污染防治、绿色发展、文化保护与传承、区域协作、法律责任和附则组成。条例对照长江保护法等法律法规和国家有关长江流域保护、赤水河流域保护的重大决策措施,进一步明确了云南省各级各地及相关部门应当履行的职责,对各类禁止行为作出了规范。同时,条例还对流域生态环境保护治理修复、优化流域产业结构和产业布局、建立健全生态保

[①] 瞿姝宁:《云贵川三省共同立法"条例+共同决定"保护赤水河》,http://dehong.yunnan.cn/system/2021/05/31/031485375.shtml,2021年7月5日访问。

护补偿制度等作出规定。

统一规划标准,统筹协同保护。共同决定明确:云南、贵州、四川三省全面开展立法、行政执法、司法、普法、监督和规划、防治等领域的协同配合,确保赤水河流域水资源有效保护和合理利用、水环境质量明显改善、水生态功能显著提升,全面协同推进赤水河流域经济社会绿色低碳循环发展。其中,对"五统一""两机制"专门作出规范,"五统一"即三省对赤水河流域保护实行统一规划、统一标准、统一监测、统一责任、统一防治措施;"两机制"即三省共同建立赤水河流域联席会议协调机制,完善多元化生态保护补偿机制。

共同决定还对三省共同推进绿色发展、调整产业结构、山水林田湖草系统治理修复、开展红色文化资源保护利用、有关国家机关及其工作人员在赤水河流域保护工作中失职渎职行为处理等作出规范。

京津冀诞生首部区域协同立法[①]

2020年1月18日,天津市十七届人大三次会议表决通过《天津市机动车和非道路移动机械排放污染防治条例》。此前,同一条例的河北版、北京版分别于1月11日、17日在两省市人代会上通过,至此,同一文本三家相继通过,5月1日起同步施行,京津冀诞生首部区域协同立法,推进京津冀协同发展。这也是我国第一部区域协同统一对有关污染防治作出全面规定的区域性立法,为全国省级层面区域协同立法提供了制度范本。

2014年2月,京津冀协同发展上升为重大国家战略后,立法如何护航协同发展成为三省市人大工作聚焦的重点。在河北省人大常委会倡议下,京津冀协同立法开启帷幕。随后,三地人大常委会加强顶层设计,探索建立了联席会议、协商沟通、立法规划协同等一系列协同立法机制,并确定将大气污染防治作为协同立法的突破口。

数据显示,京津冀三地机动车保有量近3000万辆,其中我省保有量1687.6万辆,境内每年在途重型柴油货车约1.3亿辆次,占污染源比例15%至32%。但机动车的流动性及属地化管理给三地联防联治车辆污染排放带来困难。协同出题目,立法做文章。2019年,机动车和非道路移动机械排放污染防治条例成为京津冀重点协同立法项目,三地积极探索协同起草、同步审议,最大程度推进立法内容和文本协同。

求同存异是关键。立法过程中三省市坚持互利共赢,先后召开了11次会议,反复就相关问题进行协商。经过共同努力,最终在条例题目、框架结构、监管措施、行政处罚、出台时间等方面达成一致,京津冀协同立法取得重大成果。条例专章就京津冀联防联控联治作出规定,明确三地将

[①] 周洁:《京津冀诞生首部区域协同立法》,载《河北日报》2020年1月19日。

建立机动车和非道路移动机械排放污染联合防治协调机制,通过区域会商、信息共享、联合执法、重污染天气应对、科研合作等方式开展联合防治。

条例还就三地共建信息共享、抽检抽查、登记管理等机制作出详细规定。通过建立京津冀排放超标车辆信息平台,将执行标准、排放检测、违法情况等信息共享,可实现对排放超标车辆协同监管;建立新车抽检抽查机制后,三地可协同对新车污染物排放情况进行监督检查,进一步加强源头防控;通过建立登记管理系统,可以摸清铲车、叉车等非道路移动机械底数,加强监督管理。条例将三省市大气污染联防联治纳入法治化轨道,为执法部门破解监管难等问题提供了法律保障。

后　　记

"世间数百年旧家无非积德,天下第一件好事还是读书。"对理论工作者来说,学习是生命的本能,阅读是生活的习惯,表达是情感的抒发,思考是思想的遨游,写作是领悟的记录,研究是智慧的沉淀。

记得 20 世纪 80 年代上大学时,可看的世界学术名著还不是很多,但《共产党宣言》《资本论》《社会契约论》等是专业必读书目。"我学的专业本来是法律,但我只是把它排在哲学和历史之次当做辅助学科来研究。"①伟大思想家马克思的教导,激发我以跨学科的思维思考法律、感悟法治。"生为一个自由国家的公民并且是主权者的一个成员,不管我的呼声在公共事务中的影响是多么微弱,但是对公共事务的投票权就足以使我有义务去研究它们。我每次对各种政府进行思索时,总会十分欣幸地在我的探索之中发现有新的理由来热爱我国的政府!"②18 世纪启蒙思想家、法国大革命的先驱卢梭的这段名言,使我深受启发、教育。

向学求道,久久为功。研习法理、参悟法治,需要丰富的知识积淀,也需要生活实践的经验积累,更要关注关怀国家法治的进步与脉动。本书是我负责承担的国家社会科学基金重点项目结题成果的主体部分。2007 年 6 月,离开学习、工作了 20 多年的武汉市,我来到鄂西地区的恩施市,任职湖北民族学院院长(2018 年更名为湖北民族大学)③。从此,让我有机缘在办学治校治学之余,能够"零距离"观察中国区域法治与地方治理,

---

① 马克思:《〈政治经济学批判〉序言》,载《马克思恩格斯选集》(第二卷),人民出版社 2012 年版,第 1 页。
② 〔法〕卢梭:《社会契约论》,何兆武译,商务印书馆 2009 年版,第 3—4 页。
③ 湖北民族大学位于国家集中连片特贫地区——武陵山片区腹地、鄂渝湘黔四省市交界的恩施土家族苗族自治州恩施市,许多人曾误以为在省会城市武汉。

特别是县域治理、基层社会治理的真实样态,目睹中西部欠发达地区山乡的10年巨变,见证法治中国新高度。同时,我入乡随俗,深刻认识到独特的地域环境、特殊的内陆区位、多元的民族构成、多样的民族文化等,是区域法治、基层社会治理的客观基础,也是学术观察考量的基本因素。基于长期调研和认真思考,2014年6月,我以"法治中国建设与民族区域自治"为题申报国家社会科学基金重点项目,并成功立项。

2016年6月,我离开湖北民族大学,到中共湖北省委党校(湖北省行政学院)任职;短暂停留后,同年8月,我离开湖北来到北京,任中共中央党校报刊社总编辑。同时,根据自己的学术兴趣和研究基础,我在政治和法律教研部招收法学理论专业区域法治方向的博士研究生,并为法学专业博士研究生开设"区域法治前沿"专题讲座,与学生交流互动,拓展学术思维,激发学术灵感,助力课题研究。2019年1月至2020年1月,我任职于图书馆、图书和文化馆,每日沉浸在书海,与书刊为伴,与文化相随,静心感悟"读书志在圣贤,非徒科第;为官心存君国,岂计身家"的思想真谛,重温经典,跨越时空,问道领袖,对话先贤,修心养性,反思反省,品味人生,心无杂念,怡然自得,成为生命中最美好的回忆。

从山区到都市,从高校到党校,从基层到中心,从省城到首都,新环境、新岗位、新要求、新挑战,开阔了视野,提升了站位。为了不影响新的工作,确保项目研究的高质量,我及时调整了项目研究进度,在项目组成员潘红祥、冉艳辉、李奇峰、魏红英、刘木球的共同努力下,于2019年11月提交了结题成果;2020年4月,经专家鉴定、全国哲学社会科学工作办公室审核结项,鉴定等级优秀(证书号:20202091)。

时光流逝,20世纪80年代初,我离开湖南山区老家到武汉求学,大学毕业后在武汉工作生活20年,在恩施的工作生活也近10年。从农村到城市,从城市到山区,我在学习中成长,在思考中成熟,在奋进中奉献,在淬炼中提升。无悔10年,用青春诠释奉献的意义与价值,人生更加丰满,生命更加精彩。承蒙组织关心、关怀,于知天命之年来到北京,任职任教中央党校,这是我人生的荣幸、生命的荣光。

红色学府处处有魂。中央党校是信仰高地、传播马克思主义的圣地、中国共产党人的精神家园,1933年跟随党从江西瑞金一路走来,筚路蓝缕,红色资源丰富,红色文化底蕴深厚。校史馆一件件革命文物、珍贵图片,珍藏着厚重的红色记忆;掠燕湖上一百年前浙江嘉兴南湖红船的历史场景,见证红色历史的开篇;校园里一处处红色打卡点,都是坚定理想信念、加强党性教育的生动教材:一张照片就是一段历史、一个故事,一座雕像就是一座丰碑、一盏灯塔,一组雕塑就是一群英模、一种力量,一副对联就是一道指引、一条告诫……

譬如,革命导师马克思、恩格斯,老校长毛泽东,总设计师邓小平,县委书记的榜样焦裕禄、谷文昌等,竖立在北校区中轴线和东西两侧的一座座雕像,不仅仅是雕塑,更是精神,是历史的永恒;上善若水、厚德载物,高山仰止、德建名立,悬挂于古楼亭上的一幅幅匾额,不仅仅是牌匾,更是文化,是艺术;多姿多彩、错落有致,静静挺拔在校园道旁的一排排大树,不仅仅是绿化,更是理念,是生态;彰显最高红色学府文化积蕴,镌刻在校园中心照壁上的"实事求是"校训和中国共产党人一以贯之的精神道统"为人民服务",不仅仅是准则,更是宗旨,是永远的追求……每日漫步在校园里,行走在教学楼中,身临其境,沉浸其间,踱方步、冷思考,体悟文化之味、党性之魂、绿色之气,净化心灵,陶冶情操,提升境界,锤炼党性心性。正所谓——

> 大有四季,季季有景;红色学府,处处养魂;
> 诗意栖居,美美与共;踱步校园,日日三省。①

最后需要说明的是,为便于普通(非专业)读者阅读,本书出版时对项目成果进行了一些章节的删减(三分之一项目鉴定成果)。2020年1月,任职全国党校(行政学院)教师进修学院后,工作任务非常繁重,只能利用

---

① 习近平说:"安排领导干部到党校学习,就是为大家在工作'热运行'中提供一个'冷思考'的宝贵时机,创造一个能静下心来'踱方步'的宝贵时机,使大家有时间来回顾和总结自己以往的工作与生活,从中汲取经验与教训,坚持真理、修正错误,使自己的认识和工作立于新的起点,以利实现新的提高。"[《谈谈党校学员的学习》(在中央党校二〇一二年秋季学期开学典礼上的讲话,2012.9.1),载《习近平党校十九讲》,中共中央党校出版社2015年版,第287页]曾子曰:"吾日三省吾身——为人谋而不忠乎?与朋友交而不信乎?传不习乎?"

工作之余修改、完善，影响了出版的进度。书中大部分内容近年来已在《人民日报》《光明日报》《学习时报》《新华文摘》《中共中央党校（国家行政学院）学报》《法学评论》等报刊发表，并曾应邀在有关学术会议上交流，有的还在不同类型的干部培训班次中讲授、讨论。

从严格意义上说，这是一个集体作品，除上述课题组同仁外，中共中央党校（国家行政学院）图书和文化馆的杜敏、李丹等同志为文献查询、借阅提供了最大便利，即使在新冠肺炎疫情期间也给予特别帮助；我指导的博士研究生石峰、李响、苗丝雨同学，做了部分书稿的文字校对，在此一并表达感谢！还要特别鸣谢北京大学出版社的杨立范编审、王业龙主任、李小舟编辑，在本书的统筹出版、编辑加工的过程中，我们进行了很好的合作。

作为理论研究成果，受本人见识、阅历和智慧的限制，加之写作时间的跨度，书中谬误之处在所难免，敬请读者批评、指正，任何指教和建议都会悉心听取！

戴小明

2021年10月6日，国庆假期于北京海淀大有庄寓所